Annett Mitschick

Ontologiebasierte Dokumentenverwaltung

Annett Mitschick

Ontologiebasierte Dokumentenverwaltung

Semantische Indexierung und Kontextualisierung
multimedialer Dokumente für das persönliche
Wissensmanagement

**Südwestdeutscher Verlag für
Hochschulschriften**

Imprint
Any brand names and product names mentioned in this book are subject to trademark, brand or patent protection and are trademarks or registered trademarks of their respective holders. The use of brand names, product names, common names, trade names, product descriptions etc. even without a particular marking in this work is in no way to be construed to mean that such names may be regarded as unrestricted in respect of trademark and brand protection legislation and could thus be used by anyone.

Publisher:
Südwestdeutscher Verlag für Hochschulschriften
is a trademark of
Dodo Books Indian Ocean Ltd., member of the OmniScriptum S.R.L Publishing group
str. A.Russo 15, of. 61, Chisinau-2068, Republic of Moldova Europe
Printed at: see last page
ISBN: 978-3-8381-2338-7

Zugl. / Approved by: Dresden, Technische Universität, Dissertation, 2010

Copyright © Annett Mitschick
Copyright © 2011 Dodo Books Indian Ocean Ltd., member of the OmniScriptum S.R.L Publishing group

Inhaltsverzeichnis

1 Einleitung — 11
   1.1 Problemdefinition und wissenschaftliche Herausforderungen — 17
   1.2 Forschungsziele und zu lösende Aufgaben — 20
   1.3 Aufbau der Arbeit — 22

2 Verwaltung multimedialer Dokumente: Anforderungen und Stand der Technik — 26
   2.1 Eigenschaften multimedialer Dokumente — 28
      2.1.1 Medientypen und ihre Eigenschaften — 30
      2.1.2 Metadaten multimedialer Dokumente — 37
      2.1.3 Der Lebenszyklus multimedialer Dokumente und Metadaten — 48
   2.2 Inhaltsbasierte Suche — 50
      2.2.1 Informationen aus natürlichsprachigem Text — 54
      2.2.2 Informationen aus Bildern — 59
      2.2.3 Informationen aus Audiodokumenten — 63
      2.2.4 Informationen aus Videos — 68
      2.2.5 "Bridging the Semantic Gap": Von syntaktischen Merkmalen zu semantischen Informationen — 70
   2.3 Umgang mit persönlichen Dokumenten — 73
      2.3.1 Studien in der Literatur — 75
      2.3.2 Nutzerbefragungen — 79
      2.3.3 Diskussion — 83
   2.4 Zusammenfassung und Fazit — 85

3 Semantische Technologien zur Verwaltung persönlicher, multimedialer Dokumente 89

- 3.1 Semantische Informations- und Wissensverarbeitung 90
  - 3.1.1 Wissensrepräsentation 91
  - 3.1.2 Ontologien 93
  - 3.1.3 Technologien des Semantic Web 97
  - 3.1.4 Semantische Informationsquellen im WWW 100
  - 3.1.5 Kooperative Wissensmodellierung 102
- 3.2 Existierende Lösungsansätze für die semantikbasierte Dokumentenverwaltung 105
  - 3.2.1 Ontologien zur Beschreibung persönlicher, multimedialer Dokumente 105
  - 3.2.2 Semantische Annotation von Dokumenten 109
  - 3.2.3 Extraktion und Generierung von Wissen aus Dokumenten . . 112
  - 3.2.4 Semantic Desktop 118
- 3.3 Diskussion der Defizite und Probleme existierender Lösungen 124

4 Ontologiebasierte Indexierung und Kontextualisierung persönlicher, multimedialer Dokumente 133

- 4.1 Automatische Generierung semantischer Beschreibungen 135
  - 4.1.1 Instanziierung semantischer Basisbeschreibungen 138
  - 4.1.2 Erweiterung der Basisbeschreibungen 148
  - 4.1.3 Integration in die Zielontologie 153
- 4.2 Aktualisierung und Erweiterung der semantischen Datenbasis 155
  - 4.2.1 Lebenszyklus und Nutzungskontext eines Dokumentes 156
  - 4.2.2 Der Modellierungsprozess 158
  - 4.2.3 Registrieren und Dokumentieren der Dokumentaktivitäten . . 163
- 4.3 Bereinigung und Konsolidierung der semantischen Datenbasis 164
  - 4.3.1 Duplikaterkennung und -beseitigung 165
  - 4.3.2 Behandlung semantischer Fehler und unvollständiger Daten . 172
  - 4.3.3 Nutzerfeedback 174
- 4.4 Zusammenfassung und Diskussion 176

5 Eine komponentenbasierte Architektur für die semantische Verwaltung persönlicher, multimedialer Dokumente 181
5.1 Die Architektur im Überblick 182
5.2 Die medien- und systemspezifische Ebene der Dokumentenanalyse . . 185
  5.2.1 Analysekomponenten 187
  5.2.2 Analyse der Dokumente 189
5.3 Die domänenunabhängige Ebene der semantischen Datenmodellierung 192
  5.3.1 Modellverarbeitung und -verwaltung 193
  5.3.2 Modellinstanziierung und -konsolidierung 202
  5.3.3 Einbeziehen von Kontext- und "Weltwissen" 207
5.4 Die domänenspezifische Ebene der Anwendungsschnittstelle 214
  5.4.1 Generierung der Modell-API 215
  5.4.2 Anpassung an die jeweilige Anwendungsdomäne 218
5.5 Zusammenfassung und Diskussion 223

6 Einsatz des K-IMM-Systems in verschiedenen Anwendungsszenarien 226
6.1 Eine K-IMM-basierte Desktop-Anwendung 227
6.2 Einsatz im Rahmen eines Mängelmanagementszenarios im Bauwesen 234
6.3 Bildverwaltung mit Hilfe visueller Merkmale 238
6.4 Fazit 241

7 Zusammenfassung und Ausblick 244
7.1 Zusammenfassung der Kapitel und ihrer Beiträge 245
7.2 Diskussion 249
  7.2.1 Wissenschaftliche Beiträge 254
  7.2.2 Einschränkungen 255
7.3 Zukünftige Forschungsarbeiten 256

Anhang 262

Abkürzungsverzeichnis 279

Webreferenzen 285

Inhaltsverzeichnis

Literaturverzeichnis 297

Abbildungsverzeichnis

Abbildung 1.1	Aufbau der Arbeit in grafischer Darstellung	23
Abbildung 2.1	Übersicht über die MPEG-7 Multimedia Description Schemes [@MPEG-7]	44
Abbildung 2.2	Lebenszyklus eines Dokumentes	49
Abbildung 2.3	Information Retrieval Prozess [Schmitt, 2004]	51
Abbildung 2.4	Teilaufgaben der Inhaltsanalyse nach Medientyp	53
Abbildung 2.5	Schematische Darstellung der Videoanalyse [Losert, 2005] ..	68
Abbildung 2.6	Diagramm zur Auswertung der Antworten auf die Frage *"Welche Art von digitalen Medien benutzen Sie und wie oft?"* ..	80
Abbildung 2.7	Diagramm zur Auswertung der Antworten auf die Frage *"Welche Aufnahmegeräte nutzen Sie?"*	80
Abbildung 2.8	Diagramm zur Auswertung der Antworten auf die Frage *"In welchem Rahmen verwenden Sie Ihre multimedialen Dokumente?"*	81
Abbildung 2.9	Diagramm zur Auswertung der Antworten auf die Frage *"Wie nutzen Sie Ihre multimedialen Dokumente?"*	81
Abbildung 2.10	Diagramm zur Auswertung der Antworten auf die Frage *"Welche Gruppierungsmöglichkeiten Ihrer digitalen Bilder erachten Sie als sinnvoll?"*	82
Abbildung 2.11	Diagramm zur Auswertung der Antworten auf die Frage *"Was sind Ihre drei wichtigsten Kriterien bei der Suche nach einem von Ihnen erstellten Textdokument?"*	83
Abbildung 3.1	Linking Open Data cloud diagram [@LOD]	102
Abbildung 3.2	Klassenhierarchie der PIMO Upper-Ontologie [@PIMO] ...	108

Abbildung 3.3	CREAM Architektur [Handschuh & Staab, 2002]	110
Abbildung 3.4	*Photocopain* Architektur [Tuffield et al., 2006]	111
Abbildung 3.5	Architektur des ArtEquAKT-Systems [Weal et al., 2007]	113
Abbildung 3.6	Identity Resolution Framework in MediaCampaign [Yankova et al., 2008]	115
Abbildung 3.7	BOEMIE Ontology Evolution Methodologie [Castano et al., 2007]	117
Abbildung 3.8	IRIS Integration Framework [Cheyer et al., 2005]	120
Abbildung 3.9	Gnowsis Architektur [Sauermann et al., 2006]	122
Abbildung 3.10	NEPOMUK Architektur [@NEPOMUK]	123
Abbildung 4.1	Der mehrstufige Generierungsprozess im Überblick	137
Abbildung 4.2	Prozess der Instanziierung im Überblick	141
Abbildung 4.3	Ablauf der Filterung, Syntaxkontrolle und Normalisierung bei der Instanziierung	142
Abbildung 4.4	RDF-Graph-Darstellung von Attribut-Wert-Paaren	145
Abbildung 4.5	RDF-Graph-Darstellung einer Basisbeschreibung	147
Abbildung 4.6	Szenarien für die Integration semantischer Suchergebnisse	151
Abbildung 4.7	RDF-Graph-Darstellung einer erweiterten Basisbeschreibung	154
Abbildung 4.8	Ontologie zur Beschreibung des Dokumentenlebenszyklus	158
Abbildung 4.9	Modellierung von Informationen über den Dokumentenlebenszyklus	159
Abbildung 4.10	Ontologie für Änderungen am Datenmodell	161
Abbildung 4.11	Prozess der Konsolidierung der semantischen Datenbasis	165
Abbildung 4.12	Prozess der Duplikaterkennung und -behandlung	168
Abbildung 4.13	Ontologie für Problembeschreibungen	176
Abbildung 5.1	Die Architektur im Überblick	183
Abbildung 5.2	Abhängigkeiten elementarer und erweiternder Architekturkomponenten	185
Abbildung 5.3	Ablauf der Verarbeitung innerhalb einer Analysekomponente	191

Abbildung 5.4	Basisklassen und -schnittstellen der Ontologie-API in KIMM-Model	193
Abbildung 5.5	Container-Konzept der Ontologie-API in KIMMModel	195
Abbildung 5.6	Freigabe einer Instanz an einen anderen Nutzer	197
Abbildung 5.7	Freigabe einer Instanz an mehrere Nutzer	199
Abbildung 5.8	Übersicht der Containerarten	199
Abbildung 5.9	Adapterkonzept der Ontologie-API	200
Abbildung 5.10	Aufbau der KIMMSemantics-Komponente	203
Abbildung 5.11	Basisklassen- und Schnittstellen zur Verarbeitung von Regeln	204
Abbildung 5.12	Schnittstellen und Implementierungen der Komponente zur Modellkonsolidierung	206
Abbildung 5.13	Aufbau des Kontextmodellierungsdienstes *CroCo*	209
Abbildung 5.14	Vererbungshierarchie der aus der ABC-Ontologie [Lagoze & Hunter, 2001] generierten Java-Klassen	216
Abbildung 5.15	Aufgaben des Entwicklers bei der anwendungsspezifischen Konfiguration des K-IMM-Systems	219
Abbildung 6.1	Abhängigkeiten der verwendeten Subontologien im Überblick	229
Abbildung 6.2	Package-Struktur der generierten Modell-API	229
Abbildung 6.3	Die RCP-Desktopanwendung Sim^2 im Überblick	231
Abbildung 6.4	Sim^2-Widget für die semantische Websuche	232
Abbildung 6.5	Einsatz des K-IMM-Systems als Webservice (KWS) zur Verwaltung von Mangeldokumenten	237
Abbildung 6.6	Screenshots des Demo-Bildbrowsers zur Gruppierung von Bildern nach visuellen MPEG-7-Merkmalen [@KP0506]	239
Abbildung 6.7	Screenshots der Gesichtserkennung im Demo-Bildbrowser	240

Verzeichnis der Codebeispiele

Quellcode 4.1	Aus einem JPEG-Bild extrahierte Daten (Auszug)	143
Quellcode 4.2	Beispiele für Transformationsregeln in Jena-Rules-Syntax	146
Quellcode 4.3	Beispiel für eine Datentransformation	146
Quellcode 4.4	Integrationsbeispiel	154
Quellcode 4.5	Beispiel für eine DLC-Beschreibung	157
Quellcode 4.6	Beispiel für eine Aktualisierungsregel	160
Quellcode 4.7	Beispielprotokoll in RDF/XML	162
Quellcode 4.8	Beispielregel zur Erkennung eines semantischen Konfliktes	173
Quellcode 4.9	Beispiele für Regeln zur Erkennung unvollständiger Daten	174
Quellcode 4.10	Beispiele für Problembeschreibungen in RDF	177
Quellcode 5.1	Beispiel für Metadaten einer Bildanalysekomponente	188
Quellcode 5.2	Beispiel für eine Persistenz-Konfigurationsdatei	201
Quellcode 5.3	Auszug aus einer Konfigurationsdatei für die Instanziierung	204
Quellcode 5.4	Konfigurationsbeispiel für die Duplikaterkennung	206
Quellcode 5.5	Beispiel für Kontextinformationen von CroCo	210
Quellcode 5.6	Beispieltemplate für eine SPARQL-Anfrage zur Personensuche	211
Quellcode 5.7	Beispiel eines Templates für eine SPARQL-Anfrage an CroCo	212
Quellcode 5.8	Erweiterungsbeispiel (FOAF)	213
Quellcode 5.9	Erweiterungsbeispiel (CroCo)	213
Quellcode 5.10	Auszug aus einer OWL-Datei zur Beschreibung einer Person	217
Quellcode 5.11	Generierte Java-Schnittstelle und -Klasse	217
Quellcode 5.12	Auszug aus einer Konfigurationsdatei für die Instanziierung	221
Quellcode 5.13	Generierte Instanziierungsregeln in Jena-Rules-Syntax	222

Verzeichnis der Codebeispiele

Quellcode 6.1   Zuordnung von Java-Packages zu Ontologie-Namespaces . . .   229

1 Einleitung

Elektronische Daten und Dokumente bestimmen mittlerweile einen Großteil unseres Alltags. Kostengünstige Speichertechnologien und große Übertragungsbandbreiten erlauben es heute, Informationen in großem Umfang zu speichern, zu duplizieren und zu verteilen. Im privaten Umfeld wird dies unter anderem im Bereich der Fotografie deutlich. Durch das Angebot an digitalen Kameras und Bildbearbeitungsprogrammen ist fast jeder in der Lage, digitale Bilder zu erstellen und zu bearbeiten. Eine der derzeit erfolgreichsten Online-Plattformen für Fotos, *Flickr*, verzeichnet nach eigenen Angaben [@Flickr] pro Minute mehr als 4.000 neue Bilder. Ebenfalls rasant gestiegen ist die Zahl digitaler Audio- und Videodokumente im World Wide Web (WWW). Hier sind es im Gegensatz zu digitalen Bildern seltener persönliche Erlebnisse, die dokumentiert werden. Stattdessen stehen Unterhaltung und Information im Vordergrund, sei es in Form von Musik, Hörbüchern, Radio-/Fernsehmitschnitten oder Filmen. Laut einer Studie von BITKOM [@BITKOM] wurden allein in Deutschland 2008 rund 49 Millionen Musik-Dateien, Hörbücher, Videos, Spiele und Software-Produkte legal im Internet erworben und auf PCs heruntergeladen. Nicht zu unterschätzen ist ebenso die Zahl der Textdokumente, die im privaten und geschäftlichen Umfeld als Kommunikations- und Informationsmittel anfallen, darunter z. B. Handbücher, Publikationen, Briefe, Präsentationen etc. Die Prognosen bezüglich der technischen Entwicklungen im Bereich der Endgeräte und Bandbreiten in den nächsten Jahren machen deutlich, dass auch langfristig mit einem steten Wachstum persönlicher Datensammlungen, insbesondere multimedialer Dokumente, zu rechnen ist (vgl. [@BMWi]). Daraus lässt sich vor allen Dingen ein Trend hin zu mittelfristiger Speicherung und Archivierung von

1 Einleitung

Dokumenten im Internet (der Nutzung von so genanntem Online-Speicherplatz) ableiten, insbesondere um mobil und ortsunabhängig auf persönliche Daten zugreifen zu können.

Bereits deutlich spürbar sind die resultierenden Probleme der Massendatenhaltung. Neben dem extrem wachsenden Speicherbedarf treten auch Fragen, die mit der langfristigen Verwaltung und Archivierung von Dokumentensammlungen verbunden sind, immer mehr in den Vordergrund: Wie geht man in 20 bis 30 Jahren mit heute erstellten multimedialen Dokumenten um? Wie geht man mit technologischen Veränderungen um und gewährleistet die Präsentationsfähigkeit von Formaten? Wie werden größere Sammlungen inhaltlich "gewartet", sodass wichtige Dokumente geeignet bewahrt, redundante oder irrelevante dagegen aussortiert werden? Wie realisiert man einen sicheren, personenbezogenen Zugang zu persönlichen Dokumenten? Für den einzelnen Nutzer stellt sich mittelfristig in erster Linie die Frage, wie er trotz der Menge der Dokumente auf die damit verbundenen Informationen schnell und zielsicher zugreifen kann, und die Orientierung behält. Insbesondere private Nutzer werden vor die mitunter schwierige Aufgabe gestellt, Strategien zur Organisation ihrer Dokumente zu entwickeln, um eine effiziente Verwaltung zu gewährleisten. Gleichzeitig jedoch ist die Bereitschaft zum Mehraufwand für die Annotation und Ordnung der Dokumente meist gering. Wie in [Rodden & Wood, 2003] im Rahmen einer Studie gezeigt, sinkt diese bei Bildsammlungen mit der Anzahl der Bilder noch mehr. Dieses Verhalten lässt sich durchaus auch auf andere Dokumenttypen übertragen. Folglich sammeln sich im Laufe der Zeit große Mengen eher grob oder unzureichend organisierter Dokumente an.

Eine typische Methode zur Organisation persönlicher Dokumentensammlungen ist, wie in einer Reihe von Arbeiten [Jones et al., 2005; Boardman & Sasse, 2004; Henderson, 2005] belegt, nach wie vor die Verwendung von Verzeichnishierarchien auf Dateiebene. Dokumente werden dabei in Ordnern gruppiert, die nach einer individuellen Methode benannt und hierarchisiert werden. Das Prinzip ist leicht verständlich und einfach zu handhaben – nicht zuletzt auch dadurch, dass das Problem der Menge durch das Aufgliedern in Unterordner in kleinere Teilprobleme zerlegt ("divide-and-conquer") und Komplexität verdeckt wird. Allerdings stößt man sehr schnell an die Grenzen dieser Organisationsstruktur: In einer strengen Hierarchie können Objekte nur an einer einzigen Stelle im Baum liegen, d.h. nur in einem bestimmten Ordner. Dokumente, die verschiedenen Kontexten zugeordnet werden können (z. B. durch Bezug zu einem Projekt, einem Ort oder einem Ereignis), sind daher schwer zu positionieren und dementsprechend auch schwer wieder zu finden. Der Einsatz von Datei- und Ordnerverknüpfungen oder so genannte "Virtuelle Ordner" (Vereinigung von Objekten in einem Ordner unabhängig vom physischen Speicherort) [Becker & Ferreira, 1996] bieten mehr Möglichkeiten, stellen jedoch auch höhere Anforderungen an den Nutzer beim Aufbau der Ordnerstruktur. Von Seiten des Systems kann hier natürlich Unterstützung angeboten werden, indem virtuelle Strukturen dynamisch anhand bestimmter Eigenschaften oder Facetten (*Facets*) [Yee et al., 2003; Smith et al., 2006] erstellt werden. Dies setzt allerdings voraus, dass entsprechende Informationen über die Objekte (Metadaten) vorhanden sind, nach denen eine Gruppierung vorgenommen werden kann. Im einfachsten Falle können das natürlich Dateiinformationen sein, wie das Aktualisierungsdatum, die Größe oder der Typ. Letztlich sind jedoch Attribute, die ein Dokument inhaltlich näher charakterisieren, wirkungsvoller.

Ein sehr einfaches Prinzip der Annotation stellt das Hinzufügen einzelner Schlüsselwörter dar. Geradezu eine Renaissance erlebte dieses Prinzip durch das Aufkommen so genannter *Social Software* und der Web 2.0-Philosophie in den letzten Jahren: mit Hilfe von *Tags* können Nutzer auf einfache Weise Web-Inhalte (z. B. Bilder, Artikel, Weblogs etc.) "etikettieren" und damit für sich und für andere erschließen. Der Erfolg gibt dem Konzept Recht, jedoch ergeben sich auch eine ganze Reihe Nachteile und Grenzen für diesen Ansatz. Da die Wahl der Tags häufig keinerlei Beschränkungen unterworfen wird (beispielsweise durch ein kontrolliertes Vokabular oder ein vorgegebenes Muster), und Nutzer für den gleichen Begriff verschiedene Schreibweisen verwenden können, führen Suchanfragen nicht immer zu einem befriedigenden Ergebnis. Probleme erzeugen insbesondere Synonyme, Homonyme und unterschiedliche Sprachen. Darüber hinaus werden Tags nicht selten "missbraucht", indem spezielle Kodierungen (keine natürliche Sprache) verwendet werden, um Inhalte ganz individuell zu markieren und umso zielsicherer wiederzufinden oder vor dem Zugriff anderer

1 Einleitung

zu "verstecken".

Deutlich wird daraus vor allen Dingen, dass die Interpretationsfähigkeit von Informationen über Dokumente für den Nutzer gegeben sein muss. Dies ist in der Regel bereits dann schwierig, wenn verschiedene Personen mit subjektiven Sichten Beschreibungen erstellen. Freie Annotationen von verschiedenen Nutzern können mitunter extrem voneinander abweichen. Will man zudem geeignete maschinelle Unterstützung, muss die verwendete Syntax und Struktur der gegebenen Daten einem einheitlichen Schema entsprechen oder sich zumindest dahin überführen lassen. Dies hat in einer Reihe von Anwendungsdomänen (u. a. im Bereich digitale Bibliotheken, Museen, Medizin) bereits erfolgreich stattgefunden, indem Metadatenstandards als Grundlage für Datenaustausch und -wiederverwendung festgelegt wurden. Für den Bereich der persönlichen Dokumente und Daten ist eine solche übergreifende Standardisierung schwieriger durchzusetzen, obwohl eine Reihe von Ansätzen existieren [Salembier & Sikora, 2002; Sauermann, 2006; Xiao & Cruz, 2006]. Die Art der Darstellung, die zugrunde liegende Semantik, wie auch das Verfahren zur Erstellung der Metadaten hängt sehr stark vom Medienobjekt selbst und dessen Anwendungskontext ab. Dieser ist gerade im Privatbereich schwer zu bestimmen, da die Nutzergruppe sehr heterogen ist (bezüglich Alter, Fähigkeiten, Motivation etc.) und die Zielsetzungen, Sichten und Prioritäten über die Zeit hinweg Änderungen unterworfen sind, die sich aus der Lebenssituation und persönlichen Entwicklung ergeben. Daher gestaltet sich die Entwicklung automatischer und semi-automatischer Extraktions- und Modellierungstechniken für diesen Bereich äußerst schwierig – obwohl eine Automatisierung aufgrund der Komplexität und des Umfangs multimedialer Dokumentensammlungen notwendig ist, um den Aufwand und die mentalen Anforderungen für den einzelnen Nutzer zu reduzieren.

Inhaltsbasierte Techniken zur Indexierung von Dokumenten existieren bereits seit längerem, insbesondere im Bereich der Textdokumente. Als ein Teilaspekt des Forschungsgebietes der Computerlinguistik bildet das Extrahieren von Informationen aus natürlichsprachigen Texten unter anderem die Grundlage für die automatische Verschlagwortung, Kategorisierung oder Zusammenfassung von Textdokumenten. Dieser Forschungsbereich gilt dabei bereits als intensiv untersucht. Web-Suchdienste, wie

Google [@Google], nutzen entsprechende Techniken schon seit langem, um die Vielzahl der Web-Inhalte für die Web-Suche zu indizieren. Im Unterschied dazu scheint der Bereich der Indexierung und Suche audio-visueller Inhalte noch wenig Einfluss auf praktische Anwendungen zu haben und ist nach wie vor Gegenstand der Forschung. Man kann feststellen, dass die Zahl der Forschungsarbeiten auf dem Gebiet des *Multimedia Information Retrieval* (MIR) erst in den letzten Jahren, durch verbesserte Rechenleistung und Speichermöglichkeiten, zugenommen hat. Im Vordergrund stehen bislang Anwendungen, die auf der Ähnlichkeitsbestimmung von Merkmalen beruhen (z. B. *Query-by-Example* bei der Bildsuche). Dabei werden strukturelle Merkmale (so genannte *low-level features*) aus den multimedialen Daten errechnet und in Form mehrdimensionaler Vektoren beschrieben. Bei der Suche erfolgt dann ein paarweiser Vergleich der Vektoren anhand eines Ähnlichkeitsmaßes mit der Anfrage. Sucht man jedoch nicht anhand eines Referenzobjektes, sondern anhand eines semantischen Inhaltsmerkmals, benötigt das Multimedia-Dokument eine über die strukturellen Merkmale hinausgehende inhaltliche Beschreibung, die z. B. durch Annotation oder automatische Zuordnung von Low-Level-Merkmalen zu semantischen Konzepten (z. B. im Rahmen von Objekt- oder Personenerkennung, Szenenklassifikation etc.) gewonnen wird. Ein semantisches MIR, d. h. ein Retrieval auf Basis semantischer Konzepte, hängt sehr stark vom Anwendungshintergrund und der entsprechenden Interpretation der Inhalte ab. Grenzt man das Anwendungsgebiet hinreichend ein, findet man auch hier eine Reihe praktischer Anwendungen (z. B. im Bereich Medizin, Videoüberwachung etc.). Ein geeigneter Ansatz für den Privatbereich, für die Berücksichtigung der Besonderheiten *persönlicher* multimedialer Dokumente, fehlt bislang.

In [van Ossenbruggen et al., 2004] werden die aus der Literatur bekannten Probleme der Metadatenmodellierung im Allgemeinen und insbesondere für multimediale Dokumente zusammengefasst. Neben den bereits zuvor angesprochenen Problemen der Kosten der Erstellung von Metadaten, der Subjektivität von Annotationen, der Restriktivität bzw. Mächtigkeit und der Standardisierung von Metadatenmodellen, weisen die Autoren auch auf Fragen der Langlebigkeit von Annotationen und dem Schutz der Privatsphäre hin, welche noch nicht ausreichend geklärt sind. Spezifische Problemstellungen bei der Modellierung von Metadaten multimedialer Objekte sind

1 Einleitung

die Granularität und der Detailgrad der Beschreibungen, die audio-visuelle Interpretation, sowie die entsprechende Workflow-Unterstützung (Lebenszyklus) und Rechteverwaltung (*Digital Rights Management*). Der dabei aufgespannte Forschungsbereich ist außerordentlich weitläufig und umfangreich, und die enthaltenen offenen wissenschaftlichen Fragen nicht ohne weiteres zu lösen. Es besteht ein dringender Bedarf an intelligenten, nutzergerechten und langfristig wirksamen Methoden und Techniken zur Verwaltung persönlicher multimedialer Dokumente. Aktuell muss man jedoch eher kritisch feststellen, dass durch die Vielzahl existierender Anwendungen, die zum Teil eigene Speicher- und Verwaltungsstrukturen verwenden, die verschiedenen Zugänge zu einer "Informationsfragmentierung" (*information fragmentation* [Karger & Jones, 2006]) führen. Der erhebliche Organisationsaufwand wird so trotz innovativer Such- und Browseranwendungen nicht wirklich gemindert, da ein anwendungs- und informationsübergreifendes Konzept fehlt, mit dem Relationen und Zusammenhänge semantisch modelliert werden können. Ein Informationsaustausch zwischen Einzelanwendungen zur Verwaltung von Dokumenten findet im Wesentlichen nur über das klassische Dateisystem statt, welches jedoch nur bedingt Möglichkeiten zur Modellierung von Eigenschaften, Kontextinformationen und Zusammenhängen von Dokumenten bietet. Ebenso lässt sich festhalten, dass heterogene Dokumentenkollektionen, die durch verschiedene Medientypen und anwendungsspezifische Formate bestimmt werden, nach einem generischen Ansatz zum Umgang mit Metadaten und Kontextinformationen verlangen. Dies ist jedoch zum heutigen Zeitpunkt weder bezüglich eines einheitlichen und anwendungsübergreifend austauschbaren Datenmodells, noch hinsichtlich der Akquisition und Erstellung gegeben.

Um den beschriebenen Herausforderungen gerecht zu werden, sind unter anderem Methoden der Wissensrepräsentation nötig, da der enge Bezug zu persönlichen Kontextinformationen die Modellierung komplexer Zusammenhänge erfordert. Mit der Idee des *Semantic Web* [Berners-Lee et al., 2001] wurden in den vergangenen Jahren deklarative Wissensrepräsentationssprachen, wie RDF [@RDF] und OWL [@OWL], entwickelt und standardisiert, mit dem Ziel, eine anwendungsübergreifende, explizite Modellierung von semantischen Beschreibungen zu gewährleisten. Damit verbundene Technologien liefern die Lösung für das Problem der stetig wachsenden und sich entwickelnden Menge persönlicher Daten und Dokumente und bieten die entsprechende Grundlage zur maschinellen Verarbeitung, Interpretation und Speicherung menschlichen Wissens. Allerdings sind Semantic-Web-Technologien oder semantische Technologien im Bereich *Personal Information Management* (PIM) bzw. der persönlichen Dokumentenverwaltung nach wie vor noch wenig präsent. Der eigentliche Mehrwert dieser Technologien wird kaum ausgeschöpft. Dies hängt im Wesentlichen mit den recht hohen Anforderungen zusammen, die der Einsatz sowohl an den Entwickler (mangels geeigneter Werkzeugunterstützung) als auch an den Nutzer (mangels intelligenter Anwendungen) stellt. Die Anforderungen, die durch den Einsatz von semantischen Technologien gestellt werden, sollten nicht an den Anwender weitergegeben werden, sondern durch die durch den PIM-Entwickler erstellten Anwendungen verborgen werden. Das Semantic Web wird zweifelsohne nicht als "vordergründige" Technologie erfolgreich sein – im Vergleich zu beispielsweise (X)HTML, welches relativ geringe Anforderungen an den Anwender stellt und damit auch Laien die Erstellung von Inhalten ermöglicht. Stattdessen ergibt sich mittel- und langfristig der Mehrwert für sowohl klassische als auch innovative Anwendungen eher im Hintergrund, durch leistungs- und ausdrucksfähigere Metadatenrepositorien und anwendungsübergreifenden Austausch und Interpretation von Informationen.

1.1 Problemdefinition und wissenschaftliche Herausforderungen

Im Folgenden soll dargestellt werden, welche konkrete Problemstellung sich aus dem beschriebenen Anwendungsbereich und dem Einsatz semantischer Technologien für die Verwaltung persönlicher, multimedialer Dokumente ergeben. Damit wird das Themenspektrum für die später folgende Darstellung der Forschungsfragen und der Zielsetzung näher eingegrenzt.

1 Einleitung

Probleme

▶ Allein auf Basis hierarchischer Ordnerstrukturen oder Verschlagwortung ist die langfristige Verwaltung einer Sammlung persönlicher multimedialer Dokumente nicht praktikabel. Demgegenüber stellt der Einsatz semantischer Technologien zum heutigen Zeitpunkt für den Anwender z. T. eine erhebliche Herausforderung dar, da eine geeignete Unterstützung bei der Erstellung und Wartung semantischer Annotationen fehlt und ein erheblicher Mehraufwand bei der Einarbeitung in diese Technologien entsteht.

▶ Der Lebenszyklus eines Multimedia-Dokumentes (*document lifecycle*) wird bislang im beschriebenen Anwendungsfeld kaum berücksichtigt, insbesondere bezüglich der Informationen und Kontextdaten, die mit dessen Erstellung, Bearbeitung und Nutzung verbunden sind. Jedoch sind gerade diese Informationen bei persönlichen Dokumenten langfristig für den Anwender am wertvollsten, da sie einerseits das Entstehungsereignis und anderseits den Nutzungskontext enthalten – beide stehen in der Regel in einem engen Bezug zu persönlichen Informationen, wie Terminen, Kontakten, Erlebnissen etc. Darüber hinaus ist zu beachten, das semantische Beschreibungen entsprechend der Änderungen, die an Dokumenten vorgenommen werden, aktualisiert bzw. synchronisiert werden müssen. Es fehlen grundlegende Lösungen zur langfristigen und ganzheitlichen Konsistenzsicherung gewonnener Daten bei sich über die Zeit hinweg entwickelnden Dokumentensammlungen.

▶ Bislang existieren keine Lösungsansätze, die externe Informationsquellen, im Sinne von anwendungsübergreifenden Kontextinformationen und "Weltwissen", ausreichend berücksichtigen und zur Modellierung und Erweiterung semantischer Beschreibungen von Dokumenten nutzen. Die Einordnung von Dokumenten in ihren Kontext und in den vorhandener (persönlicher) Informationen wird von bestehenden Ansätzen nicht abgedeckt.

▶ Aktuell fehlt es an Standards (bzw. De-Facto-Standards) oder Richtlinien für Datenmodelle (bzw. Ontologien) zur Beschreibung persönlicher multimedialer

Dokumente, deren Lebenszyklus und deren Kontext. Es existiert eine Vielzahl domänen- und anwendungsspezifischer Ontologien. Die Anwendungsbereiche multimedialer Dokumente sind sehr vielfältig und beinhalten unterschiedliche Konzeptualisierungen (im privaten Bereich verstärkt durch persönliche Sichten und Interessen). Darüber hinaus existiert eine Vielzahl von Dokumenten- und Metadatenformaten, die je nach Anwendungskontext relevant oder eher irrelevant sein können.

➤ Anwendungsentwickler sind von einer hinreichend mächtigen Anwendungsschnittstelle zu einer semantischen Wissensbasis abhängig, um innovative und intelligente Werkzeuge und PIM-Anwendungen zu entwickeln. Was diese Schnittstelle leisten kann, hängt von der Funktionalität des "Back-End"-Systems ab. Für die Entwicklung eines solchen Systems für die semantikbasierte Verwaltung persönlicher Daten und Dokumente existiert bislang kein verbreitetes Architekturkonzept. Zur Vereinfachung des Entwicklungsprozesses fehlt eine Abstraktionsebene, auf der semantikbasierte PIM-Anwendungen aufsetzen können.

Thesen

Ausgehend von den genannten Problemen und Defiziten werden für diese Arbeit folgende Thesen aufgestellt:

- Eine geeignete Grundlage für die intelligente, langfristige Verwaltung persönlicher multimedialer Dokumente bietet das *Semantic Web* und die damit verbundenen Technologien. Mit Hilfe anwendungsspezifischer Ontologien kann der Anwender Dokumente über deren Relationen zueinander und zu persönlichen, kontextuellen Informationen geeignet annotieren und wiederfinden.

- Die Komplexität einer ontologiebasierten Dokumentenverwaltungslösung wird nur durch entsprechende Automatismen, die dem Anwender grundlegenden Annotations- und Bearbeitungsaufwand abnehmen, beherrschbar. Dazu zählen insbesondere Mechanismen zur automatischen Generierung von Basisbeschreibungen für Dokumente, die vom Nutzer entsprechend erweitert werden können,

1 Einleitung

und zur Sicherstellung der Synchronität zwischen der Dokumentensammlung und der semantischen Datenbasis.

- Die notwendige Sicherung der Datenqualität in einer semantikbasierten Dokumentenverwaltung wird durch die geeignete Kombination aus automatischen und manuellen Korrekturmechanismen gewährleistet, um so den Mehraufwand für den Nutzer zu beschränken und der Vielschichtigkeit semantischer Datenprobleme zu begegnen.

- Durch die Trennung der Anwendungslogik eines Dokumentenverwaltungssystems in eine prozedurale, domänenunabhängige und eine deklarative, domänenspezifische Ebene wird der einfache und komfortable Austausch bzw. die Anpassung der verwendeten Domänenontologie zur Unterstützung verschiedenster Wissensmodelle ermöglicht.

1.2 Forschungsziele und zu lösende Aufgaben

Aufbauend auf den zuvor genannten Problemstellungen und Arbeitsthesen besteht die Vision dieser Arbeit in einem System, welches die Verwaltung von persönlichen Dokumentensammlungen auf Basis semantischer Informationen ermöglicht und das Fundament für die Entwicklung innovativer Werkzeuge für das persönliche Informations- und Wissensmanagement (PIM) bildet. Unter diesem Aspekt sind folgende Forschungsziele dieser Arbeit zu verstehen:

- Spezifikation notwendiger, anwendungsunabhängiger Mechanismen für die konsistente und effiziente ontologiebasierte Verwaltung persönlicher, multimedialer Dokumente. Dazu gehören Mechanismen für

  - die *semi-automatische Modellierung* semantischer Dokumentenbeschreibungen auf Basis der Metadaten und inhärenter Informationen und unter Berücksichtigung von Anwendungskontext und externer Informationsquellen,

- die *Aktualisierung und Erweiterung* semantischer Beschreibungen entsprechend dem Lebenszyklus der Dokumente und zuvor spezifizierter Phasen und Kontextinformationen, welche diesen bestimmen, und
- die Gewährleistung der *Qualität, Konsistenz und Effizienz* der Datenbasis über einen längeren Zeitraum hinweg.

- Konzeption einer modularen, flexiblen Architektur eines ontologiebasierten Verwaltungssystems für multimediale Dokumente im Sinne einer Plattform für PIM-Anwendungen auf Basis der zuvor spezifizierten Mechanismen. Diese soll den Aspekt der Trennung domänenabhängiger und domänenunabhängiger Anwendungslogik unterstützen und eine vom verwendeten Datenmodell bestimmte und hinreichend mächtige Anwendungsschnittstelle für den Zugriff auf und die Interaktion mit den semantischen Daten bieten.

- Evaluation der entwickelten Architektur hinsichtlich ihrer domänenübergreifenden Einsatzfähigkeit und Anpassbarkeit anhand unterschiedlicher Anwendungsszenarien. Grundlage dafür bildet eine Referenzimplementierung, die die entwickelte Architektur in wesentlichen Teilen prototypisch realisiert.

Abgrenzung

Verdrängungsmechanismen (d. h. das Auslagern selten genutzter Dokumente auf langsamere oder nicht permanent verfügbare Speichermedien) und damit verbundene Besonderheiten werden in dieser Arbeit nicht näher betrachtet. Stattdessen wird unterstellt, dass alle Dokumente, die durch das ontologiebasierte System verwaltet werden, jederzeit verfügbar sind. Ebenso wird davon ausgegangen, dass Werkzeuge existieren, die die Präsentation und Bearbeitung diverser Dokumentenformate gewährleisten – dies insbesondere in Hinblick auf zukünftige Formate (z. B. JPEG2000) bzw. spezielle Langzeitformate (z. B. PDF/A). Daher werden diese Formate nicht näher untersucht.

Ebenfalls nicht im Fokus dieser Arbeit stehen Aspekte der Datensicherheit und der Schutz personenbezogener Daten. Hier wird von entsprechenden Randbedingungen

1 Einleitung

zur Wahrung persönlicher Rechte ausgegangen. Des Weiteren werden auch Verfahren zur digitalen Rechteverwaltung (Digital Rights Management), mit deren Hilfe die Nutzung digitaler Medien kontrolliert wird, aus den Betrachtungen ausgeschlossen. Generell ist auch die Entwicklung innovativer, bedarfsgerechter Benutzerschnittstellen nicht primärer Forschungsgegenstand dieser Arbeit. Dies betrifft auch die Betrachtung mobiler Endgeräte und Umgebungen, die spezielle Formen der Dialog- und Interaktionsgestaltung benötigen bzw. ermöglichen. Im Rahmen dieser Arbeit wird ein Schwerpunkt auf die klassische desktoporientierte Dokumentenverwaltung gelegt und daraus Anforderungen abgeleitet. Um die Leistungsfähigkeit und Tauglichkeit der entwickelten Architektur und Anwendungsschnittstelle zu belegen, wurden lediglich beispielhafte Anwendungen prototypisch realisiert.

1.3 Aufbau der Arbeit

Die vorliegende Arbeit gliedert sich in sieben Kapitel, deren jeweilige Inhalte und Relationen zueinander Abbildung 1.1 schematisch dargestellt. Wie zu erkennen, bilden Kapitel 2 und 3 die Grundlage für das in Kapitel 4 vorgestellte Konzept, auf welches die in Kapitel 5 beschriebene Architektur aufbaut. Im Folgenden werden die jeweiligen Inhalte und Schwerpunkte der Kapitel kurz zusammengefasst.

Kapitel 2 – Verwaltung multimedialer Dokumente: Anforderungen und Stand der Technik

Kapitel 2 widmet sich der Darstellung des Standes der Technik im Bereich der Verwaltung multimedialer Dokumente. Dies umfasst zum einen die Beschreibung der Eigenschaften multimedialer Dokumente und zum anderen die Verfahren zur inhaltsbasierten Suche in multimedialen Dokumentensammlungen. Ziel ist es, die Möglichkeiten und Grenzen existierender Lösungen bewerten zu können und in Relation zu den aus Nutzerstudien gewonnenen Erkenntnissen zum typischen Umgang mit persönlichen Dokumenten zu setzen. Die Schlussfolgerungen zum notwendigen Einsatz semantischer Technologien bilden den Ausgangspunkt für die Analysen in Kapitel 3.

1.3 Aufbau der Arbeit

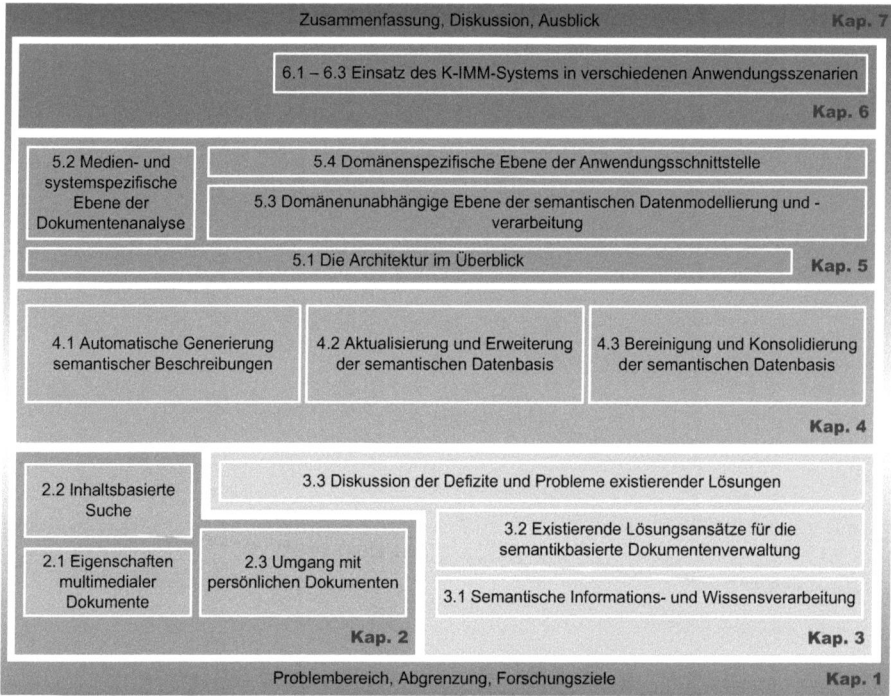

Abbildung 1.1: Aufbau der Arbeit in grafischer Darstellung

Kapitel 3 – Semantische Technologien zur Verwaltung persönlicher, multimedialer Dokumente

Bezugnehmend auf die Erkenntnisse aus Kapitel 2 wird in Kapitel 3 der Bereich der semantischen Technologien, d. h. der Technologien zur semantischen Informations- und Wissensverarbeitung, vorgestellt, gefolgt von der Darstellung und Beurteilung existierender Lösungsansätze für die semantikbasierte Verwaltung persönlicher, multimedialer Dokumente. Die anschließende Diskussion des State-of-the-Art und der Defizite und Probleme existierender Lösungen bildet die Grundlage für die Entwicklung eines eigenen Konzeptes, welches in Kapitel 4 vorgestellt wird.

1 Einleitung

Kapitel 4 – Ontologiebasierte Indexierung und Kontextualisierung persönlicher, multimedialer Dokumente

In Kapitel 4 werden die im Rahmen dieser Dissertation entwickelten domänenunabhängigen Mechanismen für (1) die semi-automatische Generierung semantischer Beschreibungen für persönliche, multimediale Dokumente, (2) die Aktualisierung und Erweiterung der semantischen Beschreibungen und (3) die systemgestützte Bereinigung und Konsolidierung der semantischen Datenbasis beschrieben. Um den in Kapitel 3 definierten Entwurfskriterien zu genügen, sind die vorgestellten Mechanismen als regelbasierte, schrittweise Prozesse konzipiert, die jeweils ein hohes Maß an Flexibilität und Erweiterbarkeit bieten. Sie stellen die domänenunabhängige Anwendungslogik eines semantikbasierten Dokumentenverwaltungssystems dar, welche durch domänenspezifische Regeln und Konfigurationen dynamisch an den jeweiligen Anwendungsfall angepasst werden kann. Auf Basis dieses Ansatzes kann der Entwurf eines entsprechendes "Back-End"-Systems erfolgen, dessen Architektur den zweiten Teil dieser Dissertation bildet und in Kapitel 5 beschrieben wird.

Kapitel 5 – Eine komponentenbasierte Architektur für die semantische Verwaltung persönlicher, multimedialer Dokumente

Die auf Basis der in Kapitel 4 beschriebenen Mechanismen konzipierte komponentenbasierte Architektur wird in Kapitel 5 vorgestellt. Diese in drei Schichten gegliederte Architektur stellt ein "Back-End"-System für eine semantikbasierte Dokumentenverwaltung dar und beinhaltet Komponenten (1) zur medienspezifischen Dokumentenanalyse, (2) zur domänenunabhängigen semantischen Datenmodellierung und (3) zum domänenspezifischen Zugriff auf die modellierten semantischen Daten im Sinne einer Anwendungsschnittstelle. Schwerpunktmäßig werden die konsequente Trennung zwischen domänenunabhängiger und domänenabhängiger Anwendungslogik und die Möglichkeiten des Anwendungsentwicklers zur domänen- und anwendungsspezifischen Anpassung des Systems beschrieben.

Kapitel 6 – Einsatz des K-IMM-Systems in verschiedenen Anwendungsszenarien

Aufgrund der durch die entwickelten Mechanismen und den Architekturentwurf gegebenen Flexibilität und Anpassbarkeit konnte das prototypisch umgesetzte System in drei Beispielszenarien erprobt werden. Diese werden in Kapitel 6 mit den jeweiligen Implementierungen näher vorgestellt. Die beschriebenen Einsatzszenarien und zugehörigen Realisierungen bilden einen Nachweis für den erzielten generischen Charakter und die Flexibilität der Architektur und machen deutlich, dass sich durch deren Einsatz der hauptsächliche Entwicklungsaufwand auf die eigentlichen Benutzerschnittstellen der Anwendungen beschränkt.

Kapitel 7 – Zusammenfassung und Ausblick

Kapitel 7 fasst die vorliegende Arbeit zusammen und diskutiert die in den einzelnen Kapiteln vorgestellten Lösungsansätze hinsichtlich ihrer wissenschaftlichen Beiträge. Im Anschluss daran werden die Ergebnisse in Bezug auf die zu Beginn dieser Arbeit spezifizierten Forschungsziele analysiert und bewertet. Abschließend werden Perspektiven zur Weiterentwicklung und Ansatzpunkte für zukünftige Arbeiten aufgezeigt.

2 Verwaltung multimedialer Dokumente: Anforderungen und Stand der Technik

Ausgehend von der Zielsetzung dieser Dissertation lassen sich drei Schwerpunkte ableiten, die einer näheren Betrachtung unterzogen werden sollten: die Verwaltung **multimedialer** Dokumente, die Verwaltung **persönlicher** Dokumente und die **semantische** Verwaltung von Dokumenten. "Verwaltung" beinhaltet in diesem Zusammenhang im Wesentlichen die Ablage, Aufbewahrung und Bereitstellung von digitalen Dokumenten. Von zentraler Bedeutung ist hierbei das effiziente und bedarfsgerechte Wiederfinden von Dokumenten und enthaltener Informationen. Multimediale Objekte und Dokumente[1] stellen durch ihre inhaltliche Komplexität zweifelsohne eine besonders große Herausforderung dar. Verschiedene Aspekte tragen mit zu dieser Herausforderung bei (vgl. [Schmitt, 2004][2]):

- Durch das in der Regel recht hohe **Datenvolumen** multimedialer Objekte werden meist effiziente Kompressionsverfahren eingesetzt, um den Speicherbedarf gering zu halten. Die Anzeige bzw. Präsentation insbesondere zeitkritischer Medientypen wie Audio und Video stellt darüber hinaus besondere Anforderungen

---

[1] Die Abgrenzung der Begriffe "Medienobjekt" und "Dokument" erfolgt in Abschnitt 2.1.
[2] Darüber hinaus wird in [Schmitt, 2004] auch das Problem der Ein-/Ausgabegeräte genannt, die zur Verfügung stehen müssen, z. B. im Falle einer Suche nach einem Musikstück anhand einer gesummten Melodie (*Query-by-Humming*)

an die Ressourcenverwaltung. Um eine Sammlung multimedialer Dokumente zu verwalten, sind kompakte Repräsentationen wichtig, die es dem Anwender ermöglichen, auf den Inhalt zu schließen, ohne die Dokumente vollständig zu öffnen bzw. abzuspielen.

- Multimediale Objekte beinhalten eine **implizite Semantik**, welche den Schlüssel für ihre menschengerechte Verwaltung darstellen. Diese ist allerdings sehr subjektiv und lässt sich nur bedingt automatisch extrahieren (mehr dazu in Abschnitt 2.2.5).

- Es existieren **unterschiedliche Medientypen** und eine Vielzahl jeweils zugehöriger **Speicherformate** (vgl. Abschnitt 2.1), welche jeweils unterschiedliche Verarbeitungsschritte erfordern. Idealerweise ist deren Verwaltung für den Anwender transparent, d. h. eine entsprechendes System gewährleistet einen medientyp- und speicherformatunabhängigen Zugang. Sucht der Nutzer nach Bildern, so sollten alle zugehörigen Formate betrachtet werden. Sucht er eher inhaltlich, sollte dies auch medienübergreifend möglich sein (z. B. alle Bilder, Texte, Videos etc. zu einem Thema).

- Multimediale Dokumente können mehrere, z. T. heterogene Medienobjekte beinhalten oder referenzieren. Betrachtet man solche **komplexen Multimedia-Objekte** nur als ganzes, so benötigt man für jeden möglichen Typ entsprechende Verarbeitungsalgorithmen. Daher ist es besser, komplexe Medienobjekte in elementare Medienobjekte zu zerlegen und diese entsprechend zu verarbeiten. Die zugehörigen Strukturdaten müssen allerdings erhalten bleiben.

In diesem Kapitel sollen die nötigen Grundlagen gelegt werden, um existierende Lösungen und Forschungsansätze zur *Verwaltung multimedialer Dokumente* entsprechend bewerten zu können. Es soll dabei deutlich gemacht werden, welche technischen Möglichkeiten gegenwärtig als gegeben betrachtet werden können und welche Ergebnisse sie liefern. Nach einer Einführung in die Begrifflichkeiten und einer Darstellung der technischen Merkmale und Charakteristika multimedialer Objekte in Abschnitt 2.1, erfolgt in Abschnitt 2.2 die Darstellung von Methoden und Techniken aus dem Bereich der *inhaltsbasierten Suche* in multimedialen Sammlungen. Anschließend wird in Abschnitt 2.3 näher auf Erkenntnisse aus dem Bereich des *Personal Information Management* (PIM) bezüglich des Umgangs von Anwendern mit persönlichen Dokumenten eingegangen.

Multimedia-Datenbanken (oder Multimedia-Datenbank-Management-Systeme) werden in diesem Kapitel nicht näher betrachtet. Nach [Schmitt, 2004] kann eine Multimedia-Datenbank in erster Linie als eine Datenbank mit spezifischer Unterstützung für multimediale Daten betrachtet werden, welche u. a. MIR-Techniken zur inhaltsbasierten Suche mit Datenbankanfragetechniken verknüpft. An dieser Stelle soll daher lediglich auf weiterführende Literatur, wie [Meyer-Wegener, 2003] und [Schmitt, 2004], verwiesen werden, um den Fokus auf die MIR-spezifischen Prinzipien zu legen.

2.1 Eigenschaften multimedialer Dokumente

In der Literatur findet man verschiedene Definitionen und Interpretationen des Begriffs "Multimedia-Dokument". Prinzipiell leitet sich der Begriff "Multimedia" von *multi* (lat. *viel*) und *Medium* ab. "Medium" steht in diesem Zusammenhang allgemein für einen Träger oder Vermittler von Informationen. Demnach können Medien nach verschiedenen Gesichtspunkten klassifiziert werden, abhängig davon, welcher Auffassung dieses Begriffes man folgt. So kann ein Medium als Perzeptions-, Präsentations-, Repräsentations-, Speicher-, Übertragungs- und Informationsaustauschmedium betrachtet werden [Steinmetz, 1998]. Im Sinne eines Perzeptionsmediums[3] unterscheidet man hauptsächlich nach der menschlichen Sinneswahrnehmung (visuell, akustisch, haptisch etc.), sowie anhand des Zeitbezuges (zeitinvariant bzw. statisch, oder zeitvariant bzw. dynamisch).

Im Bereich der Informatik (sowie im Rahmen dieser Arbeit) sind im Wesentlichen die Medientypen *Text*, *Bild* (Rasterbild), *Grafik* (Vektorgrafik), *Video* (Bewegtbildaufnahmen) und *Audio* (Tonaufnahmen) relevant. Diese Medientypen werden oft auch

---

[3]Medium, das explizit zur Informationsaufnahme durch den Menschen dient

als *elementare* Medientypen bezeichnet, die als solche zu *komplexen* Medien kombiniert werden können. So kann eine Kombination aus Bewegtbildaufnahmen und Ton als komplexer Medientyp *Film* verstanden werden. Die Unterscheidung zwischen elementaren und komplexen Medien ist nicht unumstritten. Auch das Bewegtbild kann als Folge von Einzelbildern als Kombination eines elementaren Typs verstanden werden.

Wichtig an dieser Stelle ist die exakte Abgrenzung der Begriffe "Medienobjekt" und "Multimedia-Dokument", welchen in dieser Arbeit eine zentrale Bedeutung zukommt. In [Schmitt, 2004] findet man dazu folgende Definition:

> *"Ein »Multimedia-Dokument« kann neben Text-Daten zusätzlich Daten anderer Medientypen wie Video, Bild, Graphik und Audio enthalten. [...] Stattdessen beinhaltet ein »Medienobjekt« Daten eines beliebigen Medientyps. Ein »Multimediaobjekt« kann hingegen Daten verschiedener Medientypen in sich vereinen [...]"*

Ein Medienobjekt ist in erster Linie ein Datencontainer, welcher eine bestimmte Instanz *eines* Medientyps repräsentiert, z.B. ein Bild. Unter einem "Multimedia-Objekt" kann man dementsprechend eine Aggregation von Medienobjekten unterschiedlichen Typs verstehen. Mit dem Begriff "Multimedia-Dokument" ist gleichzeitig ein konkretes Datenformat für die Speicherung der Mediendaten verbunden. In [Schmitt, 2004] wird der Begriff "Dokument" als *"logisch zusammenhängender, digital kodierter Text"*, d.h. als reines Textdokument verstanden. Im Rahmen dieser Arbeit wird dieser Begriff jedoch weiter gefasst und synonym für ein digitales Dokument, welches einen oder mehrere Medientypen beinhaltet und ein konkretes Datenformat für deren Speicherung bereitstellt, verwendet. Um eine konkrete Abgrenzung vorzunehmen, wird an den entsprechenden Stellen in dieser Arbeit auch von Text-, Bild-, Audio- oder Videodokumenten gesprochen.

Darüber hinaus besteht ein Dokument meist aus zwei Teilen: den Daten, die den eigentlichen Inhalt repräsentieren und den begleitenden Daten, die das Dokument näher beschreiben. Ein digitales Bilddokument besteht beispielsweise aus einer Menge von Pixeln, welche den eigentlichen Bildinhalt darstellen, und zugehörigen Metadaten, die den Bildinhalt selbst nicht unmittelbar beeinflussen. In der Literatur wird der Begriff *Primärinformationen* oft für Rohdaten und eingebettete Metadaten verwendet, während *Sekundärinformationen* diejenigen Metadaten bezeichnen, die durch Extraktions- und Analyseverfahren aus dem Inhalt gewonnen werden.

2.1.1 Medientypen und ihre Eigenschaften

Eigenschaften und Inhalte multimedialer Dokumente hängen stark von den enthaltenen Medientypen ab. Jeder Medientyp stellt dabei unterschiedliche Anforderungen an die Erschließung der kodierten Informationen. Im Folgenden soll daher näher auf die inhaltlichen Merkmale der zuvor aufgeführten elementaren Medienobjekte und -dokumente eingegangen werden. Anschließend werden die Eigenschaften komplexer Mediendokumente dargestellt.

2.1.1.1 Text und Textdokumente

Nach DIN ISO/IEC 2382 ist Text definiert als

> *"Daten in Form von Zeichen, Symbolen, Wörtern, Wortgruppen, Absätzen, Sätzen, Tabellen oder sonstigen Zeichenanordnungen, denen eine Bedeutung unterliegt und deren Interpretation durch den Leser im wesentlichen auf seiner Kenntnis einer natürlichen Sprache oder einer künstlichen Sprache beruht."*

Folglich ist Text als eine bedeutungstragende Aneinanderreihung von Zeichen zu verstehen, welche einen bestimmten interpretierbaren Inhalt durch eine gemeinsame Sprache repräsentiert. Mit dem Aufbau und den Eigenschaften von natürlicher Sprache beschäftigt sich in erster Linie die Linguistik, welche die Grundlagen für verschiedene Disziplinen der Informatik, wie die Computerlinguistik und die Verarbeitung natürlicher Sprache (*Natural Language Processing*, kurz NLP), liefert.

Um dem Anspruch der Interpretierbarkeit durch den Leser gerecht zu werden, besitzen Texte neben dem eigentlichen Inhalt meist auch eine *logische Struktur* und ein bestimmtes Layout. Die logische Struktur ist dabei die vom Autor festgelegte abstrakte Einteilung des Textes (z. B. hierarchisch in Kapitel und Unterkapitel), welche zunächst unabhängig von der Präsentation ist und Verknüpfungen zwischen einzelnen Teilen des Dokuments ermöglicht [Ingold, 1989]. Das Layout (auch als *grafische Struktur* bezeichnet) vereinigt sowohl grafische Attribute (z. B. Schriftgröße) als auch metrische Beziehungen (z. B. Zeilenabstände). Abhängig vom individuellen Ausgabemedium ergibt sich aus der grafischen Struktur ein physisches Erscheinungsbild, welches vom Menschen wahrgenommen und interpretiert wird.

Die logische Struktur enthält wertvolle Informationen über die Bedeutung bestimmter Textabschnitte und unterstützt damit die Informationsgewinnung. Kann ein Element beispielsweise eindeutig als Inhaltsangabe oder Zusammenfassung identifiziert werden, so sind die darin enthaltenen Wörter mit hoher Wahrscheinlichkeit repräsentativ für das Dokument. In Fällen, in denen nicht direkt auf die logische Struktur zugegriffen werden kann, wird versucht aus der graphischen Struktur, also der Präsentation und Anordnung der Textelemente, Rückschlüsse auf die logische Struktur zu ziehen. Vor allem in den Bereichen Texterkennung (*Optical Character Recognition*, OCR) und Bildanalyse (*Document Image Analysis*) sind ausgereifte Methoden für eine solche Erkennung der logischen Struktur zu finden (vgl. [Klink et al., 2000], [Nagy et al., 1992], [Lee et al., 2003]).

Idealerweise sollten Inhalt und logische Struktur eines Textes von entsprechenden Layoutangaben getrennt sein, um die Unabhängigkeit von Informationen und deren grafischer Repräsentation zu gewährleisten und Austauschbarkeit zu ermöglichen. Diese Trennung ermöglicht gegebenenfalls auch eine gewisse Aufgabenteilung: während sich der Autor auf die Erstellung von Inhalt und logischer Struktur konzentriert, kann sich ein Designer um die Definition eines grafischen Layouts kümmern. Autoren übernehmen nicht selten auch die grafische Gestaltung des Inhaltes, um zusätzliche Informationen zu transportieren. In gängigen Textverarbeitungsprogrammen wird daher die Trennung von Inhalt und Struktur meist verschleiert, indem bei der Erstellung

2 Verwaltung multimedialer Dokumente

und Bearbeitung eines Textdokumentes bereits das resultierenden Erscheinungsbild dargestellt und manipuliert wird ("WYSIWYG"[4]-Prinzip). Dieses Vorgehen erleichtert natürlich den Autorenprozess. Allerdings sind die konkreten Annotationen für Struktur und Layout im Dokument nicht direkt sichtbar und bearbeitbar, was mitunter zu Problemen führen kann.

Die Kodierung der enthaltenen Informationen, d. h. die Verknüpfung von Inhalt und Struktur, wird durch das entsprechende Dokumentenformat bestimmt. Eine Übertragung der genannten strukturellen Ebenen auf die derzeit verbreiteten Textdokumentenformate ist nicht immer direkt möglich. Bei Formaten, die eine entsprechende Strukturierung und ein Markup[5] des Inhaltes erlauben, unterscheidet man zwischen proprietären Formaten, die meist nicht öffentlich dokumentiert und damit nicht ohne weiteres "einsehbar" sind, und freien Formaten.

Die Verbreitung der Dokumentenformate steht in einem engen Zusammenhang zur jeweiligen Anwendungsdomäne und der genutzten Werkzeuge. So wird beispielsweise TeX bzw. LaTeX überwiegend im akademischen Umfeld für wissenschaftliche Publikationen eingesetzt. Eine im Jahre 2006 im Rahmen eines Komplexpraktikums [@KP0607] durchgeführte Umfrage (näheres dazu in Abschnitt 2.3.2) bestätigte die Vermutung, dass Microsoft Word und Adobe PDF zu den verbreitetsten Textdokumentenformaten zählen. XML-basierte Office Dokumente werden vermutlich erst allmählich durch die zunehmende Verbreitung von Office 2007 zum Einsatz kommen und langfristig die bisherigen Office Dokumentenformate vermutlich ersetzen. Der Vorteil eines XML-basierten Dokumentenformates liegt in der Möglichkeit dieses unabhängig von einem bestimmten Textverarbeitungssystem zu verarbeiten, d. h. darin zu recherchieren und Informationen daraus zu extrahieren oder in andere Darstellungsformen zu transformieren. Logische und grafische Struktur sind offen zugänglich und verwertbar. Dem *OpenDocument Format*, als erstem ISO-Standard für ein offenes, XML-basiertes Dokumentenformat, kommt in diesem Zusammenhang als Wegbereiter dieser Entwicklung eine besondere Bedeutung zu.

---

[4]"What you see is what you get"
[5]Auszeichnung/Markierung bestimmter Stellen durch vordefinierte Elemente und Steuerzeichen

2.1.1.2 Bild und Grafik

Ein Bild stellt, ausgehend von den physikalischen Gesetzmäßigkeiten der Optik, im Grunde eine auf einer Ebene verteilte Repräsentation der Bestrahlungsstärke des sichtbaren Lichts dar und wird mathematisch durch eine zweidimensionale, kontinuierliche Bildfunktion beschrieben [Volmer, 2006]. Zur computergestützten Verarbeitung gibt es zwei verschiedene Ansätze der Beschreibung: zum einen als *Rastergrafik* und zum anderen als *Vektorgrafik*.

Bei der **Rastergrafik** wird die kontinuierliche Bildfunktion auf eine Matrix von Bildpunkten (Pixel) abgebildet (*Rasterung*). Die mit den jeweiligen Bildpunkten assoziierten Farb- und Helligkeitswerte werden auf eine endliche Anzahl diskreter Werte abgebildet (*Quantisierung*). **Vektorgrafiken** beruhen auf der Aufteilung des Bildinhaltes in grafische Primitive (z. B. Linien, Kreise, Polygone) mit konkreter Position, Größe, Farbe und Helligkeit. Ihr Vorteil liegt in der Möglichkeit, den Bildinhalt beliebig und ohne Qualitätsverlust zu skalieren, und dem meist deutlich geringerem Speicherplatzbedarf im Vergleich zu Rastergrafiken. Diese wiederum eignen sich für die Darstellung komplexer Bildinhalte, wie beispielsweise Fotos, die sich nicht ohne weiteres in grafische Primitive überführen lassen. Beide Darstellungsarten sind gebräuchlich und kommen je nach Anforderung zum Einsatz. Allerdings kann man davon ausgehen, dass insbesondere im privaten Bereich – allein durch die Verbreitung digitaler Kameras – die Verwendung von Rastergrafiken stärker ausgeprägt ist. Vektorgrafiken spielen vorwiegend im professionellen Umfeld (z. B. technische Zeichnungen) eine Rolle. Wie später in Abschnitt 2.2.2 näher erläutert, stellen Rastergrafiken eine größere Herausforderung bei der Analyse visueller Merkmale dar, da Bildzusammenhänge und dargestellte Objekte nicht explizit beschrieben sind, wie es bei Vektorgrafiken idealerweise der Fall ist.

Zur Beschreibung von *Farbe* bzw. dem Farbreiz, der als Sinneseindruck wahrgenommen wird, existieren verschiedenste *Farbmodelle*. Die durch ein Farbmodell darstellbaren Farben werden durch einen *Farbraum* repräsentiert, welcher ein Koordinatensystem mit Basiskoordinaten entsprechend der gewählten Farbvalenzen darstellt, und darin als Vektoren beschrieben. Die im Zusammenhang mit der computergestützten Verarbeitung von Bildern wichtigsten Farbmodelle lassen sich unterscheiden in technisch-physikalische, wie RGB, CMY und CMYK, und wahrnehmungsorientierte Modelle, wie HSV und HSL, die Farben durch die Merkmale Helligkeit, Sättigung und Farbton beschreiben. Weiterführende Informationen zur Darstellung und Reproduktion von Farbe, zu Farbmodellen und Umrechnung zwischen Farbmodellen sind unter anderem in [Foley et al., 1995; Berns, 2000; Hunt, 2004; Henning, 2007] zu finden. Für eine umfassende Betrachtung der Vor- und Nachteile verschiedener Farbmodelle sei auf [Gevers, 2001] verwiesen.

Durch das verwendete Grafikformat wird festgelegt, in welcher Form der visuelle Inhalt eines Bildes kodiert wird, d. h. mit welchem Farbmodell, mit welcher Farbtiefe, mit welcher Kompression. Je nach Anforderung eignet sich dabei eher das eine oder andere Format. Eine umfassende Beschreibung existierender Bildformate mit ihren Eigenschaften und Einsatzmöglichkeiten findet sich in [Henning, 2007].

2.1.1.3 Audio

Das menschliche Gehirn interpretiert Audioinformationen (wahrgenommenen Schall) anhand zweier wesentlicher Merkmale: der Tonhöhe und der Lautstärke. Physikalisch betrachtet verbirgt sich dahinter Frequenz und Amplitude einer sich durch ein Trägermedium (z. B. Luft) fortpflanzenden Schwingung (*Sinusschwingung*) bzw. verschiedener sich überlagernder Schwingungen. Audiosignale werden typischerweise durch einen zeitlichen Amplitudenverlauf beschrieben (*Wellenformdarstellung*), der als Schwingungen einer Membran (z. B. einer Lautsprechermembran) interpretiert werden kann [Ribbrock, 2007]. Deren Digitalisierung erfolgt durch die Abtastung des zeit- und wertkontinuierlichen Signals, d. h. in regelmäßigen (diskreten) Abständen wird das Analogsignal gemessen, festgelegten Quantisierungsstufen zugeordnet und sequenziell gespeichert [Steinmetz, 1998]. Diese Form der Aufzeichnung von Audiosamples wird *Pulse Code Modulation* (PCM) genannt. PCM-Signale lassen sich einfach speichern, verarbeiten und übertragen, haben jedoch auch einen relativ hohen Speicher- und Bandbreitenbedarf. Abhilfe schaffen Verfahren wie DPCM (*Differential Pulse Co-*

de Modulation) und ADPCM (*Adaptive Differential Pulse Code Modulation*). Für weiterführende Informationen sei an dieser Stelle auf [Henning, 2007], [Steinmetz, 1998] und [Pohlmann, 2005] verwiesen.

Eine Reihe von Audioformaten zur Speicherung von Audiosamples wurden im Laufe der Zeit entwickelt. Typische Vertreter, die auch im privaten Umfeld eine Rolle spielen, sind das auf dem RIFF-Containerformat basierende WAVE-Audioformat (*.wav), MPEG-1 Audio Layer 3 (MP3) und das proprietäre Format Windows Media Audio (WMA). Weitere Informationen zu diesen und weiteren Audioformaten sind u. a. in [Pohlmann, 2005] und [Henning, 2007] zu finden.

Audiosignale repräsentieren üblicherweise Musik oder Sprache (u. U. auch Geräusche). Im privaten Bereich sind sicherlich Musikdaten von besonderer Relevanz. Allerdings kommen Sprachsignalen als Informationsträger eine hohe Bedeutung zu. Daher soll im Folgenden kurz auf Eigenschaften von Musik- und Sprachsignalen eingegangen werden.

Musik

> *"Music can be defined as the art of disposing and producing sounds and silences in time..."* [Orio, 2006]

Musikinstrumente erzeugen in der Regel periodische Schwingungen und somit Töne, die eine spezifische *Grundfrequenz* aufweisen [Orio, 2006]. Lautstärke, Tonhöhe (*Pitch*) und Klangfarbe (*Timbre*) sind die für die jeweiligen Töne charakteristischen Merkmale, die deren Wahrnehmung beeinflussen. Mehrere unterschiedliche Töne, die zur gleichen Zeit gespielt werden, bilden einen Akkord. Abhängig von der Höhe der einzelnen Töne und deren Unterschied zueinander entstehen so spezifische Klangqualitäten.

Im Zusammenhang mit der Synthese von Musik und zur Übermittlung, Aufzeichnung und Wiedergabe von Musikinformationen wurde MIDI (*Musical Instrument Digital Interface*) entwickelt, ein Standard, der im Gegensatz zu den oben genannten Formaten zur Speicherung von Audiosamples eine instrumentenbezogene Darstellung verwendet. Die Kodierung beinhaltet dabei im Wesentlichen digitale Beschreibungen der verwendeten Instrumente, Noten, Zeitangaben und Lautstärke.

Sprache

Die natürliche Sprache lässt sich auf verschiedenen Ebenen betrachten. Die *phonetische Ebene* beschäftigt sich mit dem *Phon*, der kleinsten Einheit im Umgang mit Sprache. Durch Überlagerung mit benachbarten Lauten oder anderer Aussprache ergeben sich verschiedene Varianten wie ein Laut klingen kann. Diese verschiedenen Ausprägungen eines Lautes werden zu einem *Phonem* zusammengefasst. Phoneme sind dabei die kleinsten bedeutungstragenden Lauteinheiten und sind etwa 10 bis 40 ms lang [Henning, 2007]. In der internationalen Lautschrift unterscheidet man 45 grundlegenden Phoneme. Auf der *phonologischen Ebene* beschäftigt man sich damit, welche Phonemkombinationen in einer Sprache vorkommen. Die darüber liegenden Ebenen, d. h. die *morphologische, lexikalische, syntaktische* und *semantische* Ebene, spielen ebenso eine Rolle im Bereich der Analyse geschriebener Sprache (siehe dazu Abschnitt 2.2.1).

2.1.1.4 Video

Mit der zunehmenden Verbreitung digitaler Videokameras (auch im Sinne der Fähigkeiten moderner Mobiltelefone) und den bestehenden Möglichkeiten, mit den hohen Datenraten entsprechend umzugehen (effiziente Kompressionsverfahren, hohe Bandbreiten, kostengünstiger Festplattenspeicher), wächst auch die Bedeutung digitaler Videos im Bereich persönlicher Dokumentenverwaltung [Kretzschmar & Dreyer, 2004].

Video bzw. Film ermöglicht die Wiedergabe von Bewegungsabläufen. Diese Bewegungen sind dabei jedoch nur scheinbar kontinuierlich: durch eine Aneinanderreihung von Einzelbildern (*Frames*), die mit mehr als 20 Bildern pro Sekunde abgespielt werden, erscheint dem Betrachter eine Sequenz als zusammenhängende Bewegung. Strukturell setzte sich ein Video aus einzelnen Kameraeinstellungen (*Shots*) und Szenen zusammen. Ein Shot stellt eine Videosequenz dar, die in einer einzelnen Kameraeinstellung bzw. Kameraoperation, z. B. einem Zoom, einem Schwenk oder einer Kamerafahrt aufgezeichnet wurde. Die Einzelbilder eines Shots besitzen dementsprechend eine große Ähnlichkeit. Die nächst höhere Ebene stellt die Szenenebene dar. Eine Szene besteht aus einer Folge von Shots, die zu einem bestimmten Ort oder einer bestimmten Handlung gehören. Eine Szene besitzt also einen semantischen Zusammenhang.

Selbst wenn man eine mögliche Tonspur unberücksichtigt lässt, ergibt sich aus der Tatsache, dass nur 10 Sekunden Bewegtbild mindestens 200 Einzelbilder ausmachen, eine im Vergleich zu den vorhergehend betrachteten Medientypen enorm hohe Datenrate und damit erhöhter Speicherbedarf. Bei der Kodierung ist daher die Ausnutzung zweier wesentlicher Merkmale wichtig: die räumliche Redundanz (Ähnlichkeiten benachbarter Bildpunkte in einem Bild) und die zeitliche Redundanz (Ähnlichkeiten zwischen aufeinander folgenden Bildern).

Maßgeblich an der Standardisierung im Bereich der Videoformate beteiligt ist die *Moving Picture Experts Group* (MPEG), eine Arbeitsgruppe der ISO/IEC [@ISO]. Eine Reihe von MPEG-Standards für Video wurde im Laufe der Zeit entwickelt (vgl. [Henning, 2007]). Dateiformate für Videos sind in der Regel *Containerformate*, in denen Audio- und Videodaten ineinander verzahnt ("interleaved") gespeichert werden (beispielsweise *Audio Video Interleave* (AVI) von Microsoft). Eine solche Datei kann mehrere Video-, Audio- und Text-Datenströme (Untertitel) enthalten, die mit verschiedenen Verfahren (*Codec*) kodiert sind. Für weiterführende Informationen zu Video-Formaten und -Codecs sei an dieser Stelle auf [Henning, 2007] und [Schmidt, 2008] verwiesen.

2.1.2 Metadaten multimedialer Dokumente

Nachdem im vorherigen Abschnitt die Medientypen und ihre jeweiligen Eigenschaften betrachtet wurden, soll im Folgenden näher darauf eingegangen werden, wie multimediale Dokumente durch Metadaten beschrieben werden, um so den Umgang mit ihnen und ihre Organisation zu unterstützen. Unter Metadaten (wörtlich "Daten über Daten") versteht man grundsätzlich Daten, die Informationseinheiten (z. B. Dokumente) näher beschreiben. Eine weiterführende Definition findet man im ersten Entwurf der ISO-Spezifikation 11179 [@ISO-MDR]:

"Metadata is the information and documentation which makes data understandable and shareable for users over time. Data remain useable, shareable, and understandable as long as the metadata remain accessible."

Grundsätzlich wird zwischen *inhaltsabhängigen* und *inhaltsunabhängigen* Metadaten unterschieden [Kretzschmar & Dreyer, 2004]:

Inhaltsabhängige Metadaten beziehen sich direkt auf den Medieninhalt. Bei einer Änderung des Inhalts müssen diese im Sinne der Konsistenzsicherung stets aktualisiert werden. Des Weiteren lässt sich in dieser Kategorie zwischen *inhaltsbeschreibenden* (interpretierenden) und *inhaltsbezogenen* (nicht interpretierenden) Metadaten unterscheiden [Schmitt, 2004]. Erstere werden auch als semantische oder assoziative Metadaten beschrieben und stellen üblicherweise manuell erstellte Annotationen dar. Zweitere beschreiben den syntaktischen Aufbau des Inhalts und werden z. B. durch entsprechende Analyseverfahren automatisch erstellt.

Inhaltsunabhängige Metadaten beziehen sich auf Informationen, die nicht direkt etwas mit dem Inhalt zu tun haben. Dazu zählen beispielsweise *Identifikationsdaten*, wie eine Versionsnummer oder Erstellungsinformationen, aber auch *administrative* oder *präsentationsspezifische* Daten, die für die korrekte Interpretation und Darstellung der Inhalte auf technischer Ebene wichtig sind.

In [Schmitt, 2004] werden *inhaltsbeschreibenden Metadaten* weiter unterschieden in *objektbeschreibende*, *kontextbezogene* und *kontextbeschreibende* Metadaten. In Tabelle 2.1 ist diese Klassifikation aus [Schmitt, 2004] mit Erläuterungen und zugehörigen Beispielen dargestellt.

2.1 Eigenschaften multimedialer Dokumente

Kategorie		Beschreibung	Beispiele
inhalts-beschreibend	objekt-beschreibend	Beschreibung dargestellter Inhalte	Personen, Gegenstände, Aktivitäten
	kontextbezogen	sich aus dem Kontext ergebende Daten	Raum-, Zeitdaten
	kontextbeschreibend	allgemeine, zur Objektbeschreibung notwendige Daten	Indexvokabular, Thesauri, Ontologien
inhaltsbezogen	Feature Segmentspezifikation	meist automatisch extrahierte Daten auf niedriger Abstraktionsstufe	Farben, Klangdynamik, Form
inhaltsunabhängig	präsentationsbezogen	Daten, die zur Präsentation benötigt werden	Auflösung, Layout, QoS
	aufnahmebezogen	Daten, die sich auf die Aufnahme beziehen	Urheber, Aufnahmegerät
	speicherungsbezogen	Daten, die sich auf die Art der Speicherung beziehen	Speicherformat, Medientyp, Speicherort

Tabelle 2.1: Klassifikation von Metadaten (nach [Schmitt, 2004])

Metadaten können in unterschiedlicher Weise mit dem jeweiligen Objekt verknüpft werden. *Eingebettete Metadaten* liegen direkt innerhalb der Datei vor und werden typischerweise bei der Erstellung der Datei mit angelegt (häufig vom Autor selbst). Sie liegen meist im Datei-Header, d. h. in einem Bereich am Anfang der Datei, vor den eigentlichen Dokumentinformationen. Demgegenüber können Metadaten auch in externen Dateien oder Datenbanken (auch von Drittanbietern) liegen. Der Nutzen extern gespeicherter Metadaten liegt in der effizienten Wartung, da deren Änderung keine Bearbeitung der Datei selbst nötig macht. Andererseits ist dabei stärker auf die Konsistenz von Ressource und zugehörigen Metadaten zu achten [Duvak et al., 2002].

Metadatenmodelle und zugehörige Schemata definieren eine festgelegte Datenstruktur für die Beschreibung und Ablage von Metadaten und ermöglichen so deren anwendungsübergreifende Verarbeitung und Austausch. Die einfachste Form von Metadaten sind Schlüssel-Wert-Paare. Zusätzlich ordnen die meisten Standards ihre Elemente in hierarchischen Strukturen an, um sie thematisch zu gruppieren oder in sinnvolle Unterelemente zu unterteilen. Innerhalb der zurückliegenden 15 Jahre gab es verschiedene Bestrebungen, Metadatenmodelle zu standardisieren. Dabei sind als die drei wesentlichsten Akteure zu nennen: die *Dublin Core Metadata Intiative* (DCMI) [@DC], die *International Organization for Standardization* (ISO) [@ISO] und das *World Wide Web Consortium* (W3C) [Bulterman, 2004]. *Dublin Core*, als Vorschlag der DCMI, und *MPEG-7*, die Spezifikation der *Motion Pictures Experts Group* der ISO, sollen im Folgenden näher vorgestellt werden. Auf die Bestrebungen des W3C im Bereich *Semantic Web* wird in Abschnitt 3.1 eingegangen. Nennenswert ist in diesem Zusammenhang das RDF-basierte *Adobe XMP (Extensible Metadata Platform)*, auf welches anschließend kurz eingegangen werden soll.

2.1.2.1 Dublin Core

Bereits auf der ersten WWW Konferenz 1994 in Chicago wurde diskutiert, wie es möglich sein soll, die - damals noch - etwa 500.000 Webdokumente[6] im Griff zu behalten [Bulterman, 2004]. 1995 fand daraufhin in Dublin (Ohio/USA) ein erster Workshop der DCMI statt, auf dem man sich auf eine Grundmenge von beschreibenden Termen für die Annotation von Webressourcen verständigte. Ein Problem hierbei war die Vielseitigkeit der Anforderungen an einen solchen Standard aus den unterschiedlichsten Anwendungsfeldern (Museum, Bibliothek, ...), wie überhaupt die Vielfältigkeit elektronischer Dokumente. Geeinigt hat man sich auf eine kleine Menge von (zunächst 13 und derzeit) 15 wichtigsten Merkmalen, sozusagen als "kleinster gemeinsamer Nenner" der zur Beschreibung elektronischer Dokumente notwendigen Informationen: title, creator, subject, description, publisher, contributor, date, type, format,

---

[6]Heutzutage werden an Stelle einzelner Webdokumente nur noch komplette *Websites* statistisch erfasst, so z. B. von Netcraft im Oktober 2009: 230.443.449 Websites weltweit [@Netcraft].

identifier, source, language, relation, coverage, rights [@DC-ES]. Alle dieser Elemente können in beliebiger Reihenfolge und Anzahl (auch Null) in einer Ressourcenbeschreibung vorkommen. Die Bedeutung der Elemente ist bewusst allgemein gehalten, um in verschiedensten Domänen anwendbar zu sein. Dies bringt den Vorteil der Allgemeingültigkeit auf Kosten der Exaktheit und Aussagekraft der Beschreibungen. Die DCMI hat daher Mechanismen eingeführt, um die Aussagekraft der Elemente zu erhöhen und die Werte der Elemente besser verarbeiten zu können. Dies geschieht zum einen durch die Möglichkeit, Elemente zu verfeinern (*Refinements*) und zum anderen durch so genannte *Encoding Schemes*, welche ein kontrolliertes Vokabular oder formale Notationsregeln (z. B. Formatvorgaben wie "YYYY-MM-DD" für ein Datum) definieren können. Die standardisierten Qualifizierungen für die einzelnen DC-Elemente sind auf [@DC-Terms] zu finden. Das zugrunde liegende *DCMI Abstract Model* [@DC-AM] wurde hauptsächlich durch das Resource Description Framework (RDF) des W3C inspiriert, sodass man entsprechende Parallelen in der Notation erkennen kann.

Aufgrund seiner Einfachheit zeichnet sich Dublin Core (DC) durch einen hohen Verbreitungsgrad und eine gute Interoperabilität mit anderen Metadatenstandards aus. Entsprechend seiner Entstehungs- und Entwicklungsgeschichte liegt ein Schwerpunkt auf der Beschreibung von Webdokumenten. Die Beschreibung multimedialer Dokumente ist zwar prinzipiell möglich, entsprechende Verfeinerungen oder *Encoding Schemes* sind jedoch nicht Bestandteil der DCMI-Empfehlungen, sondern müssen von den Entwicklern selbst erstellt und ausreichend publiziert werden. Ein Beispiel dafür ist der Vorschlag zur Erweiterung von DC zur Beschreibung von Video-Inhalten in [Hunter, 1998].

2.1.2.2 MPEG-7

MPEG-7 [@MPEG-7; Salembier & Sikora, 2002], offiziell als *Multimedia Content Description Interface* bezeichnet, ist ein Metadatenstandard zur Beschreibung multimedialer Daten aller Art, mit dem Ziel, die Informationssuche in multimedialen Daten sowie deren Filterung, Verwaltung und Verarbeitung zu unterstützen, indem geeignete

Informationsstrukturen über deren Inhalte bereitgestellt werden. Entwickelt von der *Motion Picture Expert Group*, einer Arbeitsgruppe der ISO/IEC International Organization for Standardization [@ISO], wurde MPEG-7 im Jahr 2002 als ISO Standard (ISO/IEC 15938) verabschiedet. Im Gegensatz zu den bereits existierenden MPEG-Standards 1, 2 und 4, die sich schwerpunktmäßig mit der (De-) Kompression, Kodierung und Übertragung von Video- und Audiodaten beschäftigen, konzentriert sich MPEG-7 auf die Beschreibung von multimedialen Inhalten anhand von Metadaten.

Zur Beschreibung der Merkmale multimedialer Daten stellt MPEG-7 Metadatenelemente und -strukturen, so genannte *Deskriptoren* (*descriptors*) und *Deskriptorenschemata* (*description schemes*), bereit. Deskriptoren beschreiben einzelne Merkmale von Inhalten, wie beispielsweise die Farbverteilung eines Bildes. Ein Deskriptorenschema (DS) fasst mehrere Deskriptoren und DS zu einer Beschreibungsstruktur zusammen. Die Deskriptoren und DS werden mit Hilfe der XML-basierten *Description Definition Language* (DDL) definiert, wodurch eine einheitliche und kompatible Syntax verschiedenster Beschreibungen garantiert wird. Mithilfe der DDL lassen sich bestehende Schemata erweitern und neue hinzufügen. Somit ermöglicht MPEG-7 Wiederverwendbarkeit und Austauschbarkeit von Beschreibungsstrukturen und konkreten Beschreibungen. Diese wiederum können manuell erstellt werden, sind aber größtenteils für eine automatische Generierung konzipiert.

Der MPEG-7 Standard umfasst die folgenden sieben Teile:

Part 1 Systems: Werkzeuge zur effizienten Übertragung und Speicherung von MPEG-7 Daten, zur Synchronisation zwischen Beschreibungen und Inhalten und zum Schutz und zur Verwaltung von Urheber- und Verwertungsrechten

Part 2 Description Definition Language: Definiert die Sprache, auf der alle MPEG-7 Deskriptoren und Deskriptoren Schemata basieren

Part 3 Visual: Deskriptoren und Deskriptoren Schemata zur inhaltsbasierten visuellen Beschreibung von Bildern und Videos

Part 4 Audio: Deskriptoren und Deskriptoren Schemata zur Beschreibung von Audioinhalten

Part 5 Multimedia Description Schemes (MDS): Deskriptoren und Deskriptoren Schemata zur Beschreibung von allgemeinen (nicht audio- oder visuell-spezifischen) Aspekten eines Medienobjekts

Part 6 Reference Software: Referenzimplementierungen der im MPEG-7 standardisierten Werkzeuge und Schemata - auch "eXperimentation Model" (XM) genannt

Part 7 Conformance Testing: Richtlinien und Vorgehensweisen zur Kompatibilitätsprüfung von MPEG-7 Implementierungen

Im Folgenden soll zunächst lediglich auf Part 5 (MDS) näher eingegangen werden. In den Abschnitten 2.2.2 und 2.2.3 werden jeweils Part 3 und 4 etwas eingehender behandelt. Sie sind wichtig, um die Möglichkeiten des MPEG-7 Standards im Bereich der inhaltsbasierten Suche zu verstehen. Für Informationen zu den anderen Teilen des MPEG-7 Standards sei auf [Salembier & Sikora, 2002] verwiesen.

Durch den standardisierten Aufbau der MDS, der für die Beschreibungen verwendeten Metadatenstrukturen (Deskriptoren und -schemata), sollen über verschiedenste Geräte und Anwendungen hinweg interoperable Suche, Indexierung, Filterung und Zugriff auf multimediale Inhalte ermöglicht werden. Die MDS setzen sich aus fünf Schemata (*Content Description, Content Management, Content Organization, Navigation and Access, User Interaction*) zusammen, welche sich jeweils auf einen bestimmten Aspekt des multimedialen Inhalts konzentrieren, und einem Basisschema, welches grundlegende Funktionalitäten und Datentypen für die anderen Schemata bereitstellt (vgl. Abbildung 2.1).

- Mit Hilfe des *Content Description*-Schemas lassen sich Struktur und Inhalt audiovisueller Daten beschreiben, gegliedert in je ein Schema zur Beschreibung von strukturellen (inhaltsbasierten) und von semantischen (vom Menschen assoziierten) Aspekten, welche miteinander verknüpft werden können. Hier zeigt MPEG-7 seine große Stärke gegenüber anderen Metadatenstandards: Die Integration inhaltsbasierter und semantischer Informationen.

- Das *Content Management Description*-Schema speichert Informationen über

2 Verwaltung multimedialer Dokumente

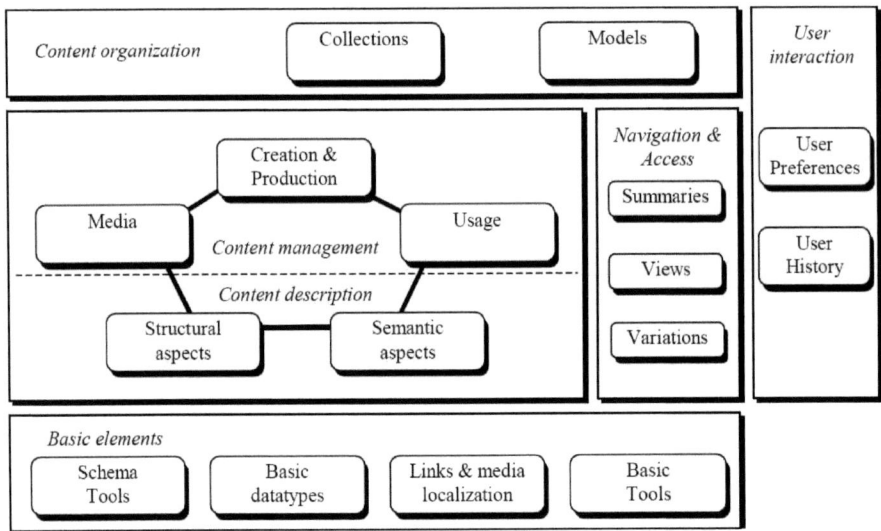

Abbildung 2.1: Übersicht über die MPEG-7 Multimedia Description Schemes [@MPEG-7]

den Lebenszyklus des beschriebenen Inhalts, von der Erzeugung über die Kodierung zur Nutzungshistorie des Inhalts und möglicher Ableger hiervon.

- Das *Content Organization*-Schema bietet Strukturen zur Gruppierung von Inhalten an. Dies geschieht zum Zwecke ihnen gemeinsame Eigenschaften zuzuordnen und aus ihnen gemeinsame Eigenschaften zu ermitteln.
- Das *Navigation and Access*-Schema erleichtert den Zugriff auf und die Navigation in Multimediadaten. Es bietet Zusammenfassungen, verschiedene Ansichten und eine Auflistung von Variationen eines Inhalts.
- Das *User Interaction*-Schema speichert Informationen über die Vorlieben des Nutzers bezüglich Verwendung des Inhalts und dessen Nutzungshistorie. Hilfreich sind diese Informationen für Personalisierungs- und Adaptionsszenarien.

Welche Deskriptoren, Deskriptorenschemata und Kombinationen aus diesen für welche Aufgaben am besten geeignet sind, zeigt sich im konkreten Einsatz [Salembier &

Sikora, 2002]. Eine Herausforderung stellt dabei die große Menge und Bandbreite an Informationen dar, die in einer MPEG-7 Beschreibung enthalten sein können. Diese Komplexität ist vom Endanwender eigentlich kaum zu handhaben, sondern verlangt geeignete Techniken und Bedienkonzepte, um effizient und schnell die relevanten Informationen zu finden.

2.1.2.3 Adobe's Extensible Metadata Platform

Adobe's Extensible Metadata Platform (XMP) ist ein XML- und RDF-basiertes Metadaten-Framework, mit dessen Hilfe Metadaten nach einem einheitlichen Schema in Adobe-Applikationen integriert werden können, um diese Daten anwendungsübergreifend zugänglich zu machen. 2001 veröffentlicht, kam XMP erstmals im *Acrobat Reader 5* zum Einsatz. Das Anreichern von Dateien mit Kontextinformationen soll in diesem Zusammenhang vor allem zur Optimierung von Produktions- und Veröffentlichungsprozessen beitragen [@XMP]. Dabei wird eine modulare Metadatenstruktur sowie ein Speichermodell (inkl. Streaming und Speicherung von Metadaten) und die Einbettung in bestehende Dateiformate, insbesondere in die Adobe-Formate, allen voran PDF, spezifiziert.

XMP definiert dabei folgende Standard Metadatenschemata: *Dublin Core Schema*, *XMP Basic Schema*, *XMP Rights Management Schema* (Daten zu Urheber- und Nutzungsrechten), *XMP Media Management Schema* (spezifische Metadaten für Digital Asset Management Systeme), *XMP Basic Job Ticket Schema* (zur Beschreibung von Arbeitsabläufen), *XMP Paged-Text Schema* (für Text, der auf einer Seite eines Dokuments auftaucht), *XMP Dynamic Media Schema* (für Audio und Video). Dazu kommen noch spezialisierte Schemata, wie z. B. *Adobe PDF Schema* (PDF-spezifische Informationen) und *Photoshop Schema* (Photoshop-spezifische Informationen). Durch seine Erweiterbarkeit kann XMP auch weitere Metadatenschemata als Spezialisierungen aufnehmen.

Adobe stellt die XMP-Spezifikation [@XMP] sowie ein SDK[7] unter einer Open-Source-

---
[7]Software Development Kit

Lizenz zur Verfügung. Somit ist XMP auch für Fremdanwendungen interessant.

2.1.2.4 Medientypspezifische Metadatenmodelle

Darüber hinaus existiert eine große Zahl domänen-, medientyp- und formatspezifischer Metadatenmodelle. Auf alle kann im Rahmen dieser Arbeit nicht eingegangen werden. Interessant sind allerdings diejenigen, die in Form eingebetteter Metadaten sehr häufig vorkommen und durch eine Vielzahl von Anwendungen unterstützt werden. Sie beinhalten häufig sehr nützliche Informationen über die Entstehung und Entwicklung einer Ressource. Exemplarisch sollen hier drei vorgestellt werden.

IPTC

Der unter dem Namen "IPTC-Header" bekannte Metadatenstandard wurde 1991 vom *International Press Telecommunications Council* (IPTC) zusammen mit der *Newspaper Association of America* (NAA) als *Information Interchange Model* (IIM) entwickelt und diente ursprünglich der Beschreibung, Verschlagwortung und für Urheberangaben von allgemeinen digitalen Dokumenten (ähnlich DC). Breite Anwendung fand er jedoch bei der Speicherung von Bilddateien (z. B. in TIFF- oder JPEG-Dateien), in denen die IPTC-Metadaten im Datei-Header gespeichert werden, woher die gebräuchliche Bezeichnung "IPTC-Header" stammt. Das Metadatenmodell umfasst Felder zur Beschreibung des Bildinhaltes (Caption), den Namen des Fotografen (Credit), Besitzer der Nutzungsrechte (Copyright), Titel (Headline), Vermerke (Byline), Kategorie (Category), Aufnahmedatum (Created Date), Ort der Aufnahme (City, Province, Country) und andere. Nachdem die Entwicklung 1997 mit Version 4.1 offiziell eingestellt wurde [@IIM], entstanden 2008 in Zusammenarbeit mit IDEAlliance und Adobe die beiden Standards *IPTC Core* und *IPTC Extension*, die gemeinsam als *IPTC Photo Metadata Standard* [@IPTC] veröffentlicht wurden und technisch auf Adobe's XMP aufbauen. Es ist zu vermuten, dass damit die Bedeutung von IPTC-Daten in Zukunft wieder zunimmt, insbesondere im Kreativbereich durch die von Adobe angebotene Werkzeugunterstützung seit der Creative Suite 2 (CS2).

EXIF

EXIF (Exchangeable Image File Format) ist ein von der *Japan Electronics and Information Technology Industries Association* (JEITA) entwickeltes Dateiformat, in dem moderne Digitalkameras Metadaten über aufgenommene Bilder speichern. Das EXIF-Metadatenformat stellt eine Erweiterung des *Tag Information Format* dar, welches das Metadaten-Format des TIFF Standards ist. Nahezu alle modernen Digitalkameras verwenden EXIF zur Speicherung verschiedenster Informationen die mit der Aufnahme eines Bildes in Zusammenhang stehen, u. a. *DateTime* (Datum und Uhrzeit), *Make* und *Model* (Marke und Modell der Kamera), *FocalLength* (Brennweite), *ExposureTime* (Belichtungszeit), *Flash* (Blitz) etc. Dabei können auch kleine Vorschaubilder (Thumbnails) und GPS-Positionsdaten abgelegt werden. Aktueller Stand ist Version 2.2 vom April 2002. Für weitere Informationen und genauere technische Details des Standards sei auf [@EXIF] verwiesen.

ID3

1996 entwickelte Eric Kemp eine Methode zum Anhängen von Zusatzinformationen an - zu diesem Zeitpunkt noch wenig verbreiteten - MP3-Dateien, welche von Haus aus keine Möglichkeit zur Annotation bieten. Er verwendete dazu einen 128 Byte langen Datenblock (*Tag*), der an das Ende der jeweiligen Datei angehängt wird. Das Verfahren nannte Kemp *Identify an Mp3*, kurz ID3 [@ID3]. In dem Datenblock, welcher mit der Zeichenfolge TAG eingeleitet wird, können Informationen zum Titel des Stücks (*Title*), Name des Künstlers (*Artist*), Name des Albums (*Album*), Genre und Erscheinungsjahr (*Year*) untergebracht werden. Des Weiteren steht ein Kommentarfeld zur Verfügung. Die erste Version (ID3v1) wurde in Version ID3v2 grundlegend erweitert, welche sich z. Zt. in der Entwicklungsstufe ID3v2.4 befindet. ID3v2.3 [@ID3v23] ist allerdings die derzeit am weitesten verbreitete Variante. ID3-Tags werden heute von einer Vielzahl von Anwendungen und MP3-Playern genutzt und unterstützt.

2.1.3 Der Lebenszyklus multimedialer Dokumente und Metadaten

"Work gets done through documents. [...] Documents are where information meets with people and their work." [Halvorsen, 1997]

Dokumente bilden nicht nur einen "Container" für die Ablage und Bewahrung von Informationen und Wissen, sondern dienen als Arbeitsgrundlage und unterliegen damit oftmals einer entsprechenden Weiterentwicklung. Diese als *Dokumentenlebenszyklus* bezeichnete Entwicklung umfasst dabei im Grunde alle Phasen, von der Entstehung über Nutzung, Speicherung, Archivierung und Ausgabe bis zur Entsorgung eines Dokumentes. Viele klassische Definitionen beziehen sich hauptsächlich auf den Lebenszyklus von Textdokumenten, die insbesondere im Enterprise-Content-Management-Bereich eine größere Rolle spielen. Für diesen Bereich werden seit längerem Lösungen entwickelt, die den klassischen Lebenszyklus geschäftlicher Dokumente unterstützen [Ginsburg, 2000].

Die Anforderungen, die an diese Lösungen gestellt werden, sind nicht ohne weiteres auf den persönlichen Bereich übertragbar. Insbesondere fehlen im privaten Bereich grundsätzliche Geschäftsprozesse und Arbeitsabläufe, an denen sich ein Systementwurf orientieren könnte. Durch heutige im Privatbereich genutzte Anwendungen zur Verwaltung und Bearbeitung multimedialer Dokumente werden in gewisser Weise Arbeitsabläufe definiert, z. B. der Prozess des Überspielens aufgenommener Bilder von der digitalen Kamera auf den PC, oder das Versenden von Dokumenten per E-Mail. Diese sind jedoch nicht so geschlossen und durchgängig definiert, wie im Falle einer professionellen Geschäftslösung. Die Vielschichtigkeit des Anwendungsbereiches und die starke Abhängigkeit von Nutzereigenschaften und -präferenzen gestalten einen durchgängigen Entwurf sehr schwierig, sodass selbst zum heutigen Zeitpunkt kein einheitliches und allgemein anwendbares Prozessmodell für die Unterstützung des Lebenszyklus persönlicher multimedialer Dokumente existiert.

In [Halvorsen, 1997] werden folgende Hauptphasen des Dokumentenlebenszyklus benannt, die jeweils weiter verfeinert werden können: Erstellung, Speicherung, Wiedergabe, Distribution, Akquisition und Wiederauffindung (Retrieval). Der Lebenszyklus von Intranet-Dokumenten wird in [Ginsburg, 1999] mit folgenden fünf Phasen beschrieben: Erstellung, Veröffentlichung, Organisation, Zugriff und Löschung. In [Kosch et al., 2005] werden für multimediale Inhalte lediglich vier Phasen benannt: Erstellung, Nachbearbeitung, Auslieferung und Konsum. Die Begrifflichkeiten und Unterteilungen weichen z. T. stark voneinander ab. Hinzu kommt auch, dass sich die einzelnen Phasen je nach Medientyp, Werkzeugen und Anwendungskontext unterscheiden. Eine relativ allgemeingültige Darstellung ist Abbildung 2.2 zu finden.

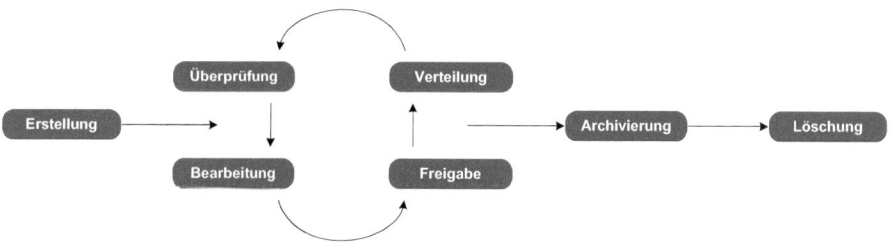

Abbildung 2.2: Lebenszyklus eines Dokumentes

In allen diesen Phasen werden nicht nur die Dokumente selbst, sondern auch dazu gehörige Metadaten erstellt, bearbeitet und verwendet – in unterschiedlicher Form und mit unterschiedlicher Semantik [Kosch et al., 2005]. Abhängig davon, ob und wie Nutzer auf den Inhalt der Dokumente Einfluss nehmen können und welche Infrastruktur zur Verfügung steht, sind die klassischen Lebenszyklusphasen mehr oder weniger deutlich ausgeprägt. In der Regel sind auch verschiedene Akteure beteiligt. In [Kosch et al., 2005] wird daher auch der Begriff des *user space* verwendet, welcher drei Hauptgruppen von Anwendern umfasst: *content providers/producers* (Erzeuger und Produzenten von multimedialen Inhalten und zugehörigen Metadaten), *processing users* (Nutzer, die an der Nachbearbeitung der Inhalte beteiligt sind) und *end users* (Konsumenten der multimedialen Inhalte und Metadaten).

Die von den Inhaltserzeugern produzierten Metadaten umfassen meist Erstellungsinformationen, wie Autor, Datum, Beteiligte etc. Der Produzent kann in diesem Sinne auch die Digitalkamera sein, die Informationen über die Aufnahme in Form von EXIF-Daten [@EXIF] ablegt. In der Bearbeitungsphase kommen zu diesen Informationen weitere Metadaten hinzu. Diese wiederum hängen stark vom jeweiligen Kontext der Lebenszyklusphase ab, d. h. in welcher Form und mit welchem Ziel mit den Inhalten gearbeitet wird. So tragen entsprechende Kontextinformationen maßgeblich dazu bei, ein Dokument entsprechend seiner Entwicklung und Nutzung zu beschreiben.

Das Hinzufügen sinnvoller, d. h. für das Retrieval in einem bestimmten Anwendungskontext geeigneter Metadaten erfolgt entweder durch manuelle Annotation oder durch automatische Extraktion von Merkmalen aus dem Inhalt. Die automatische Erzeugung von Metadaten bedeutet auf jeden Fall eine Erleichterung für den Anwender, insbesondere dann, wenn inhaltsabhängige Metadaten durch die Bearbeitung des Dokumentes hinfällig werden und aktualisiert werden müssen. Die zweckmäßige Extraktion inhaltlicher Merkmale aus multimedialen Inhalten ist ein Teilproblem des *Multimedia Information Retrieval* (MIR), auf das in Abschnitt 2.2 näher eingegangen werden soll.

2.2 Inhaltsbasierte Suche

Der Bereich *Multimedia Information Retrieval* (MIR) versteht sich als Teilgebiet des klassischen Information Retrievals und bezieht sich im Wesentlichen auf Techniken und Lösungsansätze zur *inhaltsbasierten* Suche innerhalb von Sammlungen multimedialer Dokumente und Daten. Bedingt durch die speziellen Eigenschaften multimedialer Daten ist dieser Bereich sehr interdisziplinär geprägt: So kommen Methoden der Signalverarbeitung aber auch Erkenntnisse der Wahrnehmungspsychologie zum Einsatz.

Die typische, vereinfachte Darstellung des Information-Retrieval-Prozesses ist in Abbildung 2.3 zu sehen. Wie zu erkennen, findet kein direkter Vergleich der Dokumente mit der Anfrage statt. Stattdessen wird eine zuvor (meist beim Einbringen der Dokumente in die Datenbasis) erstellte interne Dokumentbeschreibung herangezogen und mit einer internen Darstellung der Anfrage verglichen.

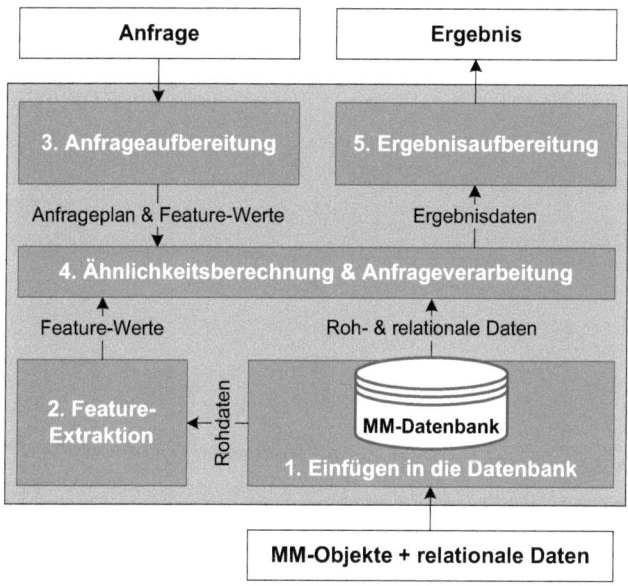

Abbildung 2.3: Information Retrieval Prozess in allgemeiner Darstellung (nach [Schmitt, 2004])

Die inhaltsbasierte Suche in multimedialen Sammlungen zielt in erster Linie darauf ab, Objekte oder Dokumente anhand ihrer Interpretation und Bedeutung zu finden. Abhängig vom Anwendungsgebiet und der Aufgabenstellung sind geeignete inhärente Merkmale (bzw. davon abgeleitete) für eine Suche auszuwählen und so zu erschließen, dass eine Anfrage auf diesen Daten zum gewünschten Ziel führt. In Anbetracht großer Mengen multimedialer Daten sind hierbei besonders Methoden zur *automatischen Inhaltserschließung* interessant. Die im Folgenden beschriebenen Ansätze zur Analyse von Text-, Bild-, Audio- und Videodokumenten dienen dazu, geeignete, repräsentative Merkmale aus dem Inhalt zu extrahieren und in Datenstrukturen abzulegen, die einen effizienten Zugriff erlauben. Effiziente Indexstrukturen sind erforderlich, um die Suche möglichst performant durchführen zu können. Ein großes Problem bei der Indexierung von Deskriptoren multimedialer Dokumente ist – wie aus den folgenden Abschnitten ersichtlich – deren hohe Dimensionalität.

Stehen geeignete Daten für eine Suche zur Verfügung (sei es manuell oder automatisch erschlossen), spielt natürlich auch die entsprechende Anfrageformulierung und -verarbeitung für den Erfolg eine wichtige Rolle. Im Gegensatz zu einer *präzisen* Suche in einer Datenbank (z. B. mittels SQL-Anfragen), wird bei Retrieval-Anfragen nach *ähnlichen* Treffern gesucht. Der Nutzer hat in der Regel nur ein unsicheres Wissen über die Ergebnismenge einer Suche und kann die Suchanfrage dementsprechend nur vage formulieren. Ein Retrieval-System muss daher in der Lage sein, auch solche Dokumente zu berücksichtigen, die der Anfrage nicht exakt entsprechen, ihr aber nahe kommen, insbesondere dann, wenn die Anfrage von keinem der Dokumente exakt erfüllt werden kann [Volmer, 2006]. Die Anfrage muss in einer formalisierten Form übergeben (bzw. in eine solche überführt) werden, die den abgelegten *Deskriptoren* entspricht, sodass über ausgewählte Ähnlichkeitsmaße (Distanzfunktionen) die Übereinstimmung berechnet werden kann. Daraus ergibt sich auch ein Hauptproblem, das bei der Konzeption eines Retrieval-Systems zu berücksichtigen ist: Anfragen können sich nur auf eine entsprechende Abstraktionsebene beziehen, die von den Indexstrukturen unterstützt werden. Man unterscheidet dabei folgende Ebenen (nach [Schmitt, 2004]):

Syntaktische Ebene (Low-Level): auf Basis primitiver Eigenschaften (z. B. Histogrammdaten) ohne Berücksichtigung ihrer Bedeutung z. B. *Finde alle Bilder mit einer geschlossenen weißen Fläche in der Mitte!*

Semantische Ebene (Mid-Level): auf Basis der aus primitiven Eigenschaften durch Zusatzinformationen erschlossenen Bedeutung (logische Eigenschaften), bspw. durch Objekterkennung, z. B. *Finde Bilder mit einem Auto!*

Pragmatische Ebene (High-Level): auf Basis der durch semantisches Wissen und Interpretation erschlossene Zusammenhänge (abstrakte Eigenschaften), z. B. *Finde Bilder zum Thema Fußball!*

Die Grenzen zwischen diesen Ebenen sind mitunter fließend und werden von ver-

2.2 Inhaltsbasierte Suche

schiedenen Autoren auch unterschiedlich interpretiert[8]. Für ein Bilddokument können auf syntaktischer Ebene (primitive Eigenschaften) z. B. Farb- und Texturmerkmale bestimmt werden, auf deren Basis eine syntaktische Suche nach Farb- und Texturähnlichkeit erfolgen kann. Auf semantischer Ebene können in einem Bild Objekte, Gesichter oder Schrift identifiziert werden.

Für die Bestimmung primitiver, logischer und abstrakter Eigenschaften des Dokumenteninhalts kommen je nach Medientyp und Dateiformat unterschiedliche Verfahren zum Einsatz. Ein Überblick über einige typische Teilaufgaben bei der Analyse der vier verbreiteten Medientypen und deren Zusammenhang ist in Abbildung 2.4 gegeben.

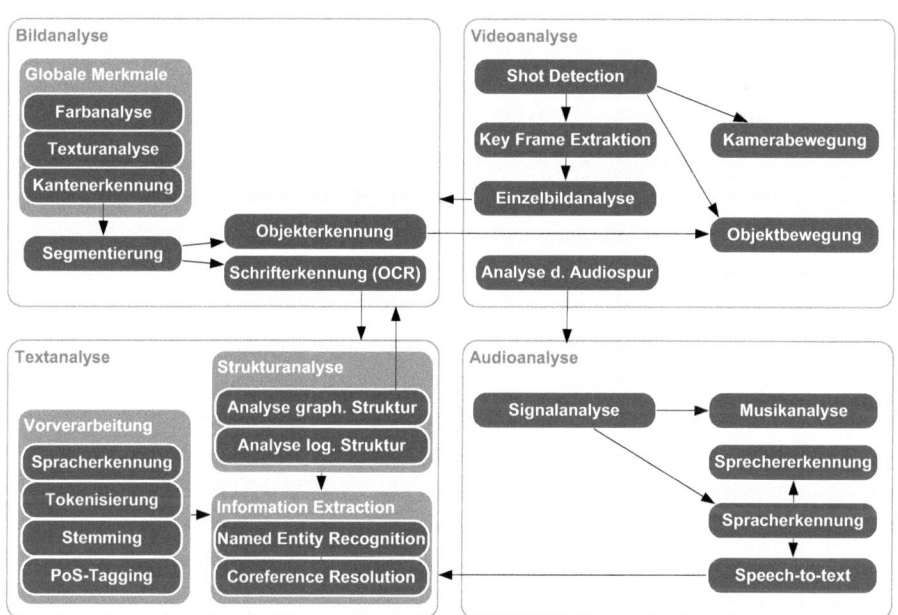

Abbildung 2.4: Teilaufgaben der Inhaltsanalyse nach Medientyp (nach [Finger, 2004; Losert, 2005; Güttig, 2006; Nagel, 2007])

In den nächsten Abschnitten soll näher auf einzelne Aufgaben der medienspezifischen

---
[8] z. T. auch um den eigenen Ansatz geeignet einzuordnen.

Inhaltsanalyse eingegangen werden. Abschnitt 2.2.5 widmet sich anschließend gesondert den existierenden Forschungsansätzen für das Erschließen von Semantik und Bedeutung (semantische bzw. pragmatischen Ebene).

Die Darstellung des Bereichs MIR beschränkt sich im Rahmen dieser Arbeit auf den Stand der Forschung und Technik bei der Erschließung und Beschreibung inhaltlicher Informationen aus den verschiedenen Medientypen (unterer Teil der Architektur in Abbildung 2.3). Als weiterführende Literatur zu den Themen *Anfrageverarbeitung*, *Ähnlichkeitsberechnung* und *Ergebnisaufbereitung* sind [Schmitt, 2004] und [Ferber, 2003] zu empfehlen. Einen sehr guten und umfassenden Überblick über den Stand der Technik und die aktuelle Forschung im Bereich MIR bietet auch [Lew et al., 2006].

2.2.1 Informationen aus natürlichsprachigem Text

Um eine inhaltsbasierte Suche in natürlichsprachigen Textdokumenten zu ermöglichen, ist es notwendig, die Eigenschaften natürlichsprachiger Texte zu verstehen und die charakteristischsten Informationen möglichst automatisch zu extrahieren und zu verarbeiten. Für die Analyse eines geschriebenen[9], natürlichsprachigen Textes sind verschiedene Ebenen der natürlichen Sprache zu berücksichtigen [Jurafsky & Martin, 2008]:

- Die **Morphologie** betrifft den Aufbau von Wörtern aus den kleinsten bedeutsamen Einheiten einer Sprache, den *Morphemen*. Diese können in zwei Klassen unterschieden werden: *Stämme* und *Affixe*. Der Stamm stellt das zentrale Morphem dar und beinhaltet die grundlegende Bedeutung des Wortes. Affixe wie Vor- und Nachsilben fügen dem Wort zusätzliche Bedeutung hinzu und erzeugen unterschiedliche Wortformen.

- Die **Syntax** ist die Ebene der strukturellen Beziehungen zwischen Wörtern. Natürlichsprachige Texte bestehen im Allgemeinen aus Sätzen, welche wiederum Teilsätze enthalten können. Sätze und Teilsätze bestehen aus verschiedenen

---

[9]Anm.: zur Analyse gesprochener Sprache sei auf Abschnitt 2.2.3 verwiesen

Satzgliedern wie Subjekt, Prädikat und Objekt, die verschiedene Funktionen haben.

- Die **Semantik** befasst sich mit der Bedeutung von sprachlichen Ausdrücken. Damit ist sowohl die Bedeutung von ganzen Sätzen als auch die Bedeutung einzelner Wörter, die lexikalische Semantik, gemeint. Wichtige Themen der lexikalischen Semantik sind Homonymie bzw. Polysemie (die Mehrdeutigkeit eines Wortes), Synonymie (die gleiche Bedeutung unterschiedlicher Wörter) und Hyponyme (Unterbegriffe von Begriffen).

- Die **Pragmatik** behandelt die Beziehungen zwischen Sprache und Nutzungskontext. Dieses Feld beschäftigt sich u.a. damit, wie Sprache benutzt wird, um auf Menschen und Objekte zu verweisen und wie Diskurse (miteinander verbundene Gruppen von Sätzen) strukturiert sind.

Im Folgenden werden einige typische Problemstellungen der Textanalyse näher betrachtet, um einen Eindruck zu vermitteln, welche Prinzipien Anwendung finden und wovon die Ergebnisse abhängen.

Sprachermittlung

Meist sind die Methoden und die benötigten Ressourcen zur Analyse natürlichsprachiger Texte abhängig von der Sprache des Textes. So müssen beispielsweise Wortlisten, Wörterbücher und Regeln zur Unterstützung der morphologischen und syntaktischen Analyse für jede unterstützte Sprache separat zur Verfügung stehen. Ist die Sprache eines Textes nicht klar gegeben, muss diese (wenn möglich automatisch) ermittelt werden. Grundsätzlich unterscheiden sich die Ansätze zur automatischen *Sprachermittlung* durch die Wahl der untersuchten Kriterien eines Textes. So kann die Sprache anhand charakteristischer Zeichen oder Buchstaben, typischer Wörter und Wortklassen, oder auf Basis sprachspezifischer Zeichenfolgen (so genannte *N-Gramme* [Cavnar & Trenkle, 1994]), identifiziert werden. Die N-Gramm-Methode beruht auf der Idee, dass das besonders häufige Vorkommen bestimmter Zeichenfolgen der Länge N charakteristisch für eine Sprache ist (z. B. im Deutschen die Trigramme "ich", "ein", "und"). Es müssen demnach die häufigsten Zeichenfolgen in einem Text mit Listen sprachspezifischer N-Gramme verglichen werden. Dies hat den Vorteil, dass der Text nicht inhaltlich analysiert oder zerlegt werden muss. Andere Ansätze zur Sprachermittlung und zur weitergehenden Analyse setzen jedoch voraus, dass die einzelnen Wörter eines Textes korrekt erfasst werden.

Textsegmentierung

Die Segmentierung eines Textes in einzelne Wörter oder Sätze, als Grundlage für die weitergehende Analyse, wird als *Tokenisierung* (*Tokenization*) [Webster & Kit, 1992] bezeichnet. Diese beruht im Wesentlichen auf der Identifizierung von Leerzeichen, sowie der Behandlung von Zahlen, Bindestrichen, Satzzeichen und Groß- und Kleinschreibung.[10] Das Ergebnis der Tokenisierung ist somit eine Menge von Wörtern bzw. Sätzen, die für die weitere Verarbeitung und Analyse bereitstehen. Oft sind jedoch einige Wörter von geringerer Bedeutung für den Inhalt oder nicht sonderlich charakteristisch (z. B. Artikel, Bindewörter). Die Filterung dieser so genannten *Stoppwörter* erfolgt meist listenbasiert, d. h. für jede Sprache wird eine entsprechende Liste typischer Stoppwörter herangezogen [Baeza-Yates & Ribeiro-Neto, 1999].

Stemming und Lemmatisierung

Wörter treten in einer Vielzahl morphologischer Variationen auf. Zwar wird die Wortform durch Affixe (Vor- und Nachsilben) verändert, doch die grundlegende Bedeutung des Wortstammes bleibt meistens gleich. Zur Verringerung der Komplexität der Textanalyse ist es deshalb üblich, die verschiedenen Variationen eines Wortes auf dessen Stammform zurückzuführen. Eine solche Stammformreduktion wird auch als *Stemming* bezeichnet und basiert vorwiegend auf dem Entfernen der Affixe. Der wohl bekannteste Stemming-Algorithmus ist der *Porter-Stemmer* [Porter, 1980]. Evaluationen und Vergleiche zwischen verschiedenen Stemming-Algorithmen sind u.a. in [Hull, 1996] und [Frakes & Fox, 2003] zu finden. Da die meisten dieser Ansätze auf sprachspezifischen Regeln basieren, kann keine echte Sprachunabhängigkeit gewähr-

---

[10]Für die meisten westlichen Sprachen sind diese Ansätze ausreichend. In Sprachen wie Chinesisch oder Japanisch, die keine expliziten Wortbegrenzungen verwenden, ist die Identifikation von Wörtern eine bedeutend komplexere Aufgabe.

leistet werden. Ein weiteres Problem der auf Affixentfernung basierenden Ansätze ist, dass die produzierten Wortstämme oft keine wirklichen Wörter sind (z.B. Katz[e], Spani[en]). Dieses Problem kann durch eine oft als spezielle Form des Stemming angesehene Methode gelöst werden, bei der die Wortform nicht auf den Wortstamm sondern auf die Grundform, das *Lemma*, zurückgeführt wird. Diese als *Lemmatisierung* oder Grundformreduktion bekannte Methode wird meist unter Zuhilfenahme einer Liste der Grundformen mit ihren möglichen Variationen realisiert. Die Erstellung einer solchen Liste ist eine aufwendige Aufgabe, denn erst ein umfangreiches Vokabular ermöglicht eine akkurate Lemmatisierung.

Erkennung der Wortart und Wortbedeutung

Part-of-Speech (PoS) Tagging bezeichnet einen Prozess, in dem jedes Wort eines Textes einer Wortart zugeordnet wird [Jurafsky & Martin, 2008]. Dies erfolgt im Allgemeinen auf Basis eines umfangreichen Wörterbuches oder einer Regelmenge, die manuell erstellt oder trainiert wird. Eine mögliche Regel drückt beispielsweise aus, dass ein Wort eher ein Substantiv als ein Verb ist, wenn es auf einen Artikel folgt. Für die Erstellung solcher sprachabhängiger Regeln sind meist Sprachexperten nötig. Durch so genanntes *syntaktisches Parsen* wird einem Satz eine syntaktische Struktur zugeordnet [Jurafsky & Martin, 2008]. Der Satz kann dabei in zusammengehörige Wortgruppen zerlegt werden, die dadurch gekennzeichnet sind, dass sie ein Substantiv bzw. ein Verb und weitere Wörter enthalten. Einem Wort letztlich eine tatsächliche Bedeutung im Kontext eines Satzes zuzuordnen (*Word Sense Disambiguation*, WSD) stellt die größte Herausforderung dar. Ein umfassender Überblick über die wichtigsten Arbeiten im Bereich WSD wird in [Ide & Véronis, 1998] gegeben. Das Problem der Homographen[11] wird heute als weitgehend gelöst betrachtet, da viele Systeme eine Genauigkeit von über 95% bei der Zuordnung der korrekten Bedeutung besitzen. Als schwieriger und noch verbesserungswürdig wird das Problem der Polysemie[12] eingestuft.

---

[11]Wörter mit gleicher Schreibweise, aber grundsätzlich unterschiedlichen Bedeutungen, z. B. "modern": verrotten oder neuzeitlich

[12]Wörter mit ähnlicher Bedeutung, die sich im Sprachgebrauch entwickelt hat, z. B. "Pferd": Tier oder Schachfigur

2 Verwaltung multimedialer Dokumente

Erkennung von Eigennamen

Eine der Hauptaufgaben im Bereich der Informationsextraktion aus Texten ist die Identifikation von so genannten *Named Entities* (*Named Entity Recognition*, NER). Zu diesen werden neben Namen von Personen, Organisationen und Orten auch zeitliche Angaben (Datum, Tageszeit) und numerische Ausdrücke (Währung, Prozent) gezählt. Auch hier sind Wortlisten, Grammatiken und / oder Lernverfahren notwendig. Bei einem listenbasierten Verfahren wird ein Lexikon verwendet, welches alle Wörter und Wortsequenzen enthält, die erkannt werden sollen. Dabei müssen auch mögliche Varianten (z. B. morphologische) sowie die zugehörige Klasse abgespeichert werden. Um die *Named Entities* in einem Text zu finden, muss dieser auf sämtliche Einträge der Liste hin untersucht werden. Ein wesentlicher Nachteil ist, dass die Listen nie vollständig sein und jede Form eines Namens beinhalten können. Im Falle stark eingeschränkter Anwendungsdomänen mit sehr spezifischen relevanten Begriffen ist dieser Ansatz jedoch ausreichend. Im allgemeinen Fall werden meist zusätzlich Regeln konstruiert, die festlegen, wann ein Wort oder eine Wortgruppe einer *Named Entity* entspricht. Dazu zählen z. B. die Großschreibung oder kennzeichnende Zeichenfolgen wie "GmbH" oder "Dr.".

Für weitere Details sei an dieser Stelle auf [Jurafsky & Martin, 2008] verwiesen. Generell lässt sich festhalten, dass bei vielen Teilaufgaben der Textanalyse eine sehr starke Abhängigkeit zur Sprache, zum Kontext und zur Domäne eines Textes besteht. Je weniger man über das Anwendungsszenario weiß, desto stärker muss man sich auf trainierbare Lexika und Regeln stützen, da nicht alle Formen, Bedeutungen und Zusammenhänge von Wörtern vollständig vorab modelliert werden können.

Um die Ergebnisse der Analyse für das (Wieder-) Finden von Textdokumenten zu nutzen, muss eine geeignete Repräsentation des Inhalts erstellt werden, auf die eine Suche angewendet werden kann. Die verbreitetste Form, den Inhalt eines Dokumentes abzubilden, ist die Repräsentation durch einen Vektor gewichteter Terme. Die verschiedenen Variationen dieser Form unterscheiden sich in der Definition des Begriffs Term und dessen Gewichtung. Eine Möglichkeit zur Bewertung der Terme ist die oft verwendete *TF-IDF*-Funktion. Diese basiert auf der Annahme, dass ein Term umso repräsentativer für ein Dokument ist, je öfter er darin auftaucht und dass ein Term weniger charakteristisch ist, wenn er in mehreren Dokumenten vorkommt. TF steht dabei für *Term Frequency* und drückt aus, wie oft ein bestimmter Term in dem Dokument auftaucht. IDF steht für *Inverse Document Frequency* und bezeichnet den logarithmierten invertierten Anteil der Dokumente, in denen der Term auftaucht [Baeza-Yates & Ribeiro-Neto, 1999].

Die meisten Ansätze zur Auswahl und Bewertung von Termen basieren auf deren Auftrittshäufigkeit. Dabei wird kaum berücksichtigt, an welcher Stelle ein Term vorkommt oder welche syntaktische Rolle er spielt. Diese Ansätze sind meist ausreichend, wenn die betreffende Dokumentensammlung sehr heterogen ist, da die einzige grundlegende Gemeinsamkeit dann nur der reine Text ist. In sehr speziellen Domänen und Anwendungsfällen, in denen von einheitlich strukturierten oder semi-strukturierten Dokumenten auszugehen ist (z. B. Briefe, Artikel), sollten zusätzliche Eigenschaften in Betracht gezogen werden. Ein Term, der z. B. in einem wichtigen logischen Segment (z. B. in der Überschrift oder der Zusammenfassung) auftritt, könnte dabei eine höhere Bewertung erhalten.

Des Weiteren lässt sich der Inhalt eines Textes einer Kategorie oder Klasse zuweisen. Dies geschieht auf Basis bestimmter Merkmale des Inhaltes (z. B. ausgewählter Named Entities) mittels gängiger Klassifikationsverfahren. In den meisten Fällen erfolgt eine Klassifikation von Dokumenten in bestimmte Themenbereiche oder Domänen. Daneben existieren aber noch andere Möglichkeiten, Dokumente zu kategorisieren, wie z.B. die Identifikation des Genres. In [Sebastiani, 2002] werden verschiedene Kategorisierungsmethoden für Textdokumente näher beschrieben.

2.2.2 Informationen aus Bildern

Bei der Suche nach Bildern in großen Datenbeständen war man anfangs auf eine adäquate Beschriftung der Bilder in Form von Metadaten angewiesen, in denen mit Methoden des Textretrievals gesucht werden konnte. Die Beschreibung mit sprachli-

2 Verwaltung multimedialer Dokumente

chen Mitteln ist jedoch meist subjektiv geprägt, sprachabhängig und nicht konsistent. Die Beschriftung muss in der Regel manuell durchgeführt werden und ist damit langsam und aufwendig. Manche Eigenschaften, wie beispielsweise komplexe Formen oder deren Lagebeziehungen, lassen sich nur unzureichend sprachlich beschreiben.

Die Idee des *Content Based Image Retrieval* (CBIR), der inhaltsbasierten Bildsuche, besteht darin, eine *objektive* Beschreibung von visuellen Inhalten anhand ihrer Merkmale *automatisch* zu generieren und diese durch geeignete Methoden für die Suche nutzbar zu machen. Hierfür werden die inhärenten Merkmale von Bildern (Farbe, Textur, Form) mit Methoden der Bildverarbeitung ausgewertet und in effizienten Datenstrukturen, in Form von kompakten Merkmalsdeskriptoren, indexiert. An dieser Stelle sollen nur einige grundlegende Merkmale kurz vorgestellt werden. Für eine umfassendere Darstellung sei auf [Finger, 2004] verwiesen.

Farbmerkmale

Farbmerkmale sind die am meisten genutzten visuellen Bildmerkmale im Bereich des CBIR [Long et al., 2003; Volmer, 2006]. Um Farbmerkmale miteinander vergleichen zu können, muss ein einheitlicher Farbraum definiert werden. Eine in diesem Zusammenhang wichtige Farbraumeigenschaft ist die *Uniformität*, d. h. inwiefern die numerische Differenz zweier Farbtöne mit der vom Menschen wahrgenommenen Differenz übereinstimmt. Die technischen Farbräume wie RGB und CMY sind nicht uniform. Hingegen ist der HSV-Farbraum der im Bereich des CBIR am häufigsten genutzte Farbraum, da er der menschlichen Farbwahrnehmung gut entspricht [Park et al., 2003].

Merkmale, die zur Beschreibung eines Bildinhaltes ausschließlich die Eigenschaft Farbe verwenden, sind:

Farbhistogramme: Farbhistogramme beschreiben die Häufigkeit einzelner Farben im Bild. Dabei wird die räumlichen Verteilung jedoch nicht berücksichtigt, weshalb auch sehr unterschiedliche Bilder ähnliche Farbhistogramme aufweisen können. Die einfachste Art räumliche Informationen zu integrieren, ist die Unterteilung des Bildes in Bereiche, für welche jeweils separat ein Farbhistogramm errechnet wird. Feinere Unterteilungen bedeuten einen Zuwachs an räumlicher Information, aber auch eine aufwändigere Berechnung [Long et al., 2003]. Eine bessere Methode stellt beispielsweise das Kohärenz-Vektor-Histogramm dar, welches zusätzlich Farbkohärenz-Vektoren (*Color Coherence Vector*, CCV) beinhaltet, die die Anzahl der kohärenten Pixel einer Region für jede Farbe und die Anzahl der inkohärenten Pixel beschreiben [Pass et al., 1996].

Farbmomente: Farbmomente (*Color Moments*) [Stricker & Orengo, 1995] sind statistische Werte über die Häufigkeiten der vorkommenden Farbtöne in einem Bild. Berechnet wird dabei für jeden Farbkanal der Durchschnitt (arithmetisches Mittel), die Varianz (Streuung) und die Schiefe[13] der Verteilung. Farbmomente stellen eine sehr kompakte (nur $3 \times 3 = 9$ Werte pro Bild) und effektive Beschreibung der Farbmerkmale eines Bildes dar und werden daher in vielen CBIR-Systemen eingesetzt.

Texturmerkmale

Ähnlich wie die Farbmerkmale haben auch die Texturmerkmale eine große Bedeutung im Bereich des CBIR. Sie spielen vor allem im Zusammenhang mit Farb- und Formmerkmalen eine große Rolle bei der Erkennung von Objekten. Allgemein sind Texturen sich regelmäßig wiederholende Muster innerhalb einer Region oder eines Bildes. Sie sind charakteristische Merkmale von Oberflächen bzw. des Erscheinungsbilds realer Gegenstände (z. B. Gras, Stein, Wasser, Haut, Wolken usw.).

In der Literatur finden sich eine Reihe von Algorithmen zur Texturanalyse, in [Long et al., 2003] werden sie grob in struktur- und statistikbasierte Ansätze unterschieden. Strukturelle Methoden beschreiben Texturen anhand von Strukturprimitiven und deren Anordnungsregeln. Diese Art von Algorithmen sind allerdings nur bei regelmäßigen Texturen effizient, wie sie in natürlichen Bildern kaum auftreten. Statistische Methoden werten die räumlichen Abhängigkeiten der Grauwerte der Texturen statistisch aus, d. h. sie betrachten die Verteilung der Grauwerte der einzelnen Pixel und die Verteilung im Zusammenhang mit denen der Nachbarpixel.

---

[13] Maß für die Symmetrie der Verteilung zum Mittelwert

2 Verwaltung multimedialer Dokumente

Formen und Objekte

Ein weiteres grundlegendes Beschreibungsmerkmal von Bildern sind die in ihnen auftretenden Formen, Kanten oder Konturen. In der Regel entsprechen die Konturen in einem Bild den Begrenzungen abgebildeter Objekte bzw. deren Projektion in die Bildfläche und sind somit äußerst wichtig für deren Identifikation und Beschreibung. Um Formen und Konturen in einem Bild zu erkennen, werden *Segmentierungsalgorithmen* eingesetzt, die das Bild in sinnvolle, zusammenhängende Regionen zerlegt. Schnelle und akkurate Bildsegmentierung, als Vorstufe der Objekterkennung und -klassifizierung, ist eine notwendige Basistechnologie, um ein semantisches Bildverständnis zu ermöglichen. Häufig werden hierfür *Schwellwertverfahren* verwendet, deren Nachteil jedoch darin besteht, dass die Regionen nicht (räumlich) kompakt sind. Kompaktere Segmente liefern *Split-and-Merge* oder *Region-Growing*-Algorithmen*Region-Growing* [Lucchese & Mitra, 2001]. Bei erstgenannten wird das Bild zunächst rekursiv solange in Teile untergliedert (*split*), bis alle resultierenden Bereiche in sich homogen sind. Anschließend werden ähnliche benachbarte Bereiche zusammengeführt (*merge*). Beim *Region-Growing*-Verfahren wird ausgehend von einer beliebigen Menge einzelner Pixel nach ähnlichen Nachbarpunkten gesucht und diese jeweils zu einer "wachsenden Region" zusammengefasst. Eine andere häufig genutzte Methode, Bilder in sinnvolle Bereiche zu untergliedern, ist die Kantenerkennung. Kanten werden meist anhand der absoluten oder relativen Unterschiede (Gradienten) benachbarter Pixelwerte ermittelt [Lucchese & Mitra, 2001].

Die unendliche Vielfalt von möglichen Objekten, Perspektiven, Größen- und Lichtverhältnissen, Verdeckung und anderen Störfaktoren macht eine verlässliche, automatische Objekterkennung allein auf Basis von visuellen Merkmalen für breite Anwendungsgebiete unmöglich [Long et al., 2003]. In sehr eng umrissenen Anwendungsbereichen, d. h. wenn man sich auf eine kleine Anzahl von Bildinhalten und zu unterscheidenden Bedeutungen beschränkt, ist dies in begrenztem Umfang praktikabel. Ein wichtiger Anwendungsbereich ist bspw. die Gesichtserkennung und -identifizierung, sowie die Erkennung und Interpretation von Schrift (OCR). Anhand der visuellen Merkmale entscheidet ein System, welche semantische Bedeutung ein Segment hat.

Diese Entscheidung erfordert eine geeignete Menge von Referenzobjekten (*Templates*) und/oder eine gewisse Lernfähigkeit des Systems, um auf neue Muster trainiert zu werden (mehr dazu in Abschnitt 2.2.5).

Exkurs: *MPEG-7 Visual*

Eine besondere Bedeutung kommt in diesem Zusammenhang dem Teil des MPEG-7 Standards (siehe Abschnitt 2.1.2.2) zu, der Deskriptoren zur inhaltsbasierten visuellen Beschreibung von Bildern und Videos bereitstellt (*Part 3 – Visual*). Durch den mehrstufigen Standardisierungsprozess[14], den die aufgenommenen Deskriptoren des MDS durchlaufen haben, ist ein verhältnismäßig hohes Maß an Effizienz und Praxistauglichkeit sichergestellt. Die standardisierten Deskriptoren stellen somit in gewisser Weise "Best-practices" des Forschungsbereiches dar und können als Orientierung dienen. Dennoch hängt die Effizienz der Deskriptoren stark von der Art der Bilder ab (vgl. [Eidenberger, 2003]).

Die entwickelten MPEG-7 Visual Deskriptoren werden in allgemeine und domänenspezifische unterschieden. Zu den allgemeinen zählen Farb-, Textur-, Form- und Bewegungsdeskriptoren, während domänenspezifische für die Anforderungen eines speziellen Anwendungsbereiches vorgesehen sind (z. B. Gesichtserkennung). In [Sikora, 2001] wird ein Überblick über die bestehenden allgemeinen Deskriptoren für Farbe und Textur gegeben.

2.2.3 Informationen aus Audiodokumenten

Aufgrund der unterschiedlichen Charakteristika von Musik- und Sprachinformationen unterscheidet man bei der Audioanalyse grundsätzlich zwischen Verfahren zur Analyse von Musik und von Sprache. Auf beiden Gebieten existieren fundierte und ausgereifte Ansätze, die im folgenden kurz umrissen werden sollen. Für eine umfassende Darstel-

---

[14] Ein als Kandidat vorgeschlagener Deskriptor (*"Technical Proposal"*) wird durch zwei unabhängige Parteien beurteilt. Dies erfolgt auf Basis vorgegebener Test-Sets (*"Core Experiments"*) und festgelegter Kriterien, u. a. Kompaktheit, Ausdrucksstärke, Robustheit und Berechnungseffizienz. Der Deskriptor wird anschließend ggf. in den Standard aufgenommen [@MPEG-7; Sikora, 2001].)

2 Verwaltung multimedialer Dokumente

lung sei an dieser Stelle auf [Foote, 1998] verwiesen.

Musikanalyse

Die Analyse von Musikstücken basiert auf den verschiedenen Räumen zur Darstellung von Audioinformationen: Zeitraum, Frequenzraum und Phasenraum [Mierswa, 2003]. Beim **Zeitraum** wird die Amplitude in Abhängigkeit von der Zeit dargestellt (auch *Wellenformdarstellung*). In dieser Darstellung besteht die Möglichkeit, Extrema der Lautstärke zu finden und über diese z. B. das Tempo oder die mittlere Lautstärke eines Stückes zu bestimmen. Der **Frequenzraum** stellt die Amplitude in Abhängigkeit von der Frequenz dar und wird über eine schnelle Fourier-Transformation (FFT) errechnet. Man erhält so den Anteil der vorkommenden Frequenzen an der Grundfrequenz des gesamten Signals und kann somit besonders interessante Anteile identifizieren. Bei der Darstellung im **Phasenraum** wird – in der einfachsten Ausprägung – zu jedem Zeitpunkt der Wert des Signals und seine erste zeitliche Ableitung zu einer neuen Größe zusammengefasst und als Punkt im zweidimensionalen Raum repräsentiert. Daraus lässt sich entnehmen, welche Frequenzen in dem Signal zu einem Zeitpunkt mit welcher Amplitude vertreten sind [Gerhard, 1999; Mierswa, 2003].

Die Methoden, die zur Gewinnung inhaltsbasierter Merkmalsbeschreibungen aus Audiodaten eingesetzt werden, lassen sich in der Regel in Low-Level- oder High-Level-Ansätze einteilen. In die erste Klasse fallen dabei jene Extraktionsfunktionen, welche ein einzelnes Merkmal direkt aus einem Audiosignal gewinnen. High-Level-Methoden hingegen verarbeiten mehrere Merkmale (Low- oder High-Level) und generieren daraus Informationen, die zu einer Klassifikation des gesamten Musikstücks oder eines Teiles führen. Dazu zählen die in [Orio, 2006] unterschiedenen "Dimensionen" zur Beschreibung eines Musikstücks, die speziell für den Bereich *Music Information Retrieval* interessant sind, d. h. Ansatzpunkte für das Vergleichen und Klassifizieren von Musikstücken bilden:

Timbre: Im Kontext von *Music Information Retrieval* wird die Klangfarbe (*Timbre*) meist zur Beschreibung der subjektiven Wahrnehmung eines Musikstücks verwendet, welche im Wesentlichen von den verwendeten Instrumenten und der Spieltechnik abhängt. Sie ist besonders schwierig zu definieren und zu bestimmen, gleichzeitig aber ein für den Menschen sehr signifikantes Merkmal. Rein technisch bezieht sich die Klangfarbe auf die Struktur des Signalspektrums und wird daher üblicherweise im Frequenzbereich mit Hilfe der Fourier-Transformation anhand verschiedener Methoden bestimmt (u. a. mittels *Mel-Frequency Cepstral Coefficients* (MFCCs) [Logan, 2000]).

Orchestration: Die konkret durch den Komponist oder Musiker vorgenommene Auswahl entsprechender Musikinstrumente bestimmt die so genannte *Orchestrierung*. Die automatische Identifikation der klangerzeugenden Instrumente funktioniert laut [Orio, 2006] für einzelne Instrumente bereits recht überzeugend. Allerdings richtet sich diese Form der Musikanalyse in erster Linie an professionelle Nutzer, die Musikstücke anhand der gespielten Instrumente einordnen, und ist für den durchschnittlichen Nutzer eher uninteressant.

Acoustics: Die Klangfarbe, in Kombination mit Raumakustik, Hintergrundrauschen, Filtereffekten etc., bildet die Dimension der Akustik. Diese hängt im Wesentlichen von der Aufnahme ab und beschreibt die Qualität des Hörerlebnisses. Ein praktischer Anwendungsfall wäre eine Musiksuche, bei der verrauschte Aufnahmen gefiltert werden.

Rhythm: Der Rhythmus wird durch das Wiederkehren bestimmter Muster beschrieben. Prinzipiell scheint die Bestimmung des Rhythmus eine leichte Aufgabe zu sein (durch die Identifikation sich wiederholender Strukturen in der Wellenformdarstellung des Signals). Dennoch gibt es Musikrichtungen (bspw. afrikanische oder osteuropäische), die Taktwechsel und Überlagerungen verschiedener Rhythmen aufweisen (*Polyrhythmik*).

Melody: Eine Melodie ergibt sich aus einer Sequenz von Tönen mit ähnlicher Klangfarbe und einer wiedererkennbaren Tonhöhe eines eingegrenzten Frequenzbereichs (z. B. erzeugt durch eine Singstimme). Eine wichtige und insbesondere bei polyphoner Musik sehr schwierige Aufgabe ist dabei die Bestimmung der korrekten Grundfrequenz des Stückes, anhand derer die Hauptmelodie erkannt werden kann.

Harmony: Die Dimension der Harmonie beschreibt das Zusammenspiel zeitgleich erklingender Töne (Akkorde). Deren Bestimmung und Beschreibung ist nach wie vor sehr schwierig. Typischerweise werden die Akkorde mit vorher festgelegten Mustern verglichen (z. B. anhand so genannter *Pitch Class Profiles*).

Structure: Die Struktur eines Musikstücks baut sich auf aus der Wiederholung bzw. Verschachtelung von Melodien und Motiven, sowie durch Taktwechsel und Pausen. Die computergestützte Bestimmung ist alles andere als trivial. Darüber hinaus ist für das Verständnis und den Nutzen der Struktur eine ausreichende musikalische Bildung nötig. Daher ist diese Dimension für den praktische Einsatz nur bedingt geeignet.

Es wird deutlich, dass für den Menschen wichtige Merkmale eines Musikstücks jeweils auf einer Kombination verschiedener Aspekte beruhen und hohe Anforderungen an eine automatische Extraktion stellen. Darüber hinaus spielt die subjektive Wahrnehmung dabei eine besondere Rolle.

Sprachanalyse

Zwei grundsätzliche Zielsetzungen lassen sich beim Einsatz von Sprachanalyse unterscheiden: zum einen die *Spracherkennung* im Sinne der Ermittlung des Inhalts, und zum anderen die *Sprechererkennung*, d. h. die Ermittlung des jeweiligen Sprechers zur Identifikation bzw. Verifikation.

Die Sprechererkennung ist typischerweise einfacher als die Spracherkennung, da es hierbei lediglich darum geht, Merkmale einer Sprachprobe mit einer Musterprobe eines Sprechers zu vergleichen. Sprechertypische Eigenschaften werden mittels einer Sprachprobe von ca. 30 bis 60 s ermittelt. Statistische Merkmale eignen sich besonders für die textunabhängige Sprechererkennung (d. h. mit unbegrenztem Wortschatz). Dabei werden nur die stimmhaften Segmente (insbesondere Vokale) des Sprachspektrums betrachtet, da diese eine hohe Energie und einen nahezu periodischen Verlauf besitzen. Zeitliche Reihenfolgen, die repräsentativ sein könnten, gehen dabei allerdings verloren.

Bei Verfahren der dynamischen Analyse wird der zeitliche Verlauf des Ausdrucks mit berücksichtigt.

Bei der Spracherkennung müssen sämtliche Ebenen der Sprache aufgelöst werden. In einer Vorverarbeitungsstufe ermittelt man aus dem Sprachsignal eine Folge von akustischen Beobachtungsvektoren. Daraus werden aus einer vorher festgelegten Codetabelle die entsprechenden Phoneme abgeleitet, die anschließend zu Wörtern zusammengesetzt werden. Mit Hilfe eines Lexikons wird die jeweils wahrscheinlichste Wortkette gebildet.

Problematisch sind die auftretenden Mehrdeutigkeiten: Wird schon ein einzelner Laut falsch erkannt, wird ein anderes Wort aufgebaut. Die akustische und die linguistische Wahrscheinlichkeit werden anhand von Trainingsdaten gewonnen. Je mehr Daten dabei zur Verfügung stehen, desto geringer ist die Wahrscheinlichkeit von Erkennungsfehlern. Mit Hilfe von Beispieltexten wird das Spracherkennungssystem dabei auf die Stimme eines Sprechers trainiert.

Exkurs: *MPEG-7 Audio*

Wie bereits zuvor in Abschnitt 2.2.2 soll an dieser Stelle auf einen Teil des MPEG-7 Standards eingegangen werden, hier Part 4 - Audio. Ziel ist es ebenfalls, anhand der durch den Standard definierten Deskriptoren einen Eindruck zu bekommen, welche Methoden von der Forschungsgemeinschaft als besonders geeignet und praxistauglich angesehen werden.

MPEG-7 Audio stellt Low-Level- und High-Level-Deskriptoren zur Beschreibung von auditiven Inhalten bereit. Die Low-Level-Deskriptoren stellen aufgelöste Detailinformationen, wie Lautstärke, Wellenformen und Klangfarbe zur Verfügung, aus denen die High-Level-Deskriptoren gebildet werden können. Insgesamt existieren 17 Low-Level-Deskriptoren (plus ein Deskriptor für "Stille"), die in Gruppen eingeteilt werden. Eine nähere Beschreibung dieser Deskriptoren ist in [Quackenbush & Lindsay, 2001] zu finden.

Um Audiodaten auf einer höheren Abstraktionsebene zu beschreiben, wurden High-

2 Verwaltung multimedialer Dokumente

Level-Deskriptoren und Description Schemata definiert, wie beispielsweise Schemata für Klangfarben und Melodie. Ebenso existieren Beschreibungsmittel für gesprochenen Inhalt. Die Phonem- und Wortgitter, die durch automatische Spracherkennung gewonnen werden, werden dabei mit beschreibenden Metadaten verbunden, um die Suche zu verbessern. Für weiterführende Informationen und Details sei an dieser Stelle auf [Salembier & Sikora, 2002] und [Quackenbush & Lindsay, 2001] verwiesen.

2.2.4 Informationen aus Videos

Die umfassende Analyse von Videodokumenten ist ein sehr komplexes Aufgabengebiet. Man unterscheidet dabei verschiedene Ebenen, die, wie in Abbildung 2.5 dargestellt, aufeinander aufbauen.

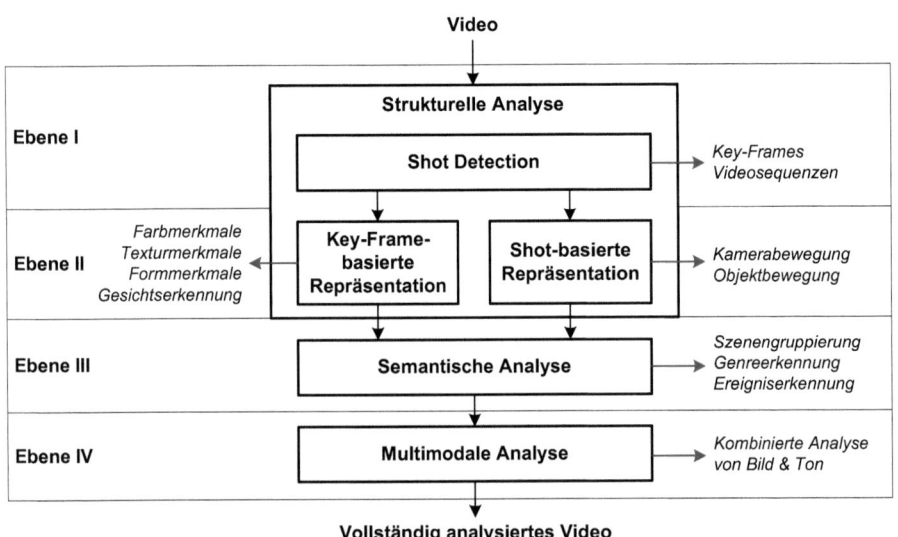

Abbildung 2.5: Schematische Darstellung der Videoanalyse [Losert, 2005]

Die **strukturelle Analyse** beschäftigt sich mit den entscheidenden Grundlagen der Videoanalyse im Low-Level-Bereich. Dazu zählt das Erkennen von Schnitten im Videomaterial zur Unterteilung in einzelne Kameraeinstellungen (*Shot Detection*). Repräsentativ wird für jede dieser Sequenzen ein oder mehrere Bilder (*Key-Frames*) gewählt, welche mit Hilfe der in Abschnitt 2.2.2 vorgestellten Methoden der Bildanalyse verarbeitet werden können, um bspw. Farb- und Texturmerkmale oder Formen zu extrahieren. Demgegenüber steht die Betrachtung der gesamten Sequenz (shotbasierte Repräsentation) zur Analyse dynamischer Ereignisse, wie einer Kamera- oder Objektbewegung.

Darauf aufbauend erfolgt die **semantische Analyse**. Dabei werden semantische Zusammenhänge, die sich nicht unmittelbar aus dem Videomaterial erschließen lassen, betrachtet, z. B. das Gruppieren zusammengehöriger Szenen, das Erkennen bestimmter Ereignisse oder die Einteilung in verschiedene Genres, wie Nachrichten, Musikvideos oder Spielfilme.

Die **multimodale Analyse** versucht aus den verschiedenen Kanälen (Bild, Audio, Sprache und Text) und deren Kombination Informationen zu ermitteln. Allerdings besteht durch die Kombination der z. T. noch entwicklungsbedürftigen Analysemethoden (z. B. bei der Sprachanalyse) eine erhebliche Herausforderung, sodass besonders in diesem Bereich ein großes Forschungspotential besteht.

Im Folgenden sollen nur die wesentlichen Aufgabenstellungen und Herausforderungen genannt werden. Eine detailliertere Darstellung ist in [Losert, 2005] zu finden. Einen guten Überblick bietet auch [Zhang, 2003].

Shot Detection

Man unterscheidet zwei grundlegende Arten von Schnitten. Auf der einen Seite die harten Schnitte, welche einen abrupten Übergang von einer Einstellung zur nächsten zur Folge haben und andererseits graduelle Schnitte, welche einen weichen Übergang ermöglichen (z. B. Überblenden, Auf- und Einblenden etc.). Die Grenzen zwischen Shots können über unterschiedlichste Verfahren gewonnen werden. Typische Vertreter in diesem Bereich sind: der Vergleich von Pixelwerten, von Histogrammen oder von Kanten in aufeinander folgenden Frames. Schwierigkeiten bereiten vor allem graduelle Übergänge zwischen Shots, wie z. B. eine weiche Blende.

Bewegungsanalyse

Bewegungen in einem Video lassen sich in Kamera- und Objektbewegungen unterteilen. Unter dem Begriff Kameraoperationen versteht man alle möglichen Bewegungen des Videobildes, die von der Kamera ausgehen, d. h. Schwenks, Zooms und Kamerafahrten. Die korrekte Bestimmung der Kameraoperationen ist die Grundlage für die Identifikation zusammenhängender, semantischer Einheiten im Video. Im Unterschied zu Objektbewegungen bewirkt eine Kameraoperation eine Änderung nahezu aller Pixel der aufeinander folgenden Einzelbilder.

Szenenerkennung und Story-Segmentierung

Ziel der *Szenenerkennung* ist die Erschließung inhaltlicher Einheiten eines Videos, beispielsweise ein Dialog zwischen zwei Personen, der durch wechselseitiges Einblenden des jeweils Sprechenden dargestellt wird. Eine ganze Reihe von Verfahren, die auf Merkmalen der strukturellen Analyse aufsetzen, wurden dazu entwickelt, z. B. Ansätze zur Untersuchung von Farbveränderungen im Hintergrund.

Bei der *Story-Segmentierung* ist das Ziel die Ermittlung zusammenhängender, semantischer Einheiten, denen sich ein bestimmter Inhalt zuordnen lässt. Im Unterschied zur Szenenerkennung wird hier ein besonderer Fokus auf den Inhalt und dessen Erkennung gelegt. Zunächst sollen dabei die Grenzen der einzelnen Storys (z. B. die einzelnen Beiträge einer Nachrichtensendung) ermittelt werden, um im Anschluss möglichst eine Zuordnung der gefundenen Einheiten zu einem bestimmten Genre oder Typ vorzunehmen. Meist werden dabei alle zur Verfügung stehenden Informationskanäle eines Videos genutzt: visuelle, auditive und textuelle.

2.2.5 "Bridging the Semantic Gap": Von syntaktischen Merkmalen zu semantischen Informationen

Die zuvor beschriebenen Ansätze für die inhaltliche Analyse der verschiedenen Medientypen zielen alle darauf ab, geeignete Deskriptoren für eine effiziente und bedarfsgerechte Indexierung und Anfrageverarbeitung zu generieren. Verfahren, die ausschließlich auf der syntaktischen Ebene (Low-Level) arbeiten, sind in der Regel sehr zuverlässig, ermöglichen jedoch nur eingeschränkte Suchmöglichkeiten. Hier sind im Wesentlichen Suchparadigmen wie *Query-by-Example* (QBE) [Zloof, 1975], das Suchen anhand eines Beispiels, zu nennen. Diese sind vor allen Dingen im Bereich Bild-Retrieval (*Query-by-Visual-Example* [Hirata & Kato, 1992]) und Audio-Retrieval (z. B. *Query-by-Humming* [Ghias et al., 1995]) zu finden. Allerdings erfüllen diese nicht wirklich den Anspruch einer *inhaltsbasierten Suche*, d. h. der Suche nach Dokumenten über deren Inhalt entsprechend menschlicher Interpretation. Das Kriterium der *Ähnlichkeit* wird letztlich vom System durch die Art des Index und die implementierte Distanzfunktion bestimmt und hat meist wenig mit semantischer Ähnlichkeit zu tun. Die Semantik hängt darüber hinaus auch häufig vom Nutzer selbst (seinem Wissen, seinen Erfahrungen oder seinem Kulturkreis) und der Art der Suche ab [Schmitt, 2004].

In der Literatur wird das Problem der Diskrepanz zwischen syntaktischen Merkmalen und semantischer Bedeutung als *Semantic Gap* (die semantische Lücke) bezeichnet. In [Smeulders et al., 2000] wird dieser kritische Punkt in der Entwicklung inhaltsbasierter Retrieval-Systeme eingehend diskutiert – zwar für den Bereich Bild-Retrieval, jedoch lassen sich die beschriebenen Aspekte durchaus verallgemeinern. Fest steht, dass eine computergestützte semantische Interpretation nur für einen bestimmten Anwendungsbereich, d. h. für eine Untermenge aller möglichen Interpretationen, praktikabel ist.

"A narrow domain has a limited and predictable variability in all relevant aspects of its appearance. [...] A broad domain has an unlimited and unpredictable variability in its appearance even for the same semantic meaning." [Smeulders et al., 2000]

Je breiter also das Anwendungsfeld, desto schwieriger lässt sich die korrekte Semantik zuweisen. Die Fülle der Informationen, die eine semantische Interpretation eines Medienobjektes ermöglichen, ist umso größer, je unschärfer sich der jeweilige Anwendungsbereich abgrenzen lässt. Arbeiten, die sich dem Thema *"Bridging the Semantic Gap"* im Bereich MIR widmen, haben daher meist auch einen anwendungsspezifischen

Fokus. Dazu zählen zahlreiche hochspezialisierte Ansätze, wie beispielsweise die Einordnung von Gemälden entsprechend künstlerischer Farbwahrnehmung (Farbharmonie und Kontrast) [Corridoni et al., 1999] oder die Erkennung semantischer Ereignisse in Sport- bzw. Fußballübertragungen [Tovinkere & Qian, 2001].

Die Bestimmung logischer und abstrakter Eigenschaften eines Medienobjektes erfordert Hintergrundinformationen und menschliche Interpretation und kann nicht allein auf Basis der Rohdaten erfolgen. Ein genereller Ansatz ist dabei, extrahierten Low-Level-Daten (global für das ganze Objekt oder lokal für Teile oder Bereiche des Objektes) bestimmte Kategorien oder Schlüsselwörter zuzuweisen, auf die ein System trainiert wird. Das Wiedererkennen dieser *Features* in anderen Objekten führt dazu, dass die entsprechenden Kategorien oder Schlüsselwörter auch diesen zugewiesen werden. Sind einzelne Bestandteile eines Medienobjektes semantischen Konzepten zugeordnet, ergibt sich daraus weiterführend die Möglichkeit, eine globale Beschreibung durch die Betrachtung ihrer Zusammenhänge mit Hilfe entsprechender Hintergrundinformationen zu erstellen.

Die meisten Autoren (u. a. [Smeulders et al., 2000; Schmitt, 2004; Lew et al., 2006]) stimmen darin überein, dass die "semantische Lücke" nicht allein aus dem Medieninhalt selbst heraus geschlossen werden kann, sondern *externe Informationsquellen* genutzt werden müssen. Darunter sind zum einen die Beziehungen zwischen verschiedenen Medienobjekten und deren Metadaten (z. B. ein Bild, dass in einen Text eingebettet ist), zum anderen aber auch Kontextinformationen (Systemumgebung, Nutzersituation etc.) und Hintergrundwissen zu verstehen. Im Zusammenhang mit Hintergrundwissen wird oftmals auch der Begriff "Weltwissen" verwendet, welcher ursprünglich aus dem Bereich der Textlinguistik stammt:

> "*Er umfasst sehr unterschiedliche Wissensinhalte, angefangen beim* Alltagswissen *[...] über individuelles* Erfahrungswissen *bis hin zu speziellem* Fach- und Bildungswissen. *Art und Umfang des 'Weltwissens', das einem Menschen zur Verfügung steht, ist eng mit der Kulturgemeinschaft und mit der sozialen Gruppe verbunden, in der er aufgewachsen ist bzw. in der er lebt. Das gemeinsame Charakteristikum dieser verschiedenen Wissens-*

bestände liegt darin, dass es sich immer um ein Art von 'Inventar'-Wissen bzw. Objekt-Wissen handelt; man spricht auch oft von enzyklopädischem Wissen." [Linke et al., 1996]

In erster Linie fallen daher Wissenssammlungen wie Lexika und Wörterbücher darunter. Eine immer größere Bedeutung (mit der Entwicklung des so genannten *Web 2.0* und *User-Generated Content*) gewinnen in diesem Zusammenhang auch Informationen aus dem WWW. Ein Beispiel dafür ist die freie Online-Enzyklopädie *Wikipedia* [@Wikipedia]. Aus einem Dokument extrahierte Begriffe (aus Textdaten bzw. Metadaten) können mit Hilfe solcher Sammlungen in einen bestimmten Kontext des Alltags- oder Fachwissens eingeordnet werden. Von anderen Nutzern erstellte Inhalte repräsentieren zudem individuelles Erfahrungswissen, welches ebenfalls als Teil des "Weltwissens" berücksichtigt werden kann.

2.3 Umgang mit persönlichen Dokumenten

Eine Lösung zur Verwaltung persönlicher multimedialer Dokumente richtet sich prinzipiell an eine sehr breite und heterogene Zielgruppe: an Anwender, die digitale Objekte im Sinne der persönlichen Informationsverwaltung und als individuelle "Dokumentation" von Erlebnissen und Ereignissen sammeln, bewahren und nutzen. Entsprechend schwierig gestaltet sich daher die Untersuchung der Eigenschaften und Bedürfnisse der potentiellen Nutzer, die sich in ihrem Alter, ihren physischen und kognitiven Fähigkeiten, ihrem sozialen und gesellschaftlichen Hintergrund und Interessen stark unterscheiden können.

Die wesentliche Gemeinsamkeit der verschiedenen Anwendergruppen findet man bei der Zielsetzung: alle möchten ihre persönlichen Dokumente langfristig geeignet ablegen und organisieren, um sich trotz der Menge einen guten Überblick zu bewahren und bei Bedarf gezielt und effizient auf die entsprechenden Inhalte zugreifen zu können. Erstellung und Nutzung (d. h. Weiterverarbeitung) der Dokumente unterscheidet sich wiederum sehr stark zwischen den Anwendergruppen, abhängig davon, welchem

Zweck diese hauptsächlich dienen. Betrachtet man das Sammeln persönlicher Dokumente, lassen sich drei Hauptmotive erkennen, die z. T. eng miteinander verzahnt sind, aber für jeden Nutzer eine andere Gewichtung haben:

- **Bewahren von Informationen:** Hierzu zählt insbesondere das Bewahren von Erinnerungen im Sinne der Dokumentation von eigenem Erlebten, z. B. durch Foto- und Videosammlungen, Tonaufnahmen, aber auch Tagebucheinträge, wie beispielsweise in *Weblogs* [Wijnia, 2006]. Darüber hinaus können auch offizielle Dokumente (Briefe, Anträge, Rechnungen etc.), die langfristig aufbewahrt werden, einen nicht unbedeutenden Teil der Sammlung persönlicher Dokumente darstellen.

- **Kommunikation und Austausch mit Anderen:** Mit Hilfe gesammelter Dokumente werden Erinnerungen mit Verwandten oder Freunden geteilt. Der typische Fall ist dabei das Aufbereiten und Präsentieren von Fotos im Sinne eines "Fotoalbums" oder für einen "Dia-Abend". Zudem dienen Dokumente auch dem Verfolgen gemeinsamer Hobbys und Interessen.

- **Kreatives Schaffen:** Zum Teil besteht auch ein künstlerisches Interesse an der Arbeit mit Medienobjekten, insbesondere für Hobbyfotografen oder Hobbymusiker. Der besondere Wert der Dokumente für den Besitzer beruht dabei auf der kreativen Eigenleistung bei der Erstellung.

Wenn auch wünschenswert, so ist es in diesem Anwendungskontext kaum praktikabel, *maßgeschneiderte* Lösungen für einzelne Nutzergruppen zu entwickeln. Gerade in Hinblick auf persönliche Dokumentensammlungen spielen individuelle Sichten und Kontexte eine große Rolle. Vor diesem Hintergrund stellt sich vor allen Dingen die Frage, wie Nutzer heute und in naher Zukunft mit ihren Medienkollektionen umgehen, welchen Ordnungsstrategien sie bei der Verwaltung typischerweise folgen, welche Unterstützung sie dabei benötigen und wie die Organisationsformen ausgelegt sein müssen, um den Anforderungen der langfristigen Nutzung gerecht zu werden.

Die Verwaltung persönlicher Dokumente ist eine Aufgabe, der sich unter anderem der noch relativ junge Forschungsbereich des *Personal Information Management* (PIM)

2.3 Umgang mit persönlichen Dokumenten

widmet – ohne jedoch auf die Frage der Langzeitarchivierung im Besonderen einzugehen. Unter PIM versteht man im Wesentlichen die Aufgabenbereiche und entsprechenden Lösungen zur Speicherung, Organisation und Suche persönlicher Daten [Bergman et al., 2004], darunter Kontakte, Adressen, Termine, Notizen etc., sowie persönliche Dokumente.

Im Vergleich zur Suche von Daten und Dokumenten in einem unbekannten Wissensraum (beispielsweise einem Literaturarchiv oder dem Internet), besteht bei der Suche innerhalb persönlicher Informations- und Dokumentensammlungen ein wesentlicher Unterschied, der sowohl Vor- als auch Nachteile mit sich bringt:

> "The information to be retrieved has already been handled, categorized and filed away by the individual." [Lansdale, 1988]

D. h. der Nutzer *kennt* i. A. die Daten und Dokumente, in denen er sucht, und hat diese mehr oder weniger bewusst und nach einem bestimmten Prinzip abgelegt. Aus diesem Grund besteht hier auch eine starke Abhängigkeit zwischen den Strategien zur Organisation von Dokumentensammlungen (die sehr individuell sein können) und der Effizienz der Suche.

Nutzerstudien stellen hier eine der wichtigsten Informationsquellen dar. Die im folgenden Abschnitt 2.3.1 vorgestellten Studien aus der Literatur werden in Abschnitt 2.3.2 um Ergebnisse aus eigenen Nutzerbefragungen ergänzt. Die Erkenntnisse zum Umgang mit digitalen Dokumenten sollen helfen, zu ergründen, welche Möglichkeiten der Unterstützung man Anwendern bei der Verwaltung bieten sollte.

2.3.1 Studien in der Literatur

Die ersten Studien zur Untersuchung von Nutzerstrategien bei der Organisation und dem Finden von digitalen Dokumenten wurden bereits Anfang der 80er Jahren durchgeführt (u. a. [Malone, 1983]). Die Zielsetzung dieser Studien bestand im Wesentlichen darin, bewährte und dem Nutzer vertraute Methoden der Verwaltung von "Papierdokumenten" auf die computergestützte Arbeit zu übertragen. In dieser Zeit entstanden

2 Verwaltung multimedialer Dokumente

somit auch die Metaphern, die noch heute unseren Umgang mit digitalen Informationen bestimmen: der *Desktop* (Schreibtisch), das *Dokument*, der *Ordner*, der *Papierkorb* etc.

Ein Großteil der Ergebnisse älterer Studien lässt sich nicht mehr ohne weiteres auf die heutige Zeit übertragen, zum einen bedingt durch die technische Weiterentwicklung, zum anderen auf Grund der kognitiven Entwicklung und Anpassung der Nutzer an computergestützte Arbeit. Insbesondere durch die Nutzung mobiler Endgeräte und durch das Internet sind vollkommen neue Interaktions- und Kommunikationsformen entstanden. Dennoch hat sich am Grundprinzip der Organisation von Dateien und Dokumenten nicht viel geändert. Diverse Nutzerstudien der letzten Jahre widmeten sich daher der Überprüfung der Anwendbarkeit und Erweiterung älterer Untersuchungsergebnisse entsprechend der heutigen Bedingungen.

Zu diesen Arbeiten zählt auch die von Ravasio et al. [Ravasio et al., 2004]. Darin wird u. a. bestätigt, dass es dem Anwender bei Nutzung hierarchischer Ordnungsstrukturen insbesondere schwer fällt, Klassen oder Kategorien zu erstellen, die als Bezeichnungen für Ordner oder Unterordner dienen und deren Inhalt geeignet repräsentieren (dieser "kognitive Aufwand" wurde bereits in [Malone, 1983] identifiziert). Ebenso wurde festgestellt, dass die fehlende Möglichkeit, Informationen und Dokumente zu *vernetzen* oder mehreren Kategorien zuzuweisen, einen erheblichen Nachteil darstellt und in den meisten Fällen dazu führt, dass Dokumente mehrfach abgelegt werden. Der Einsatz von textbasierten Suchwerkzeugen (wie z. B. Volltextsuche) erfolgt eher selten, und dies auch eher in konkreten Problemfällen, beispielsweise wenn ein Dokument nicht dort zu finden ist, wo es eigentlich sein müsste (durch ein Versehen beim Verschieben oder Speichern).

Alvarado et al. kommen in ihrer Studie [Alvarado et al., 2003] zu einem ähnlichen Ergebnis. Sie stellten fest, dass Nutzer es bevorzugen, auf Basis ihnen bekannter Kontextinformationen zum Ziel zu *navigieren*, statt durch Suchwerkzeuge gegebenenfalls direkter dahin zu gelangen. Einen wesentlichen Grund dafür sehen die Autoren in der Unsicherheit vieler Anwender bezüglich relevanter und wirksamer Suchkriterien.

2.3 Umgang mit persönlichen Dokumenten

Rodden und Wood legen in ihrer in [Rodden & Wood, 2003] veröffentlichten Studie einen Schwerpunkt auf digitale Fotos. Das Fazit ihrer Untersuchung: im Wesentlichen geben sich Nutzer mit den Möglichkeiten der chronologischen Sortierung und der Anzeige von Vorschaubildern (*Thumbnails*) zufrieden. Die Probanden zogen das *Browsen* durch eine Fotosammlung anhand von Ereignissen dem Stellen gezielter Anfragen vor. Die Möglichkeiten, den Bildern zusätzliche Informationen durch Annotationen hinzuzufügen, wurden kaum genutzt.

Boardman und Sasse widmeten sich in ihrer Studie [Boardman & Sasse, 2004] den Aspekten der Langzeitnutzung und Integration verschiedener PIM-Werkzeuge. Sie bestätigten dabei, dass Strategien bei der Organisation von Dokumenten von folgenden Faktoren abhängen:

- *Wahrgenommener Wert:* Dokumente, denen bei Erstellung und Bearbeitung viel Zeit gewidmet wurde, werden in der Regel auch sorgsam verwaltet. Im Gegensatz dazu wird weniger Arbeit in die Organisation "fremder" Dokumente investiert.

- *Wahrscheinlichkeit und Art der Suche:* Dokumente, die mit höherer Wahrscheinlichkeit später wieder benötigt werden und/oder an sich schwer zu finden sind, werden gezielter abgelegt.

- *Erfassung:* Gehen neue Dokumente eher unkontrolliert ein (z.B. per Mail), so bewirkt dies in der Regel auch eine weniger kontrollierte Organisation.

- *Persönlichkeit:* Die Tendenz, ordnend einzugreifen oder bestimmte Organisationsstrategien einzusetzen, hängt stark von Persönlichkeitsmerkmalen (Disziplin, Ordnungsbedürfnis etc.) des Nutzers ab.

Boardman und Sasse machen deutlich, dass der Entwurf von PIM-Werkzeugen verschiedenen Nutzereigenschaften und Organisationsstrategien gerecht werden muss. Bemerkenswert ist darüber hinaus die Erkenntnis der Autoren, dass entgegen anderer Studien hierarchische Ordnerstrukturen nicht grundsätzlich verkehrt sind, sondern durch ihre Starrheit und geringe Flexibilität sogar helfen können, eine Vertrautheit

2 Verwaltung multimedialer Dokumente

mit den abgelegten Daten aufzubauen, die bei der Suche generell von Vorteil ist (vorausgesetzt, die Menge der Dokumente ist begrenzt). Typische Dimensionen, die das Anlegen von Ordnerhierarchien bestimmen, sind dabei laut Henderson [Henderson, 2005] *Genre, Aufgabe, Thema* und *Zeit*. Auch Jones et al. [Jones et al., 2005] stellen fest, dass Dateiordner für viele Nutzer ein wichtiges und z. T. unabkömmliches Hilfsmittel bei der Verwaltung von Dokumenten sind und womöglich auch bleiben werden. Dennoch ist es nötig, mächtigere Vokabulare zur Beschreibung persönlicher Informationen zur Verfügung zu stellen [Boardman & Sasse, 2004]. Der Aspekt der Langzeitarchivierung wurde von den Autoren jedoch nicht im Detail betrachtet.

Dass Probleme beim Wiederfinden persönlicher Dokumente nicht immer technischer, sondern teilweise auch kognitiver Natur sind, zeigen die Studien von Blanc-Brude und Scapin [Blanc-Brude & Scapin, 2007] und Elsweiler et al. [Elsweiler et al., 2007]. Blanc-Brude und Scapin befragten Nutzer nach Merkmalen und Attributen ihrer persönlichen Dokumente, an die sie sich erinnern können, und forderten sie dann auf, nach diesen zu suchen. Die Befragung sollte klären, welche Attribute für die Beschreibung von Dokumenten am wichtigsten sind, um das Wiederfinden effizienter zu gestalten. Lansdale [Lansdale, 1988] schrieb dazu:

> *"[...] what is remembered about documents is the meaning of their content and contextual information such as what they looked like, what one was doing at the time, and so on."*

Allerdings wurde bei der Studie von Blanc-Brude und Scapin deutlich, dass es den Nutzern schwer fällt, geeignete Informationen über ein Dokument spontan aus dem Gedächtnis abzurufen und für die Suche einzusetzen. Erst durch Anregungen (Zusammenhänge, Kategorien) fielen den Befragten weitere Informationen ein. Auch Elsweiler et al. stellten fest, dass das Erinnern in der Regel nicht punktuell oder "eindimensional" abläuft, sondern eine "mentale Reise" darstellt, die über Ereignisse, Interaktionen und Kontextinformationen führt.

2.3.2 Nutzerbefragungen

Im Rahmen von Forschungsprojekten[15] des Lehrstuhls Multimediatechnik der TU Dresden wurden 2006 und 2007 mittels elektronischer Fragebögen drei Nutzerbefragungen zum Umgang mit digitalen Dokumenten durchgeführt [Judick, 2007; Arnold, 2007; @KP0607]. Die Zielsetzung bestand jeweils darin, Interessen, Bedürfnisse und Probleme von Privatanwendern bei der Verwaltung ihrer persönlichen, multimedialen Dokumente zu identifizieren. Obwohl auf Grund der jeweils beschränkten Zahl und der Zusammensetzung der Teilnehmer alle drei Befragungen nicht als ausreichend repräsentativ betrachtet werden können, lassen sich dennoch grundlegende Aussagen ableiten, die der Spezifikation von Anforderungen an ein Verwaltungssystem persönlicher, multimedialer Dokumente dienen. Die für diese Arbeit relevanten Ergebnisse werden im Folgenden vorgestellt.

Allgemeiner Umgang mit multimedialen Dokumenten im Privatbereich

Im Rahmen einer Belegarbeit [Arnold, 2007] wurde 2006 eine Befragung konzipiert und durchgeführt, deren Ziel darin bestand, einen Überblick über "[die] Gewohnheiten von Computerbenutzern bei der Verwaltung ihrer persönlichen Medien" zu schaffen, um daraus Schlussfolgerungen für die Entwicklung von Interaktions- und Visualisierungstechniken zu ziehen. An der Umfrage nahmen insgesamt 46 Personen (33 männliche, 13 weibliche) teil, darunter überwiegend Studenten und Mitarbeiter der Fakultät Informatik der TU Dresden.

Die Antworten auf die Frage *"Welche Art von digitalen Medien benutzen Sie und wie oft?"* (Abbildung 2.6) machen deutlich, dass die vier elementaren Medientypen (Bild, Ton, Video, Text) eine relativ ähnlich große Rolle für den privaten Nutzer spielen. Die genannten Aufnahmegeräte (Abbildung 2.7) zeigen, dass der Erstellung von Bildern eine sehr große Bedeutung zufällt. Die überwiegende Zahl der Teilnehmer nutzt persönliche, multimediale Dokumente nur im privaten Kontext (Abbildung 2.8), häufig zur Präsentation im kleineren Personenkreis oder zur Nachbearbeitung (Abbildung 2.9). Die Bereitstellung im Internet wird, wenn auch noch recht selten, genutzt.

---
[15]Projekte *K-IMM* [@K-IMM] und *INPERIC* [@INPERIC]

2 Verwaltung multimedialer Dokumente

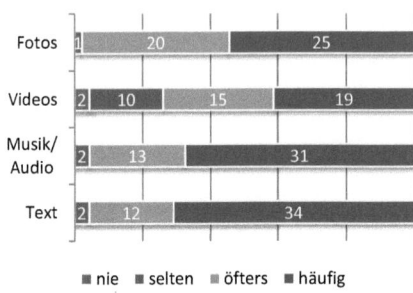

Abbildung 2.6: Antworten auf die Frage "Welche Art von digitalen Medien benutzen Sie und wie oft?"

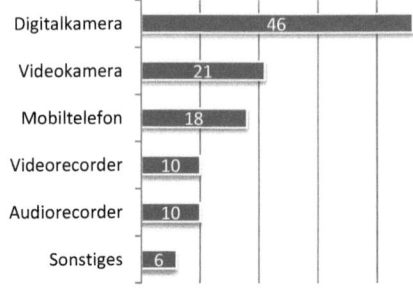

Abbildung 2.7: Antworten auf die Frage "Welche Aufnahmegeräte nutzen Sie?"

42 der 46 Teilnehmer gaben an, herkömmliche Ordner im Dateisystem für die Ablage und Organisation ihrer Dokumente zu verwenden – eine Mehrheit von über 90%. Auf die Frage, welche Annotationsmöglichkeiten sie gern nutzen *würden*, wurde an erster Stelle (65%) das Hinzufügen und Nutzen semantischer Informationen und Relationen genannt, gefolgt von Stichworten (48%) und allgemeinen Dokumentbeschreibungen (41%).

Umgang mit digitalen Fotografien

Zur Ermittlung dieser Nutzerinteressen im Kontext der digitalen Bildarchivierung wurde 2007 im Rahmen einer Diplomarbeit [Judick, 2007] eine größer angelegte Online-Umfrage durchgeführt. Insgesamt nahmen 304 Personen an der Befragung teil, davon 60% männliche und 38% weibliche Teilnehmer[16]. Die Altersgruppe der 20- bis 30-jährigen dominierte mit 62%.

Trotz der großen Zahl digitaler Bilder nutzen mehr als die Hälfte (51,6%) der Befragten eine einfache Dateiverwaltung (z. B. mittels *Windows Explorer*). In Einzelgesprächen mit einigen Befragten wurde deutlich, "dass dies nicht selten auf eine komplizierte

---
[16]fehlende 2% ohne Angaben

2.3 Umgang mit persönlichen Dokumenten

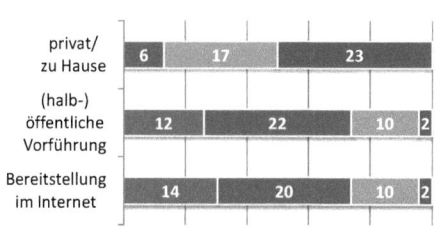

Abbildung 2.8: Antworten auf die Frage "In welchem Rahmen verwenden Sie Ihre multimedialen Dokumente?"

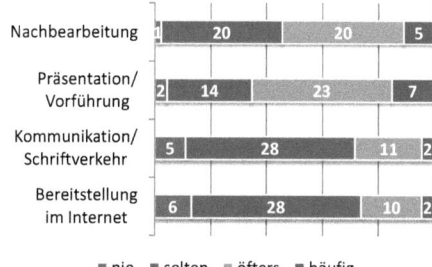

Abbildung 2.9: Antworten auf die Frage "Wie nutzen Sie Ihre multimedialen Dokumente?"

Handhabung sowie eine zu hohe Anzahl an verfügbaren Funktionen spezieller Fotosoftware zurückzuführen ist" [Judick, 2007]. Gerade einmal 6% der Befragten benutzen ein spezielles Bildverwaltungsprogramm für die Organisation und Strukturierung der Fotosammlung.

76% der Teilnehmer gaben an, Motive häufig mehrfach aufzunehmen, um später am Computer das "beste" Foto herauszusuchen. Dennoch sortieren nur 11% der Befragten "schlechte" Bilder *immer*, 33% *gelegentlich* und 53% *niemals* aus. Die Mühen manueller Organisation und Sortierung werden häufig gescheut.

Ebenfalls erfragt wurde die Strategie bei der Ablage der digitalen Bilder. 45% der Teilnehmer gaben an, ihre Bilder in Ordnern, benannt nach dem fotografierten Ereignis, zu sortieren. Weitere 14% legen für jedes Jahr einen Ordner an, in dem sie dann wiederum ereignisbezogene Unterordner erstellen. Dementsprechend sehen auch 87% aller Befragten eine Funktion zur automatischen Klassifizierung nach Datum, 85% nach Ereignis als sehr sinnvoll an (siehe Abbildung 2.10). Ebenfalls interessant sind der Aufnahmeort und der Bezug zu Personen für die Gruppierung der Bilder. Eher uninteressant sind im privaten Anwendungskontext hingegen technische Informationen wie Größe, Farbe oder Ausrichtung (Hoch-/Querformat) der Fotos.

2 Verwaltung multimedialer Dokumente

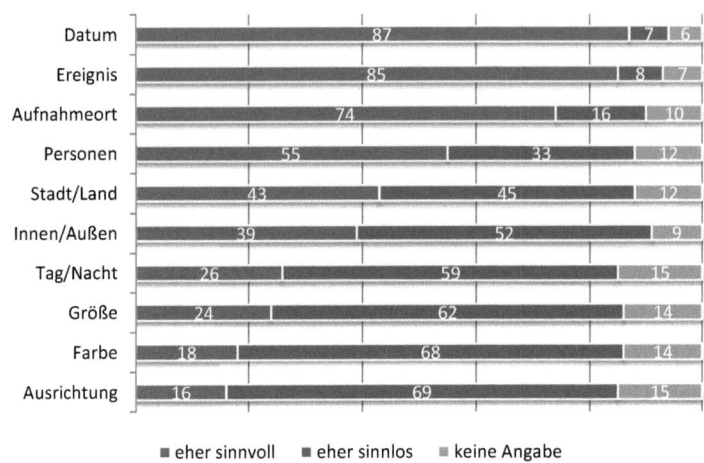

Abbildung 2.10: Antworten auf die Frage *"Welche Gruppierungsmöglichkeiten Ihrer digitalen Bilder erachten Sie als sinnvoll?"* (Angaben in Prozent)

Umgang mit digitalen Textdokumenten

Im Rahmen eines Komplexpraktikums [@KP0607] wurde Ende 2006 eine Befragung zum Umgang mit digitalen Textdokumenten durchgeführt. Insgesamt nahmen 73 Personen an der Umfrage teil (davon 53 männlich, 20 weiblich).

Auf die Frage, welche Hilfswerkzeuge oder Programme sie zur Suche nach einem bestimmten digitalen Textdokument auf dem Computer verwenden, gaben 61 Befragte (84%) an, die Funktionen eines Dateimanagers (z. B. *Windows Explorer*) zu nutzen. Die Hälfte der Teilnehmer zeigte sich mit den von ihnen verwendeten Werkzeugen zur Suche nach Dokumenten jedoch weniger oder gar nicht zufrieden. Abbildung 2.11 zeigt die Antworten auf die Frage, welche Kriterien bei der Suche nach einem Dokument von Bedeutung sind. Auch hier wird deutlich, dass die klassische Dateiverwaltung die Suchstrategien maßgeblich beeinflusst, da der Dateiname und die Ordnerstruktur für die meisten am wichtigsten ist. Nur jeder fünfte Teilnehmer versieht seine Dokumente mit zusätzlichen Metadaten, um diese besser auffindbar zu machen.

2.3 Umgang mit persönlichen Dokumenten

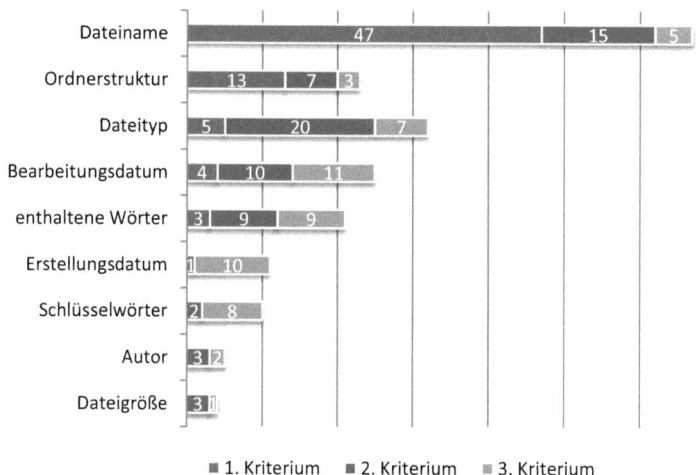

Abbildung 2.11: Antworten auf die Frage "Was sind Ihre drei wichtigsten Kriterien bei der Suche nach einem von Ihnen erstellten Textdokument?"

2.3.3 Diskussion

Obwohl die in Abschnitt 2.3.2 vorgestellten Ergebnisse der Befragungen nur bedingt repräsentativ und daher nicht wirklich verallgemeinerbar sind, bestätigen sie dennoch einige Aussagen der in 2.3.1 vorgestellten Studien in der Literatur. Die wesentlichen Erkenntnisse zu den Eigenschaften und Bedürfnissen der Nutzer lassen sich wie folgt zusammenfassen:

- Trotz der großen und kontinuierlich steigenden Zahl persönlicher Dokumente und der Einschränkungen hierarchischer Dateiorganisation bevorzugen die meisten Anwender ein klassisches Dateiverwaltungsprogramm mit den damit verbundenen **hierarchischen Ablagestrukturen**. Obwohl die Erstellung einer ausdrucksstarken Hierarchie eine kognitive Herausforderung darstellt [Malone, 1983], bieten starre Strukturen eine einfache Möglichkeit der Orientierung (durch vertraute Ordnerpfade) [Boardman & Sasse, 2004; Jones et al., 2005].

2 Verwaltung multimedialer Dokumente

- Das Navigieren zum gesuchten Zieldokument wird der direkten Suche mit Hilfe entsprechender Werkzeuge meist vorgezogen [Alvarado et al., 2003]. Ursache dafür ist die Schwierigkeit, sich spontan an relevante Attribute des Dokumentes zu erinnern, die als Suchparameter in Frage kämen. Im Gegensatz dazu helfen Zusammenhänge und Kontextinformationen, die durch das **Browsen** sichtbar werden, das gesuchte Dokument leichter zu identifizieren [Blanc-Brude & Scapin, 2007; Elsweiler et al., 2007].

- Die Mehrheit der Anwender nutzt nur einen geringen Teil der existierenden Möglichkeiten für die Organisation und Verwaltung von Dokumentensammlungen [Arnold, 2007; Judick, 2007]. Die **Akzeptanz neuartiger Verwaltungsprogramme** ist durch den meist hohen Einarbeitungsaufwand und die Gewöhnung an den klassischen "Dateimanager" eher gering.

- Obwohl den meisten Anwendern bewusst ist, dass das **Hinzufügen zusätzlicher (insbesondere semantischer) Informationen** zu einem Dokument die Suche und Organisation erleichtern würden, scheuen viele den manuellen Aufwand [Rodden & Wood, 2003; Judick, 2007; @KP0607]. Ein Dokument, an dessen Erstellung und Bearbeitung der Anwender direkt beteiligt ist oder war, wird dabei meist sorgfältiger behandelt (bei Annotation und Organisation), als ein Dokument unbekannter Herkunft oder von Dritten. Eine wichtige Rolle spielt dabei jedoch auch die Menge und Frequenz der "Neuzugänge" [Boardman & Sasse, 2004]. Dokumente unbekannter Herkunft oder von Dritten werden eher durch objektivere Attribute beschrieben und meist nachlässiger behandelt.

- Am wichtigsten sind den meisten Anwendern **zeitliche und ereignisbezogene Zusammenhänge** und Zugehörigkeiten bei der Beschreibung und Organisation ihrer Dokumentensammlung. An zweiter Stelle sind inhaltliche Angaben zu Orten, Personen etc. von Bedeutung [Judick, 2007; @KP0607].

Natürlich muss dabei festgehalten werden, dass sich die betrachteten Studien auf Desktop-Nutzung beschränken und somit keine Aussage dazu machen, wie Nutzer in einer zukünftigen, stärker durch mobile Geräte geprägten Umgebung unterstützt werden sollten. Entsprechend dem Fokus dieser Arbeit kann auf entsprechende Studien und daraus resultierende Ergebnisse nicht im Detail eingegangen werden.

Die Verwaltung persönlicher Dokumente ist bisher stark geprägt von bestehenden dateisystemorientierten Lösungen (so genannter Dateimanager) und den jeweiligen Anwendungen zur Erstellung und Bearbeitung von Dokumenten. Die bevorzugte Nutzung hierarchischer Ordnungsstrukturen liegt hauptsächlich darin begründet, dass Alternativen bislang noch fehlen. Ebenso mangelt es an ausreichenden Erfahrungen hinsichtlich alternativer Methoden und Werkzeugen zur Eingabe von Informationen zu Dokumenten, z. B. basierend auf Spracheingabe.

Die Frage, welche Organisationsstrukturen persönliche Archive aufweisen sollten, in denen Dokumente in entsprechend großer Zahl auch nach über 30 Jahren intuitiv wiedergefunden werden können, wird in existierenden Studien nur unzureichend problematisiert.

2.4 Zusammenfassung und Fazit

Wie die Ausführungen dieses Kapitels verdeutlichen, stellt die Verwaltung multimedialer Dokumente nach wie vor eine große Herausforderung dar. Ursache dafür sind vor allen Dingen [Schmitt, 2004]:

- das typischerweise *große Datenvolumen*, welches entsprechende Anforderungen an Speicherung, Zugriffs- und Verarbeitungsgeschwindigkeit stellt,
- die in den multimedialen Inhalten verankerte *implizite Semantik*, die der Anwender bei einer Suche im Sinn hat, die sich aber nur schwer automatisch erschließen lässt,
- die große Zahl *verschiedenster Medientypen und Speicherformate*, die unterschiedliche Anforderungen an ihre Verarbeitung stellen, und
- die Tatsache, dass multimediale Dokumente als *komplexe Multimedia-Objekte* eine Kombination verschiedener Medientypen beinhalten.

2 Verwaltung multimedialer Dokumente

Stellte das große Datenvolumen ursprünglich noch das Hauptproblem dar, hat sich mittlerweile der zweite Punkt zu einer wesentlich größeren Herausforderung entwickelt. Wie in Abschnitt 2.3 erläutert, verwenden Nutzer zur Ablage von Dokumenten individuelle Ordnungsstrukturen, die auf einer entsprechenden impliziten Semantik beruhen. Kurzfristig können diese sehr gute Dienste bei der Verwaltung der Daten leisten. Mittel- und langfristig bringt dies jedoch Probleme mit sich:

- Ordnungsstrategien können sich über die Zeit hinweg ändern, d. h. einmal angelegte Hierarchien können für den Nutzer ihre Aussage verlieren und selbst ihm das Wiederfinden bestimmter, ordnungsgemäß abgelegter Daten erschweren.

- Der Austausch mit anderen Nutzern ist auf Basis der individuellen Ordnungsstrukturen nicht ohne weiteres möglich. Andere Nutzer können meist mit der genutzten Ablagesystematik wenig anfangen und benötigen zusätzliches Wissen, um sich darin zu orientieren.

- Dokumente können über längere Zeiträume hinweg unter verschiedenen Aspekten und in verschiedenen Kontexten betrachtet und verwendet werden. Solche Zusammenhänge können nur bedingt durch Ablagestrukturen abgebildet werden. Eine kontextbezogene Suche gestaltet sich sehr schwierig.

Nach jahrzehntelangen Forschungsaktivitäten auf dem Gebiet des *Content-based Multimedia Information Retrieval* stehen heute ausgereifte Verfahren zur Verfügung, um effiziente Deskriptoren für die Suche nach multimedialen Dokumenten auf syntaktischer Ebene automatisch zu gewinnen (allen voran MPEG-7 als Standard für audiovisuelle Deskriptoren für das MIR). Für die Extraktion der impliziten Semantik der Inhalte, die sich dem Nutzer eines multimedialen Dokumentes ganz natürlich erschließt, fehlt es jedoch an geeigneten Lösungen. Bestehende Ansätze (vgl. Abschnitt 2.2.5) sind für bestimmte, eingeschränkte Anwendungsbereiche entwickelt und z. T. hochgradig spezialisiert.

"[...] it is generally agreed that there are no solved problems. In some cases, a general problem is reduced to a smaller niche problem where high accuracy and precision can be quantitatively demonstrated, but the

general problem remains largely unsolved. In summary, all of the general problems need significant further research." [Lew et al., 2006]

Es ist durchaus denkbar, dass dieses "generelle Problem" auch in Zukunft nicht gelöst werden kann. Stattdessen wird man sich einer Lösung vielleicht nur annähern können, indem man ein möglichst breites Spektrum der zur Verfügung stehenden Informationsquellen nutzt. Dazu zählen:

- **Metadaten:** Metadaten können wertvolle Informationen zu verschiedenen Aspekten eines Dokumentes beinhalten (vgl. Tabelle 2.1). Sie können u. a. dazu dienen, die verschiedenen Phasen des Lebenszyklus eines Dokumentes, insbesondere dessen Erstellung, zu dokumentieren. Die Voraussetzung für die anwendungsübergreifende Verarbeitung, Erweiterung und Nutzung von Metadaten sind standardisierte Metadatenmodelle und -schemata. Nur so können Metadaten über den gesamten Lebenszyklus hinweg aggregiert und genutzt werden. Eine ganze Reihe von Metadatenmodellen wurde bislang entwickelt (nur eine kleine Auswahl wurde in diesem Kapitel vorgestellt). Ihr Einsatz hängt stark vom jeweiligen Anwendungsbereich ab.

- **Beziehungen zwischen Dokumenten:** Dokumente stehen oftmals in einem Bezug zueinander. Beispielsweise bilden die Musikstücke eines Albums oder die Menge der Fotos, die bei einem Ausflug aufgenommen wurden, eine logische Einheit. Gleichzeitig gibt es auch Hierarchiebeziehungen, wie im Falle komplexer Multimedia-Objekte, die sich aus einzelnen elementaren Medienobjekten zusammensetzen. So kann bspw. ein Bild in einen Text, oder ein Musikstück in eine Videosequenz eingebettet sein. Solche Zusammenhänge liefern wichtige Informationen zur Erschließung impliziter Semantik mit Hilfe multimodaler Analyseverfahren.

- **Kontextinformationen:** Die aus dem konkreten Kontext resultierenden Informationen können dazu beitragen, die Inhalte eines Dokumentes besser auswerten zu können. Dazu zählen beispielsweise persönliche Informationen über die Nutzereigenschaften oder -präferenzen, technische Informationen über ver-

2 Verwaltung multimedialer Dokumente

fügbare Geräte und Anwendungen, oder auch physischer Kontext, wie beispielsweise Orts- und Zeitinformationen. Besonders interessant sind hierbei Informationen aus Anwendungen, in denen mit Dokumenten gearbeitet wird (z. B. Bildbearbeitungsprogramme, Medienplayer) oder in denen persönliche Informationen gehalten werden (z. B. Terminkalender, Kontaktdaten).

- **"Weltwissen":** Dokumentinhalte und -metadaten erhalten ihre individuelle Interpretation durch das zugehörige Alltags-, Erfahrungs- und Fachwissen des Nutzers. Daher stellen elektronische Wissenssammlungen wie beispielsweise Online-Lexika eine hervorragende Informationsquelle dar, um extrahierte Daten in einen Wissenskontext zu setzen (d. h. zu überprüfen oder zu erweitern). Voraussetzung ist hierbei allerdings, dass dieses Wissen in einer formalisierten und maschinenverarbeitbaren Form vorliegt.

Eine intelligente Verwaltung multimedialer Dokumente, d. h. eine Verwaltung, die die enthaltenen Informationen und die implizite Semantik der Dokumente berücksichtigt, ist im Wesentlichen durch die geeignete Eingrenzung des Anwendungsbereichs und das Einbeziehen möglichst vieler Informationsquellen realisierbar. In Bezug auf die *Verwaltung persönlicher Dokumente* ist die Eingrenzung des Anwendungsbereichs allerdings problematisch. Die Verknüpfung der verschiedenen zuvor genannten Informationsquellen erfordert darüber hinaus auch den Einsatz geeigneter Technologien zur computergestützten, semantischen Informations- und Wissensverarbeitung. Diese bilden darüber hinaus auch die Grundvoraussetzung für die geeignete technische Unterstützung des Anwenders bei der Verwaltung seiner Dokumente, indem sie ihm erlauben, semantische Informationen menschen- und maschinenlesbar zu modellieren (siehe Ausführungen in Abschnitt 2.3.3).

"follow the links: exploit the interlinked nature, do not rely only on search, and allow people to associate freely" [Oren, 2006]

Das nächste Kapitel widmet sich daher der Frage, welche Ansätze und Lösungen für die semantische Verwaltung persönlicher, multimedialer Dokumente derzeit zur Verfügung stehen und in welcher Form diese eingesetzt werden können.

3 Semantische Technologien zur Verwaltung persönlicher, multimedialer Dokumente

Die semantische Verwaltung einer Sammlung persönlicher, multimedialer Dokumente bedeutet in zweifacher Hinsicht eine technische Herausforderung: zum einen bedingt durch die Subjektivität und Unterschiedlichkeit persönlicher Sichten und Kontexte, und zum anderen durch die Komplexität multimedialer Daten (wie in Kapitel 2 dargestellt). Dennoch liefern semantische Technologien Lösungsansätze zur geeigneten Unterstützung des Umgangs mit persönlichen, multimedialen Dokumenten. Eine maschinenverarbeitbare Informations- und Wissensrepräsentation ist die Grundvoraussetzung für ein "intelligentes Verhalten" von Computer-Systemen. Ein "intelligentes Verhalten" wiederum beruht auf dem Besitz von Wissen über die Umgebung und die Konsequenzen, die bestimmte Aktionen nach sich ziehen:

> "Intelligent entities seem to anticipate their environments and the consequences of their actions. They act as if they know, in some sense, what the results would be." [Genesereth & Nilsson, 1987, S. 2]

In diesem Zusammenhang ist natürlich wichtig zu verstehen, was *Wissen* eigentlich ist. Man unterscheidet üblicherweise zwischen *Daten*, *Informationen* und *Wissen*. Daten sind Verknüpfungen einzelner Zeichen nach bestimmten Syntaxregeln, welche allein betrachtet keinen Inhalt oder Zusammenhang darstellen. Damit Informationen aus

Daten entstehen, müssen diese in einem gewissen Kontext interpretiert werden. Wissen ist letztlich die Kombination von Informationen mit Erfahrung, Interpretation und Reflexion. Eine der geläufigsten Definitionen des Begriffs *Wissen* aus dem Bereich des *Wissensmanagements* ist folgende:

> *"Wissen bezeichnet die Gesamtheit der Kenntnisse und Fähigkeiten, die Individuen zur Lösung von Problemen einsetzen. Dies umfasst sowohl theoretische Erkenntnisse als auch praktische Alltagsregeln und Handlungsanweisungen. Wissen stützt sich auf Daten und Informationen, ist im Gegensatz zu diesen jedoch immer an Personen gebunden. Es wird von Individuen konstruiert und repräsentiert deren Erwartungen über Ursache-Wirkungs-Zusammenhänge."* [Probst et al., 2006, S. 22]

In diesem Kapitel soll der aktuelle Stand in Forschung und Technik auf dem Gebiet der semantischen Informations- und Wissensverarbeitung und existierende Lösungen dargelegt und kritisch bewertet werden. In Abschnitt 3.1 werden Ansätze und Lösungen auf dem Gebiet der *Semantischen Informations- und Wissensverwaltung* vorgestellt. Anschließend erfolgt eine Darstellung und Beurteilung konkreter *Lösungsansätze für die semantikbasierte Verwaltung persönlicher, multimedialer Dokumente* (Abschnitt 3.2). Dabei werden im Wesentlichen näher verwandte Arbeiten aus Forschung und Praxis berücksichtigt. Die daraus abgeleiteten Erkenntnisse bilden die Grundlage für die in Abschnitt 3.3 vorgestellten Entwurfskriterien, welche wiederum die Basis für das in Kapitel 4 vorgestellte Konzept bilden. Abschließend erfolgt in Abschnitt 3.3 eine Zusammenfassung und Diskussion der in diesem Kapitel gewonnenen Erkenntnisse.

3.1 Semantische Informations- und Wissensverarbeitung

Semantischen Technologien haben ihre Wurzeln in zwei Forschungsgebieten der Informatik: der etwas älteren Disziplin der *Wissensrepräsentation* und dem jüngeren, anwendungsorientierten Bereich des *Semantic Web*. Die Erkenntnisse aus dem Bereich der Wissensrepräsentation bezüglich Formalisierung und Auswertung explizitem Wissens flossen in die technologischen Entwicklungen und Standardisierungen des *Semantic Web* ein [Lux, 2006].

Im Folgenden soll zunächst ein kurzer Überblick zu Ansätzen der Wissensrepräsentation aus dem Bereich der *Künstlichen Intelligenz* (KI) gegeben werden. Für ausführlichere Darstellungen und weiterführende Informationen sei an dieser Stelle u. a. auf [Genesereth & Nilsson, 1987] und [Görz, 2003] verwiesen. Im Anschluss daran wird detaillierter auf Ontologien und die Entwicklungen im Umfeld des *Semantic Web* eingegangen. Abschließend erfolgt eine Darstellung von Möglichkeiten zur gemeinschaftlichen (kooperativen) Wissensmodellierung.

3.1.1 Wissensrepräsentation

Prinzipiell unterscheidet man zwei Arten der Wissensrepräsentation: die deklarative und die prozedurale Form [Genesereth & Nilsson, 1987]. Deklarative Darstellungen von Wissen sind *"auf eine reine Beschreibung von Sachverhalten beschränkt [...] Der Großteil des Wissens wird als eine statische Sammlung von Fakten dargestellt."* [Kurbel, 1992, S. 37] Beispiele hierfür sind Tabellen und Datenbanken. Die Prozedurale Repräsentation hingegen enthält Angaben zur Konstruktion, Verknüpfung und Anwendung des Wissens, beispielsweise in Form von Berechnungsvorschriften oder Produktionsregeln.

Eine allgemeine Form der deklarativen Wissensrepräsentation sind *semantische Netze*. Ein semantisches Netz ist ein Graph aus einer Menge von Knoten und Kanten, wobei die Knoten Objekte (Begriffe oder Konzepte) und die Kanten Beziehungen (Relationen) zwischen den Objekten darstellen. Die Beziehungen können dabei z. B. Hierarchien (Vererbung, Instanzrelation, Teil-von-Relation), Bedeutungsgleichheit (Synonymie) bzw. -ungleichheit (Antonymie) oder auch Eigenschaften beschreiben. Diese Darstellungsform bildet den Ausgangspunkt für verschiedene Spezialisierungen (z. B. *Objekt-Attribut-Wert-Tripel*) und Weiterentwicklungen (z. B. *Conceptual Graphs* [Sowa, 1979], mit dem Ziel, Wissen und Semantik *wohldefiniert* und unmissverständlich zu spezifizieren.

Zunehmende Bedeutung gewann Anfang der 1970er Jahre die aus der Psychologie stammende Erkenntnis, dass neue Informationen *"auf der Basis von im Gedächtnis vorhandenen Strukturen organisiert und erinnert wird"* [Görz, 2003, S. 42]. Dies führte zur Einführung des Konzeptes der *Frames* [Minsky, 1974], welches Wissen auf der Basis einer Typisierung (Stereotypen) spezifiziert. In Bezug auf ein semantisches Netz lassen sich Frames als "Bündelung" von Knoten und Attribut-Wert Paaren interpretieren, wodurch alle mit einem Objekt verbundenen Objekt-Attribut-Wert-Tripel zu einem Typ zusammengefasst werden. Dieser Ansatz kann als eine Ausprägung der objektorientierten Programmierung angesehen werden [Kurbel, 1992, S. 41].

Eine andere, komplementäre Form der Wissensrepräsentation bieten logikorientierte Ansätze. Insbesondere die *Prädikatenlogik* erster Stufe[1] (engl. *first order logic*), als Erweiterung der Aussagenlogik, ermöglicht es, Wissen über Objekte mit Hilfe von *Prädikaten* zu formalisieren und auf seine Gültigkeit zu überprüfen. Beispielsweise kann die Aussage *"Alle Menschen sind sterblich"* wie folgt mit Hilfe der Prädikatenlogik beschrieben werden: $\forall x (istMensch(x) \rightarrow istSterblich(x))$. Durch den Einsatz von logischen Verknüpfungen (Junktoren), wie $\vee$, $\wedge$, $\neg$, lassen sich komplexe Zusammenhänge darstellen, z. B. dass, wenn eine Primzahl x ein Produkt $y*z$ teilt, x mindestens einen der beiden Faktoren y oder z teilt: $\forall x \forall y \forall z (istPrimzahl(x) \wedge teilt(x, y*z) \rightarrow teilt(x,y) \vee teilt(x,z))$.

Die Prädikatenlogik erster Stufe ist in ihrer Ausdrucksstärke sehr mächtig und stellt sehr hohe Anforderungen an die Verarbeitung, d. h. es ist schwierig ein Inferenzsystem zu implementieren, das korrekt und vollständig ist und immer terminiert [Görz, 2003]. Als entscheidbare Untermenge der Prädikatenlogik erster Stufe wurden daher *Beschreibungslogiken* (engl. *description logics*, DL) [Baader, 2003] zur Repräsentation von Wissen einer bestimmten Anwendungsdomäne entwickelt. Dabei werden die relevanten Konzepte der Domäne und ihre Eigenschaften und Relationen wohldefiniert beschrieben. Formal unterscheidet man hierbei zwischen dem terminologischen Wissen

---

[1] Die Prädikatenlogik erster Stufe bildet das "Standardsystem". Logik zweiter Stufe erlaubt Aussagen über Prädikate und Funktionen erster Stufe, z. B. "Es gibt ein Prädikat, für das gilt:...".

über die Konzepte einer Domäne (*terminological box*, kurz TBox) und dem Wissen über Entitäten oder Instanzen dieser Konzepte, sowie deren Beziehungen untereinander (*assertional box*, kurz ABox). Die ABox repräsentiert daher einen bestimmten Zustand der modellierten Welt entsprechend dem in der TBox definierten Vokabular [Baader, 2003]. Eine besondere Bedeutung erlangen Beschreibungslogiken im Zusammenhang mit Ontologien und dem Semantic Web, worauf im nächsten Abschnitt weiter eingegangen werden soll.

Erwähnung soll an dieser Stelle noch kurz das Problem des *unscharfen Wissens* finden. Nicht immer lassen sich Aussagen eindeutig spezifizieren. Um mit Angaben wie "ein wenig" oder "ziemlich" umgehen zu können und Unsicherheiten bzw. Unschärfen zu modellieren, wurde die *Fuzzy Logic* auf der Theorie der Fuzzy-Sets (*unscharfe Mengen*) [Zadeh, 1978] entwickelt. Im Gegensatz zur klassischen Mengenlehre, wonach ein Element in einer Menge entweder enthalten oder nicht enthalten sein kann, kann ein Element in einer unscharfen Menge zu einem bestimmten Grad enthalten sein. Dieser Grad an Zugehörigkeit wird durch eine Zugehörigkeitsfunktion beschrieben, die den Elementen eine reelle Zahl zwischen 0 und 1 zuordnet. Auch auf unscharfen Mengen können Operationen wie z. B. Vereinigung (*oder*), Durchschnitt (*und*) oder Komplement (*nicht*) angewandt werden.

3.1.2 Ontologien

Der aus der Philosophie stammende Begriff *Ontologie* bezeichnet ursprünglich die "Lehre vom Seienden", als Teil der Metaphysik, und wurde erst ab den 1990er Jahren auch in der Informatik im Bereich der KI geprägt. Die wohl meistzitierte Definition stammt aus [Gruber, 1993]:

> *"An ontology is an explicit specification of a conceptualization."*

Unter *conceptualization* versteht man dabei

> *"[...] the objects, concepts, and other entities that are assumed to exist in some area of interest and the relationships that hold among them. [...] A*

conceptualization is an abstract, simplified view of the world that we wish to represent for some purpose. Every knowledge base, knowledge-based system, or knowledge-level agent is committed to some conceptualization..." [Gruber, 1993]

D. h. eine Ontologie ist eine formale Spezifikation eines abgegrenzten Bereichs der Welt, die einem bestimmten Zweck dient und auf die sich alle Beteiligten geeinigt haben. Dieser letzte Aspekt der Einigung ist insbesondere relevant, da Ontologien im Wesentlichen der Kommunikation zwischen verschiedenen Akteuren (sowohl Menschen als auch Maschinen) sowie der Aggregation von Informationen aus heterogenen Quellen dienen [Maedche et al., 2001]. Die Verwendung des Plurals ("Ontologien") im Bereich der Informatik (im Gegensatz zur Verwendung in der Philosophie) resultiert aus der Vielzahl der möglichen Wissensbereiche mit jeweils eigenen Terminologien [Hesse, 2002]. Ausgehend von der oben genannten Definition fallen in die Kategorie Ontologie eigentlich sowohl Glossare (Liste von Begriffen mit zugehöriger Bedeutung), Taxonomien (Begriffshierarchien) und Thesauri (Begriffe mit Relationen zueinander), als auch mächtigere Formalismen wie die oben genannten logikorientierten Ansätze. Die Zuordnung von Glossaren, Taxonomien und Thesauri zum Bereich der Ontologien ist umstritten (vgl. [McGuinness, 2003]). Klar ist allerdings, dass Ontologien deren Fähigkeiten mit abdecken [Ullrich et al., 2004]. Nach [McGuinness, 2003] muss eine Ontologie, um als "einfache Ontologie" zu gelten, zumindest

- ein kontrolliertes (erweiterbares) Vokabular zur Beschreibung von Begriffen (Klassen, Konzepte) und deren Beziehungen (Relationen),
- eine eindeutige Interpretation der Klassen und Relationen und
- eine strikte Hierarchiebeziehung zwischen den Klassen

besitzen. Des Weiteren werden Klassen typischerweise durch Attribute (Merkmale, Eigenschaften) näher charakterisiert. Mit Hilfe von Axiomen lassen sich Kardinalitäten, Wertebereiche oder auch Default-Werte von Relationen oder Attributen beschreiben. Ebenso können Integritätsbedingungen oder implizite Zusammenhänge durch Regeln definiert werden.

Die Qualität einer Ontologie zu bewerten, gestaltet sich schwierig. In [Burton-Jones et al., 2005] wird ein Ansatz beschrieben, der Metriken auf verschiedenen Ebenen umfasst: *syntaktisch* (Einhaltung und Ausnutzung der Notationsregeln), *semantisch* (Interpretierbarkeit, Konsistenz und Klarheit der verwendeten Ausdrücke), *pragmatisch* (Nutzen für den Anwender hinsichtlich geeigneter Repräsentation der Domäne) und *sozial* (hinsichtlich Verbreitung und Wiederverwendung in anderen Wissensbereichen).

Die Zielstellung, die mit dem Entwurf einer Ontologie verfolgt wird, bestimmt ihren Grad der Spezialisierung und Komplexität. Man unterscheidet üblicherweise vier Arten [Guarino, 1998]:

Top-Level-Ontologien (auch Upper-Ontologien[2]) beschreiben sehr allgemeine Konzepte, unabhängig von einer bestimmten Domäne oder Problemstellung. Beispiele hierfür sind DOLCE (Descriptive Ontology for Linguistic and Cognitive Engineering) [@DOLCE] oder SUMO (Suggested Upper Merged Ontology) [@SUMO].

Domänenontologien beschreiben anwendungsunabhängig einen bestimmten allgemeinen Diskursbereich (Domäne), bspw. Medizin oder Automobile. Sie werden meist durch Spezialisierungen in Top-Level-Ontologien verankert. Bekannte Beispiele sind die *Gene Ontology* [@GO] oder die *Music Ontology* [@MO].

Aufgabenontologien beschreiben Aufgabentypen oder Aktivitäten und ihre Wissenszusammenhänge innerhalb bestimmter Domänen, bspw. Diagnose oder Verkauf. Als Beispiele kann man hier Projekte wie die *Cell Cycle Ontology* (CCO) [@CCO] oder die *Customer Complaint Ontology* (CContology) [@CContology] nennen.

Applikationsontologien nutzen bzw. spezialisieren entsprechende Domänen- und Aufgabenontologien für eine bestimmte wissensbasierte Anwendung.

---

[2]In [Baumgartner & Retschitzegger, 2006] wird hingegen eine strikte Trennung dieser beiden Begriffe beschrieben: Ein Vokabular einer Upper-Ontologie ist zwar ebenfalls auf einem sehr allgemeinen Niveau, kann aber einen Domänenbezug haben. Die Grenzen zwischen Top-Level- und Upper-Ontologie sind allerdings fließend.

Wie bereits angedeutet, hängt der Mehrwert und Nutzen einer Ontologie vom *"Umfang der Anerkennung und Zustimmung ("*ontological commitment*"), die diese in der betreffenden Fachwelt erfährt"* [Hesse, 2002], ab. Entsprechend schwierig gestaltet sich in der Regel der Entwurfsprozess von Ontologien: um die Zustimmung aller Beteiligten zu gewinnen, sollten diese am Entwurf teilhaben, womit allerdings ein erhöhter Aufwand verbunden ist (siehe auch Abschnitt 3.1.5). Wie die Entwicklung zeigt, spezifizieren und verwenden verschiedene Gruppen meist auch verschiedene Ontologien, die aber z. T. den gleichen Diskursbereich beschreiben. Eine übergreifende Nutzung ist dadurch eingeschränkt (in manchen Fällen auch bewusst). Durch die Verankerung von domänen- bzw. aufgabenspezifischen Ontologien in Top-Level-Ontologien ist es unter Umständen möglich, terminologische und konzeptionelle Übereinstimmungen zwischen Ontologien aufzudecken bzw. aufzulösen. Unter dem Begriff *Ontology Matching* hat sich ein eigenes Forschungsgebiet entwickelt, welche sich mit der Frage beschäftigt, wie Übereinstimmungen zwischen verschiedenen Ontologien identifiziert werden können (näheres dazu siehe [Euzenat & Shvaiko, 2007]). In Anwendungsbereichen, in denen Informationen aus verschiedenen Quellen aggregiert und verarbeitet werden, ist es wichtig, dass sich Standards bzw. De-Facto-Standards etablieren und von allen Interessengruppen aktiv verwendet werden.

Um dem Anspruch einer *expliziten Spezifikation* gerecht zu werden, sollte die Notation einer Ontologie in einer Wissensrepräsentationssprache erfolgen, deren Semantik vollständig und eindeutig ist. Der Ausgangspunkt für die Entwicklung von Ontologiesprachen waren daher die in Abschnitt 3.1.1 genannten Ansätze zur Wissensrepräsentation (semantische Netze, Frames, Beschreibungslogiken). Als frühe Vertreter sind hierbei u. a. KL-ONE [Brachman & Schmolze, 1985], KIF [Genesereth et al., 1992] und F-Logic [Kifer et al., 1995] zu nennen. Im Kontext des *Semantic Web* und unter dem Einfluss des W3C haben mittlerweile weborientierte Sprachen wie RDF und OWL die größte Bedeutung erlangt.

3.1.3 Technologien des Semantic Web

Wie bereits in Abschnitt 2.1.2 im Zusammenhang mit dem Metadatenformat Dublin Core erwähnt, wurde im Zuge des fortschreitenden Wachstums des WWW schnell klar, dass allein auf Basis von HTML und URIs ein effizienter Zugriff auf das existierende Wissen nur schwer möglich ist. Bis heute basiert die Suche im WWW im Wesentlichen auf dem Einsatz von Suchmaschinen, die Informationen lediglich syntaktisch verarbeiten (Schlüsselwort- oder Phrasensuche). Das passende Ergebnis muss der Anwender durch seine Interpretation der gefundenen Resultate selbst erschließen.

Seine Vision über die Zukunft des WWW stellte Tim Berners-Lee[3], bereits 1994 als das *Semantic Web* vor und verfasste 2001 den in diesem Zusammenhang wohl meistzitierten Artikel im *Scientific American Magazine* [Berners-Lee et al., 2001]. Darin heißt es:

> "The Semantic Web is not a separate Web but an extension of the current one, in which information is given well-defined meaning, better enabling computers and people to work in cooperation."

Um dieses Ziel zu erreichen, wurden vom W3C zur Verarbeitung semantischer Informationen verschiedene Sprachen und Techniken entwickelt und standardisiert, die im Folgenden kurz dargestellt werden sollen. Für weiterführende Informationen sei auf die jeweiligen Dokumente des W3C, sowie auf [Fensel et al., 2003] und [Hitzler et al., 2008] verwiesen.

RDF

Das *Resource Description Framework* (RDF) [@RDF] dient in erster Linie der formalen Beschreibung von Ressourcen im WWW und stellt die Basistechnologie des Semantic Web dar (2004 als W3C-Empfehlung offiziell freigegeben). Aussagen über Ressourcen werden in Form von Subjekt-Prädikat-Objekt-Tripeln beschrieben, wobei das Subjekt die jeweilige Ressource, das Prädikat die zugehörige Eigenschaft (*property*) und das Objekt den Wert der Eigenschaft (*property value*) darstellt. Um die einzelnen Ele-

---
[3]"Erfinder" des WWW [Berners-Lee, 1989] und Gründer und Vorsitzender des W3C

mente eindeutig zu identifizieren, werden diese durch URIs referenziert. Ein Objekt kann auch ein Literal sein, d. h. eine konkrete Zeichenkette, die unter Umständen noch einen bestimmten Datentyp aufweist. Über Objekte, die selbst URI-referenzierte Ressourcen sind, können wiederum Aussagen getroffen werden. Die Menge der Tripel bildet den so genannten *RDF-Graph*, der auch grafisch dargestellt werden kann. Zwar ist RDF prinzipiell unabhängig von einer speziellen Darstellungsform, um jedoch eine Maschinenverarbeitbarkeit zu ermöglichen, wurden verschiedene Notationsformen entwickelt, wie die XML-basierte RDF/XML-Syntax.

RDF Schema

Zwar liefert RDF eine Syntax, um Ressourcen im WWW zu beschreiben, jedoch nicht das jeweils eingesetzte Vokabular. Zur Definition eines solchen Vokabulars dient *RDF Schema* (RDFS) [@RDFS], welches Sprachelemente zur Beschreibung von Klassen und Eigenschaften sowie deren gemeinsamer Nutzung festgelegt. Durch die Möglichkeit der Vererbung lassen sich ebenfalls Begriffshierarchien erstellen. "Einfache Ontologien" (vgl. [McGuinness, 2003]) lassen sich also durchaus mit RDF und RDFS modellieren. Dennoch hat RDFS in Bezug auf das Erstellen von Ontologien seine Grenzen. So ist es unter anderem nicht möglich Prädikate mit Kardinalitäten zu versehen, neue Klassen durch Kombination anderer Klassen (Schnitt-, Vereinigungs-, Differenzmenge) bzw. disjunkte Klassen zu definieren oder Wertebereichsbeschränkungen für Eigenschaftswerte zu definieren. Abhilfe schafft hier die eigens entwickelte Ontologiesprache OWL.

OWL

Die *Web Ontology Language* (OWL) [@OWL] bietet aufbauend auf RDF ein erweitertes Vokabular zur Beschreibung von Klassen und deren Eigenschaften. Sie ging aus der 2001 abgeschlossenen Ontologiesprache *DAML+OIL* [@DAML+OIL] hervor und wurde ebenfalls 2004 als offizielle Empfehlung des W3C veröffentlicht. Dabei existieren drei Komplexitätsstufen: *OWL Lite*, *OWL DL* und *OWL Full*. Während OWL Lite die einfachste, aber auch am wenigsten mächtige Stufe darstellt, bietet OWL DL die Ausdrucksstärke der Beschreibungslogik. OWL DL und OWL Full nutzen zwar das gleiche Vokabular, jedoch unterliegt OWL DL einigen Restriktionen (z. B. eine strikte

3.1 Semantische Informations- und Wissensverarbeitung

Typenunterscheidung zwischen Klassen, Eigenschaften, Instanzen und Datentypen), die die Verarbeitbarkeit und Entscheidbarkeit (in endlicher Zeit) gewährleisten.

SPARQL

SPARQL steht für *SPARQL Protocol and RDF Query Language*[4] und ist eine Anfragesprache für RDF-basierte Daten [@SPARQL]. 2008 wurde sie endgültig als offizielle W3C-Empfehlung freigegeben. Als RDF-Anfragesprache basiert SPARQL in ähnlicher Weise auf einer Tripel-Struktur aus Subjekt, Prädikat und Objekt. Die Elemente dieses Tripels können jeweils durch Variablen ersetzt werden. Die Syntax einer Anfrage ist an SQL angelehnt und bietet ebenfalls Funktionalitäten, wie beispielsweise das Einschränken, Erweitern oder Ordnen der Ergebnismenge. Neben der eigentlichen Anfragesprache existiert auch das so genannte *SPARQL Protocol for RDF* (SPROT) [@SPROT], um eine Nutzung beispielsweise über das HTTP-Protokoll zu ermöglichen, sowie das *SPARQL Query Results XML Format*, welches ein XML-basiertes Rückgabeformat für gestellte Anfragen bereitgestellt, um die Resultate direkt weiterverwenden zu können.

GRDDL

Mit GRDDL (*Gleaning Resource Descriptions from Dialects of Languages*) existiert eine weitere W3C-Empfehlung, deren Zielsetzung allerdings darin besteht einen Mechanismus bereitzustellen, um Informationen, die als Annotationen in XHTML-Dokumenten vorkommen (im Wesentlichen RDFa[5] [@RDFa] und Microformate[6] [@Microformats]) in RDF-Beschreibungen zu transformieren [@GRDDL]. Dies soll zur Verbreitung semantischer Informationen im WWW beitragen, ohne dass Autoren von Webdokumenten RDF explizit nutzen müssen. Die Transformationsvorschrift wird durch Verweis auf ein entsprechendes XSLT-Stylesheets in eine XHTML-Datei eingebunden. Dieses kann bereits existieren (bei verbreiteten Vokabularen) oder selbst erstellt werden.

Zur Verarbeitung und Speicherung von semantischen Datenmodellen und Ontologien

---
[4] rekursives Akronym
[5] W3C-Empfehlung zum Einbetten von RDF in XHTML-Dokumente
[6] in erster Linie als menschenlesbare semantische Annotation von Webdokumenten entwickelt

kann auf verschiedenen existierenden Frameworks und RDF Triple Stores aufgebaut werden. Die wichtigsten Open-Source-Implementierungen sind dabei das *Jena Semantic Web Framework* (ursprünglich von HP) [@Jena] und *Sesame* [@OpenRDF]. Jede dieser Basislösungen hat individuelle Stärken und Schwächen, sei es im Sinne der Unterstützung von OWL [@OWL] und diverser Anfragesprachen wie SPARQL [@SPARQL], bezüglich Datenbankanbindung, automatischem Schließen (*Reasoning*) oder im Sinne der Performanz und Skalierbarkeit.

Aktuelle Bestrebungen des W3C widmen sich u. a. der Fragestellung, wie verfügbares, freies Wissen im WWW vernetzt werden kann, um damit Synergieeffekte zu erzielen und neue wissensbasierte Anwendungen zu unterstützen (wie beispielsweise auch intelligente PIM-Anwendungen). Die bestehenden Ansätze und Möglichkeiten werden im nächsten Abschnitt kurz erläutert.

3.1.4 Semantische Informationsquellen im WWW

Die zuvor vorgestellten Technologien bilden die Grundlage zum Erstellen, Verarbeiten und Anfragen von semantischen Daten im WWW. Darauf aufbauend muss die praktische Nutzung dieser Daten ermöglicht werden, indem diese (in entsprechender Menge und Qualität) über einheitliche Schnittstellen zur Verfügung gestellt werden. Die *W3C Semantic Web Education and Outreach* (SWEO) Gruppe arbeitet seit 2007 an dem Gemeinschaftsprojekt *Linking Open Data* (LOD) [@LOD], welches sich der Verknüpfung von frei zugänglichen semantischen Datenbeständen (*Linked Data*) widmet. Die Technische Grundlage stellen dabei die so genannten *SPARQL Endpoints* dar.

SPARQL Endpoints sind URIs im WWW, die einen Anfrageservice zur Verfügung stellen, welcher das SPARQL-Protokoll [@SPROT] unterstützt. Die Resultate werden in Form einer maschinenverarbeitbaren Sprache (unter anderem in XML) zurückgeliefert. SPARQL Endpoints stellen damit also eine wichtige Schnittstelle zwischen einem Anbieter von semantischen Daten und einer Anwendung dar. Zwar fehlt es derzeit noch an nötigen Standardisierungen, was eine Weiterverarbeitung der Antwort

3.1 Semantische Informations- und Wissensverarbeitung

eines SPARQL Endpoints erschwert. Dennoch wird in ihrer Verwendung ein großes Potential für ein schnelles Wachstum des Semantischen Webs gesehen. Zum jetzigen Zeitpunkt existieren bereits mehrere relevante Server-Technologien, die es erlauben RDF-Daten direkt oder durch Transformation von Daten aus bestehenden relationalen Datenbanken über einen solchen SPARQL Endpoint verfügbar zu machen, z. B. der im Rahmen des *Jena Frameworks* [@Jena] entwickelte *Joseki Publishing Server* [@Joseki]. Auf Grundlage solcher Server-Lösungen wurde bereits eine Vielzahl semantischer Datenbestände via SPARQL Endpoints öffentlich zugänglich gemacht. Eine Übersicht über aktuell verfügbare, aktive Endpoints findet sich unter [@SPEnd]. Beispielhaft sei hier das Projekt *DBpedia* [@DBpedia] genannt, welches aus Wikipedia extrahierte Beschreibungen in strukturierten Form bereitstellt.

Das LOD-Projekt verfolgt das Ziel der umfassenden Verlinkung dieser Datenquellen mit Hilfe von RDF-Links. Ein Überblick über die aktuell verknüpften Datensätze (Stand September 2010) zeigt Abbildung 3.1. Dabei sind insbesondere auch zahlreiche Datenbestände integriert, die für das Szenario des Bezuges von semantischen Informationen für ein Verwaltungssystem persönlicher, multimedialer Dokumente interessant sind. Genannt seien beispielhaft neben der bereits erwähnten Enzyklopädie DBpedia die Musikdatenbanken *Musicbrainz* [@MusicBra], das Filmdatenarchiv *Linked Movie Database* [@LMDB] und die Geodatenbank *GeoNames* [@GeoNames].

Um die Verlinkungen zwischen den Datensätzen zu gewährleisten, definierte Tim Berners-Lee vier Regeln als Designprinzipien von *Linked Data* [Berners-Lee, 2006]: alle Elemente müssen über eine URI identifizierbar sein, diese wiederum muss über HTTP erreichbar sein, eine geeignete Beschreibung und Verweise zu weiteren URIs bieten. Als eine solche Verbindung wird dabei ein Tripel verstanden, dessen Subjekt aus der einen Domäne mit dem Objekt aus einer anderen Domäne verknüpft ist. Um ein einheitliches Vokabular zur Beschreibung von Ressourcen zur Verfügung zu stellen, wird innerhalb des LOD-Projektes das Ziel verfolgt, die vorhandenen Namensräume miteinander zu verknüpfen. Dies wird beispielsweise mit dem *Upper Mapping and Binding Exchange Layer* (UMBEL) versucht [@UMBEL].

3 Semantische Technologien zur Verwaltung von Dokumenten

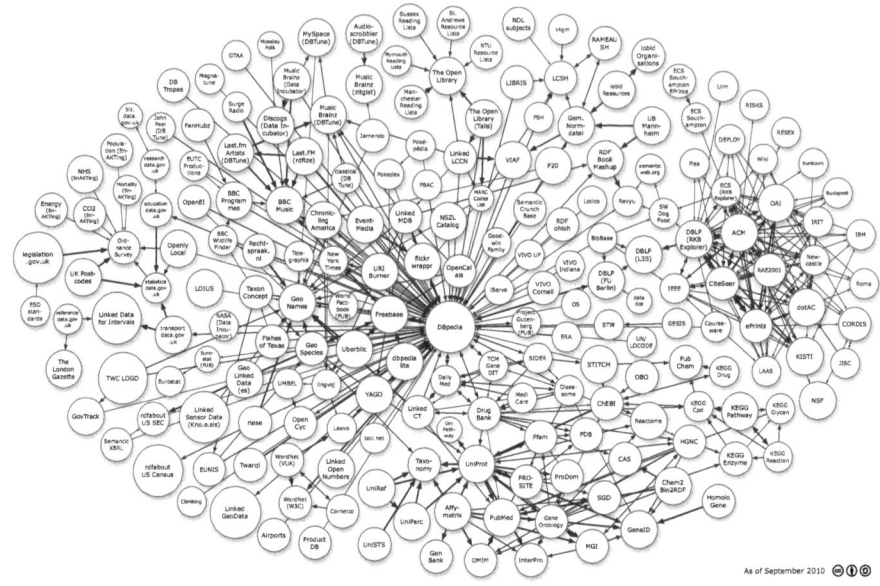

Abbildung 3.1: Linking Open Data cloud diagram, by Richard Cyganiak and Anja Jentzsch. http://lod-cloud.net/, Stand 22.09.2010 [@LOD]

3.1.5 Kooperative Wissensmodellierung

Die kooperative Wissensmodellierung fand ihren Ursprung im Bereich des E-Learnings in Anwendungen gemeinschaftlichen Lernens [Gaßner & Schröder, 2003]. Das kooperative Lernen und damit auch die kooperative Wissensmodellierung ist ein Prozess der Konstruktion eines gemeinschaftlichen Wissens, das sich aus Einzelwissen und Erfahrungen verschiedener Individuen zusammensetzt und somit verschiedene Sichten repräsentieren. Insbesondere in Hinblick auf die in Abschnitt 3.1.2 angesprochene nötige *Akzeptanz* einer Ontologie kann ein kollaborativer Entwurfsprozess helfen, einen gemeinsamen Konsens in der betreffenden Gemeinschaft zu finden.

Die einfachsten Formen des gemeinschaftlichen Erstellens semantischer Informationen stellen *Social Semantic Tagging*- und *Semantic Wiki*-Systeme dar. *Social Semantic*

3.1 Semantische Informations- und Wissensverarbeitung

Tagging ermöglicht, im Gegensatz zum klassischen Tagging[7] den Gebrauch eines kontrollierten Vokabulars (Ontologie), um damit Probleme wie Polysemie, Synonymie oder Homonymie, sowie Ungenauigkeit, Tippfehler oder Schreibvariationen (Flexionen) von Begriffen zu vermeiden [Lohmann & Ziegler, 2007]. Ein konkreter Ansatz wird in [Marchetti et al., 2007] vorgestellt. *Semantic Wikis* sind aus einem ähnlichen Anspruch aus den klassischen Wikis[8] hervorgegangen: auch hier werden semantische Annotationsmöglichkeiten genutzt, um die Wiederverwendung und den effizienten Zugang zu den Informationen des Wiki zu gewährleisten [Oren et al., 2006]. Das derzeit verbreitetste und ausgereifteste Semantic-Wiki-System ist *Semantic MediaWiki*, eine Erweiterung der MediaWiki-Software[9] [Krötzsch et al., 2006].

Ein typisches Merkmal von Wikis stellt der oftmals anonyme Zugriff ohne Registrierung dar. Dadurch bieten Wikis eine sehr unkomplizierte Möglichkeit zur kooperativen Wissensmodellierung und sind für ein breites Spektrum von Nutzern geeignet. Daher beinhalten Wiki-Systeme in der Regel auch keine ausgeprägte Zugriffsverwaltung. Die Qualitätssicherung wird (theoretisch) durch die Vielzahl bearbeitenden und korrigierender Nutzer vorgenommen. Allerdings ist dieses Prinzip in der Praxis nicht völlig fehlerfrei (mit Fällen von Vandalismus hat insbesondere Wikipedia zu kämpfen) und auf kleinere Arbeitsgruppen (beispielsweise bei unternehmensinternen Wikis) nicht ohne Weiteres übertragbar. Ein verbreiteter Ansatz ist das so genannte *Auditing*, d. h. das Protokollieren von Datenzugriffen und damit die Überprüfung, wann welche Person worauf zugegriffen hat. Diese Idee findet in Wiki-Systemen als *History*-Funktion ihren Einsatz.

Es existiert eine Vielzahl von Ansätzen, die eine kollaborative Ontologieentwicklung auf Basis von Wiki-Systemen realisieren, u. a. Wiki@nt [Bao & Honavar, 2004], Onto-Wiki [Hepp et al., 2006], ONTOVERSE [Jerroudi et al., 2008] und Knoodl [@Knoodl]. Die Verwaltung der Zugriffsrechte erfolgt üblicherweise rollenbasiert, d. h. je nach Rolle, die ein Benutzer inne hat (Administrator, Mitwirkender, Gast etc.), kann er Seiten

---
[7] auch *Social Tagging*, bezeichnet das gemeinschaftliche Verschlagworten von Ressourcen durch frei gewählte *Tags* (Schlagwörter)
[8] Hypertext-System, dessen Inhalte von den Besuchern online, auf Basis einer einfachen Markup-Sprache bearbeitet werden können
[9] Wiki-Implementierung von Wikipedia [@Wikipedia]

und zugehöriges Vokabulare lesen und/oder bearbeiten. Die Realisierung feingranularer Zugriffsrechte, d. h. auf Ebene von einzelnen Ressourcen und Tripeln, erfolgt in der Regel als Teil eines RDF Triple Store[10]. In [Qin & Atluri, 2003] wird ein Ansatz vorgestellt, der die Verwaltung von Zugriffsrechten auf Ebene der Konzepte (Klassen) ermöglicht. Ein Nutzer erhält dabei Zugang zu Instanzdaten, wenn er die Berechtigung für die zugehörigen Klassen besitzt. Demgegenüber ermöglichen *policy-basierte* Verfahren, wie in [Dietzold & Auer, 2006] und [Reddivari et al., 2007] beschrieben, den Einsatz expliziter Regeln (im Sinne von Filterkriterien), die bei jeder Datenbasisabfrage (z. B. mit SPARQL) ausgewertet werden. Ein zugehöriger Ansatz, der auch die Ebene der Instanzdaten berücksichtigt, wird in [Franzoni et al., 2007] vorgestellt. Der Aufwand für die Erstellung solcher feingranularer Filterregeln (in [Manjunath et al., 2008] mit Hilfe einer eigens entwickelten Ontologie) und die Kosten für die zusätzliche Anfrageverarbeitung sind allerdings verhältnismäßig hoch.

Neben dem Problem der Verwaltung der Zugriffsrechte besteht, wie bei allen kooperativen Prozessen, das Problem der Nebenläufigkeit (*concurrency*). Das Problem lässt sich, analog zu den Ansätzen im klassischen Datenbankbereich, pessimistisch (durch Sperrkonzepte) oder optimistisch (die Aktion wird generell zugelassen und im Falle eines Konfliktes gegebenenfalls rückgängig gemacht) lösen. Existierende Ansätze, die das gemeinschaftliche Entwickeln einer Ontologie unterstützen [Sure et al., 2002; Julian Seidenberg, 2007], nutzen allerdings eher entsprechende Sperrkonzepte (in der Klassenhierarchie), da es durch die hohe Komplexität semantischer Modelle und aufgrund der höheren Wahrscheinlichkeit und dem höheren Risiko, welches mit dem Auftreten von Konflikten verbunden ist, in der Regel günstiger ist, Konflikte zu vermeiden, bevor sie entstehen.

---

[10]Datenbasis für RDF-basierte Daten, zumeist auf Basis relationaler Datenbankmanagementsysteme

3.2 Existierende Lösungsansätze für die semantikbasierte Verwaltung persönlicher, multimedialer Dokumente

Nachdem in den vorhergehenden Abschnitten generelle Lösungen und technische Grundlagen der semantischen Informations- und Wissensverarbeitung vorgestellt wurden, ist das Ziel der nun folgenden Ausführungen die Darstellung und Analyse der existierenden Lösungsansätze speziell für die semantikbasierte Verwaltung von persönlichen, multimedialen Dokumenten. Ausgewählt wurden dabei Lösungen, die eine Verwaltung auf Basis ontologiebasierter Metadaten (vgl. Abschnitt 3.1.2) und mit Hilfe von Semantic Web Technologien (vgl. Abschnitt 3.1.3) ermöglichen bzw. realisieren. Zunächst werden in Abschnitt 3.2.1 Ontologien vorgestellt, die zur Beschreibung und Verwaltung persönlicher, multimedialer Dokumente entwickelt wurden. Anschließend erfolgt die Analyse existierender Lösungen zur semantischen Annotation von Dokumenten (Abschnitt 3.2.2) und zur Extraktion und Generierung semantischer Informationen aus Dokumenten (Abschnitt 3.2.3). Abschließend wird in Abschnitt 3.2.4 der Bereich der so genannten *Semantic Desktop* Lösungen betrachtet, der in Bezug auf die Indexierung und Kontextualisierung persönlicher Dokumente noch einen Schritt weiter geht und die Brücke zum persönlichen Informationsmanagement (PIM) schlägt.

3.2.1 Ontologien zur Beschreibung persönlicher, multimedialer Dokumente

Wie bereits in Abschnitt 3.1.2 erörtert, stellen Ontologien einen Konsens zur Beschreibung eines bestimmten Diskursbereiches innerhalb einer Gruppe von Beteiligten dar. Die Beschreibung persönlicher, multimedialer Dokumente erweist sich hierbei allerdings als ein sehr schwieriger Diskursbereich, da man diesen einerseits aus Sicht der Multimediatechnik und andererseits aus Sicht des PIM definieren kann. Daher lassen sich grob auch zwei Strömungen feststellen: Multimedia-Ontologien und PIM-Ontologien. Erstere kommen aus dem Bereich des MIR und stellen Ansätze dar, um strukturelle und semantische Informationen durch eine geeignete ontologiebasierte Repräsentationen zu verknüpfen. Sie bilden somit gewissermaßen eine Verbindung zwischen maschinenorientierten Daten und menschengerechter Beschreibung [Seremeti & Kameas, 2007]. PIM-Ontologien hingegen stammen eher aus dem *Semantic-Desktop*-Bereich und bieten Modelle, die im Wesentlichen zur manuellen Annotation von Dokumenten und Konstruktion von persönlichen Informationen geeignet sind.

Multimedia-Ontologien

Der erste Versuch einer Repräsentation von MPEG-7 [@MPEG-7; Salembier & Sikora, 2002] in RDF (mit Erweiterungen aus DAML+OIL [@DAML+OIL]) wurde 2001 von Hunter vorgenommen und in [Hunter, 2001] beschrieben. Die Erstellung der nötigen Konzepte und Relationen erfolgte dabei manuell und nur für eine Teilmenge[11], allerdings mit dem Ziel, die Grundlagen für eine automatische Generierung einer kompletten MPEG-7-Ontologie zu legen. Dies wird schließlich von García und Celma [García & Celma, 2005] mit Hilfe einer XSLT-basierten Abbildung von XML Schema in OWL Full für den gesamten MPEG-7-Standard realisiert (insgesamt 2372 Klassen). Im Rahmen des *aceMedia*-Projektes[12] [@aceMedia] wurde auf Basis von MPEG-7 Visual eine *Visual Descriptor Ontology* (VDO) entwickelt. In [Arndt et al., 2007] werden diese vorhergehenden Ansätze allerdings kritisch beurteilt: die 1:1-Übersetzung von MPEG-7-Elementen und -Datentypen in OWL garantiert nach Ansicht der Autoren noch nicht die vollständige, formale Repräsentation ihrer Semantik. Sie stellen daher einen weiteren Ansatz vor, die *Core Ontology for Multimedia* (COMM) [@COMM], welche einen großen Teil des MPEG-7-Standards abdeckt und die Top-Level-Ontologie DOLCE [@DOLCE] (insbesondere die Teile *Descriptions & Situations* und *Information Objects*) als Modellierungsgrundlage nutzt. Anteil an der Entwicklung von COMM haben u. a. die Projekte *K-Space* [@K-Space] und *X-Media* [@X-Media], die beide im Rahmen des 6. EU-Forschungsrahmenprogramm gefördert werden. Die hier genannten MPEG-7-Ontologien existieren derzeit parallel und werden in verschiedenen Anwendungskontexten eingesetzt. Ein empfohlener Ansatz, im Sinne eines Standards, hat

---

[11]Eine vollständige Darstellung des MPEG-7 MDS in OWL DL, mit 420 Klassen, erstellen darauf aufbauend Tsinaraki et al. [Tsinaraki et al., 2004].
[12]gefördert durch das 6. EU-Forschungsrahmenprogramm

3.2 Existierende Lösungsansätze für die semantikbasierte Dokumentenverwaltung

sich bisher noch nicht herausgebildet.

Neben diesen MPEG-7-orientierten Ansätzen existieren zum heutigen Zeitpunkt eine Reihe weiterer Ontologien zur Beschreibung multimedialer Inhalte, die ebenso existierende Metadatenstandards in RDF bzw. OWL abbilden, wie beispielsweise RDF-Schemata für EXIF oder ID3. Des Weiteren gibt es einige domänenspezifische Ontologien für spezielle Anwendungsbereiche. Dazu zählt beispielsweise *MEPCO* (Media Presence and Campaign Ontology) [Todorova, 2008], eine im Rahmen des EU-geförderten *MediaCampaign*-Projektes [@MediaCampaign] entwickelte Ontologie zur Beschreibung von Werbekampagnen und damit verbundenen Medienelementen und deren Relationen. Ein weiteres Beispiel sind die im Rahmen des *AIM@SHAPE*-Projektes [@AIM@SHAPE] erstellten Ontologien für digitale Formen und Geometrien (z. B. 3D-Modelle) und zugehörige strukturelle und semantische Informationen.

Zur Vorbereitung einer Umfrage zur Entwicklung von Ontologien identifizierten Bürger et al. 2008 [Bürger et al., 2008] insgesamt 55 publizierte Multimedia-Ontologien verschiedenster Projekte, wovon allerdings nur 15 an der Befragung teilnahmen. Durch die Vielzahl existierender Ansätze kann Interoperabilität (selbst innerhalb MPEG-7-basierter Ontologien) nicht gewährleistet werden. Zwar existiert ein gewisses Problembewusstsein und ein Bestreben, die verschiedenen Ansätze zu harmonisieren (z. B. *Harmonization of Multimedia Ontologies activity* des aceMedia-Konsortiums [@aceMedia], *W3C Multimedia Semantics Incubator Group* [@W3CMMXG]), doch geht man dabei eher von Abbildungsvorschriften aus, um einzelne Modelle in andere zu überführen. Ein gemeinsamer Standard für eine Multimedia-Ontologie ist zum heutigen Zeitpunkt nicht absehbar.

PIM-Ontologien

PIMO (Personal Information Model Ontology) [Sauermann et al., 2009; @PIMO], die bisher bekannteste Ontologie, die speziell für das PIM entwickelt wurde, ging aus dem *Gnowsis*-Projekt [@Gnowsis] hervor und wurde im darauf aufbauenden EU-Projekt *NEPOMUK* [@NEPOMUK] weiterentwickelt. PIMO beinhaltet eine Upper-Ontologie, die Basiskonzepte persönlicher Informationen bereitstellt, wie Person, Location, Event,

3 Semantische Technologien zur Verwaltung von Dokumenten

Organization, Topic oder Document. Eine grafische Darstellung der definierten Klassenhierarchie ist in Abbildung 3.2 zu sehen. Diese absichtlich sehr allgemein gehaltenen Konzepte stellen die Integrationsgrundlage für applikations-, domänen- und aufgabenspezifische Ontologien dar. Insbesondere besteht dabei das Anliegen darin, Erweiterungsmöglichkeiten für Entwickler, aber auch für Endanwender zu bieten. Aktuell existiert PIMO in RDFS [@PIMO].

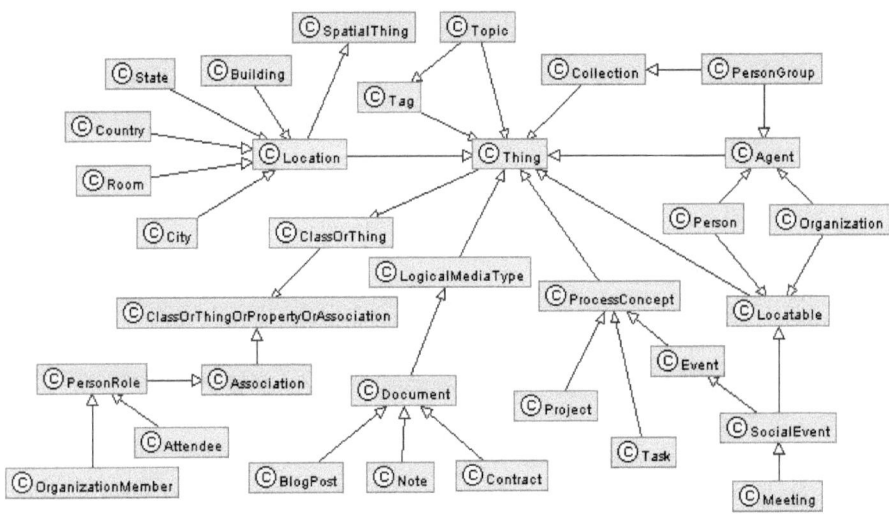

Abbildung 3.2: Klassenhierarchie der PIMO Upper-Ontologie [@PIMO]

Xiao und Cruz präsentieren in [Xiao & Cruz, 2006] einen mehrschichtigen Ansatz zum Einsatz von Ontologien für das PIM. Sie unterscheiden dabei drei Ebenen: *Resource Layer* (zur Beschreibung von Ressourcen und deren Beziehungen), *Domain Layer* (zur Kategorisierung der Ressourcen entsprechend spezieller Domänenontologien) und *Application Layer* (zur Beschreibung der Sicht einer PIM-Applikation). Auch hier berücksichtigen die Autoren konkrete Ausprägungen für bestimmte Domänen und Anwendungen.

Aus den bisherigen Ansätzen für das ontologiebasierte PIM kann man schließen, dass

3.2 Existierende Lösungsansätze für die semantikbasierte Dokumentenverwaltung

auch hier ein allumfassendes Ontologiemodell nicht absehbar ist. Stattdessen geht man eher davon aus, dass entsprechend den Anforderungen der Nutzer und Anwendungen bestimmte domänen- und aufgabenspezifische Ontologien genutzt werden sollten, die durch Vererbungs- oder Abbildungsbeziehungen miteinander verknüpft werden.

3.2.2 Semantische Annotation von Dokumenten

Eine weitere Gruppe existierender Lösungen zur semantikbasierten Verwaltung von Dokumenten bilden Werkzeuge für deren semantische Annotation. Nachfolgend werden ausgewählte Anwendungen, die bislang aus Forschungsprojekten hervorgegangen sind, bezüglich ihrer Möglichkeiten und Grenzen vorgestellt.

Historisch bedingt entstanden zunächst eine Reihe von Lösungen zur Annotation von HTML-Webdokumenten mit semantischen Daten. Das Referenzbeispiel ist *Annotea* [Kahan & Koivunen, 2001], ein Projekt des W3C. Die Annotationen werden dabei allerdings nicht in den Webseiten selbst, sondern auf einem Annotationsserver gespeichert. Dazu wurde ein einfaches Annotationsschema in RDFS und entsprechende HTTP-basierte Protokolle für das Annotieren und Suchen von Annotationen entwickelt. Die von Besuchern annotierten Passagen einer Webseite werden über *XPointer*-Ausdrücke [@XPointer] referenziert. Konkrete Client-Implementierungen sind *Amaya* und *Annozilla* (eine Erweiterung für den Mozilla und Firefox Webbrowser).

Analog zu Annotea bietet auch die im Rahmen des *Mindswap*-Projektes [@Mindswap] entwickelte Java-Applikation *SMORE* (Semantic Markup, Ontology and RDF Editor) [Kalyanpur et al., 2002] die Möglichkeit, Webdokumente zu annotieren. SMORE ermöglicht dabei jedoch nicht nur die Annotation, sondern gleichzeitig auch die Erstellung von Webinhalten sowie einfachen Ontologien und unterstützt OWL. Die generierten Daten werden lokal gespeichert.

CREAM (CREAting Metadata) [Handschuh & Staab, 2002] ist ein umfangreiches Framework für das Erstellen und Annotieren von Webdokumenten. Eine Referenzimplementierung ist das Java-basierte *Ont-O-Mat*. Wie in Abbildung 3.3 dargestellt, beinhaltet das Framework ein Dokumentenverwaltungssystem, in dem selbst erstellte

Webdokumente bzw. Kopien von externen Dokumenten gehalten werden. Die Weiterentwicklung dieses Frameworks, *S-CREAM* (Semi-automatic CREAtion of Metadata) [Handschuh et al., 2002], integriert das lernfähige Informationsextraktionssystem *Amilcare* [Ciravegna, 2001], um den Nutzer durch NLP-basiertes Taggen des Textes (vgl. Abschnitt 2.2.1) bei der Annotation zu unterstützen.

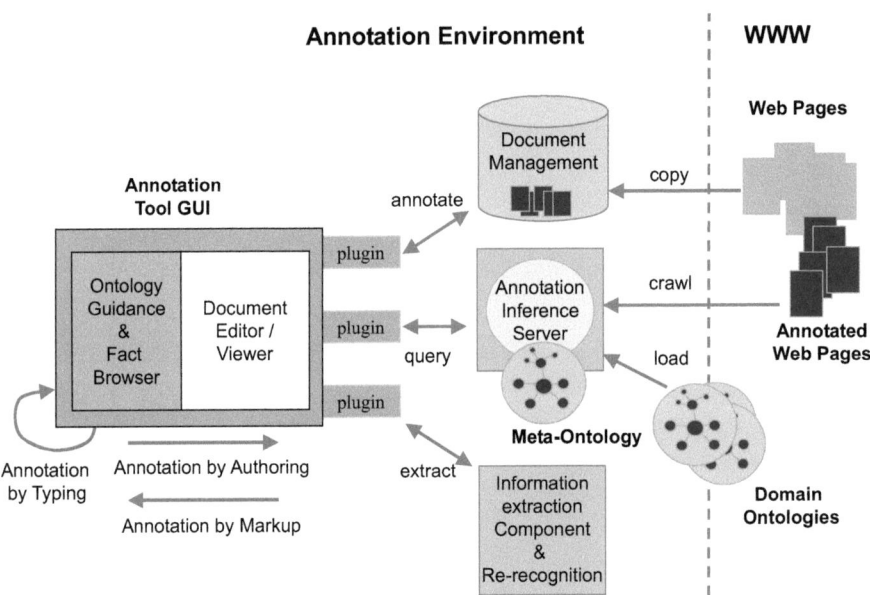

Abbildung 3.3: CREAM Architektur [Handschuh & Staab, 2002]

Auf dieser Grundlage wurde im Rahmen des aceMedia-Projektes [@aceMedia] das Werkzeug *M-OntoMat-Annotizer* [Petridis et al., 2006] entwickelt, welches es ermöglicht, mittels der zuvor erwähnten MPEG-7-basierten *Visual Descriptor Ontology* Bilder und Videos zu annotieren. Ein entsprechender Editor ermöglicht die semantische Annotation von Bildregionen, die vom System durch Segmentierung automatisch erkannt und mit MPEG-7-Deskriptoren beschrieben wurden. Damit wird eine manuelle Verknüpfung von Low-Level-Merkmalen und High-Level-Konzepten ermöglicht.

3.2 Existierende Lösungsansätze für die semantikbasierte Dokumentenverwaltung

Einen ähnlichen Ansatz, d. h. die Verwendung von MPEG-7 Low-Level-Deskriptoren und semantischen Beschreibungen zur Annotation und Retrieval von Digitalfotos, verfolgt auch *Caliph & Emir* [Lux, 2006]. Hier werden allerdings nur globale Deskriptoren verwendet und nicht mit High-Level-Konzepten verknüpft. Daher bietet das Retrievalwerkzeug *Emir* auch zwei getrennte Suchparadigmen: visuell und graphbasiert.

AKTiveMedia [Chakravarthy et al., 2006], entwickelt im Rahmen des *Advanced Knowledge Technologies* (AKT) Projekts [@AKT], ist ein Werkzeug für die Annotation von Texten, Bildern und HTML-Dokumenten. Auf Grundlage des Systems *Photocopain* [Tuffield et al., 2006], welches durch die Analyse verschiedener Informationsquellen innerhalb (Metadaten, Farbmerkmale) und außerhalb eines Bildes (Kalendereinträge, Community-Tags) automatisch Informationen akquiriert und kombiniert (vgl. Abbildung 3.4), kann AKTiveMedia dem Nutzer Vorschläge zur semantischen (ontologiebasierten) Annotation unterbreiten.

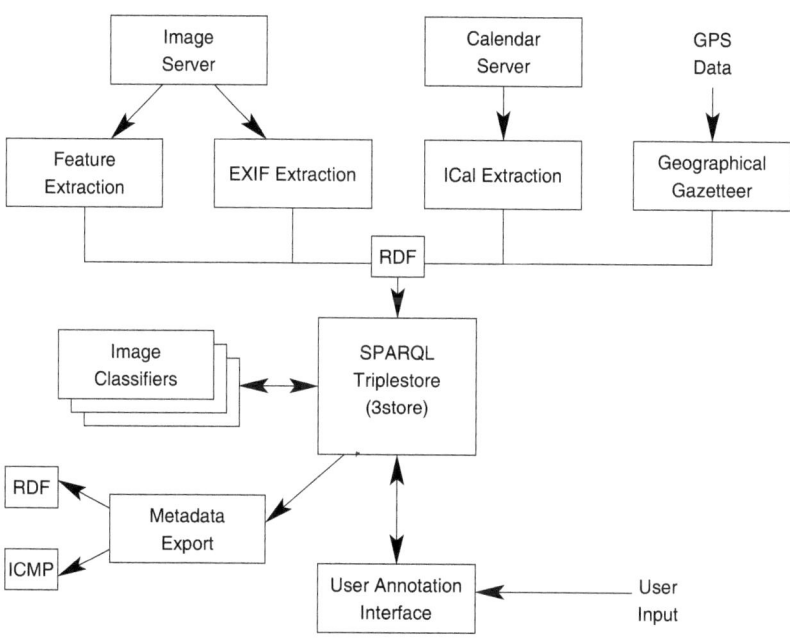

Abbildung 3.4: *Photocopain* Architektur [Tuffield et al., 2006]

3 Semantische Technologien zur Verwaltung von Dokumenten

Als ein Beispiel für die semantische Annotation zeitvarianter Medien (Video und Audio) ist das Werkzeug *OntoLog* [Heggland, 2005] zu nennen. Dieses im Rahmen einer Doktorarbeit entwickelte Tool ermöglicht das ontologiebasierte Annotieren von Intervallen, welche mit Hilfe automatischer Segmentierung erkannt und teilweise automatisch klassifiziert werden können.

Schließlich sei noch die umfangreiche Plattform *KIM* [Popov et al., 2003; @Ontotext] genannt, eine komplette Infrastruktur für das automatische Annotieren, Indexieren und Retrieval von Textdokumenten. Durch den Einsatz von NER-Verfahren werden Entitäten (z. B. Personen, Orte, Zeitangaben) in Dokumenten erkannt und mit Instanzen in der ontologiebasierten Wissensbasis verknüpft. Die verwendete Upper-Ontologie (KIMO) beinhaltet etwa 250 Klassen. Gleichzeitig ermöglicht KIM durch das Instanziieren neuer Entitäten auch das "Befüllen" einer Datenbasis mit Instanzdaten (auch als *Ontology Population* bezeichnet). Diese Aufgabenstellung, d.h. die automatische Extraktion von semantischen Informationen aus Dokumenten mit dem Ziel des Aufbaus einer Wissensbasis (im Gegensatz zur Annotation zum Zwecke des Retrievals), soll im nächsten Abschnitt thematisiert werden.

3.2.3 Extraktion und Generierung von Wissen aus Dokumenten

Wie bereits angedeutet, kann das automatische Extrahieren von Informationen aus Dokumenten dazu dienen, Instanzdaten entsprechend einer Ontologie für eine Wissensbasis zu erzeugen (*Ontology Population* oder auch *Ontology Instantiation*). Ein Beispiel ist die zuvor genannte KIM Plattform [Popov et al., 2003], welche Verfahren zur Erkennung von Eigennamen in Textdokumenten (NER) nutzt, um automatisch neue Instanzen zu erstellen. Dabei kommt das umfangreiche Toolkit *GATE* (General Architecture for Text Engineering) [Cunningham et al., 2002; @GATE] zum Einsatz, welches seit 1996 von der NLP-Gruppe der Universität Sheffield kontinuierlich entwickelt und ausgebaut und in zahlreichen Projekten verwendet wird (eine Übersicht wird auf den Projektwebseiten [@GATE] angeboten). GATE stellt dabei sowohl

3.2 Existierende Lösungsansätze für die semantikbasierte Dokumentenverwaltung

eine Architektur und ein Framework, als auch eine Entwicklungsumgebung bereit. Die eigentliche Informationsextraktionskomponente *ANNIE* beinhaltet eine Sammlung wichtiger NLP-Verfahren, u. a. für Tokenisierung und PoS-Tagging (siehe Abschnitt 2.2.1). Mittlerweile ermöglicht GATE auch das direkte Verarbeiten von Ontologien als Sprachressourcen als Grundlage für *Ontology-Population*-Projekte [Bontcheva et al., 2004].

Auf GATE baut ebenfalls das an der University of Southampton entwickelte Projekt *ArtEquAKT* [Weal et al., 2007] auf, welches wie AKTiveMedia im Rahmen des AKT-Projektes [@AKT] entstand. Die Hauptaufgabe des Systems besteht in der automatischen Extraktion biografischer Fakten aus Internetquellen zur Generierung von Künstlerbiografien. Die konzeptionelle Architektur ist in Abbildung 3.5 dargestellt.

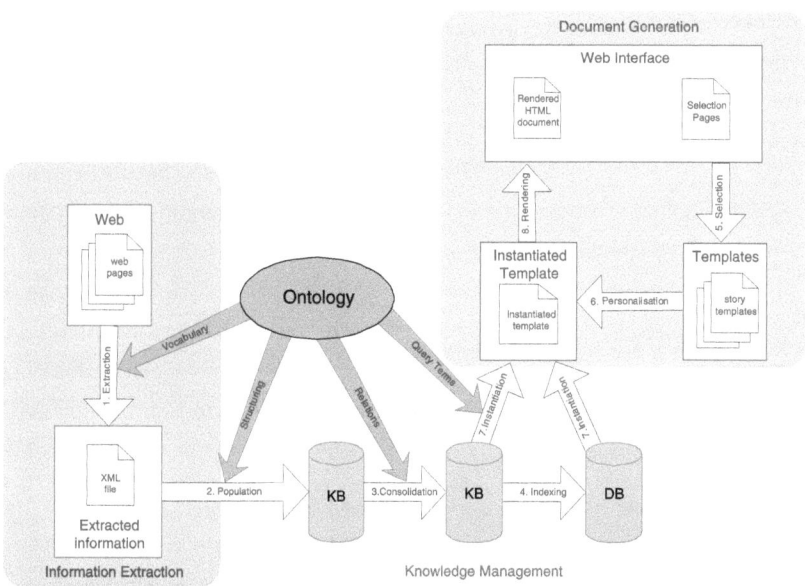

Abbildung 3.5: Architektur des ArtEquAKT-Systems [Weal et al., 2007]

Die extrahierten Informationen werden zunächst dazu verwendet, die Konzepte und Relationen der ArtEquAKT-Ontologie zu instanziieren. Die auftretenden Probleme, insbesondere duplizierte Instanzen, werden im Rahmen eines Konsolidierungsprozesses behandelt. Dieser bietet einfache und robuste Methoden zur Duplikat- und Konfliktbehandlung auf Basis von Heuristiken und externen Informationsquellen. Das Hauptproblem, die Duplikaterkennung und -beseitigung, wird in drei Kategorien durchgeführt: thematisch (Personen), geografisch (Ortsangaben) und zeitlich (Datumsangaben). Die Konsolidierung von Personeninstanzen basiert auf der *Unique Name Assumption*, d. h. der Annahme, dass jeder Name nur einmal vorhanden ist. Instanzen mit identischen Namen werden zusammengeführt. Sind die Namen nicht identisch, weisen aber einen gewissen Grad an Ähnlichkeit auf, so können diese bei ausreichender Übereinstimmung anderer Attributwerte (wie z. B. Geburtsort und -datum) zusammengeführt werden. Geografische Entitäten werden auf Basis von *WordNet* [@WordNet] konsolidiert. Bei Zeitangaben wird zunächst die Übereinstimmung von gröberen Zeitabschnitten (Jahrhundert, Jahr) ermittelt, bevor die präziseren Angaben verglichen werden. Im Fall von mehreren Datumsangaben unterschiedlicher Genauigkeit wird immer die präziseste Angabe in die Wissensbasis übernommen. Inkonsistenten Informationen (z. B. unterschiedliche Geburtsorte, Todesdatum liegt vor Geburtsdatum) wird in ArtEquAKT mit relativ einfachen Methoden begegnet. Durch die Verwendung von Kardinalitäten sollen inkonsistente Relationen aufgedeckt werden. Das Vertrauen in die Wahrheit einer Information wird anhand ihrer Auftrittshäufigkeit bestimmt, d. h. je häufiger ein Fakt extrahiert wird, umso höher ist die Wahrscheinlichkeit, dass dieser Fakt wahr ist. Auch die Herkunft der Fakten wird berücksichtigt, indem extrahierte Abschnitte der Originaldokumente mit den entsprechenden Instanzen in der Wissensbasis verknüpft und in einer Datenbank indexiert werden. Weiterführende semantische Analysen, z. B. mit Berücksichtigung des Kontextes, sind allerdings nicht vorgesehen.

Ähnlich spezialisiert ist das bereits zuvor genannte *MediaCampaign*-Projekt, in dessen Rahmen ein System entwickelt wird, welches Werbekampagnen in Fernsehen, Internet und der Presse erkennt und zugehörige Informationen aggregiert [@MediaCampaign; Rehatschek et al., 2008]. Der Schwerpunkt liegt dabei auf einer umfassenden, multimodalen Medienanalyse (Video, Audio und Text) und dem Verknüpfen des extrahierten Wissens auf Basis der bereits erwähnten MEPCO-Ontologie [Todorova, 2008]. Eine wichtige Aufgabenstellung stellt dabei die Identitätsbestimmung von Entitäten

3.2 Existierende Lösungsansätze für die semantikbasierte Dokumentenverwaltung

dar (*Identity resolution*), um Assets und damit verbundene Metadaten entsprechenden Kampagnen zuzuordnen. Das generische Framework (*Identity Resolution Framework*, IdRF [Yankova et al., 2008]), welches dabei zum Einsatz kommt, enthält eine *Semantic Description Compatibility Engine* (SDCE) zur Bestimmung eines Ähnlichkeitsmaßes zwischen Instanzen auf Basis verschiedener Vergleichskriterien.

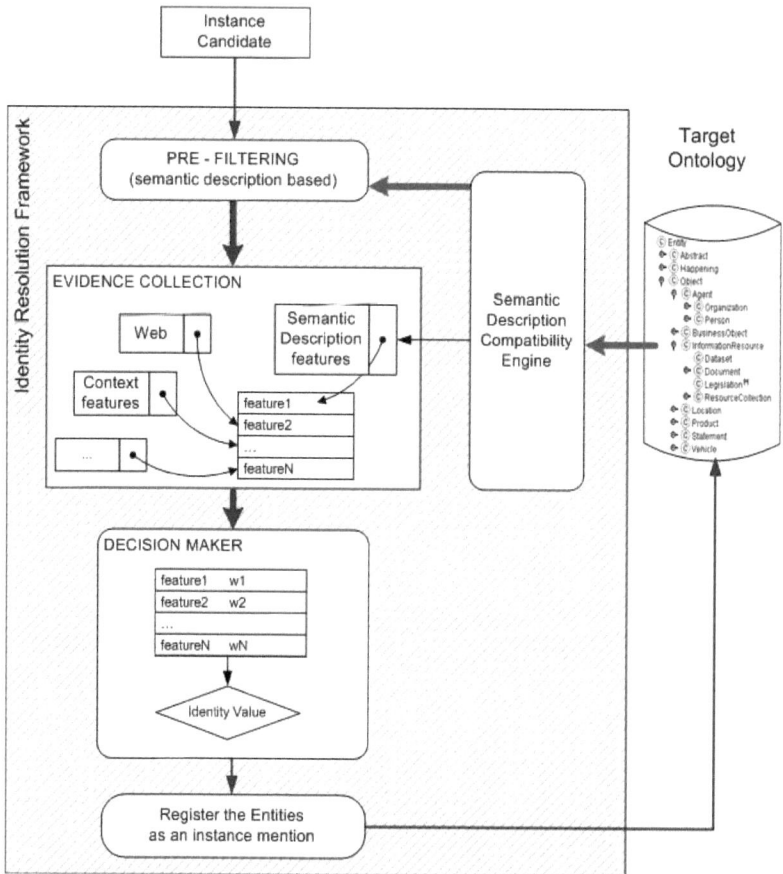

Abbildung 3.6: Identity Resolution Framework in MediaCampaign [Yankova et al., 2008]

Wie in Abbildung 3.6 dargestellt, durchläuft ein "Instanzkandidat" vier Verarbeitungsschritte: eine Vorfilterung durch die SDCE, das Sammeln von relevanten Informationen für eine Ähnlichkeitsentscheidung (u. a. auch Webinformationen und Kontextdaten), das Treffen einer Entscheidung und die Integration in die Zielontologie. Bemerkenswert an diesem Ansatz ist, dass Domänenexperten den Prozess für eine bestimmte Zielontologie anpassen können, indem sie die von der SDCE dynamisch geladenen Regeln bearbeiten. Allerdings werden innerhalb dieser Regeln zur Auswertung und Gewichtung von Objektprädikaten Primitive verwendet, die als Java-Klassen implementiert sind. Dadurch ist eine rein deklarative Beschreibung und Anpassung der Domänenregeln nicht gegeben.

Einen vergleichbaren Ansatz verfolgt das Projekt *BOEMIE* (Bootstrapping Ontology Evolution with Multimedia Information Extraction) [@BOEMIE]. Ziel ist es, im Web verfügbare multimediale Ressourcen zu analysieren, Informationen zu extrahieren und daraus semi-automatisch und selbstlernend Wissen aufzubauen. Das Projekt widmet sich daher drei Schwerpunkten: der multimodalen Informationsextraktion (u. a. [Petasis et al., 2008]), der semantischen Interpretation der extrahierten Informationen und der *Ontology Evolution*, d. h. der Anpassung der Ontologie sowohl in Bezug auf Instanzdaten (Ontology Population) als auch in Bezug auf neue Konzepte oder Relationen [Castano et al., 2007]. Wie in Abbildung 3.7 dargestellt, wird entsprechend der als Instanzen (*ABoxes*) übergebenen Eingabedaten und ihrer Interpretation (Konzeptzuordnung) eines der vier dargestellten Verfahren (P1-P4) durchgeführt. Kann der eingegebenen Instanz genau ein Konzept der Ontologie zugeordnet werden (P1), wird diese mit bestehenden Instanzen verglichen (*Instance Matching*), gegebenenfalls zusammengeführt (*Instance Grouping*), im Kontext der Ontologie validiert (*ABox Validation*) und bei Erfolg in die Wissensbasis eingebracht (*ABox Assimilation*). Kommen mehrere Konzepte für die Interpretation der eingegebenen Instanz in Frage (P2), wird ein Zwischenschritt zur Auswahl des wahrscheinlichsten Konzeptes (*ABox refinement*) eingefügt. Die Verfahren P3 und P4 werden ausgewählt, falls es zur eingegebenen Instanz kein passendes Konzept in der Ontologie gibt, und führen gegebenenfalls zu einer Erweiterung der vorhandenen Konzepte und Relationen. Näheres dazu sowie zu Evaluationsergebnissen dieses Ansatzes ist in [Castano et al., 2008] zu finden. Ob-

3.2 Existierende Lösungsansätze für die semantikbasierte Dokumentenverwaltung

wohl die Methodologie generisch und domänenunabhängig ist, muss zumindest bei der Initialisierung ein Trainingsprozess erfolgen, bei dem Wörter (Entitäten) in einer Textsammlung entsprechenden Konzepten der verwendeten Ontologie manuell zugewiesen werden. Der eigentliche Prozess stützt sich im Wesentlichen auf textuelle Informationen, die in oder an multimedialen Ressourcen zu finden sind.

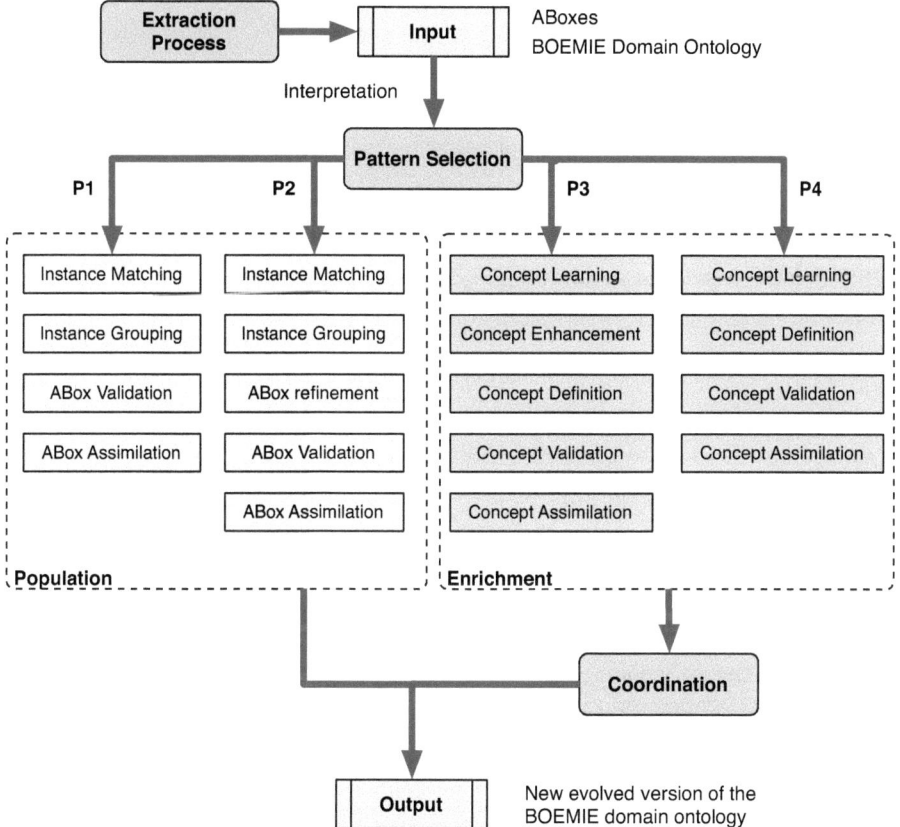

Abbildung 3.7: BOEMIE Ontology Evolution Methodologie [Castano et al., 2007]

3.2.4 Semantic Desktop

> "Consider a future device for individual use, which is a sort of mechanized private file and library. It needs a name, and, to coin one at random, 'memex' will do. A memex is a device in which an individual stores all his books, records, and communications, and which is mechanized so that it may be consulted with exceeding speed and flexibility. It is an enlarged intimate supplement to his memory." [Bush, 1945]

Die Vision des *Memex*, die Vannevar Bush in seinem vielzitierten Essay 1945 beschrieb, fehlt in kaum einer wissenschaftlichen Publikation zum Thema *Semantic Desktop*. Der Begriff des Semantic Desktop resultierte aus der Idee, Technologien des Semantic Web einzusetzen, um persönliche Informationen auf einem Computer anwendungsübergreifend zu verwalten und zu nutzen.

Anfangs lag das Interesse in einer rein individuellen Nutzung der semantisch verwalteten Daten. Mittlerweile entwickelt sich die Idee weiter in Richtung *Social Semantic Desktop*, der den netzwerkbasierten Austausch persönlicher Informationen mit anderen Nutzern unterstützen soll. Sauermann et al. definieren den Begriff *Semantic Desktop* wie folgt:

> "A Semantic Desktop is a device in which an individual stores all her digital information like documents, multimedia and messages. These are interpreted as Semantic Web resources,[...] and all data is accessible and queryable as RDF graph. [...] Ontologies allow the user to express personal mental models and form the semantic glue interconnecting information and systems. Applications respect this and store, read and communicate via ontologies and Semantic Web protocols." [Sauermann et al., 2005]

Teilaufgabe eines Semantic Desktops ist somit auch die Verwaltung persönlicher, multimedialer Dokumente. Es liegt also nahe, entsprechende Lösungsansätze näher zu untersuchen. Im Folgenden werden die bekanntesten Ansätze und Projekte vorgestellt, die der Definition eines Semantic Desktops weitestgehend entsprechen.

3.2 Existierende Lösungsansätze für die semantikbasierte Dokumentenverwaltung

Haystack

Haystack [@Haystack] wurde am *MIT Computer Science and Artificial Intelligence Laboratory* entwickelt und stellt einen nach wie vor einzigartigen Ansatz für den Semantic Desktop und das PIM dar: Typischerweise bestimmen die Entwickler von PIM-Anwendungen mit ihren Entwurfsentscheidungen den Umgang des Endnutzers mit seinen persönlichen Informationen und Dokumenten. Haystack soll den Nutzer in die Lage versetzen, seinen Umgang mit Informationsobjekten und deren Relationen selbst zu bestimmen [Karger et al., 2005]. Die Daten werden in RDF modelliert. Dazu stellt Haystack verschiedene "Extraktoren" bereit, die Ordnerhierarchien und Dokumente einlesen und RDF-Daten generieren. Jedes Informationsobjekt wird über eine URI eindeutig identifiziert und kann vom Nutzer annotiert (durch eine beliebige Menge selbst definierter Attribute) und mit anderen Ressourcen verknüpft werden. Allerdings gibt es kein zugehöriges Schema d. h. die einzelnen Instanzen sind keinen Typen zugeordnet. Es besteht jedoch die Möglichkeit spezielle Ansichten für bestimmte Informationsobjekte über so genannte *view prescriptions* zu definieren, welche selbst wiederum eine Menge von RDF Statements darstellen, die die grafische Repräsentation beschreiben. Der Nutzer kann diese *views* jedoch nicht nur betrachten, sondern auch manipulieren (hauptsächlich über Kontextmenüs bzw. Drag-and-Drop) und damit gleichzeitig die repräsentierten Information bearbeiten (rekursives Rendering).

Die Stärke dieses Ansatzes stellt gleichzeitig auch die größte Schwäche dar: da die Ansichten eine direkte Manipulation der Informationsobjekte ermöglichen und diese wiederum die Darstellung bestimmen, kann der Nutzer durch ungünstige Bearbeitung die grafische Oberfläche unbrauchbar machen. Darüber hinaus stellt der Aufbau der Oberfläche eine erhebliches Performance-Problem dar, da eine große Zahl Datenbankabfragen dazu nötig ist. Ein ungelöstes Problem ist zudem der Umgang mit impliziten Informationsobjekten, solchen die durch Anfragen konstruiert werden und nicht wirklich in der Datenbank enthalten sind [Karger et al., 2005].

IRIS

IRIS (Integrate. Relate. Infer. Share.) ist ein Semantic-Desktop-Framework, entwickelt im Rahmen des CALO-Projektes (Cognitive Assistant that Learns and Organizes) am Stanford Research Institute [@SRI] und mittlerweile als *OpenIRIS* [@OpenIRIS] frei verfügbar. Ähnlich wie bei Gnowsis (siehe unten) findet man eine Dreiteilung in *Information Resources*, *Knowledge Base* und *User Interface* (vgl. Abbildung 3.8) [Cheyer et al., 2005].

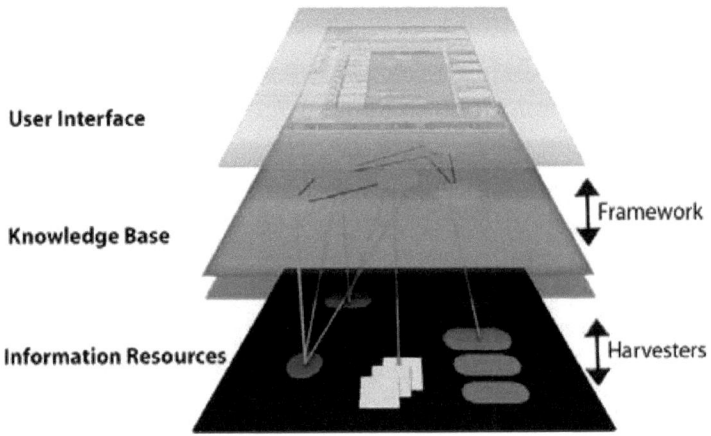

Abbildung 3.8: IRIS Integration Framework [Cheyer et al., 2005]

Ein wesentliches Alleinstellungsmerkmal von IRIS ist sein Schwerpunkt auf Maschinenlernen und die Bereitstellung eines so genannten "Plug-and-Play" Lernframeworks, über welches diverse Lernalgorithmen eingebunden werden können. Durch das Verfolgen und Auswerten von Nutzeraktivitäten (im Wesentlichen Entscheidungen über systemseitige Vorschläge, z. B. zugehörige Projekte oder Kategorien) können außerdem zusätzliche Informationen gewonnen und in der Knowlegde Base abgelegt werden. Problematisch ist in diesem Zusammenhang allerdings die Performanz und Erwartungskonformität (für den Nutzer) des Systems [Cheyer et al., 2005].

3.2 Existierende Lösungsansätze für die semantikbasierte Dokumentenverwaltung

Gnowsis

Sauermann et al. [Sauermann et al., 2006] prägen durch den Prototyp *Gnowsis* [@Gnowsis] den Begriff des *Semantic Desktop*. Entstanden im Rahmen der Diplomarbeit von Leo Sauermann 2003 wurde Gnowsis im DFKI[13]-Forschungsprojekt EPOS (Evolving Personal to Organizational Knowledge Spaces) [@EPOS] weiterentwickelt. Der Prototyp besteht grundsätzlich aus zwei Teilen (vgl. Abbildung 3.9): dem Gnowsis-Server für die Speicherung, Verarbeitung und Bereitstellung der RDF-Daten, und den Gnowsis-Clients (eigenständige Desktop-Anwendungen oder GUI-Plugins).

Die zentrale Komponente des Gnowsis-Servers ist das Daten-Repository (auf Basis von Sesame[14]), bestehend aus vier getrennten Datenbeständen: dem *PIMO Store* (zur Speicherung des persönlichen Informationsmodells des Nutzers mit Hilfe der bereits erwähnten PIMO-Ontologie [@PIMO]), dem *Resource Store* (zur Speicherung der aus den verschiedenen Datenquellen bezogenen Informationen), dem *Configuration Store* (Daten über verfügbare Datenquellen und Konfigurationen) und dem *Service Store* (u. a. Nutzerprofildaten). Die Trennung zwischen PIMO Store und Resource Store begründet sich im Wesentlichen in der Effizienz: da der Resource Store eine sehr große Datenmenge enthalten kann (abhängig von der Zahl der verwalteten Dokumente), werden Inferenzmechanismen lediglich im typischerweise kleineren PIMO Store ausgeführt. Zur Extraktion von Daten aus verschiedensten Quellen (Dateisystem, Webseiten, Mailbox, etc.) wird das Java-Framework *Aperture* [@Aperture] verwendet, welches als Open-Source-Projekt vom DFKI und der Firma Aduna vorangetrieben wird. Aperture stellt RDF-Daten bereit, die im Resource Store von Gnowsis abgelegt werden, allerdings laut [@Gnowsis] nur bei Bedarf und nur zum Lesen.

NEPOMUK

Das NEPOMUK[15]-Projekt [@NEPOMUK] baut auf den Ergebnissen von Gnowsis auf, um eine umfassende Lösung für einen *Social Semantic Desktop* zu entwickeln und so den PC zu einer kollaborativen Arbeitsumgebung zu erweitern [Groza et al., 2007; Sau-

---
[13]Deutsches Forschungszentrum für Künstliche Intelligenz [@DFKI]
[14]Open Source RDF-Framework von Aduna [@OpenRDF; @Aduna]
[15]Networked Environment for Personal Ontology-based Management of Unified Knowledge

3 Semantische Technologien zur Verwaltung von Dokumenten

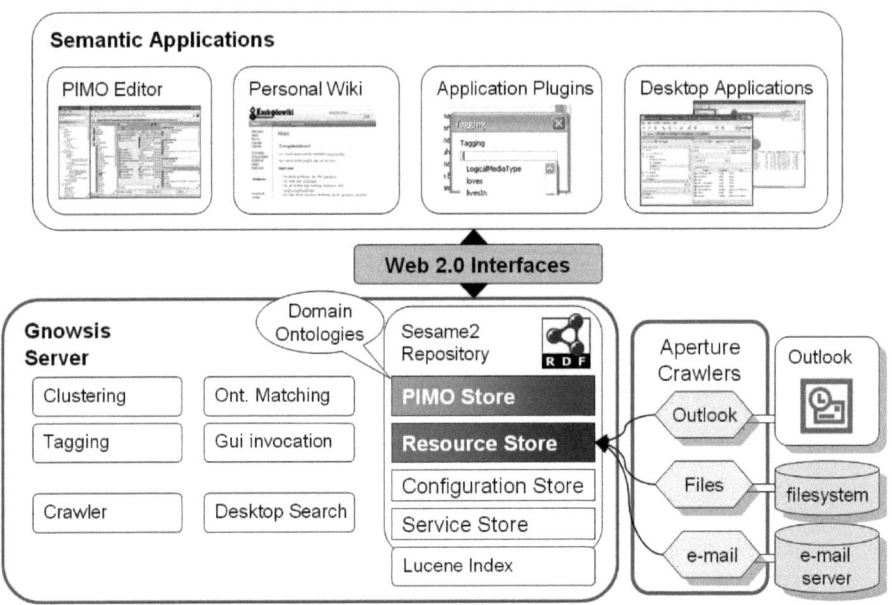

Abbildung 3.9: Gnowsis Architektur [Sauermann et al., 2006]

ermann et al., 2006]. Kernstück der NEPOMUK-Plattform ist eine *Semantic Middleware*, dargestellt in Abbildung 3.10, die die Interoperabilität der Daten gewährleistet und Schnittstellen für die Client-Applikationen (der so genannten *Knowledge Workbench*) bereitstellen. Die Middleware beinhaltet verschiedene Services, darunter die essentiellen *Core Services* zur Datenakquisition und -verwaltung, die im Wesentlichen auf Gnowsis-Komponenten zurückgehen.

Das primäre Ziel von NEPOMUK war die Entwicklung eines Standards für Kommunikation und Datenverarbeitung auf einem Social Semantic Desktop als Orientierung und Implementierungsgrundlage für entsprechende PIM- und P2P-Szenarien [Groza et al., 2007]. Nach Abschluss des Projektes 2008 ist nunmehr eine flexible und erweiterbare Architektur entstanden, die als Open-Source-Projekt verfügbar ist[16] und

---
[16]zum einen die vollständige Implementierung namens NEPOMUK PSEW (P2P Semantic Eclipse Workbench), zum andern NEPOMUK-KDE, als Teil der Linux-Arbeitsumgebung KDE [@NEPOMUK]

3.2 Existierende Lösungsansätze für die semantikbasierte Dokumentenverwaltung

von verschiedenen Entwicklern weiter vorangetrieben wird bzw. werden soll.

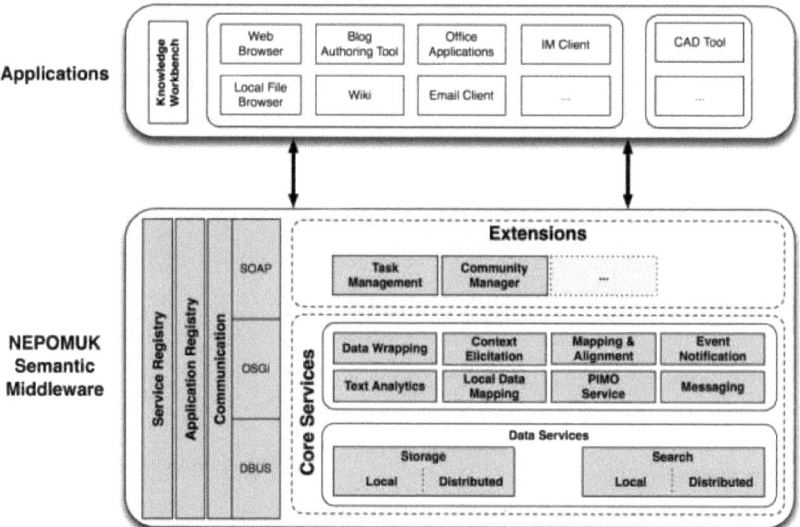

Abbildung 3.10: NEPOMUK Architektur [@NEPOMUK]

Weitere Ansätze

Im Zusammenhang mit dem P2P-basierten Austausch semantischer Daten ist auch das Projekt *DBin* [@DBin; Tummarello et al., 2006] zu erwähnen. Allerdings handelt es sich hierbei nicht wirklich um einen Semantic Desktop nach oben genannter Definition [Sauermann et al., 2005], da es keine Anbindung an bestehende Desktop-Applikationen beinhaltet.

Ein weiteres interessantes Projekt ist *DeepaMehta* [Richter et al., 2005]. Hierbei kommen jedoch im Gegensatz zu den übrigen Ansätzen *Topic Maps*[17] zum Einsatz, welche sich stärker an der menschlichen Informationsverarbeitung orientieren. Entsprechend liegt der Fokus dieses Ansatzes stärker im Bereich der GUI-Gestaltung und kognitiven

---

[17]Ein bisher in dieser Arbeit nicht erwähnter ISO-Standard zur Wissensmodellierung, der jedoch im Gegensatz zu RDF/OWL nicht auf DL aufbaut und eher für Menschen als für Maschinen geeignet ist [@TopicMaps].

Psychologie.

Das in [Xiao & Cruz, 2006] vorgestellte Semantic Desktop System *MOSE* (Multiple Ontology based Semantic DEsktop) bietet eine Schichtenarchitektur für die Realisierung diverser PIM-Applikationen auf Basis einer semantischen Datenbasis. Das besondere hierbei ist der beschriebene *End-User-Development*-Ansatz zur Erstellung individueller *Personal Information Applications* (PIA) mit Hilfe so genannter Desktop-Services.

OntoMedia [Hüsemann & Vossen, 2006; @OntoMedia] stellt eine auf Integration und Organisation multimedialer Metadaten spezialisierte Semantic-Desktop-Variante dar. Details zur verwendeten Ontologie und den implementierten Extraktionsmethoden sind den wenigen publizierten Inhalten jedoch nicht zu entnehmen.

Das in [Bloehdorn et al., 2006] vorgestellte "semantische Dateisystem" *SemFS* stellt eine Abstraktionsschicht dar, welches es ermöglicht, Dateien mit RDF zu annotieren und darüber auf diese zuzugreifen. Zudem bildet SemFS entsprechende Dateisystemoperationen (Ordnerinhalte auflisten, löschen, verschieben etc.) auf RDF-Anfragen und Metadatenbearbeitung ab.

3.3 Diskussion der Defizite und Probleme existierender Lösungen

Die Bewertung der Lösungen zur semantikbasierten Verwaltung persönlicher, multimedialer Dokumente kann aus zwei verschiedenen Sichten erfolgen: die des *Entwicklers* einer PIM-Anwendung, die auf dem zu konzipierenden System über entsprechende Schnittstellen aufbaut, und die des *Endanwenders*, der die PIM-Anwendung und das zugrunde liegende System nutzt.

Aus Sicht des **Endanwenders** ist zu gewährleisten, dass der Einsatz des Systems für ihn keinen Mehraufwand bedeutet. Dies gilt sowohl für den Aufwand für die Einarbeitung als auch für die langfristige Nutzung. Der Endanwender sollte möglichst

3.3 Diskussion der Defizite und Probleme existierender Lösungen

effektiv bei der Lösung seiner Verwaltungsaufgaben unterstützt werden, d. h. ihm sollte möglichst viel Arbeit abgenommen oder erleichtert werden. Grundmechanismen der Indexerstellung und -verwaltung sollten vor dem Nutzer weitestgehend durch die Automatisierung bzw. Teilautomatisierung vieler Abläufe (z. B. die automatische Generierung von Basisbeschreibungen oder die automatische Ergänzung durch kontext- oder inhaltsbezogene Informationen) verborgen werden, um Anwenderfreundlichkeit zu gewährleisten und Mehraufwand zu vermeiden. Die Form der Datenmodellierung sollte menschliches Denken und Erinnern und insbesondere individuelle Wissensmodelle möglichst gut unterstützen, um auch langfristig einen geeigneten Zugang zu den Informationen zu bieten.

Aus Sicht des **PIM-Entwicklers** sollte das System auf technologischer Ebene eine gewisse Nachhaltigkeit gewährleisten, d. h. das System sollte an den entsprechenden Stellen anpassbar und erweiterbar sein, um mit technologischen Entwicklungen (z. B. neue Dokumentenformate) mitzuhalten. Da der Einsatzbereich und damit das zugrunde liegende Domänenmodell variieren können und eine Verallgemeinerung sehr schwierig ist, sollte das System ein hohes Maß an Anpassbarkeit und Erweiterbarkeit bezüglich des verwendeten Datenmodells bieten. Darüber hinaus muss das System Mechanismen bereitstellen, die dafür sorgen, dass die Datenbasis im Sinne des Datenmodells zur Laufzeit stets konsistent und fehlerfrei ist. Um die semantischen Beschreibungen für den Anwender über eine geeignete PIM-Anwendung nutzbar zu machen, benötigt der Anwendungsentwickler effizienten Zugriff auf die Datenbasis. Er muss in die Lage versetzt werden, Anfragen an das System zu formulieren und Anfrageergebnisse innerhalb einer Anwendung geeignet aufzubereiten.

Die hier vorgestellten Ansätze umfassen ein sehr breites Spektrum an Lösungen, beginnend bei Werkzeugen zur manuellen und semi-automatischen semantischen Annotation von Dokumenten bis hin zu kompletten Architekturen für einen *Semantic Desktop*. Darüber hinaus existiert eine Vielzahl an Ontologien (siehe Abschnitt 3.1.2) zur Beschreibung multimedialer Inhalte, ohne dass sich bisher ein wirklicher Standard herausgebildet hätte. Es ist zu bezweifeln, dass es tatsächlich möglich ist, einen Standard zu entwickeln, da die Anwendungsbereiche, in denen multimediale Daten verwendet werden (z. B. Journalismus, Werbung, Design) sehr vielfältig sind und unterschiedliche Konzeptualisierungen verwenden. Das gleiche gilt auch für den privaten Bereich, in dem sich die Arten der Nutzung und Organisation multimedialer Dokumente stark unterscheiden können. Es ist also durchaus wünschenswert, eine Lösung zu finden, die nicht von einer konkreten Ontologie abhängig ist, sondern die flexible Anpassung und den Austausch der verwendeten Ontologie(n) explizit unterstützt.

➡ Die meisten der zuvor beschriebenen Ansätze stützen sich auf eine festgelegte Ontologie ab. Die Ausnahmen bilden im weitesten Sinne die Projekte *NEPOMUK* [@NEPOMUK] (bzw. *Gnowsis*), *BOEMIE* [@BOEMIE] und *Haystack* [@Haystack], sowie das generische *Identity Resolution Framework* des MediaCampaign-Projektes [@MediaCampaign].

Auch wenn *NEPOMUK* durch die verwendete PIMO-Ontologie Entwicklern wie auch zum Teil Endanwendern die Möglichkeit der Erweiterung durch domänen- und aufgabenspezifische Ontologien bietet [Sauermann et al., 2009], so ist dies jedoch lediglich auf einer höheren Abstraktionsebene gegeben und nicht auf Ebene der Dokumente.

Der Ansatz des *BOEMIE*-Projektes, welcher keinen speziellen Anwendungskontext unterstützt, sondern auf verschiedenste Domänenmodelle trainiert werden kann, erfordert einen entsprechenden Initialisierungsprozess, der einen nicht zu unterschätzenden Zusatzaufwand mit sich bringt.

Haystack wiederum verwendet an sich überhaupt keine Ontologie, sondern lediglich eine Typisierung von Informationsobjekten für die entsprechende grafische Repräsentation und mögliche Operationen. Die entsprechenden Probleme wurden bereits beschrieben.

Das *Identity Resolution Framework* bietet zwar einen sehr generischen Ansatz zur Bestimmung der Identität von Instanzen, bietet jedoch nur eine Lösung für ein Teilproblem vor einem sehr domänenspezifischen Projekthintergrund. Darüber hinaus ist die Anpassung der Verarbeitungsprozess bei der Ähnlichkeitsbestimmung durch eine Mischung aus deklarativer und imperativer Programmierung verhältnismäßig aufwändig.

3.3 Diskussion der Defizite und Probleme existierender Lösungen

Wie in Kapitel 2 beschrieben, besteht die konzeptionelle Herausforderung bei der Verwaltung multimedialer Dokumente insbesondere auch in der Berücksichtigung einer Vielzahl existierender Dokumenttypen und Speicherformate. Für jeden Medientyp existieren zudem eine ganze Reihe Speicher- und Austauschformate, z. T. auch anwendungsspezifisch. Mit neuen Dokumentenformaten kommen mitunter auch neue Formen und Richtlinien zur Ablage von Metadaten zum Einsatz. Für den langfristigen Nutzen muss das Konzept daher insbesondere flexibel bezüglich unterstützter Dokumenten- und Metadatenformate sein, d. h. Austausch von und Erweiterung um entsprechende Verarbeitungs- und Extraktionsmethoden gewährleisten. Eine langfristig nutzbare Lösung, die semi-automatische Verfahren nutzt, um Informationen aus Dokumenten zu extrahieren, sollte daher möglichst dynamisch erweiterbar und anpassbar sein, um mit zukünftigen Entwicklungen (neue Formate) bzw. individuellen Anforderungen einer Anwendungsdomäne umgehen zu können.

➨ Die vorgestellten semi-automatischen Annotationsansätze (Abschnitt 3.2.2) sind in ihrer Umsetzung hauptsächlich auf eine bestimmte Auswahl Dokumenttypen und -formate ausgelegt und erheben nicht den Anspruch der einfachen Erweiterbarkeit.

Das *MediaCampaign*-Projekt berücksichtigt durchaus die Vielzahl möglicher Medientypen und -formate innerhalb des beschriebenen multimodalen Analyseprozesses durch entsprechende Analysekomponenten [Rehatschek et al., 2008]. Allerdings ist nicht klar, wie diese Komponenten eingebunden sind und ob ein flexibler Austausch oder Erweiterung möglich ist. Auch die in [Karger et al., 2005] beschriebenen *Haystack*-"Extraktoren" sind diesbezüglich in den verfügbaren Quellen nicht näher erläutert.

Einzig *Gnowsis* bzw. *NEPOMUK* bieten durch ihre service-orientierten Ansätze entsprechende flexible und dynamische Erweiterungsmöglichkeiten [Sauermann et al., 2006; Groza et al., 2007].

Die Eingabe und geeignete Analyse der Dokumente spielt eine ganz wesentliche Rolle, da diese letztlich die Leistungsfähigkeit und Effizienz des Systems mit bestimmen. Möglichst viele relevante Informationen, die in den Primär- und Sekundärdaten zu finden

3 Semantische Technologien zur Verwaltung von Dokumenten

sind, sollten dabei aus den Dokumenten extrahiert und für die weitere Verarbeitung bereitgestellt werden, um dem Nutzer initialen Eingabeaufwand zu ersparen. Darüber hinaus ist aber auch die Berücksichtung von Kontext und so genanntem "Weltwissen" für eine umfassende semantische Beschreibung äußerst wichtig. Im Zuge der Entwicklung so genannter *Web 2.0 Technologien* in den letzten Jahren findet sich "Weltwissen" zunehmend auch in Web-Inhalten, die von einer Vielzahl von Nutzern erstellt werden (*User-Generated Content*). Derartiges Wissen bildet eine wertvolle Quelle zur Anreicherung von Dokumentenbeschreibungen durch Hintergrundwissen. Insbesondere für den idealen Semantic Desktop haben kontextuelle Informationen eine hohe Relevanz (vgl. [Heath et al., 2005]).

➡ Insgesamt setzen die vorgestellten Ansätze keinen besonderen Schwerpunkt auf die Nutzung von kontextuellen Informationen oder externen Wissensquellen für die Generierung semantischer Beschreibungen.

Das im Rahmen des *AKTiveMedia*-Projektes entwickelte *Photocopain*-System nutzt das Online-Community-Portal *Flickr* [@Flickr], um die Bildanalyseverfahren anhand der Nutzertags auf bestimmte Motive zu trainieren [Tuffield et al., 2006], jedoch nicht direkt zur Erweiterung semantischer Beschreibungen.

In *NEPOMUK* werden Nutzeraktivitäten zwar protokolliert und durch einen *User Context Manager* analysiert, allerdings lediglich um dem Nutzer aufgabenbezogene Vorschläge für Aktionen in der Arbeitsumgebung zu unterbreiten [Groza et al., 2007].

In einem Verwaltungssystem für persönliche, multimediale Dokumente ist auch der Lebenszyklus der Dokumente zu berücksichtigen. Änderungen an Dokumenten müssen sowohl in Bezug auf die Synchronität zwischen Dokumentensammlung und semantischer Datenbasis als auch in Bezug auf beschreibende Informationen über den Dokumentenlebenszyklus Berücksichtigung finden. Beides ist für die effektive Nutzung des Verwaltungssystems unerlässlich. Auch die Nutzung von Dokumenten, die durch die entsprechende Auswertung von Kontextinformationen erkannt werden kann, sollte einbezogen werden können. Daraus ergibt sich der Anspruch, dass Mechanismen zur Synchronisation der semantischen Beschreibungen mit den zugehörigen physi-

3.3 Diskussion der Defizite und Probleme existierender Lösungen

schen Dokumenten gegeben sein müssen. Bei Änderungen an den Merkmalen eines Dokumentes sollten die betreffenden Informationen im semantischen Datenmodell entsprechend aktualisiert und synchronisiert werden.

➥ In keinem der untersuchten Ansätze wurde der Lebenszyklus multimedialer Dokumente und der Aspekt der Langzeitarchivierung hinreichend berücksichtigt. Lediglich *SemFS* [Bloehdorn et al., 2006], welches als "virtuelles Dateisystem" die Dateisystemoperationen (Dateien und Ordner verschieben, umbenennen, löschen, etc.) auf Änderungen im RDF-Modell direkt abbildet, bietet erste Ansätze. Dies betrifft dabei aber keine höhere Semantik, sondern lediglich mit RDF beschriebene einfache Dateiinformationen.

Aus Dokumenten extrahierte (Meta-)Daten stellen zwar eine wichtige Informationsquelle für semantische Beschreibungen dar, entsprechen aber nicht unbedingt immer den Ansprüchen an Konsistenz und Fehlerfreiheit. Um den Nutzer geeignet zu unterstützen und Mehraufwand zu vermeiden, ist die Sicherstellung ausreichender Datenqualität essentiell. Durch automatische Extraktions- und Instanziierungsverfahren werden zwangsläufig auch Duplikate (Instanzen, die das gleiche Objekt bzw. den gleichen Sachverhalt repräsentieren) oder widersprüchliche Daten produziert. Um eine ausreichende Datenqualität und Datenkonsistenz zu gewährleisten, ist daher ein Konzept für die Filterung und Bereinigung (Konsolidierung) der automatisch extrahierten und modellierten Informationen (insbesondere Redundanz- und Fehlererkennung) notwendig. Es besteht jedoch die Gefahr, dass systemgetriebene Entscheidungen für den Anwender schwer nachvollziehbar und beeinflussbar sind und dabei ungewollte oder für ihn fehlerhafte Daten entstehen. Daher sollte eine entsprechende *Awareness* für Probleme und Konflikte während und nach der Modellierung geschaffen und dem Nutzer Möglichkeiten zur direkten Einflussnahme gewährt werden.

➥ Im Bereich *Ontology Population*, insbesondere bei den Projekten *ArtEquAKT* [Weal et al., 2007], *MediaCampaign* und *BOEMIE* (siehe Abschnitt 3.2.3) findet man Mechanismen zur Konsolidierung der generierten Instanzdaten, hierbei jedoch im Wesentlichen unter dem Aspekt, entstandene Duplikate zu identifizieren und zu entfernen (auch bekannt als *Record Linkage* [Fellegi & Sunter,

3 Semantische Technologien zur Verwaltung von Dokumenten

1969]).

Die Lösungen im Semantic-Desktop-Bereich lassen allerdings ein entsprechendes Problembewusstsein vermissen. Lediglich in [Sauermann et al., 2006] wird kurz auf den in Gnowsis integrierten *Ontology matcher* verwiesen, der von *Aperture* akquirierte Daten mit denen des *PIMO Store* "abgleicht". Dieser wird allerdings in Folgearbeiten nicht weiter thematisiert.

Die vorgestellten Lösungsansätze, die Automatismen zur semantischen Datenmodellierung bereitstellen, beinhalten keine Konzepte, um den Anwender explizit auf Probleme oder Konflikte in der semantischen Datenbasis hinzuweisen.

Dokumente dienen nicht nur dem Bewahren der Erlebnisse einzelner Personen, sondern sind auch als Kommunikationsmittel innerhalb einer Gemeinschaft (Familie, Freundeskreis, Community) zu verstehen. Das durch das System und/oder den Nutzer erschaffene Wissen sollte demnach auch mit anderen geteilt und verknüpft werden können. Dies bedeutet in erster Linie, dass ein Konzept zur Verwaltung der Sichtbarkeiten und Zugriffsrechte der semantischen Informationen in geeigneter Granularität zu entwickeln ist.

➡ Wie in Abschnitt 3.1.5 beschrieben, existieren jedoch bislang keine generellen Techniken für die Rechteverwaltung und feingranulare Zugriffskontrolle innerhalb semantischer Datenmodelle. Auch die vorgestellten existierenden Lösungen, allen voran NEPOMUK als "Social Semantic Desktop"-Lösung, bieten hierfür keine dedizierten Lösungen, sondern greifen eher auf das allgemeine Konzept eines *shared information space* [@NEPOMUK] zurück.

Resümee

Der in diesem Kapitel dargestellte aktuelle Forschungs- und Erkenntnisstand bezüglich semantischer Technologien und existierender Lösungen sollte zeigen, dass diese geeignete Ansätze bieten, um individuelles Wissen, welches in und "um" Dokumentensammlungen besteht, zur Verwaltung zu nutzen. Es sollte gewährleistet sein, dass Dokumente mit einer *maschinenverarbeitbaren, semantischen Beschreibung* versehen

3.3 Diskussion der Defizite und Probleme existierender Lösungen

und übergreifende Zusammenhänge modelliert werden können. Die Datenmodellierung bildet den eigentlichen Kern einer semantikbasierten Dokumentenverwaltungslösung und stellt damit eine besondere wissenschaftliche Herausforderung dar.

Es wurde jedoch deutlich, dass bestehende Ansätze, die semantische Technologien zur persönlichen Dokumenten- und Wissensverwaltung einsetzen, Defizite aufweisen und damit die für diese Arbeit relevanten Forschungsfragen (vgl. Kapitel 1) unbeantwortet lassen. Besondere wissenschaftliche Herausforderungen stellen vor diesem Hintergrund folgende generelle Anforderungen dar:

- Flexibilität bezüglich der verwendeten Ontologie,
- Berücksichtigung von Kontext und "Weltwissen" bei der Modellierung semantischer Beschreibungen,
- Berücksichtigung des Dokumentenlebenszyklus hinsichtlich Aktualisierung und Erweiterung der semantischen Datenbasis, und
- Sicherstellung hinreichender Datenqualität.

Insbesondere die Forderung nach Austauschbarkeit und Erweiterbarkeit des Ontologiemodells, stellt hohe Ansprüche an den gesamten Ansatz:

➤ Für den Prozess der Generierung semantischer Beschreibungen als auch für die Prozesse zur Aktualisierung, Erweiterung und Konsolidierung der semantischen Datenbasis sind jeweils generische, anwendungsneutrale Ansätze notwendig, die unabhängig von der verwendeten Ontologie und den unterstützten Medienformaten arbeiten und abhängig vom jeweiligen Einsatzszenario durch den PIM-Entwickler entsprechend konfiguriert werden können.

➤ Die Anwendungsschnittstelle eines Verwaltungssystems sollte die korrekte Bearbeitung der Instanzen des semantischen Datenmodells gewährleisten und dabei sicherstellen, dass dies nur entsprechend der verwendeten Ontologie möglich ist. Der Entwickler einer PIM-Anwendung muss eine API zur Verfügung gestellt bekommen, die die Änderung des zugrunde liegenden Datenmodells unterstützt und gleichzeitig den konsistenten und fehlerfreien Zugriff im Sinne der Ontologie gewährleistet.

3 Semantische Technologien zur Verwaltung von Dokumenten

Der in dieser Dissertation entwickelte Ansatz zur Lösung der genannten Anforderungen umfasst zum einen notwendige, *anwendungsunabhängige Mechanismen für die konsistente und effiziente ontologiebasierte Verwaltung persönlicher, multimedialer Dokumente*, welche in Kapitel 4 vorgestellt werden, und zum anderen eine *Architektur eines ontologiebasierten Dokumentenverwaltungssystems* auf Basis der spezifizierten Mechanismen, beschrieben in Kapitel 5.

4 Ontologiebasierte Indexierung und Kontextualisierung persönlicher, multimedialer Dokumente

In den beiden vorhergehenden Kapiteln wurde durch die Darstellung und Beurteilung des aktuellen Standes der Forschung erörtert, welche Anforderungen und Problemstellungen sich bei der Entwicklung einer Lösung für die semantische Verwaltung persönlicher, multimedialer Dokumente ergeben. Es wurde deutlich, dass zur ontologiebasierten Verwaltung persönlicher, multimedialer Dokumente Mechanismen benötigt werden, die eine automatische semantische Indexierung und Annotation dieser ermöglichen und langfristig die Synchronität und Konsistenz des semantischen Datenmodells gegenüber der Dokumentensammlung gewährleisten. Der zu entwickelnde Ansatz sollte ausreichende Flexibilität und Ausbaufähigkeit bieten, um verschiedenste Dokumentenarten und Anwendungsszenarien zu unterstützen und den Austausch der verwendeten Ontologie zu ermöglichen. Wie zuvor erläutert bieten bisherige Ansätze hierzu nur unzureichende Unterstützung.

In diesem Kapitel werden die im Rahmen des *K-IMM*-Projektes (Knowledge through Intelligent Media Management) entwickelten *Mechanismen zur semantischen Indexierung und Kontextualisierung persönlicher, multimedialer Dokumente* vorgestellt.

4 Ontologiebasierte Indexierung persönlicher, multimedialer Dokumente

Unter *Kontextualisierung* wird im Rahmen dieser Arbeit der Prozess verstanden, der persönliche Dokumente anhand zugehöriger Beschreibungen in den individuellen Kontext des Nutzers setzt. Dabei geht es nicht primär darum, einen schnellen, bedarfsgerechten Zugriff durch effiziente Indexstrukturen zu gewährleisten, sondern den inhaltlichen, anwendungs- und nutzerbezogenen Kontext zu erfassen, mit dessen Hilfe eine langfristige Verwaltung der Dokumente gewährleistet wird.

Das im Rahmen dieser Dissertation entwickelte und in diesem Kapitel vorgestellte Konzept liefert für diese Problemstellung einen neuartigen, ganzheitlichen Lösungsansatz. Dieser beinhaltet, entsprechend der Anforderungen und Problemstellungen, die zuvor in Abschnitt 3.3 beschrieben wurden, die Spezifikation notwendiger, anwendungsunabhängiger, semi-automatischer Mechanismen für die konsistente und effiziente ontologiebasierte Verwaltung persönlicher, multimedialer Dokumente. Dazu zählt:

(I) die *Modellierung semantischer Dokumentenbeschreibungen* auf Basis der Metadaten und inhärenten Informationen, unter Berücksichtigung von Anwendungskontext und "Weltwissen",

(II) die *Aktualisierung und Erweiterung semantischer Beschreibungen* entsprechend dem Lebenszyklus der Dokumente, und

(III) die *Bereinigung und Konsolidierung der semantischen Datenbasis* zur Gewährleistung der Qualität, Konsistenz und Effizienz der Datenbasis über einen längeren Zeitraum hinweg.

Das Konzept bildet dabei die theoretische Grundlage zur Entwicklung einer *Architektur für die ontologiebasierte Verwaltung persönlicher, multimedialer Dokumente* (beschrieben in Kapitel 5).

Dieses Kapitel gliedert sich daher in drei Abschnitte: In Abschnitt 4.1 wird der mehrstufige Generierungsprozess, durch den die automatische Erstellung semantischer Beschreibungen für persönliche, multimediale Dokumente erfolgt, vorgestellt. Um die langfristige Nutzung einer persönlichen Dokumentensammlung zu gewährleisten, wurden Mechanismen zur Aktualisierung und Synchronisierung der semantischen Datenbasis entsprechend dem Lebenszyklus von Dokumenten entwickelt, welche in Abschnitt 4.2 beschrieben werden. Anschließend erfolgt in Abschnitt 4.3 die Beschreibung des Verfahrens zur semi-automatischen Bereinigung und Konsolidierung der semantischen Datenbasis.

4.1 Automatische Generierung semantischer Beschreibungen

Den Ausgangspunkt für den im Rahmen dieser Dissertation entwickelten Ansatz zur automatischen, konsistenten Generierung semantischer Beschreibungen für persönliche, multimediale Dokumente bildete die Festlegung dabei benötigter Informationen und deren Verarbeitung. Identifiziert wurden dabei drei wesentliche Teilaufgaben bzw. Herausforderungen:

1. das Erstellen einer semantischen Basisbeschreibung aus ausgewählten Merkmalen und Informationen eingegebener Dokumente (*Instanziierung*),
2. das Einbeziehen von verfügbaren Kontextinformationen und "Weltwissen" (*Erweiterung*), und
3. das Einbringen in die zentrale Datenbasis (*Integration*).

Diese drei Teilaufgaben bauen in gewisser Weise aufeinander auf, da die erstellten semantischen Basisbeschreibungen den Ausgangspunkt für die Erschließung relevanter externer, kontextueller Informationen bilden und die Integration der modellierten Informationen in die zentrale Datenbasis entsprechende Erweiterungen berücksichtigen sollte. Gleichzeitig aber können sie als voneinander unabhängige Teilschritte gut separiert und sequentiell, pipelinebasiert ausgeführt werden. Mehrstufige, pipelinebasierte Prozesse zählen zu einem Architekturstil, der auch als *"Pipe-and-Filter"* [Garlan & Shaw, 1993] bezeichnet wird und der üblicherweise in Systemen Anwendung findet, in denen Datenströme verarbeitet oder transformiert werden (beispielsweise in Web-Architekturen, die Inhalte dynamisch und gegebenenfalls kontextadaptiv ausliefern [Hinz, 2008]). Einzelne datenverarbeitende bzw. -transformierende Komponenten ("filter") werden dabei in einer Reihe über entsprechende Kanäle ("pipes") miteinander verbunden. Jede Komponente verarbeitet die vom Vorgänger erhaltenen Daten und reicht das Ergebnis in den jeweiligen Nachfolger weiter. Durch den Einsatz einer solchen Architektur ist ein Prozess hochgradig flexibel und erweiterbar. Wie in [Garlan & Shaw, 1993] beschrieben, zeichnet sich dieses Muster u. a. durch folgende vorteilhafte Eigenschaften aus:

- Der Entwickler ist in der Lage, einen mitunter komplexen Ablauf als eine einfache, lineare Kombination verschiedener Zwischenschritte zu betrachten. Dadurch kann die Wartung erleichtert werden.

- Durch die Separierung der einzelnen Verarbeitungsschritte in Form von eigenständigen Komponenten können diese – jeweils für sich – leichter angepasst und erweitert werden.

- Ebenso ist es möglich, einzelne Komponenten, die als "Black-Boxes" betrachtet werden können, auszutauschen, zu entfernen, oder neue hinzuzufügen. Voraussetzung ist dabei die Einhaltung festgelegter Datenschnittstellen.

Der im Rahmen dieser Dissertation entwickelte Ansatz zur automatischen Generierung semantischer Beschreibungen für persönliche, multimediale Dokumente und deren Verwaltung beruht daher auf einem mehrstufigen, pipelinebasierten Modellierungsprozess, als Abfolge verschiedener Datentransformationen. Ziel dieser Datentransformationen ist die im Folgenden als *Zielontologie* bezeichnete semantische Datenstruktur, welche anwendungsspezifische Konzepte und Relationen zur Dokumentenbeschreibung und -kontextualisierung enthält. Der Gesamtprozess ist in Abbildung 4.1 dargestellt.

Die aus den Dokumenten gewonnenen Daten werden so durch einzelne, voneinander unabhängige Schritte in das Datenmodell der Zielontologie überführt. Jeder dieser Schritte wird durch eine eigenständige Einheit realisiert, deren Funktionen selbst domänen- und anwendungsunabhängig sind. Die konkrete anwendungsspezifische Konfiguration basiert jeweils auf Regeln, die zur Laufzeit eingelesen werden.

4.1 Automatische Generierung semantischer Beschreibungen

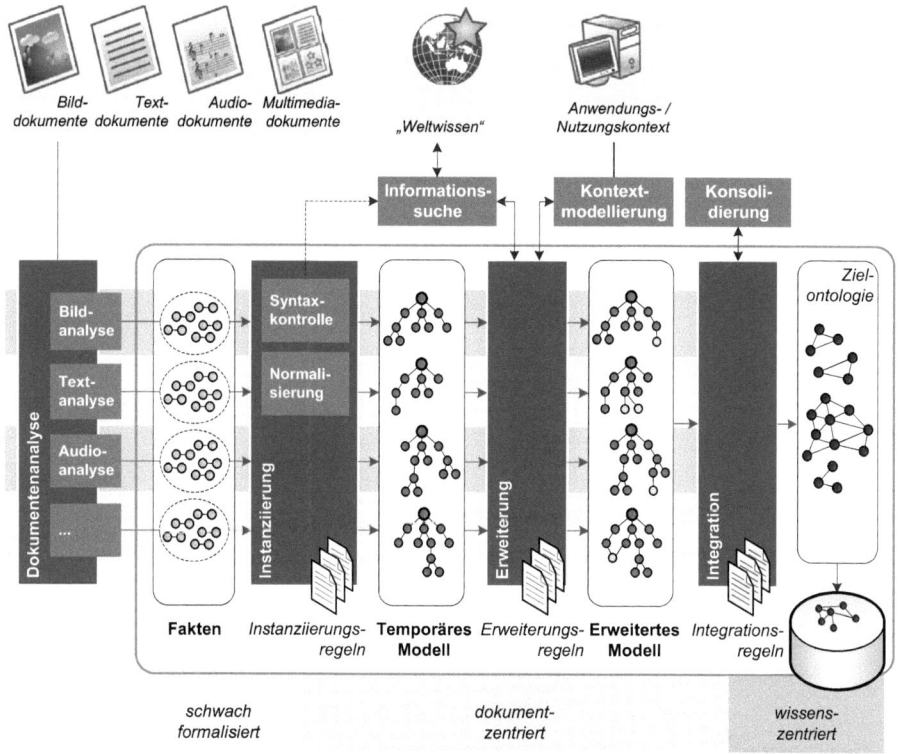

Abbildung 4.1: Der mehrstufige Generierungsprozess im Überblick

Der konkrete Ablauf, wie in Abbildung 4.1 dargestellt, gestaltet sich wie folgt: In einem vorverarbeitenden Schritt der *Dokumentenanalyse* erfolgt für jedes einzelne der eingegebenen Dokumente die Identifikation des Medientyps und die entsprechende medientypspezifische Extraktion und Analyse relevanter Informationen. Die so gewonnenen Daten bilden die eigentlichen Eingabedaten für den nun folgenden Generierungsprozess, beginnend mit der *Instanziierung* der semantischen Basisbeschreibungen (vgl. Abschnitt 4.1.1), über deren *Erweiterung* (vgl. Abschnitt 4.1.2) bis hin zur *Integration* in die semantische Datenbasis (vgl. Abschnitt 4.1.3).

Der vorverarbeitende Schritt der Dokumentenanalyse ist selbst nicht Bestandteil des hier vorgestellten Generierungsprozesses. Allerdings werden, wie im Folgenden beschrieben, gewisse Anforderungen an die durch den Analyseprozess erstellten und übergebenen Daten gestellt. Das zugehörige technische Konzept, welches einen generischen Ansatz für die Integration und Kombination verschiedenster Analyseverfahren bietet, wird im Rahmen der Vorstellung der *Architektur* in Kapitel 5 näher beschrieben.

4.1.1 Instanziierung semantischer Basisbeschreibungen

Für jedes Dokument können durch verschiedene medientyp- und formatspezifische Analysemethoden eine Reihe beschreibender Daten extrahiert bzw. erstellt werden. Hierbei ist zu unterscheiden zwischen den Daten, die im Dokument in Form eingebetteter Metadaten vorliegen, und denen, die durch bestimmte Verfahren aus den Primärdaten gewonnen werden (mehr dazu in Kapitel 5, Abschnitt 5.2). Während man im ersten Fall von bekannten Schemata ausgehen kann, denen diese Metadaten entsprechen, ist das im zweiten Fall nicht immer gegeben. Für die weitere Verarbeitung bei der Instanziierung ist es jedoch notwendig, eine einheitliche Darstellung zu wählen. Ziel war es, eine generische Datenschnittstelle für die Weiterverarbeitung zu nutzen, die technologieunabhängig von allen Analysekomponenten (als Datenlieferanten) verwendet werden kann. Die Wahl fiel dabei aus folgenden Gründen auf die Darstellung als *Attribut-Wert-Paare*[1]:

- Die Darstellung zeichnet sich durch ihre Kompaktheit aus und ermöglicht eine schnelle und ressourcenschonende Verarbeitung.

- Die Liste extrahierter Attribute kann beliebig groß sein und beliebig wachsen. Fehlende Informationen stellen kein Problem bei der Verarbeitung dar.

- Bei einem Austausch oder Erweiterung der vorhandenen Analysekomponenten muss die Datenschnittstelle nicht angepasst werden. Die Datenschnittstelle selbst muss das verwendete Ausgangsschema nicht kennen.

[1] auch *Schlüssel-Wert-Paare*

- Die Übergabe der Werte als *ungetypte Zeichenketten* ermöglicht mehr Flexibilität z. B. bei der Wahl der Programmiersprache für die Realisierung der Analysekomponenten.

Durch die einfache und flexible Datenschnittstelle ist ein hohes Maß an Toleranz bezüglich der für die Weiterverarbeitung vorgesehenen Daten gegeben. Beliebig viele, unterschiedlich komplexe Analysekomponenten (auch von Drittanbietern) können als Datenlieferanten angebunden werden.

Aus diesem geringen Grad der Formalisierung entstehen allerdings auch neue Probleme: da durch das Datenmodell selbst keine ausreichende Validierung erfolgt, können die übergebenen Daten (eine dynamische Liste von Attribut-Wert-Paaren) unvollständig oder fehlerhaft sein, Redundanzen oder auch Widersprüche beinhalten. Die eigentliche Prüfung und Interpretation der Daten erfolgt daher im Schritt der *Instanziierung der semantischen Basisbeschreibungen*. Ziel ist es, aus der Menge loser Attribut-Wert-Paare eine aussagekräftige, semantische Beschreibung des jeweiligen Dokuments zu erstellen (*dokumentzentriertes Modell*). Dabei ist eine ausreichende Datenqualität (wie in den Anforderungen in Abschnitt 3.3 beschrieben) zu gewährleisten. Um dies zu erreichen, werden folgende Teilaufgaben erfüllt:

- **Filterung:** Die extrahierten Daten müssen entsprechend ihrer Relevanz und Bedeutung gefiltert werden. Zudem muss bei mehrfach auftretenden Daten eine Auswahl getroffen werden, welcher Information Vorrang gegeben wird (beispielsweise im Falle mehrfach vorhandener Metadaten zum Erstellungszeitpunkt eines Dokumentes).

- **Behandlung syntaktischer Fehler:** Beim Speichern oder Auslesen entstandene syntaktische Fehler müssen berücksichtigt und wenn möglich korrigiert werden. Zu syntaktischen Fehlern zählen beispielsweise für einen Datentyp unzulässige, überzählige oder fehlende Zeichen oder eine Wertebereichsüberschreitung (z. B. für ein Datum[2]: "200B:01:13", "20008:01:13", "208:01:13" bzw.

---

[2]Typischerweise treten solche Datentypfehler nur dann auf, wenn Zeichen falsch eingelesen wurden, bspw. wenn ein Datum per OCR-Verfahren aus dem Bildinhalt eines Fotos fehlerhaft extrahiert wurde.

"2008:01:32"). Im Zweifelsfall (wenn keine sinnvolle automatische Korrektur vorgenommen werden kann) ist dafür zu sorgen, dass die fehlerhaften Daten nicht weiterverarbeitet werden oder eine manuelle Korrektur (durch den Nutzer) erfolgt.

- **Normalisierung:** Werte, die aus unterschiedlichen Datenquellen stammen, können syntaktisch korrekt sein, aber in diversen Darstellungsformaten eines Datentyps vorliegen (z. B. "2008-01-13" oder "01/13/2008"). Die Überführung in ein einheitliches, möglichst standardkonformes Format ist daher eine wichtige Voraussetzung für die weitere Verarbeitung.

- **Transformation:** Die durch Filterung, Syntaxkontrolle und Normalisierung aufbereiteten Daten sind durch Instanziierungsregeln in eine dem internen Datenmodell entsprechende Form zu bringen. Hierbei wird letztlich entschieden, wie die rein syntaktischen Daten entsprechend der verwendeten Zielontologie interpretiert werden.

Das Ausgangsmodell, bestehend aus einer Menge loser Attribut-Wert-Paare, wird durch den Prozess der *Instanziierung* entsprechend dieser Teilaufgaben in eine semantische Basisbeschreibung überführt. Der konkrete Ablauf dieses Prozesses ist in Abbildung 4.2 dargestellt.

Wie bereits beschrieben, müssen erkannte syntaktische Fehler behoben oder der weiteren Verarbeitung entzogen werden. Ein syntaktischer Fehler kann meist auf verschiedene Weise korrigiert werden. Daher ist es sinnvoll, Fehlererkennung und Fehlerkorrektur funktional zu trennen, sodass unabhängig von den Erkennungsmethoden individuelle Beseitigungsmechanismen zum Einsatz kommen können [Nagel, 2008].

Der Ablauf der Filterung, Syntaxkontrolle und Normalisierung ist in Abbildung 4.3 als Datenflussdiagramm dargestellt. Sobald ein Fehler erkannt wurde, wird geprüft, ob eine automatische Korrektur möglich ist oder gegebenenfalls eine manuelle Fehlerbeseitigung durchgeführt werden muss. Sollte es keine Möglichkeiten der manuellen Fehlerbeseitigung durch den Anwender geben, wird das entsprechende Datum der weiteren Verarbeitung entzogen. Wird kein Fehler entdeckt, wird direkt eine Norma-

4.1 Automatische Generierung semantischer Beschreibungen

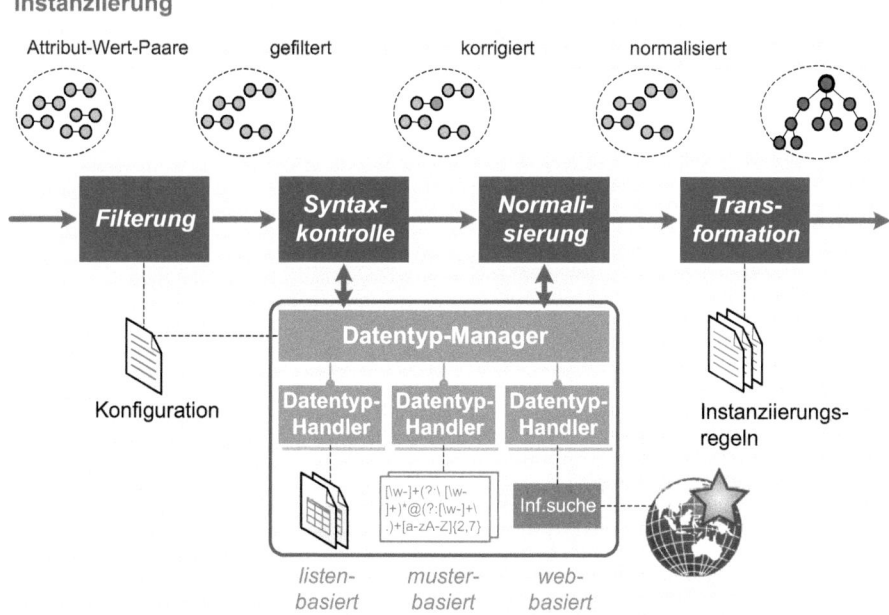

Abbildung 4.2: Prozess der Instanziierung im Überblick

lisierung vorgenommen.

Die eigentliche Datentypbehandlung erfolgt über spezifische *Handler*, die dynamisch eingebunden und zentral verwaltet werden. Diese stellen die jeweils notwendigen Prüf- und Korrekturmechanismen zur Verfügung, die gegebenenfalls auf bestimmtes (externes) Domänenwissen zugreifen. Dabei sind drei verschiedene Arten der Syntaxbehandlung vorgesehen: auf Basis vordefinierter Listen zulässiger Werte (*listenbasiert, Dictionary Lookup*), mittels regulärer Ausdrücke (*musterbasiert*) und über verfügbare externe (Web-)Services (*webbasiert*). Welcher Datentyp-Handler für die Syntaxkontrolle und Normalisierung jeweils zum Einsatz kommt, wird an zentraler Stelle in einer deklarativen Beschreibung definiert. Beispielsweise kann die korrekte Schreibweise eines Ortsnamens aus einer Geodatenbank (z. B. GeoNames.org [@GeoNames]) gewonnen werden, wohingegen man die korrekte Syntax einer E-Mail-Adresse über reguläre Aus-

4 Ontologiebasierte Indexierung persönlicher, multimedialer Dokumente

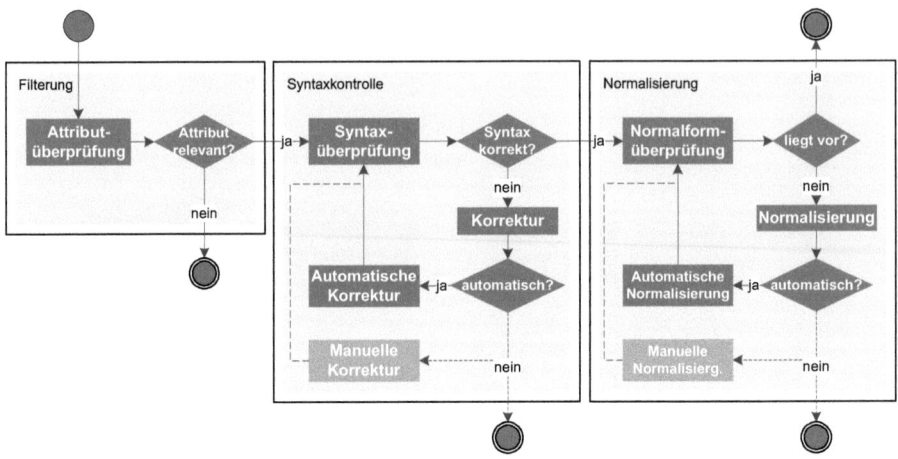

Abbildung 4.3: Ablauf der Filterung, Syntaxkontrolle und Normalisierung bei der Instanziierung

drücke überprüfen kann. Bei Personennamen hingegen bietet sich eine listenbasierte Lösung an. Bei listenbasierten Verfahren stellt allerdings die Konstruktion eines angemessenen Wörterbuches die größte Herausforderungen dar. Ein zu gering bemessenes Wörterbuch führt zu einer großen Anzahl angeblicher Fehler (*False Negatives*) und ist damit faktisch nutzlos. Ist die Wortliste jedoch zu lang und beinhaltet außerdem Wörter, die im Rahmen der Nutzung nicht von Bedeutung sind, so steigt die Anzahl der Wörter, die fälschlicherweise als fehlerfrei identifiziert werden (*False Positives*). Je nach Informationstyp sollten daher Informationsquellen des Anwendungskontextes berücksichtigt werden. Listen von Personennamen können z. B. durch Einträge aus einer persönlichen Adressliste des Anwenders erweitert werden.

Nach Abschluss der Filterung, Syntaxkontrolle und Normalisierung sind die Ausgangsdaten noch immer eine Sammlung loser Attribut-Wert-Paare, allerdings gefiltert und mit typsicheren, normalisierten Werten. Abschließend erfolgt nun die Transformation in die Ontologie der Basisbeschreibungen. Ein Attribut-Wert-Paar stellt als solches eine *Aussage* dar, wobei das Attribut als Subjekt, der Wert als literales Objekt und die Relation zwischen beiden beispielsweise als "hat den Wert" interpretiert werden kann.

4.1 Automatische Generierung semantischer Beschreibungen

Jegliches Attribut-Wert-Paar lässt sich demzufolge in RDF darstellen. Dazu eignet sich das in RDF-Schema [@RDFS] vorgesehene, unspezifische Prädikat rdf:value. Die Attribute sind zur eindeutigen Benennung der Subjekte und entsprechend [@RDFS] in eine URI-konforme Darstellung [@URI] zu überführen (im einfachsten Fall durch den Präfix urn:*). In diese Form überführt, können die Daten als RDF-Model verarbeitet und an einen entsprechenden *Reasoner* zur Transformation übergeben werden.

Die Transformation der isolierten Aussagen in die durch die eingesetzte Ontologie bestimmte Beschreibung erfolgt durch eine Menge von *Instanziierungsregeln*, welche separat gespeichert werden und durch den Anwendungsentwickler ausgetauscht und konfiguriert werden können. Um den zweifelsohne schwierigen Erstellungsprozess der Transformationsregeln zu vereinfachen und den Anwendungsentwickler bestmöglich zu unterstützen, wurde ein Generierungsverfahren entwickelt, welches in Kapitel 5, Abschnitt 5.4.2 vorgestellt wird. Durch die Anwendung der Instanziierungsregeln wird eine konkrete Interpretation der Ausgangsdaten im Sinne der Anwendungsdomäne vorgenommen. Das Modell, welches dabei generiert wird, ist *dokumentzentriert*, d. h. es beschreibt Merkmale und Inhalte *hierarchisch* in Bezug zum jeweiligen Dokument. Zusammenhänge zwischen den generierten Instanzen werden zu diesem Zeitpunkt noch nicht hergestellt. Dies ist Aufgabe der folgenden Schritte.

Abschließend soll ein praktisches Beispiel den Instanziierungsvorgang verdeutlichen. Dieses wird auch später, bei der Erläuterung der Folgeschritte, aufgegriffen.

Instanziierungsbeispiel

In Quellcode 4.1 ist ein Beispiel für aus einem JPEG-Bild extrahierte Daten gegeben.

```
Filepath = D:\\fotos\\2006_ILA06\\DSCN1576.JPG
Filename = DSCN1576.JPG
Format = JPG
KIMMImageAnalyzer.Jpeg.Image_Width = 650
KIMMImageAnalyzer.Jpeg.Image_Height = 488
KIMMImageAnalyzer.Exif.Make = NIKON
KIMMImageAnalyzer.Exif.Model = E5900
KIMMImageAnalyzer.Exif.Date/Time = 2006:05:20 12:07:59
KIMMImageAnalyzer.Exif.Exposure_Time = 1/220
```

4 Ontologiebasierte Indexierung persönlicher, multimedialer Dokumente

```
KIMMImageAnalyzer.Exif.Flash = 16
KIMMImageAnalyzer.Exif.Focal_Length = 8.3
KIMMImageAnalyzer.Exif.GPS_Longitude_Ref = E
KIMMImageAnalyzer.Exif.GPS_Longitude = 13.0 31.0 47.0
KIMMImageAnalyzer.Exif.GPS_Latitude_Ref = N
KIMMImageAnalyzer.Exif.GPS_Latitude = 52.0 23.0 0.0
KIMMImageAnalyzer.Iptc.By-line = Picasa 2.7
KIMMImageAnalyzer.FaceDetection.Faces = 0
KIMMImageAnalyzer.Mpeg7.Descriptor[@type='ColorLayoutType']/YDCCoeff = 14
KIMMImageAnalyzer.Mpeg7.Descriptor[@type='ColorLayoutType']/CbDCCoeff = 18
KIMMImageAnalyzer.Mpeg7.Descriptor[@type='ColorLayoutType']/CrDCCoeff = 42
KIMMImageAnalyzer.Mpeg7.Descriptor[@type='ColorLayoutType']/YACCoeff = 17 11 18
    8 20
KIMMImageAnalyzer.Mpeg7.Descriptor[@type='ColorLayoutType']/CbACCoeff2 = 19 8
KIMMImageAnalyzer.Mpeg7.Descriptor[@type='ColorLayoutType']/CrACCoeff2 = 15 21
...
```

Quellcode 4.1: Aus einem JPEG-Bild extrahierte Daten (Auszug)

Für ein Dokument existieren eine Reihe Basisattribute, wie Dateiname, Dateigröße, Pfad etc., die grundsätzlich immer erstellt und übergeben werden können, unabhängig davon, ob spezielle Analyseverfahren anwendbar sind. In den speziellen Attributen wird jeweils die Herkunft der Daten (KIMMImageAnalyzer.*) bzw. deren Zugehörigkeit zu bestimmten Namensräumen (Exif.*) kodiert. Das Kodieren der Herkunft oder Zugehörigkeit der Daten im Schlüssel wird ebenfalls in den Fällen genutzt, wenn Ergebnisse anderer Analysekomponenten mit in die Attribut-Wert-Liste der Merkmale eines Dokumentes integriert werden. Metadaten von Dokumenten, die bereits in hierarchischer Struktur vorliegen, werden in diese Darstellungsform überführt, indem Attribute durch Pfadangaben definiert werden. Dies gilt insbesondere auch für XML-basierte Daten, wie beispielsweise MPEG-7-Deskriptoren [Salembier & Sikora, 2002], deren Inhalte mit Hilfe von XPath-Ausdrücken [@XPath] adressiert werden können.

Wie oben beschrieben, können die Attribut-Wert-Paare als Aussagen interpretiert und als RDF-Graph dargestellt werden. Eine zugehörige Repräsentation (in der üblichen Form [@RDF]) ist in Abbildung 4.4 zu sehen. Die längeren Attributnamen sind der Übersicht halber verkürzt dargestellt.

4.1 Automatische Generierung semantischer Beschreibungen

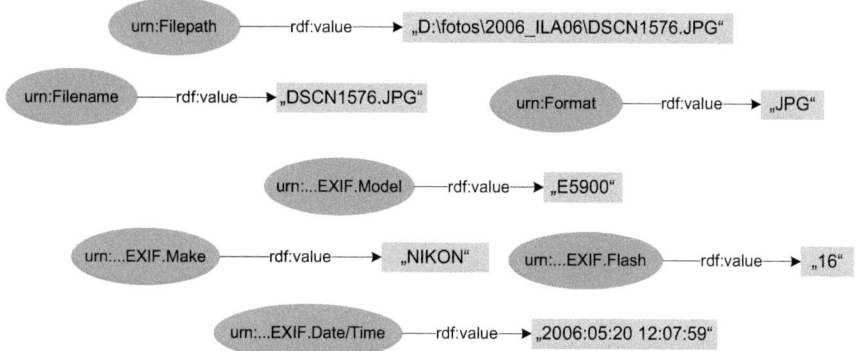

Abbildung 4.4: RDF-Graph-Darstellung von Attribut-Wert-Paaren

Die beiden exemplarisch in Quellcode 4.2 gegebenen Regeln erstellen aus den Exif-Kameradaten eines Bildes konkrete Instanzen für Model und Hersteller in der Ontologie. Das zugehörige Transformationsbeispiel ist in Quellcode 4.3 zu finden. Die grafische Notation des Transformationsergebnisses für das Beispiel in Abbildung 4.4 ist in Abbildung 4.5 dargestellt.

4 Ontologiebasierte Indexierung persönlicher, multimedialer Dokumente

```
@prefix ex: <http://example.org/example.owl#>.

[rule23: (urn:KIMMImageAnalyzer.Exif.Model rdf:value ?x),
    (?erg rdf:type ex:Image), initInstance(?erg1)
    -> (?erg ex:creationTool ?erg1), (?erg1 rdf:type ex:Camera),
    (?erg1 ex:model ?x)]

[rule24: (urn:KIMMImageAnalyzer.Exif.Make rdf:value ?x),
    (?erg rdf:type ex:Image), initInstance(?erg1), initInstance(?erg2)
    -> (?erg ex:creationTool ?erg1), (?erg1 rdf:type ex:Camera),
    (?erg1 ex:make ?erg2), (?erg2 rdf:type ex:Company),
    (?erg2 ex:companyName ?x)]
```

Quellcode 4.2: Beispiele für Transformationsregeln in Jena-Rules-Syntax [@JenaRules]. Das eigens eingeführte *Builtin* initInstance sorgt für die Instanziierung eines Elementes mit einer noch nicht vergebenen ID.

```
<rdf:Description rdf:about="urn:KIMMImageAnalyzer.Exif.Make">
    <rdf:value>NIKON</rdf:value>
</rdf:Description>
<rdf:Description rdf:about="urn:KIMMImageAnalyzer.Exif.Model">
    <rdf:value>E5900</rdf:value>
</rdf:Description>
⇒       <ex:Image rdf:ID="instance752136025">
            <ex:creationTool>
                <ex:Camera rdf:ID="instance413661638">
                    <ex:model>E5900</ex:model>
                </ex:Camera>
            </ex:creationTool>
            <ex:creationTool>
                <ex:Camera rdf:ID="instance1606132827">
                    <ex:make>
                        <ex:Company rdf:ID="instance74283983">
                            <ex:companyName>NIKON</ex:companyName>
                        </ex:Company>
                    </ex:make>
                </ex:Camera>
            </ex:creationTool>
        </ex:Image>
```

Quellcode 4.3: Beispiel für eine Datentransformation (in RDF/XML)

4.1 Automatische Generierung semantischer Beschreibungen

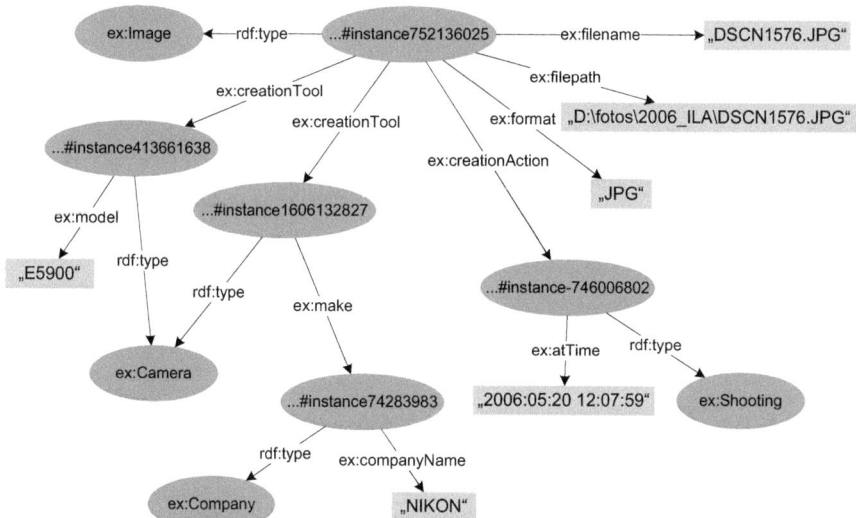

Abbildung 4.5: RDF-Graph-Darstellung einer Basisbeschreibung

Die durch die Anwendung der Produktionsregeln entstandenen Dopplungen (Photo-Shooting, Camera) werden bei der im Anschluss an den Generierungsprozess stattfindenden Konsolidierung (vgl. Abschnitt 4.3.1) beseitigt.

4.1.2 Erweiterung der Basisbeschreibungen

Das aus dem Instanziierungsprozess hervorgegangene temporäre Modell wird in einem nächsten Schritt bezüglich möglicher Erweiterungen, die automatisch vorgenommen werden können, überprüft. Der Fokus dieser "semantischen Erweiterung" liegt hierbei – im Gegensatz zu der Mid- und High-Level-Inhaltserschließung innerhalb der Analysekomponenten – auf der Unterstützung eines konkreten Anwendungsgebietes entsprechend der verwendeten Ontologie. Konkret bedeutet dies das Berücksichtigen von

- Domänenwissen und allgemeinem "Weltwissen",
- kontextuellem Wissen, und
- impliziten Zusammenhängen innerhalb der Basisbeschreibung.

Davon ausgehend, dass externe Informationsquellen – "Weltwissen" und Kontextinformationen – über Dienste bereitgestellt werden, ist für diese Arbeit vor allen Dingen von Interesse, wie die relevanten Daten erfragt, gefiltert und aufbereitet werden. Dabei wird davon ausgegangen, dass die entsprechenden Dienste ihre Informationen RDF-basiert zur Verfügung stellen, welche in das interne Datenmodell abgebildet werden müssen, um die bestehende Basisbeschreibung zu erweitern.

Informationsquellen

Wie bereits in Abschnitt 3.1.4 beschrieben, stellt die Nutzung von semantischen Informationen aus dem Internet eine interessante Möglichkeit dar, Beschreibungen zu erweitern. Dies ist beispielsweise für Musikdaten durchaus sinnvoll, da Metadatenbanken wie MusicBrainz [@MusicBra] und FreeDB [@FreeDB] wertvolle Zusatzinformationen für Alben oder einzelne Titel bieten und über Webservice-Schnittstellen bequem abgefragt werden können. Personen, Orte oder Ereignisse, die einen Bezug zu den Dokumenten haben, können mit Daten, die im Internet vorliegen, verknüpft werden. Insbesondere RDF-basierte Daten aus so genanntem *User Generated Content* (wie z. B. das Projekt *DBpedia* [@DBpedia] sie bereitgestellt) liefern hier reichhaltige Daten.

Die Schwierigkeit in Bezug auf das Akquirieren von semantischen Informationen aus dem Web liegt im Wesentlichen in dem derzeit noch stark in der Entwicklung begriffenen *Semantic Web*, d. h. dem Web der semantischen Beziehungen und Bedeutungen von Daten. Während man anfangs noch auf die Nutzung universeller Suchmaschinen angewiesen war, um eher zufällig indexierte RDF-basierte Daten aufzufinden, entwickelten sich in den letzten fünf Jahren spezialisierte Suchdienste, wie beispielsweise Swoogle [@Swoogle] oder Sindice [@Sindice], die gezielt semantische Daten "crawlen" und für eine semantische Suche bereitstellen. Erst seit kurzem existieren die bereits in Abschnitt 3.1.4 vorgestellten so genannten *SPARQL Endpoints*, die eine wohldefinierte Schnittstelle zu semantischen Online-Wissenssammlungen bieten. Für das hier entwickelte Konzept wird von einer Komponente ausgegangen, die mit Hilfe konfigurierbarer SPARQL-Statements Anfragen an dedizierte SPARQL Endpoints stellt und Suchergebnisse als RDF-Modelle bereitstellt. Eine konkrete Komponente für die semantische Websuche wurde im Rahmen dieser Arbeit zur Überprüfung des Konzeptes entwickelt und prototypisch umgesetzt. Diese wird näher im Rahmen der in Kapitel 5 vorgestellten Architektur in Abschnitt 5.3.3 beschrieben.

Die zweite Informationsquelle sind Daten aus anderen Anwendungen (im Sinne des lokalen Anwendungskontextes).

> "Context is any information that can be used to characterize the situation of an entity. An entity is a person, place, or object that is considered relevant to the interaction between a user and an application, including the user and applications themselves." [Dey, 2001]

Installierte Anwendungen und deren Daten können ergänzendes kontextuelles Wissen liefern, welches sich direkt oder indirekt auf indexierte Dokumente und deren se-

4 Ontologiebasierte Indexierung persönlicher, multimedialer Dokumente

mantische Informationen beziehen kann. So ist beispielsweise denkbar, dass in einem Textdokument genannte Personen durch gegebenenfalls zugehörige Kontaktdaten aus einem persönlichen Adressbuch eines E-Mail-Clients näher beschrieben werden. Darüber hinaus kann der persönliche Terminplaner des Nutzers berücksichtigt werden, um so den Erstellungszeitpunkt eines Dokuments mit einem verzeichneten Ereignis in Beziehung zu setzen. Auch das Verschicken eines Dokumentes über einen E-Mail-Client stellt eine wichtige Information zur Nutzung und somit seinem Lebenszyklus dar.

Es wird davon ausgegangen, dass aktuelle Kontextinformationen von einem externen *Kontextmodellierungsdienst* in Form von RDF-Modellen über eine SPARQL-Schnittstelle bezogen werden – abhängig von der Verfügbarkeit entsprechender Kontextlieferanten (z. B. Plugins in den verwendeten Desktop-Anwendungen). In diesem Zusammenhang ist es wichtig, dass die verwendete *Kontextontologie* dem Entwickler bekannt ist, d. h. dieser muss zur Entwicklungszeit Zugriff auf eine Beschreibung der Kontextontologie haben. Dies sollte über die Schnittstellen des Kontextmodellierungsdienstes gewährleistet werden. Näheres zu Aufbau und Einbindung einer im Rahmen dieser Arbeit entwickelten Kontextmodellierungskomponente ist in Kapitel 5, Abschnitt 5.3.3 zu finden.

Verarbeitung externer Informationen

Für die Entwicklung eines Konzeptes zur Nutzung semantischer Informationen aus externen Quellen zur Erweiterung und Kontextualisierung von Instanzen in der persönlichen Wissensbasis wurde zunächst näher untersucht, in welcher Form diese Nutzung erfolgen sollte. Die Integration relevanter Anfrageergebnisse in die semantische Datenbasis (eine geeignete Wissensquelle vorausgesetzt) ist abhängig vom Nutzungszweck der Informationen. Eine Vielzahl an Einsatzszenarien sind für die Integration von semantischen Daten innerhalb eines Dokumentenverwaltungssystems denkbar. Eine Möglichkeit wäre z. B. auf Grundlage von GPS-Koordinaten eines Bildes nach bekannten Plätzen in der näheren Umgebung des Aufnahmeortes zu suchen. Des Weiteren ist die Suche nach zusätzlichen Informationen zu einer Person auf Grundlage

4.1 Automatische Generierung semantischer Beschreibungen

eines aus einem Textdokument bekannten Vor- und Nachnamens denkbar.

Wie in Abbildung 4.6 dargestellt, wurden fünf grundsätzliche Szenarien für die Nutzung der gefundenen Informationen identifiziert. Blau dargestellt ist dabei das lokale Modell, grün das entsprechende Suchergebnis.

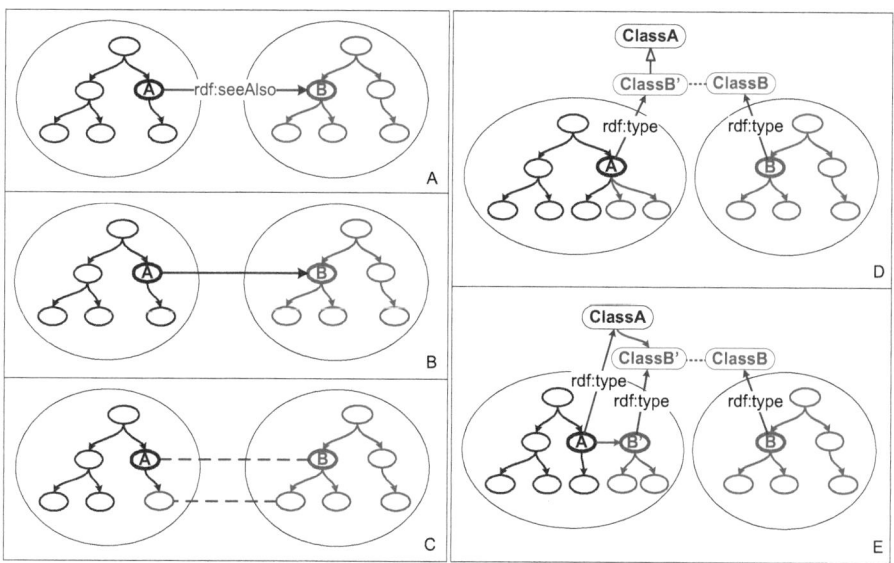

Abbildung 4.6: Szenarien für die Integration semantischer Suchergebnisse

Szenario A und B illustrieren die einfachste Möglichkeit des *Taggings*: zur gefundenen Instanz wird eine rdf:seeAlso-Relation [@RDFS] (A) oder eine spezifische *tag*-Relation (B) aufgebaut. Die Instanz ist dabei das Objekt dieser Relation und befindet sich entweder in einem nach dem Herunterladen lokal gespeicherten Dokument oder wird über eine URL eindeutig in einer Online-Datensammlung referenziert (z. B. http://dbpedia.org/ resource/Pink_Floyd). Szenario C zeigt den Fall der *Datenübernahme* von der gefundenen Instanz. Dabei werden je nach vorhandenen Abbildungsvorschriften Attributwerte der gefundenen Instanz auf die Attribute der in der Datenbasis bestehenden Instanz abgebildet. Wesentlich komplexer sind die

4 Ontologiebasierte Indexierung persönlicher, multimedialer Dokumente

Szenarien D (Spezialisierung der eigenen Instanz durch Einführung einer neuen Unterklasse, die die Eigenschaften der Klasse der gefundenen Instanz übernimmt) und E (die Einführung der Instanz und ihrer Klasse). Diese beiden Szenarien werden nicht näher betrachtet, da diese eine Änderung an der verwendeten Ontologie bedeuten, was nicht im Fokus dieser Arbeit steht.

Für die Integration der RDF-basierten externen Informationen in die persönliche Datenbasis sind daher die Szenarien A, B und C vorgesehen, d. h. *Tagging* und *Datenübernahme*. Eine weitere Form der Nutzung semantischer Anfrageergebnisse besteht indirekt auch in der Validierung von Eingabedaten im Zuge der Generierung semantischer Beschreibungen, wie in Abschnitt 4.1.1 beschrieben. Für diese Nutzung (wie auch für das Tagging-Konzept) ist die Realisierung verhältnismäßig trivial: gibt es ein relevantes Ergebnis, so kann der zu überprüfende Datensatz als valide angesehen werden (bzw. eine Referenz auf die entsprechende gefundene Instanz gesetzt werden). Bei der Datenübernahme sollten die von den adressierten Wissensquellen verwendeten oder besonders verbreitete Namensräume (wie beispielsweise FOAF [@FOAF]) unterstützt werden. Zu diesem Zweck werden die Ergebnisse durch entsprechende dynamisch geladene Abbildungsvorschriften (*Erweiterungsregeln*) in das interne Datenmodell überführt und in die Datenbasis eingebracht. Prinzipiell ist durch die Erweiterbarkeit der Regeln jedoch auch eine Unterstützung beliebiger, externer Ontologien möglich – insbesondere im Falle der Modellierung des lokalen Anwendungskontextes (näheres dazu in Abschnitt 4.2.1). Für den automatischen Prozess der Erweiterung der Basisbeschreibungen wird aus den nach Relevanz sortierten Resultaten (RDF-Instanzen) das erste ausgewählt und dieses mit Hilfe der beschriebenen *Erweiterungsregeln* dem temporären Modell hinzugefügt (Beispiele dazu sind in Abschnitt 5.3.3 zu finden).

Erschließung impliziter Informationen

Des Weiteren lassen sich implizite Zusammenhänge innerhalb der Basisbeschreibung explizit modellieren. In dem in Abbildung 4.5 dargestellten Beispiel lässt sich durch eine entsprechende domänenabhängige Regel eine Relation zwischen dem Aufnahmeereignis (ex:Shooting) und der benutzten Kamera (ex:Camera) herstellen.

Darüber hinaus spielen menschenlesbare Beschriftungen (*Labels*) für die spätere Nutzung der semantischen Daten eine ganz wesentliche Rolle. Daher dienen die Erweiterungsregeln zusätzlich auch dem Zweck, den Instanzen der Basisbeschreibung automatisch Beschriftungen hinzuzufügen. Dies kann beispielsweise durch Aggregation signifikanter Attribute erfolgen.

Ein Beispiel für die Erweiterung der in Abbildung 4.5 dargestellten Basisbeschreibung anhand verfügbarer Informationen ist in Abbildung 4.7 zu sehen. Hierbei wurden die Instanzen mit Labels versehen und zusätzliche Informationen über die verwendete Kamera einbezogen.

4.1.3 Integration in die Zielontologie

Der abschließende Schritt der *Integration* dient dazu, das erweiterte Modell in die semantische Datenbasis des Systems einzugeben. Es soll dabei sichergestellt werden, dass die neuen Informationen sowohl für sich betrachtet als auch im Bezug zu bereits in der Datenbasis bestehenden Informationen konsistent und widerspruchsfrei sind.

Zudem beinhaltet dieser Schritt auch eine Aggregation der bis dahin isoliert betrachteten Dokumentbeschreibungen. In einem Indexierungsvorgang eingegebene Dokumente stehen in der Regel in einem inhaltlichen Zusammenhang (z. B. ein Ordner mit neu hinzukommenden Digitalbildern von einer Urlaubsreise, eine Sammlung von Textdokumenten zu einem Thema, eine Sammlung von HTML-Dokumenten mit zugehörigen Bildern). Die einzelnen Dokumentbeschreibungen lassen sich somit thematisch oder ereignisorientiert gruppieren und gegebenenfalls miteinander verknüpfen – abhängig von den Ausdrucksmöglichkeiten der verwendeten Zielontologie. Die Dokumentbeschreibungen werden zunächst zu einem Modell zusammengefasst, auf welches eine Menge von Regeln angewendet wird, um entsprechende Zusammenhänge zu modellieren.

Ein einfaches Beispiel einer Regel, welche den Bezug zwischen einem HTML-Dokument

4 Ontologiebasierte Indexierung persönlicher, multimedialer Dokumente

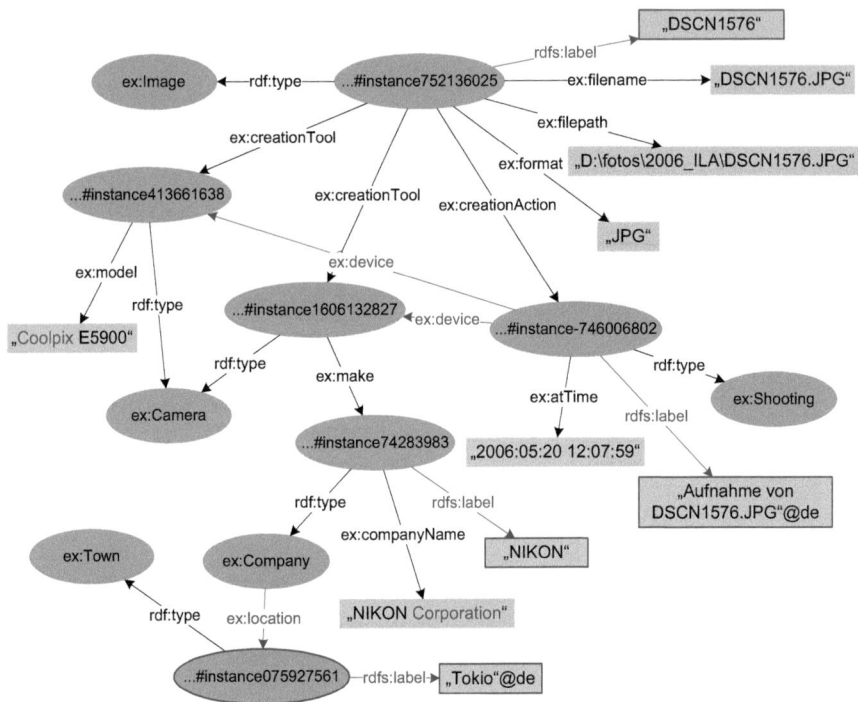

Abbildung 4.7: RDF-Graph-Darstellung einer erweiterten Basisbeschreibung (Erweiterung rot markiert)

und dem darin über eine URL referenzierten Bild herstellt, ist in Quellcode 4.4 aufgeführt.

```
@prefix ex: <http://example.org/example.owl#>.

[html1:  (?H rdf:type ex:HTMLDocument),
         (?H ex:containsURL ?img),
         (?P rdf:type ex:Image),
         (?P ex:filepath ?fp),
         equal(?fp, ?img)
         -> (?H ex:contains ?P) ]
```

Quellcode 4.4: Integrationsbeispiel

Das erweiterte, aggregierte Modell wird anschließend isoliert einer Datenkonsolidierung unterzogen, d. h. für sich betrachtet auf semantische Konflikte, Duplikate oder Unvollständigkeit überprüft (das Vorgehen wird in Abschnitt 4.3 näher erläutert). Damit wird bereits an dieser Stelle für eine ausreichende Qualität der Beschreibung gesorgt. Die Daten, die eingebracht werden sollen, werden im Anschluss an ihre Konsolidierung als *neu* hinzukommende markiert, d. h. jede Instanz erhält ein vordefiniertes Attribut als "Marker". Somit wird bei der später erfolgenden Duplikaterkennung (siehe Abschnitt 4.3.1) innerhalb der gesamten Datenbasis eine effizientere Verarbeitung durch eine Begrenzung des Suchraums ermöglicht. Es werden dabei jeweils neue Instanzen mit bereits bestehenden verglichen und Vergleichsoperationen nicht unnötig wiederholt. Mit dem Abschluss der Konsolidierung werden diese Marker wieder entfernt.

Mit der erfolgreichen Integration der neuen Daten in die Datenbasis ist der Generierungsprozess beendet. Anschließend wird die *Bereinigung und Konsolidierung der semantischen Datenbasis* eingeleitet, welche in Abschnitt 4.3 im Detail erläutert wird.

4.2 Aktualisierung und Erweiterung der semantischen Datenbasis

In Abschnitt 4.1 wurde der Prozess der systemgetriebenen, erstmaligen Indexierung der multimedialen Dokumente näher erläutert. Durch das beschriebene Verfahren wird ein semantisches Datenmodell erstellt, welches die Dokumente anhand ihrer zu diesem Zeitpunkt vorliegenden Merkmale (Metadaten und Inhalt) beschreibt. Die indexierten Dokumente bilden jedoch einen aktiven Arbeitsraum, d. h. sie bleiben nicht unverändert. Prozesse, die den *Lebenszyklus* eines Dokumentes bestimmen, können dazu führen, dass die erstellte semantische Beschreibung nicht mehr den tatsächlichen Merkmalen oder Inhalten des Dokumentes entspricht. In einem System, welches Mechanismen zur Erzeugung und Aktualisierung semantischer Beschreibungen einsetzt, ist es allerdings auch wichtig, geeignete Konzepte zur Verfügung zu stellen, die es erlauben, dass Nutzer Bearbeitungen und Erweiterungen vornehmen, ohne dass diese durch systemgetriebene Prozesse wieder überschrieben oder rückgängig gemacht werden.

In diesem Abschnitt soll näher auf das im Rahmen dieser Arbeit entwickelte Konzept zur langfristigen *Aktualisierung und Synchronisierung des Datenmodells* gegenüber einer Dokumentensammlung eingegangen werden.

4.2.1 Lebenszyklus und Nutzungskontext eines Dokumentes

Wie in Abschnitt 2.1.3 beschrieben, umfasst der Lebenszyklus eines Dokumentes dessen Entstehung, Nutzung, Speicherung, Archivierung und Ausgabe bis hin zur Entsorgung (Löschung). Diese Phasen sind im Kontext der Verwaltung persönlicher, multimedialer Dokumente nicht alle so eindeutig trennbar und identifizierbar, wie es bei entsprechend organisierten Workflows in Enterprise-Content-Managementsystemen der Fall ist. Dennoch sind Informationen über die Entwicklungsphasen eines persönlichen Dokumentes für den Nutzer von großem Interesse, wenn diese einen Zusammenhang mit seinen Aktivitäten und Erlebnissen bilden. Da ein klares Vorgehensmodell (Werkzeuge, Übergänge, Aufgaben etc.) beim Umgang mit persönlichen, multimedialen Dokumenten fehlt (und auch nicht im Sinne der Anwender ist), ist eine exakte Spezifikation des Lebenszyklus schwierig. Zudem müssen Informationen über einzelne Phasen aus verschiedenen Quellen erschlossen werden, da eine zusammenhängende Workflow-Unterstützung fehlt.

Im hier beschriebenen Ansatz wird von folgenden relevanten Aktivitäten ausgegangen, welche sich in zwei Gruppen einteilen lassen:

- Aktivitäten, die das Dokument selbst beeinflussen, sodass die zugehörigen Informationen im Datenmodell aktualisiert werden müssen:
    - **Erstellung:** die tatsächliche Entstehung des Dokumentes in seiner digitalen Form
    - **Bearbeitung:** Änderungen am Dokument selbst, d. h. an seinem Inhalt

4.2 Aktualisierung und Erweiterung der semantischen Datenbasis

oder auch an eingebetteten Metadaten
- **Löschung:** die endgültige Vernichtung eines Dokumentes
• Aktivitäten, die keine Auswirkung auf das Dokument selbst haben, sodass die zugehörigen Informationen im Datenmodell nicht aktualisiert werden müssen, sondern gegebenenfalls nur erweitert werden:
- **Nutzung:** z. B. Wiedergabe, Präsentation, Veröffentlichung, Druck etc.
- **Verwaltung:** Aktivitäten, die durch ein Verwaltungssystem vorgenommen werden, u. a. Indexierung, Annotation, Retrieval

Zu jeder dieser Dokumentaktivitäten lassen sich beschreibende Informationen modellieren, die dazu beitragen, die Historie eines Dokumentes zu dokumentieren. So kann ein Anwender bei der Suche nach einem Dokument ein spezielles Ereignis im Sinn haben, an dem dieses bearbeitet oder an jemanden verschickt wurde. Gleichzeitig müssen nach direkten Änderungen am Dokument auch die zugehörigen inhaltlichen Beschreibungen aktualisiert werden.

Für die semantische Verarbeitung von Informationen über den Dokumentenlebenszyklus liegt es nahe, eine Ontologie einzusetzen, die diese Dokumentenaktivitäten anwendungsübergreifend und formal beschreibt. In Ermangelung einer entsprechenden Ontologie wurde im Rahmen dieser Arbeit eine so genannte *Document-Life-Cycle-Ontologie* (DLC) entwickelt. Ein Beispiel für die der DLC-Ontologie entsprechende Beschreibung einer Aktivität, bei der ein Dokument umbenannt wurde, ist in Quellcode 4.5 zu finden.

```
<dlc:Renaming rdf:ID="instance788905770">
    <dlc:dateTime>2009-07-07T17:01:30</dlc:dateTime>
    <dlc:document>http://example.org/u_Max#instance618912610</dlc:document>
    <dlc:newPath>file//D://fotos//bild.jpg</dlc:newPath>
    <dlc:newName>bild.jpg</dlc:newName>
</dlc:Renaming>
```

Quellcode 4.5: Beispiel für eine DLC-Beschreibung

Eine grafische Darstellung wesentlicher Teile dieser DLC-Ontologie ist in Abbildung 4.8

4 Ontologiebasierte Indexierung persönlicher, multimedialer Dokumente

zu sehen. In Anhang B befindet sich die vollständige RDF/XML-Repräsentation. Mit Hilfe dieser Ontologie wird abhängig vom registrierten Ereignis ein temporäres Modell instanziiert, welches den Ausgangspunkt für den ausgelösten Abbildungs- und Aktualisierungsprozess bildet.

Abbildung 4.8: Ontologie zur Beschreibung des Dokumentenlebenszyklus

4.2.2 Der Modellierungsprozess

Die Aktualisierung des Datenmodells, d. h. das Löschen, Ändern oder Erweitern von semantischen Informationen, erfolgt ebenfalls mit Hilfe von dynamisch geladenen, domänenspezifischen Aktualisierungsregeln. In Abbildung 4.9 wird dieser Prozess der Modellierung von Informationen über den Lebenszyklus indexierter Dokumente im

4.2 Aktualisierung und Erweiterung der semantischen Datenbasis

Überblick dargestellt. Wie in der Abbildung zu sehen, werden auf das generierte temporäre Modell die entsprechenden Regeln angewendet. Dies können zum einen Regeln zum Generieren von semantischen Informationen zu diesen Ereignissen sein (*Abbildungsregeln*), zum anderen aber auch Regeln, die bestehende Daten erweitern, verändern oder löschen (*Aktualisierungsregeln*). Auch hier ist es wichtig zu betonen, dass der Umgang mit dem Lebenszyklus eines Dokumentes von der jeweiligen Anwendungsdomäne bestimmt wird und daher durch den Entwickler anhand der Regeln definiert werden muss. Ein Beispiel für eine Aktualisierungsregel ist in Quellcode 4.6 aufgeführt. Diese übernimmt die Aktualisierung des in der Ontologie abgelegten Dateipfades eines Dokumentes im Falle des Umbenennens.

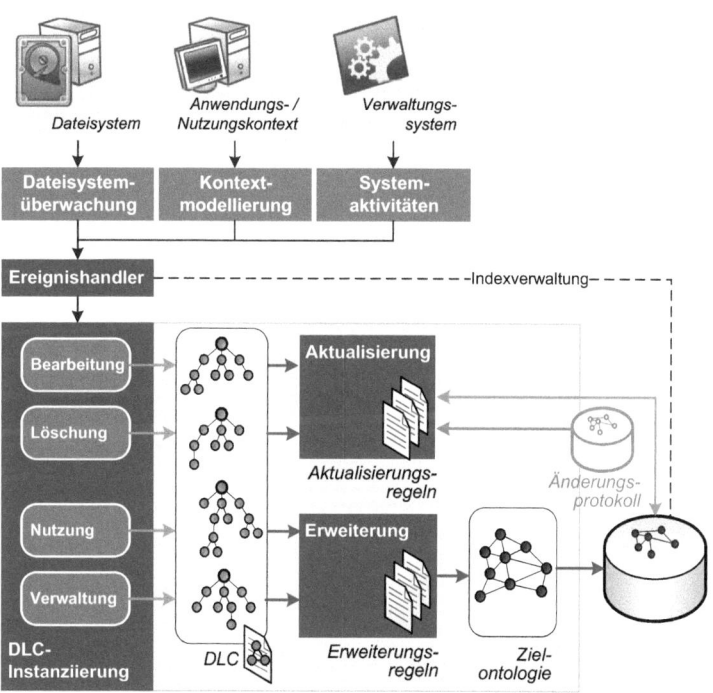

Abbildung 4.9: Prozess der Modellierung von Informationen über den Dokumentenlebenszyklus

4 Ontologiebasierte Indexierung persönlicher, multimedialer Dokumente

```
@prefix ex: <http://example.org/example.owl#>.
[rename: (?R rdf:type dlc:Renaming),
         (?R dlc:document ?u), uriConcat(?u, ?M),
         (?R dlc:newName ?n), (?R dlc:newPath ?p)
         -> (?M ex:filename ?n), (?M ex:filepath ?p) ]
```

Quellcode 4.6: Beispiel für eine Aktualisierungsregel

Eine Besonderheit bei der Aktualisierung der Datenbasis aufgrund der Löschung und Bearbeitung von Dokumenten ist (im Gegensatz zu dem Informationen *ergänzenden* Prozess der Generierung der Ausgangsbeschreibungen), dass in der semantischen Datenbasis bestehende und damit gegebenenfalls durch den Nutzer bereits erweiterte oder bearbeitete Daten überschrieben oder auch entfernt werden könnten[3]. Um dies zu vermeiden, wurde ein Ansatz entwickelt, insbesondere Nutzereingaben zu protokollieren und diese Protokolle zu überprüfen, wenn Dokumentenbeschreibungen in der zentralen Datenbasis überschrieben werden sollen (vgl. Abbildung 4.9). Dies betrifft im Wesentlichen folgende Änderungsaktivitäten am Datenmodell:

- **Löschung:** Eine Instanz oder eine Relation wird in der Regel nicht grundlos entfernt. Aus einer Löschung kann man schließen, dass ein Objekt oder ein Zusammenhang für den Nutzer (d. h. den Besitzer der Dokumentensammlung) nicht interessant ist oder sogar stört. In diesem Sinne ist zu vermeiden, dass das jeweilige Objekt oder die Relation als solche bei der Aktualisierung einer Dokumentenbeschreibung nach dessen Bearbeitung erneut erzeugt wird. Hat der Nutzer beispielsweise einen Personennamen, der irrtümlich in einem Textdokument gefunden wurde, explizit gelöscht, sollte dieser im Zuge der Aktualisierung der Dokumentenbeschreibung auch nicht erneut instanziiert und in das Datenmodell eingebracht werden.

- **Hinzufügen:** Wird eine Instanz, eine Relation oder ein Attributwert durch den Nutzer explizit angelegt, so stellt dies auf jeden Fall eine wichtige Information dar, die vor Löschung oder Änderung durch das System geschützt werden muss. Ein Beispiel hierfür sind Kommentare zu Dokumenten.

---
[3]Wie die Unterscheidung zwischen automatisch und manuell durch den Nutzer erstellten Informationen erfolgt, wird in Kapitel 5, Abschnitt 5.3.1 näher erläutert.

4.2 Aktualisierung und Erweiterung der semantischen Datenbasis

- **Bearbeiten:** Die Bearbeitung einer Instanz betrifft im Wesentlichen die Bearbeitung ihrer Attribute oder Relationen zu anderen Instanzen. Hier kann zwar nicht prinzipiell davon ausgegangen werden, dass diese Änderungen schützenswert sind, jedoch sollten diese Informationen im Zweifelsfall immer bevorzugt behandelt werden.

Da es wünschenswert ist, die Protokollierung der Nutzereingaben in einer sowohl menschen- als auch maschinenlesbaren Form vorzunehmen, wurde im Rahmen dieser Arbeit ein eigenes Ontologiemodell entwickelt und eingesetzt, welches die dazu nötigen Konzepte und Relationen ausreichend beschreibt. In Abbildung 4.10 ist eine grafische Darstellung der Ontologie zu sehen. Ein Beispiel für ein Protokoll ist in Quellcode 4.7 aufgeführt. Die vollständige XML-basierte Repräsentation ist in Anhang C zu finden.

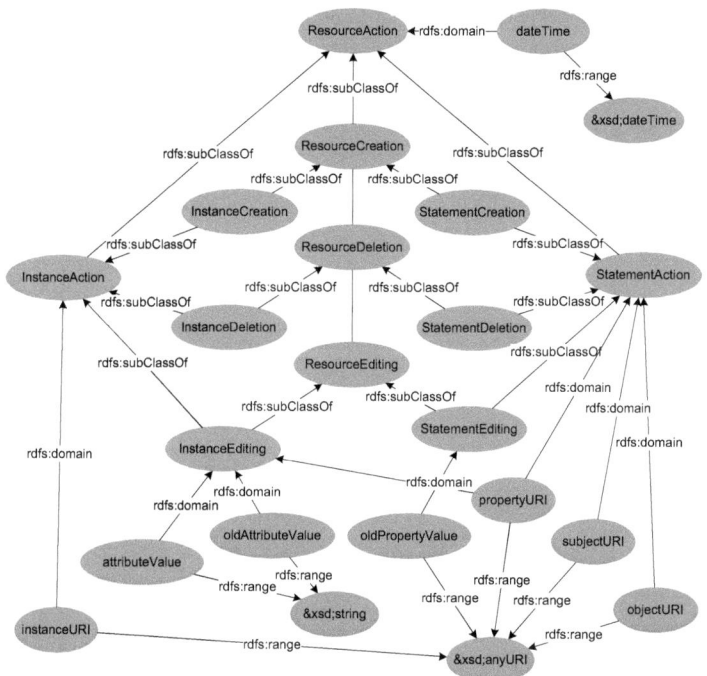

Abbildung 4.10: Ontologie für Änderungen am Datenmodell

4 Ontologiebasierte Indexierung persönlicher, multimedialer Dokumente

```
<rdf:RDF xmlns:rdf="http://www.w3.org/1999/02/22-rdf-syntax-ns#"
    xmlns:owl="http://www.w3.org/2002/07/owl#"
    xmlns:log="http://mmt.inf.tu-dresden.de/k-imm/log.owl#"
    xmlns:xsd="http://www.w3.org/2001/XMLSchema#"
    xmlns:rdfs="http://www.w3.org/2000/01/rdf-schema#"
    xml:base="http://example.org/log_u_Max">
    <log:InstanceEditing rdf:ID="instance619219960">
        <log:oldAttributeValue>Tamara</log:oldAttributeValue>
        <log:propertyURI>http://example.org/example.owl#givenName</log:propertyURI>
        <log:dateTime>2009-07-07T12:18:41</log:dateTime>
    </log:InstanceEditing>
    <log:StatementDeletion rdf:ID="instance620559960">
        <log:objectURI>http://example.org/u_Max#instance616543080</log:objectURI>
        <log:propertyURI>http://example.org/example.owl#birthplace</log:propertyURI>
        <log:subjectURI>http://example.org/u_Max#instance614688240</log:subjectURI>
        <log:dateTime>2009-07-07T12:20:55</log:dateTime>
    </log:StatementDeletion>
    <log:StatementCreation rdf:ID="instance619857300">
        <log:objectURI>http://example.org/u_Max#instance-553242067</log:objectURI>
        <log:propertyURI>http://example.org/example.owl#isShownIn</log:propertyURI>
        <log:subjectURI>http://example.org/u_Max#instance1569954132</log:subjectURI>
        <log:dateTime>2009-07-07T12:19:45</log:dateTime>
    </log:StatementCreation>
    <log:InstanceCreation rdf:ID="instance618912770">
        <log:instanceURI>http://example.org/u_Max#instance618912610</log:instanceURI
        >
        <log:dateTime>2009-07-07T12:18:11</log:dateTime>
    </log:InstanceCreation>
</rdf:RDF>
```

Quellcode 4.7: Beispielprotokoll in RDF/XML

Bei der Aktualisierung der semantischen Datenbasis nach Löschungs- und Änderungsaktivitäten wird anhand des Protokolls festgestellt, ob das Überschreiben oder Löschen betreffender Instanzen vorgenommen werden kann. Dies wird nur dann zugelassen, wenn deren Erstellung oder Bearbeitung nicht im Protokoll zu finden ist, d. h. wenn sie aus automatisierten Prozessen hervorgegangen sind. Aus Speicherplatzgründen sollte das Protokoll nicht unbegrenzt wachsen. Als mögliche Verfahren, um die Größe des Protokolls zu beschränken, bieten sich verschiedene Verdrängungsstrategien an. Der einfachste Fall, der auch letztlich umgesetzt wurde, ist das Löschen der jeweils ältesten Instanzen nach ihrem Zeitstempel (FIFO). Alternativ dazu (oder in Kombination dazu) könnten auch jeweils die Instanzen gelöscht werden, auf die am längsten nicht zugegriffen wurde (LRU), d. h. die bei der Aktualisierung der Datenbasis noch nie oder selten abgefragt worden. Ebenso könnten auch Nutzerprioritäten Berücksichtigung finden.

4.2.3 Registrieren und Dokumentieren der Dokumentaktivitäten

Das Registrieren und Dokumentieren der Dokumentaktivitäten kann durch verschiedene Ansätze gelöst werden. Prinzipiell kann das Erstellen, Bearbeiten und Löschen von Dokumenten, die durch den in Abschnitt 4.1 beschriebenen Prozess indexiert wurden, durch die Überwachung des Dateisystems bzw. relevanter Teilbereiche registriert werden. Während der Überwachung auftretende Ereignisse dienen als Auslöser für die sich anschließenden Modellierungsprozesse (vgl. Abbildung 4.9). Unter *Überwachung* lassen sich zwei verschiedene Strategien verstehen: zum einen das als *Polling* bekannte Verfahren, den Zustand mittels periodischer Abfragen zu ermitteln, und zum anderen das Reagieren auf ein Signal (*Interrupt*) über eine bereitgestellte Rückruffunktion (*Callback*). Beide Strategien haben ihre Vor- und Nachteile: Während man beim Polling bezüglich der Häufigkeit der periodischen Abfragen stets einen Kompromiss finden muss, der eine ausreichende Aktualität der Daten bei möglichst geringer Systemauslastung gewährleistet, ist eine ereignisgesteuerte Lösung abhängig von den Möglichkeiten der jeweiligen Dateisystemschnittstellen[4]. Durch ein vom Verwaltungssystem betriebenes periodisches Abfragen des Dateisystemzustandes ist man zwar unabhängiger von der jeweiligen System-API, es gibt jedoch keine Möglichkeit, das Umbenennen oder Verschieben einer Datei korrekt zu registrieren. Die Überwachung einer Dokumentensammlung basiert daher in diesem Ansatz auf einer Kombination beider Verfahren. In Kapitel 5, Abschnitt 5.2 wird näher erläutert, wie dies im Rahmen der entwickelten Architektur realisiert wurde.

---

[4]Während beispielsweise Linux (ab Version 2.6.13) die Kernel-Funktion *inotify* [@Kernel] bereitstellt, um Dateien und Ordner permanent zu überwachen, steht ab Windows NT 4.0 die Klasse *System.IO.FileSystemWatcher* des .NET Frameworks [@.NET] zur Verfügung. Mac OS X (ab Version 10.5) bietet eine so genannte File System Events API [@FSEvent].

Verwaltungsaktivitäten gehen im konkreten Fall direkt vom zu entwickelnden System zur Verwaltung persönlicher, multimedialer Dokumente (vgl. Kapitel 5) aus, welches die entsprechenden Informationen dazu selbst liefern kann. Um jedoch wichtige Informationen zur Nutzung und Bearbeitung eines Dokumentes zu erhalten und exaktere Aussagen darüber treffen zu können, sollten Informationen von den verwendeten Anwendungen (z. B. Autorenwerkzeugen, Präsentations-, Kommunikationsanwendungen) mit berücksichtigt werden. Wie bei der Dateisystemüberwachung kann die Aktualität der Kontextdaten sowohl über ein regelmäßiges Abfragen des aktuellen Kontextes als auch über einen Callback-Mechanismus gewährleistet werden.

4.3 Bereinigung und Konsolidierung der semantischen Datenbasis

Im Gegensatz zum Prozess der Syntaxkontrolle und Normalisierung, welcher in Abschnitt 4.1.1 beschrieben wurde, ist eine Bereinigung und Konsolidierung der semantischen Datenbasis ein den gesamten Bestand betreffender Prozess. Generell ist eine Konsolidierung immer dann notwendig, wenn die Datenbasis durch einen automatisierten Vorgang (z. B. der zuvor beschriebene Generierungsprozess) erweitert oder verändert wurde. In diesem Zusammenhang in die Datenbasis eingebrachte Informationen können *semantische Konflikte* auslösen, oder es entstehen *Duplikate* durch bereits existierende Informationen zum gleichen Sachverhalt. Des Weiteren gibt es bei der automatischen Generierung von Beschreibungen das Problem *unvollständiger Daten*, d. h. Daten, die zwar semantisch korrekt und widerspruchsfrei sind, jedoch dem Anwender nur in beschränktem Maße nutzen, da beispielsweise menschenlesbare Beschriftungen oder Verknüpfungen zu anderen Informationen fehlen. Der Prozess der Konsolidierung der semantischen Datenbasis umfasst, wie in Abbildung 4.11 dargestellt, folgende Teilprozesse, die in diesem Abschnitt näher vorgestellt werden:

- Duplikaterkennung und -beseitigung
- Behandlung semantischer Fehler und Konflikte

4.3 Bereinigung und Konsolidierung der semantischen Datenbasis

- Behandlung unvollständiger Daten

Die Konsolidierung wird dabei, wie in der Abbildung durch einen Pfeil (unten) dargestellt, durch Änderungen in der Datenbasis, die auf automatische Modellierungsprozesse zurückgehen, ausgelöst.

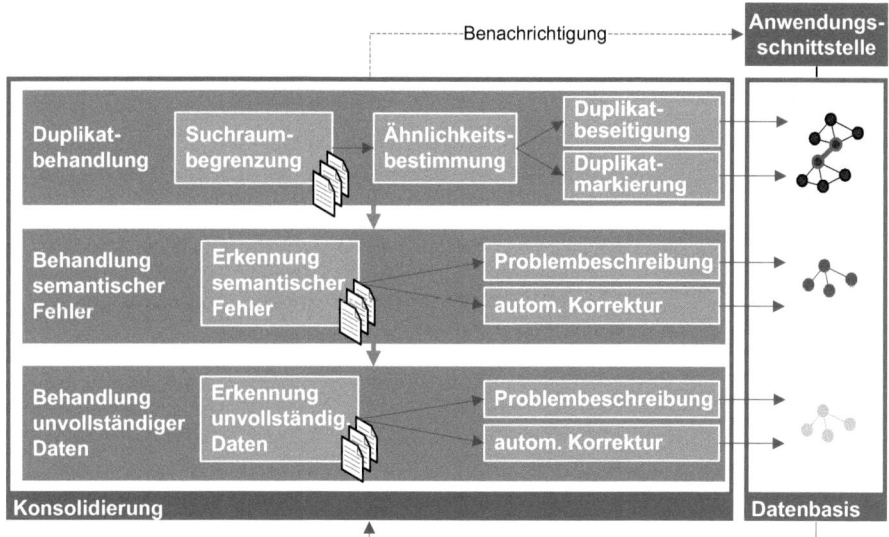

Abbildung 4.11: Prozess der Konsolidierung der semantischen Datenbasis

4.3.1 Duplikaterkennung und -beseitigung

Durch das Einbringen automatisch generierter Beschreibungen in die Datenbasis entstehen typischerweise Duplikate, d. h. Instanzen, die in Wirklichkeit für die gleiche Entität stehen, jedoch als eigenständige Einträge abgelegt wurden. Das Problem der Identifizierung von Datensätzen, die ein und dasselbe reale Objekt repräsentieren, wurde erstmalig in [Fellegi & Sunter, 1969] unter dem Begriff *Record Linkage* formal beschrieben. Grundsätzlich wird davon ausgegangen, dass zwei Mengen A und B von

4 Ontologiebasierte Indexierung persönlicher, multimedialer Dokumente

Datensätzen oder Objekten vorliegen, die zusammengeführt werden sollen. Das Ziel besteht darin, alle Objektpaare $(a, b) \in A \times B$ in die Klassen M und U einzuordnen. M beinhaltet dabei alle Paare, die dasselbe reale Objekt repräsentieren (Duplikate) und U enthält alle nicht übereinstimmenden Objektpaare (Nichtduplikate).

Im einfachsten Fall liegen keine miteinander unvereinbaren Informationen vor, d. h. beide Instanzen, die ein Duplikat darstellen, besitzen die gleichen Attribute und Relationen zu den selben Instanzen. Eine vollautomatische Lösung stellt hierbei kein Problem dar. Schwieriger gestaltet sich das Erkennen und Beseitigen von Duplikaten bei widersprüchlichen Objekten, d. h. Objekten, die zwar dasselbe in der realen Welt repräsentieren, jedoch in der Datenbasis mit abweichenden Informationen versehen sind.

Das Problem so genannter *Duplicate Records* ist insbesondere aus dem Datenbankumfeld bekannt. In [Barateiro & Galhardas, 2005] werden eine Reihe Fehlerquellen genannt, z. B. Rechtschreibfehler oder zusätzliche Informationen, die irrtümlich an den eigentlichen Wert eines Attributs angehängt wurden (z. B. Vorname: "Dr. Hans", Name: "Muster"). Diese werden allerdings bereits durch die Syntaxkontrolle und Normalisierung der Ausgangswerte (siehe Abschnitt 4.1.1) vermieden. Folgende Probleme können allerdings durch eine einfache Syntaxkontrolle nicht behandelt werden:

- Durch die Verwendung von Abkürzungen ("H. Muster" = "Hans Muster", "Heinrich Muster", ...) oder durch einen unklaren Kontext ("Frankfurt" = "Frankfurt/ Oder", "Frankfurt/Main", "Dresden" = "... in Sachsen/Deutschland", "... in Maine/USA") entstehen Daten, die nicht eindeutig interpretiert werden können. Eine Duplikaterkennung fällt schwer, wenn die Identität nicht geklärt werden kann.

- Fehlende Daten in einem NOT-NULL-Feld werden oft durch Default-Werte ersetzt, um die NOT-NULL-Bedingung zu umgehen (z. B. 00000 für das Attribut "Postleitzahl"). Dadurch können Unterschiede zwischen Instanzen, die eigentlich identisch sind, bestehen.

- Ändert sich ein Wert in der realen Welt, kann dies zu Differenzen führen. Bei-

4.3 Bereinigung und Konsolidierung der semantischen Datenbasis

spielsweise kann sich die Adresse einer Person durch Umzug oder Eingemeindung ändern. Über die Zeit hinweg können dadurch verschiedene Versionen einer Information in die Datenbasis gelangen, die im weitesten Sinne Duplikate darstellen.

Solche *Single Record* Probleme werden in der Regel nur im Zusammenhang mit einer Duplikatbehandlung überhaupt erkannt, da sie für sich betrachtet keine wirklichen Fehler darstellen: sie sind syntaktisch korrekt und weisen keine semantischen Fehler auf.

In Abbildung 4.12 wird der Gesamtprozess der Duplikatbehandlung dargestellt, welcher sich in einzelne Teilaufgaben gliedert, die im Folgenden näher beschrieben werden.

Suchraumbegrenzung

Die Erkennung von Duplikaten beruht auf der Berechnung der *semantischen Ähnlichkeit* von Instanzen. Selbstverständlich muss dabei die Zahl der Vergleichsoperationen (welche Instanz mit welcher verglichen wird) möglichst gering gehalten werden. Aus diesem Grund wird zunächst eine *Suchraumbegrenzung* vorgenommen, die die Zahl der in Frage kommenden Instanzen beschränkt. Die Suchraumbegrenzung legt fest, welcher Teil der Wissensbasis analysiert werden soll. Werden beispielsweise Duplikate einer Personeninstanz gesucht, so sollten nur die entsprechenden Entitäten gleichen Typs betrachtet werden. Nach einer typspezifischen Eingrenzung erfolgt eine weitere Filterung. Dabei wird zunächst eine möglichst einfache, kostengünstige Vergleichsmessung zwischen den relevanten Datensätzen vorgenommen, um sie nach ihrer Ähnlichkeit in überlappende Gruppen (so genannte *Canopies* [McCallum et al., 2000]) einzuordnen. Die Grundannahme des Ansatzes ist, dass ein einfaches Ähnlichkeitsmaß existiert, welches als schnelle Schätzung oder Annäherung für eine anschließende komplexe Ähnlichkeitsbestimmung dient.

Zur gezielten Suchraumbegrenzung dient ein syntaktischer Vergleich *signifikanter Attribute* der jeweils vorselektierten Instanzen. Diese signifikanten Attribute sind typspezifisch und ihre Auswahl hängt stark vom jeweiligen Anwendungskontext ab. Um ausreichende Flexibilität zu gewährleisten, sind die jeweils zu vergleichenden Attribute,

4 Ontologiebasierte Indexierung persönlicher, multimedialer Dokumente

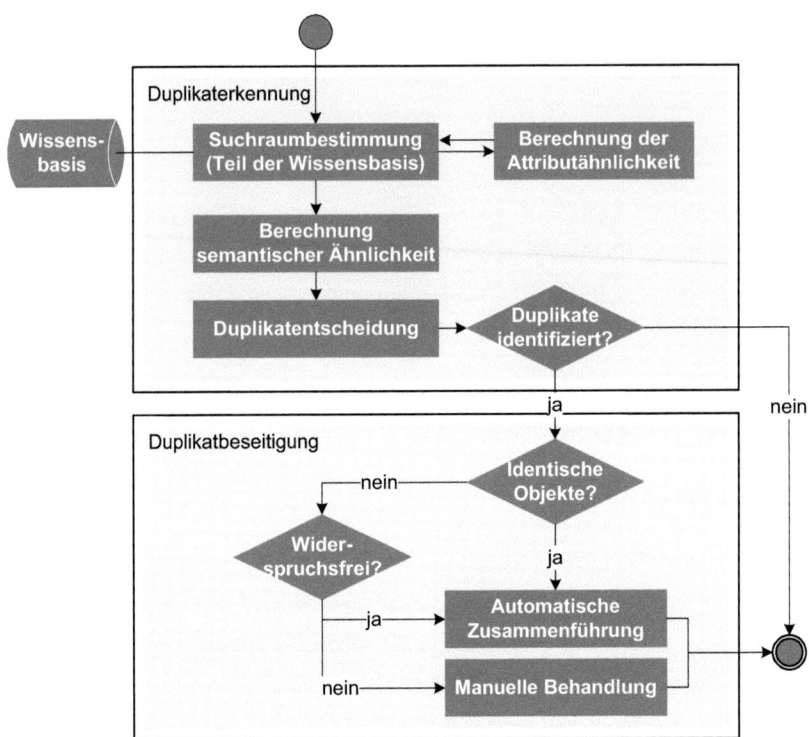

Abbildung 4.12: Prozess der Duplikaterkennung und -behandlung

die zu verwendende Metrik und der entsprechende Schwellwert für deren Ähnlichkeit durch den Anwendungsentwickler konfigurierbar.

Duplikaterkennung

Eine Instanz besitzt eine Reihe von Eigenschaften, anhand derer die Ähnlichkeit berechnet wird: zum einen Instanzattribute (*Datatype Properties*) und zum anderen Beziehungen zu anderen Instanzen (*Object Properties*). Beispielhaft sind in Tabelle 4.1 drei möglicherweise identische Instanzen (die aus der Suchraumbegrenzung hervorgegangen sind) mit ihren Eigenschaften dargestellt.

Jede Instanz lässt sich dabei durch einen n-dimensionalen, binären Vektor darstellen,

4.3 Bereinigung und Konsolidierung der semantischen Datenbasis

	Instanz A	Instanz B	Instanz C
givenName	'John'	'J.'	'John'
familyName	'Smith'	'Smith'	'Smith'
title		'Dr.'	
bornIn	Town('London')		Town('London')
livesIn	Town('Berlin') Town('Seattle')	Town('Berlin')	
authorOf		Document ('Smi95.pdf')	

Tabelle 4.1: Beispiele möglicher Duplikate in einer Datenbasis

wobei die Komponenten des Vektors jegliche existierende und im Vergleich zu berücksichtigende Einträge repräsentieren. Für das Beispiel in Tabelle 4.1 hieße das bei einem Vergleich zwischen Instanz A und Instanz B:

$\{(givenName, \text{'}John\text{'}), (givenName, \text{'}J.\text{'}), (familyName, \text{'}Smith\text{'}), (title, \text{'}Dr.\text{'}),$
$(bornIn, Town(\text{'}London\text{'})), (livesIn, Town(\text{'}Berlin\text{'})), (livesIn, Town(\text{'}Seattle\text{'})),$
$(authorOf, Document(\text{'}Smith95.pdf\text{'}))\}$

Für Instanz A ergibt sich damit ein Vektor $v_1 = \{1, 0, 1, 0, 1, 1, 1, 0\}$, für Instanz B ein Vektor $v_2 = \{0, 1, 1, 1, 0, 1, 0, 1\}$ und für Instanz C ein Vektor $v_3 = \{1, 0, 1, 0, 1, 0, 0, 0\}$.

Auf diese Weise lassen sich Ähnlichkeitsmaße für binäre Vektoren zur Berechnung der Ähnlichkeit zweier Instanzen anwenden. Welche Verfahren zur Ähnlichkeitsberechnung am besten geeignet sind, hängt stark vom jeweiligen Anwendungsbereich ab und kann nur mittels empirischer Untersuchungen entschieden werden [Ferber, 2003]. Ein Austausch des Ontologiemodells oder der Instanziierungsregeln kann sich direkt auf die Leistungsfähigkeit der Ähnlichkeitskriterien auswirken. Eine Festlegung auf ein konkretes Verfahren ist daher nicht empfehlenswert.

Anhand des *Dice-Koeffizienten* (4.1) soll an dieser Stelle ein mögliches Vorgehen erläutert werden. Ein Beispiel zur Berechnung der Ähnlichkeit mittels gewichteten *Jaccard-Koeffizienten* wird in [Mitschick & Meißner, 2008] beschrieben. Der Koeffizient berechnet sich wie folgt:

$$Dice(v_x, v_y) = \frac{2 \cdot |v_x \cap v_y|}{|v_x| + |v_y|} \qquad (4.1)$$

Dabei entspricht $|v_x \cap v_y|$ der Anzahl der Komponenten, die in beiden Vektoren mit 1 belegt sind. Für oben genanntes Beispiel ergeben sich damit folgende Ähnlichkeitswerte:

$Dice(v_1, v_2) = \frac{2 \cdot 2}{5+5} = 0.4$

$Dice(v_1, v_3) = \frac{2 \cdot 3}{5+3} = 0.75$

$Dice(v_2, v_3) = \frac{2 \cdot 1}{5+3} = 0.25$

Ein großes Problem offenbart sich dabei bezüglich fehlender Werte (0-Werte), was bei einer automatischen Extraktion und Instanziierung von Informationen häufig der Fall ist. Vergleicht man eine Instanz mit sehr vielen Informationen mit einer mit eher wenigen, ist die Ähnlichkeit bei der Dice-Metrik prinzipiell gering. In diesem Fall bietet sich der so genannte *Overlap-Koeffizient* (4.2) [Ferber, 2003] an. Dieser berechnet sich wie folgt:

$$Overlap(v_x, v_y) = \frac{|v_x \cap v_y|}{min(|v_x|, |v_y|)} \qquad (4.2)$$

Dabei wird der Vergleich unterschiedlich umfangreicher Instanzen besser unterstützt und fehlende Werte geringer gewichtet. Das bedeutet im konkreten Fall:

$Overlap(v_1, v_2) = \frac{2}{5} = 0.4$

$Overlap(v_1, v_3) = \frac{3}{3} = 1.0$

$Overlap(v_2, v_3) = \frac{1}{3} = 0.33$

In diesem Falle werden Instanz A und Instanz C eindeutig als Duplikate identifiziert.

4.3 Bereinigung und Konsolidierung der semantischen Datenbasis

Der Overlap-Koeffizient hat sich für die Identifikation von Duplikaten in unvollständigen Daten als sehr praktikabel erwiesen. Dennoch ist der hier vorgestellte Ansatz für den Einsatz verschiedenster Metriken konzipiert. Durch die Wahl eines geeigneten Schwellwertes kann die Zahl der erkannten, möglichen Duplikate jeweils entsprechend erhöht bzw. verringert werden. Dies ist in Abhängigkeit vom Anwendungskontext zu entscheiden (hohe oder geringe Toleranz gegenüber Dopplungen) und vom Anwendungsentwickler festzulegen.

Duplikatbeseitigung

Nachdem potentiell übereinstimmende Objekte identifiziert wurden, stellt sich nun die Frage, ob es sich bei diesen tatsächlich um Duplikate handelt und wie im konkreten Fall zu verfahren ist. Viele der existierenden Ansätze legen besonderen Wert auf die Identifizierung und überlassen die Lösung meist einem Nutzer oder Experten. Um Mehraufwand für den Anwender zu vermeiden, ist jedoch ein geeigneter Kompromiss zwischen manueller und automatischer Duplikatbeseitigung anzustreben. Daher wird eine Unterscheidung nach folgenden Gesichtspunkten vorgenommen:

- Sind jegliche Eigenschaften gleich, d. h. $|v_x \cap v_y| = |v_x| = |v_y|$, so liegt eine eindeutige Dopplung vor, welche automatisch durch ein Zusammenführen beider Instanzen aufgelöst werden kann.

- Ist die Menge der Eigenschaften einer Instanz eine echte Teilmenge der Menge der Eigenschaften der anderen, d. h. $|v_x \cap v_y| = max(|v_x|, |v_y|)$, so liegt ebenfalls eine automatisch lösbare Dopplung vor.

- Trifft beides nicht zu, sollte eine manuelle Lösung durch den Nutzer bevorzugt werden (siehe Abschnitt 4.3.3).

Im ersten und zweiten Fall stellt das automatische Zusammenführen der Instanzen insofern kein Problem dar, da eine Charakteristik der RDF-Spezifikation [@RDF] ausgenutzt werden kann: Danach steht ein Identifikator einer Ressource immer für ein und dieselbe Instanz und kann nicht mehrfach innerhalb eines Namensraums verwendet werden. Um zwei Objekte zusammenzuführen, kann also einer Instanz der Identifikator der anderen zugewiesen werden (durch "Umbenennung"). In den ersten beiden (eindeutigen) Fällen entsteht dabei kein Verlust an Informationen. In den anderen Fällen ist der Nutzer einzubeziehen, um zu entscheiden, welche Informationen bei einer Zusammenführung verworfen werden oder erhalten bleiben sollen (mehr dazu in Abschnitt 4.3.3).

4.3.2 Behandlung semantischer Fehler und unvollständiger Daten

Semantische Fehler oder Konflikte lassen sich grundsätzlich in zwei Arten unterteilen: zum einen Verletzungen von Integritätsbedingungen, die durch die Ontologie selbst definiert sind (z. B. Kardinalitäten, Wertebereiche etc., abhängig von der Ausdrucksstärke der verwendeten Ontologiesprache), und zum anderen Widersprüche bezüglich zusätzlich durch entsprechende Regeln definierter Bedingungen. Die Erkennung semantischer Fehler beruht daher auf der Kombination zweier verschiedener Verfahren: zum einen die Validierung der Instanzdaten auf Basis des zu Grunde liegenden Ontologiemodells und dessen Mächtigkeit mit Hilfe von OWL-Validatoren[5], und zum anderen die Auswertung zusätzlicher Regeln. Ein einfaches Beispiel für eine semantische Integritätsbedingung wäre:

> *Wenn eine Person P, geboren an Zeitpunkt T1, Autor eines Dokumentes X ist, welches an Zeitpunkt T2 erstellt wurde, so muss T1 vor T2 liegen.*

In Quellcode 4.8 ist die dem oberen Beispiel entsprechende Regel in Jena-Rules-Syntax dargestellt. Die Regel ist dabei in der Form spezifiziert, dass ein Konflikt gemeldet wird, wenn die vorangestellten Bedingungen erfüllt werden. Das Melden des Konflikts erfolgt in diesem Beispiel über ein eigens erstelltes Jena Rules *Builtin Primitive* [@JenaRules] `reportConflict`, über welches Programmcode für die entsprechende prozedurale Weiterverarbeitung des Konflikts ausgeführt wird (z. B. Auslösen eines programminternen Ereignisses zur Benachrichtigung einer grafischen Benutzerober-

---

[5] Das Jena Framework liefert beispielsweise Validierungsfunktionen für RDFS und OWL [@JenaRules].

4.3 Bereinigung und Konsolidierung der semantischen Datenbasis

fläche). Die Parameter, die dabei übergeben werden, beinhalten eine entsprechende Problembeschreibung (bzw. eine entsprechende Kodierung für die Problembeschreibung), welche u. a. dazu dient, eine menschenlesbare Fehlermeldung zu generieren.

```
[rule1:   (?P rdf:type ex:Person),
          (?P ex:bornOn ?T1),
          (?P ex:authorOf ?X),
          (?X ex:createdOn ?T2),
          greaterThan(?T1, ?T2)
          -> reportConflict(?P, ?X, '... description') ]
```

Quellcode 4.8: Beispiel für eine Regel zur Erkennung eines semantischen Konfliktes (Prefix **ex**: dient dabei als Platzhalter für den Namensraum des Ontologiemodells)

Umfang und Komplexität der Integritätsbedingungen hängen natürlich von der jeweiligen Anwendungsdomäne ab. Um dem Anwendungsentwickler Einflussmöglichkeiten auf den Prozess der Erkennung semantischer Konflikte zu gewähren, liegen die Integritätsbedingungen in Form bearbeitbarer Regeln vor, die dynamisch geladen werden. Eine vollautomatische Auflösung semantischer Fehler ist nur in den wenigsten Fällen möglich und sinnvoll, da in einer semantischen Wissensbasis vermehrt unvorhersehbare Konstellationen auftreten können. Einfache Beseitigungsmechanismen könnten dabei wiederum zu neuen Konflikten führen, so dass an dieser Stelle eine manuelle Fehlerbehandlung stets vorgezogen werden sollte (näheres dazu in Abschnitt 4.3.3).

Im Gegensatz zu semantischen Konflikten verursacht das Fehlen oder die Unvollständigkeit von Daten nicht zwangsläufig Probleme. Allerdings wird dadurch die Nutzbarkeit und Vertrauenswürdigkeit der Daten für den Anwender negativ beeinflusst. Beim beschriebenen Prozess der automatischen Extraktion und Modellierung semantischer Beschreibungen sind unvollständige Daten keine Seltenheit. Beispiele dafür sind fehlende menschenlesbare Bezeichnungen (*Labels*) oder wesentliche Attribute (z. B. Vor- und Nachname einer Person), oder *verwaiste Instanzen* (d. h. Instanzen, die in keiner Relation zu anderen Instanzen stehen).

Um Unvollständigkeit zu erkennen und den Nutzer gegebenenfalls darauf hinzuweisen, wird die Datenbasis analog zum Vorgehen bei der semantischen Konfliktbehandlung anhand einer Auswahl von Regeln evaluiert. Dabei können domänenunabhängige Regeln (wie das Erkennen verwaister Instanzen oder fehlender Beschriftungen) mit domänenspezifischen Regeln (die der Anwendungsentwickler definieren kann) kombiniert und ebenfalls als konfigurierbare Regelmenge dynamisch geladen werden. Je ein Beispiel für eine domänenunabhängige und eine domänenspezifische Regel ist in Quellcode 4.9 zu finden. Auch hier wird, wie in Quellcode 4.8, ein eigens erstelltes *Builtin* (reportIncompletion) verwendet, um eine programminterne Weiterverarbeitung anzustoßen.

```
[missing_label: (?O rdf:type ?C),
                notBNode(?O),
                noValue(?O rdfs:label)
             -> reportIncompletion(?O, 'Missing label') ]

[missing_attr: (?P rdf:type ex:Person),
                noValue(?P ex:familyName)
             -> reportIncompletion(?P, 'Person has no family name') ]
```

Quellcode 4.9: Beispiele für Regeln zur Erkennung unvollständiger Daten

Auch hier ist das Einbinden des Nutzers für die entsprechende Erweiterung der lückenhaften Daten erforderlich, da eine automatische semantische Erweiterung ohne Hintergrundwissen kaum möglich ist. Darauf soll im folgenden Abschnitt näher eingegangen werden.

4.3.3 Nutzerfeedback

Damit der Nutzer der Dokumentenverwaltungslösung ein hohes Maß an Kontrolle, jedoch auch möglichst wenig Zusatzaufwand hat, ist es wichtig, ein ausgewogenes Verhältnis zwischen vollautomatischer, semi-automatischer und rein manueller Lösung der oben genannten Datenprobleme zu finden. Daten von hoher Qualität werden in der Literatur oft definiert als

"[...] data that are fit for use by data consumers." [Wang & Strong, 1996]

Um also eine *bedarfsgerechte* Datenqualität zu erzielen, sollte die Entscheidungsgewalt möglichst beim Nutzer liegen. Dazu gibt es in diesem Fall zwei verschiedene Ansätze:

- Konservativ: Automatisch erkannte Fehler, Konflikte oder Lücken, die nicht eindeutig zu lösen sind, werden dem Nutzer aufgezeigt. Dabei wird ihm die aktive Entscheidung darüber überlassen. Systemseitige Lösungsvorschläge können diese erleichtern.

- Optimistisch: Es wird eine automatische Lösung der Datenprobleme vorgenommen. Falls es keine Lösung gibt, kann dies auch einfach nur bedeuten, dass die Fehler ignoriert werden. Jegliche Entscheidung des Systems wird dabei protokolliert, sodass der Nutzer diese rückgängig machen kann. Dies gilt insbesondere auch für Entscheidungen, die während der in Abschnitt 4.1.1 beschriebenen Syntaxkontrolle und Normalisierung getroffen worden.

In beiden Fällen ist es wichtig, sowohl eine maschinen- als auch eine menschenlesbare Beschreibung des Problems und gegebenenfalls seiner Lösung bzw. der vorgenommenen systemseitigen Lösung zu erstellen. Für das hier vorgestellte Konzept wurde der konservative Ansatz gewählt und zu diesem Zwecke eine Ontologie entwickelt, die die nötigen Konzepte und Relationen dazu zur Verfügung stellt. In Abbildung 4.13 ist diese Ontologie grafisch dargestellt. In Anhang A befindet sich die zugehörige RDF/XML-Repräsentation.

Die entsprechenden Problembeschreibungen werden von den erwähnten *Handlern* (Syntaxkontrolle und Normalisierung, Behandlung semantischer Fehler, Duplikatbehandlung und Behandlung unvollständiger Daten) erstellt und an eine zentrale Verwaltungskomponente übergeben. Diese übernimmt die Aufgabe der Speicherung und Datenbereitstellung (z. B. für entsprechende grafische Benutzerschnittstellen), sowie die Auflösung oder Löschung der Fehlermeldung durch die Rückmeldung durch den Nutzer. Einige Beispiele für erstellte Problembeschreibungen sind in Quellcode 4.10

4 Ontologiebasierte Indexierung persönlicher, multimedialer Dokumente

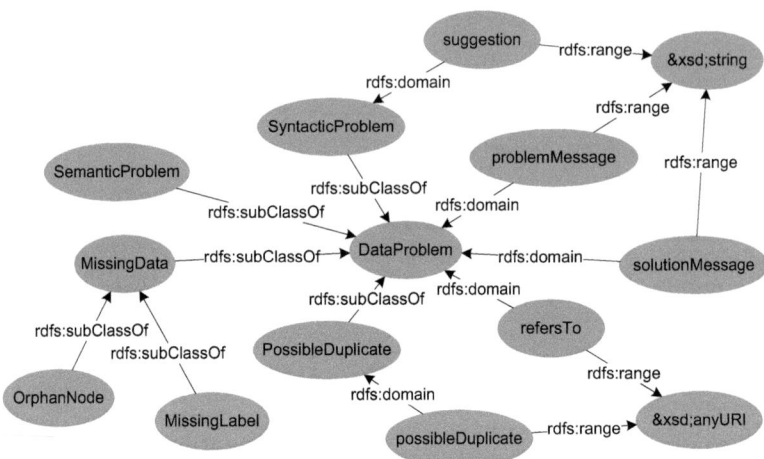

Abbildung 4.13: Ontologie für Problembeschreibungen

zu finden. Die Ausgabe der menschenlesbaren Kommentare (problemMessage) kann dabei auch mehrsprachig oder für eine bestimmte Sprache erfolgen (hier im Beispiel in Englisch).

Der Aufbau der Verwaltungskomponente sowie deren Integration in des Gesamtsystem werden in Kapitel 5 in Abschnitt 5.3.2 näher erläutert. In Kapitel 6, Abschnitt 6.1 ist ein Beispiel für die praktische Umsetzung der semi-automatischen Datenkorrektur innerhalb einer grafischen Benutzerschnittstelle zu finden.

4.4 Zusammenfassung und Diskussion

In diesem Kapitel wurde ein ganzheitliches Verfahren zur ontologiebasierten Indexierung und Kontextualisierung persönlicher, multimedialer Dokumente vorgestellt. Dieses umfasst die Aspekte der *automatischen Generierung semantischer Beschreibungen* für Dokumente, der *Aktualisierung und Erweiterung der semantischen Daten*, sowie der *Bereinigung und Konsolidierung der semantischen Datenbasis*. Die vorge-

4.4 Zusammenfassung und Diskussion

```
<!--Fehlendes Label-->
<cons:MissingLabel rdf:ID="instance545080790">
    <cons:problemMessage xml:lang="en">Missing label</cons:problemMessage>
    <cons:refersTo>http://example.org/u_Max#instance656380223</cons:refersTo>
</cons:MissingLabel>

<!--Verwaiste Instanz-->
<cons:OrphanNode rdf:ID="instance545080791">
    <cons:problemMessage xml:lang="en">Orphan instance</cons:problemMessage>
    <cons:solutionMessage xml:lang="en">Delete instance?</cons:problemMessage>
    <cons:refersTo>http://example.org/u_Max#instance656380224</cons:refersTo>
</cons:OrphanNode>

<!--Fehlende Daten-->
<cons:MissingData rdf:ID="instance545080790">
    <cons:problemMessage xml:lang="en">Person has no family name</
        cons:problemMessage>
    <cons:refersTo>http://example.org/u_Max#instance656380225</cons:refersTo>
</cons:MissingData>

<!--Semantischer Konflikt-->
<cons:SemanticProblem rdf:ID="instance545080792">
    <cons:problemMessage xml:lang="en">...description</cons:problemMessage>
    <cons:refersTo>http://example.org/u_Max#instance656380226</cons:refersTo>
</cons:SemanticProblem>
```

Quellcode 4.10: Beispiele für Problembeschreibungen in RDF

stellten Mechanismen bilden einen generischen, ganzheitlichen Ansatz, der mit der Zielstellung entwickelt wurde, Privatanwender darin zu unterstützen, ihre Dokumente effizient und auf Basis semantischer Informationen zu verwalten. Bezugnehmend auf die Anforderungen und Problemstellungen, die in Abschnitt 3.3 beschrieben wurden, werden im Folgenden die Alleinstellungsmerkmale der in diesem Kapitel beschriebenen Lösung gegenüber existierenden Ansätzen sowie deren wissenschaftlicher Mehrwert zusammengefasst.

Im Rahmen dieser Arbeit wurde ein mehrstufiger Generierungsprozess entwickelt (beschrieben in Abschnitt 4.1), der es ermöglicht, semantische Beschreibungen für persönliche, multimediale Dokumente abhängig vom Anwendungsbereich und unter Nutzung aller verfügbarer Informationsquellen automatisch zu generieren. Die Leistungen der beschriebenen Lösung lassen sich wie folgt zusammenfassen:

- Der beschriebene mehrstufige Generierungsprozess, durch den die automatische

Erstellung semantischer Beschreibungen erfolgt, ermöglicht die anwendungsbezogene und zur Laufzeit konfigurierbare Filterung, Validierung und Interpretation beliebiger Quelldaten.

- Durch die gegebene Erweiterbarkeit ist es möglich, Informationen aus beliebigen Dokumenten und Medientypen als Eingabedaten zu verwenden und zu verarbeiten. Unterschiedlich komplexe Analysemethoden können zur Verarbeitung registrierter Dokumente und zur Extraktion enthaltener Informationen angebunden werden.

- Die Menge der verfügbaren Eingabedaten wird im Zuge der Instanziierung durch konfigurierbare Filter auf relevante Daten begrenzt und redundante Informationen entfernt. Validierungs- und Normierungskomponenten gewährleisten eine ausreichende Qualität der Ausgangsdaten.

- Der Generierungsprozess ermöglicht das Einbeziehen von Kontextinformationen und externen Informationsquellen, um im Zuge der Erstellung semantischer Beschreibungen relevante Hintergrundinformationen mit zu berücksichtigen und zu interpretieren.

- Das Verfahren, das ursprünglich aus dem Blickfeld persönlicher und multimedialer Daten entwickelt wurde, ist schlussendlich unabhängig von einem bestimmten Domänenmodell und dessen Konzeptualisierung, und bietet somit eine generische, anwendungsneutrale Lösung. Es ist möglich, das Ontologiemodell auszutauschen oder anzupassen, um somit prinzipiell beliebige Anwendungsfälle oder -domänen zu unterstützen.

Das Verfahren zur Aktualisierung und Synchronisation des Datenmodells mit der jeweiligen Dokumentensammlung, sowie die Möglichkeiten der Erweiterung der Daten durch semantische Suchergebnisse aus dem Web wurden in Abschnitt 4.2 vorgestellt. Diese zeichnen sich durch folgende Merkmale aus:

- Zur Berücksichtigung des Lebenszyklus von Dokumenten wurde eine Ontologie (DLC-Ontologie) entwickelt, die Dokumentenaktivitäten beschreibt und als in-

4.4 Zusammenfassung und Diskussion

ternes Ausgangsmodell dient, um Lebenszyklusinformationen in einer bestimmten Anwendungsdomäne zu nutzen. Dazu steht dem Entwickler die Möglichkeit der Definition entsprechender Abbildungs- und Aktualisierungsregeln zur Verfügung.

- Die Registrierung der Dokumentaktivitäten, die zur Modellierung der Beschreibung entsprechend der DLC-Ontologie führt, basiert auf der Überwachung von Dateisystemoperationen und der Berücksichtigung von verfügbarem Anwendungskontext, der durch einen externen Kontextmodellierungsdienst bereitgestellt wird.

- Um zu vermeiden, dass Eingaben des Nutzers durch vom System veranlasste Aktualisierungen überschrieben werden, wurde eine Ontologie entwickelt, die dazu dient, manuelle Änderungen an der semantischen Datenbasis zu protokollieren. Bei Aktualisierung der Datenbasis bei Änderungen an Dokumenten wird anhand dieses Protokolls geprüft, welche Daten ersetzt werden dürfen.

- Um bestehendes "Weltwissen" zu integrieren, werden semantische Informationen des *Semantic Web* (semantische Informationen im WWW) berücksichtigt. Auf dieser Grundlage wird die Anbindung verschiedenster Informationsquellen und die anwendungsspezifische Verarbeitung der Suchergebnisse gewährleistet.

Der entwickelte Ansatz zur systemgestützten Bereinigung und Konsolidierung der semantischen Datenbasis (Abschnitt 4.3) leistet folgende innovative Beiträge:

- Der beschriebene Konsolidierungsprozess gewährleistet, dass automatisch generierte bzw. modifizierte semantische Informationen eine ausreichende Qualität aufweisen, d. h. korrekt, aussagekräftig und frei von Redundanzen sind. Er bietet dabei einen Lösungsansatz für die Behandlung von *Duplikaten, semantischen Konflikten* und *unvollständigen Daten*.

- Die Teilaufgaben des Konsolidierungsprozesses, die von der jeweiligen Anwendungsdomäne und der verwendeten Anwendungsontologie abhängen, sind generisch und durch Regeln und Konfigurationsdateien durch Entwickler anpassbar.

4 Ontologiebasierte Indexierung persönlicher, multimedialer Dokumente

- Die Erkennung von Duplikaten in einem semantischen Modell beruht auf einem zweistufigen Ansatz, der zunächst *ontologieabhängig* eine Suchraumbegrenzung anhand signifikanter Attribute je Objekttyp vornimmt und anschließend mögliche Duplikate durch eine *ontologieunabhängige* Ähnlichkeitsberechnung untersucht. Die Beseitigung der identifizierten Duplikate erfolgt ebenfalls *ontologieunabhängig*.

- Die Behandlung semantischer Konflikte und unvollständiger Daten beruht auf der Anwendung dynamisch geladener Regeln. Diese können an die jeweilige Anwendungsdomäne angepasst und auch durch Regeln zur Auflösung der Probleme ergänzt werden. Da dies jedoch in vielen Fällen nicht möglich ist, beruht das standardmäßige Vorgehen auf der Beschreibung des identifizierten Problems zur weiteren Verarbeitung.

- Zur Modellierung von Problembeschreibungen wurde eine eigene Ontologie entwickelt, die die nötigen Konzepte und Relationen zur Verfügung stellt und identifizierte Probleme in einer sowohl menschen- als auch maschinenlesbaren Form notiert. Dies ermöglicht die semi-automatische Auflösung von semantischen Konflikten bzw. unvollständigen Daten durch entsprechendes Nutzerfeedback.

Durch die Heterogenität der Zielgruppe und Anwendungsszenarien wurde bewusst ein Schwerpunkt auf Anwendungs- und Ontologieunabhängigkeit gelegt (im Gegensatz zu bestehenden Ansätzen, vgl. Abschnitt 3.2), sodass der vorgestellte Ansatz nicht nur auf die Domäne der Privatnutzung eingeschränkt ist. Die konkrete Anpassung der Mechanismen für die Unterstützung eines bestimmten Anwendungsfalles obliegt dem Entwickler einer PIM-Anwendung. Aufbauend auf den in diesem Kapitel vorgestellten Konzepten wurde eine neuartige komponentenbasierte Architektur entwickelt, die die beschriebenen Mechanismen auf einzelne Ebenen und Komponenten abbildet und somit die Grundlage für eine Referenzimplementierung bildet. Diese Architektur, welche im nächsten Kapitel näher vorgestellt wird, verfügt zudem über eine geeignete *Anwendungsschnittstelle*, die der Entwickler nutzen kann und über die er Anpassungen an seine Anwendungsdomäne vornehmen kann.

5 Eine komponentenbasierte Architektur für die semantische Verwaltung persönlicher, multimedialer Dokumente

Das in Kapitel 4 beschriebene Verfahren stellt die konzeptionelle Grundlage für eine semantikbasierte Verwaltung persönlicher, multimedialer Dokumente dar. Der vorgestellte Ansatz ermöglicht eine anwendungs- und domänenspezifische Konfiguration und Flexibilität bezüglich unterstützter Medientypen und -formate. Damit kann der Entwickler einer PIM-Anwendung auf vordefinierte Prozesse der automatischen Generierung semantischer Beschreibungen, der Konsolidierung und der Aktualisierung der Datenbasis aufbauen und diese entsprechend der verwendeten Domänenontologie zur Laufzeit anpassen.

Für die technische Realisierung dieser Mechanismen ist eine Architektur notwendig, auf die eine PIM-Anwendung über eine entsprechende Anwendungsschnittstelle zugreifen kann. Diese Architektur muss die Aspekte der Erweiterbarkeit und Flexibilität ausreichend unterstützen und dem Entwickler eine möglichst komfortable und einfach zu konfigurierende Implementierungsgrundlage im Sinne einer Service-Plattform bieten. Zu berücksichtigen sind dabei die Aspekte

- der Eingabe und Analyse der Dokumente,

- der semantischen Datenmodellierung, und
- der Bereitstellung und Bearbeitung der modellierten Daten über eine Anwendungsschnittstelle.

In dieser Dissertation wurde eine modulare, flexibel erweiterbare Architektur zur semantischen Verwaltung persönlicher, multimedialer Dokumente entsprechend dem in Kapitel 4 vorgestellten Verfahren konzipiert. Das entwickelte Modell dieser Architektur beruht auf einem dreischichtigen, komponentenbasierten Ansatz, welches im Überblick in Abschnitt 5.1 vorgestellt wird. Anschließend werden die drei Ebenen des Architekturmodells erläutert, beginnend mit der *medien- und systemspezifischen Ebene der Dokumentenanalyse* in Abschnitt 5.2, über die *domänenunabhängige Ebene der semantischen Datenmodellierung* in Abschnitt 5.3, bis hin zur *domänenspezifischen Ebene der Anwendungsschnittstelle* in Abschnitt 5.4.

5.1 Die Architektur im Überblick

Die entwickelte Architektur beruht auf einem komponentenbasierten Ansatz und bietet eine flexible und erweiterbare Plattform für die Erstellung innovativer PIM-Anwendungen zur Verwaltung persönlicher, multimedialer Dokumente auf Basis semantischer Informationen. Entsprechend der zuvor beschriebenen drei Aspekte gliedert sich die Architektur in drei Ebenen (vgl. Abbildung 5.1, von unten nach oben):

(I)   die medien- und typspezifische Ebene der Dokumentenanalyse und -verarbeitung,

(II) die domänenunabhängige Ebene der semantischen Datenmodellierung, und

(III) die domänenspezifische Ebene der Anwendungsschnittstelle.

Um ein Höchstmaß an Erweiterbarkeit und Flexibilität zu erreichen, wurde ein modularer, komponentenbasierter Systemaufbau konzipiert. Die einzelnen Komponenten bilden abgeschlossene, eigenständige Einheiten mit jeweils loser Kopplung zu anderen Komponenten. Sie sollen – auch im Sinne der leichteren Wartung – einfach installiert, aktualisiert und deinstalliert werden können. Für die komponentenbasierte Softwareentwicklung existieren verschiedene Spezifikationen und De-Facto-Standards, u. a.

5.1 Die Architektur im Überblick

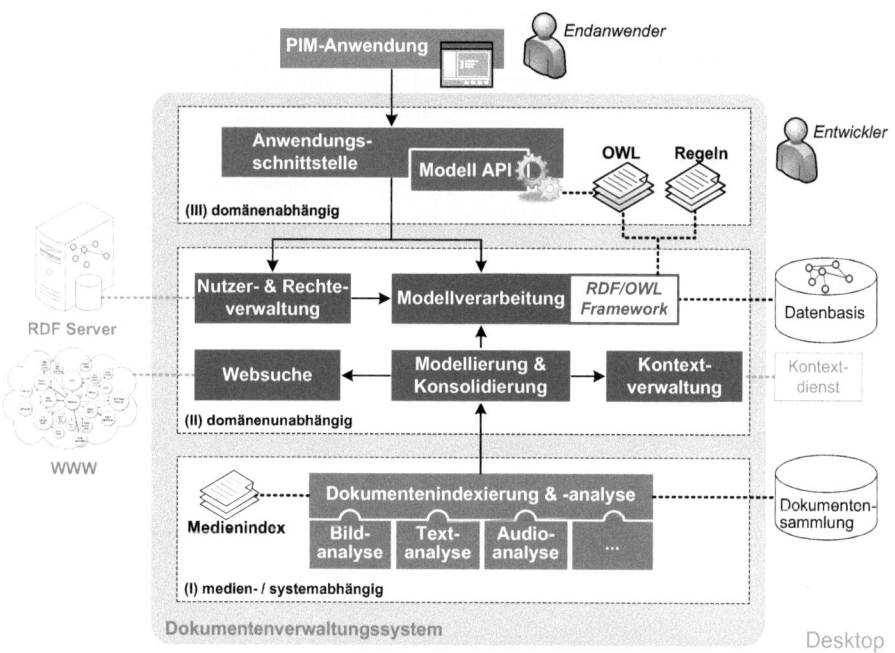

Abbildung 5.1: Die Architektur im Überblick

CORBA (*Common Object Request Broker Architecture*), *Enterprise Java Beans* und DCOM (*Distributed Component Object Model*). Prinzipiell ist die Architektur unabhängig von einem bestimmten Komponentenmodell. Evaluiert wurde das Konzept auf Basis der *OSGi Service Platform Specification* [@OSGiSpec] der *OSGi Alliance*[1] Diese stellt eine Laufzeitumgebung oberhalb der *Java Virtual Machine* zur Ausführung von Komponenten, so genannten *Bundles*, zur Verfügung. Bundles können dynamisch installiert, aktualisiert und deinstalliert werden. Hierzu beschreibt die Spezifikation den konkreten Aufbau und die Lebenszyklusprozesse der Komponenten. Die gegenseitige Nutzung von Funktionalität ist durch den Austausch von Paketen und vor allem die Verwendung von Diensten realisiert. Die Dienstnutzung wird durch eine zentrale

---
[1] Die OSGi Alliance [@OSGi] wurde 1999 gegründet und ist ein Zusammenschluss von Unternehmen, u. a. IBM, Oracle, Siemens und Sun, mit dem Ziel der Bereitstellung einer Plattform zur Entwicklung komponenten- und dienstbasierter verteilter Anwendungen.

5 Eine Architektur für die semantische Dokumentenverwaltung

Service Registry gewährleistet. Für jedes Bundle werden in festgelegter Form Metainformationen definiert, die u. a. beschreiben, in welchem Bezug die entsprechende Software-Komponente zu anderen Bundles steht. Es können sowohl benötigte Bundles (*Import*), als auch angebotene Pakete oder Dienste (*Export*) angegeben werden. Die OSGi Alliance lieferte lediglich eine Spezifikation für die OSGi Service PlatformEntsprechende Implementierungen der Spezifikation existieren sowohl im kommerziellen als auch im Open-Source-Bereich. Die bekanntesten und verbreitetsten Open-Source-Implementierungen sind *Equinox* [@Equinox] von der *Eclipse Foundation* (gleichzeitig auch Basis der Eclipse IDE), *Felix* [@Felix] (urspünglich *Oscar*), ein Community-Projekt der *Apache Software Foundation* und Knopflerfish [@Knopflerfish].

Für das entwickelte Architekturmodell bietet der OSGi-Ansatz die Möglichkeit, Komponenten, insbesondere *Analysekomponenten* (siehe Abschnitt 5.2.1), dynamisch zu installieren und je nach Bedarf zu starten bzw. zu stoppen. Zu unterscheiden ist hierbei zwischen elementaren Komponenten, die die Kernfunktionalität des Systems zur Dokumentenverwaltung bereitstellen, und erweiternden Komponenten, die dem System zusätzliche Funktionen hinzufügen. Die konkreten Komponenten der entwickelten Architektur sowie deren Abhängigkeiten sind in Abbildung 5.2 dargestellt. Dabei werden vier Ebenen unterschieden: *basic*, *core*, *add-ons* und *domain*.

Die *basic*-Komponenten *KIMMPlugin* und *KIMMLogger* dienen der erleichterten Entwicklung K-IMM-spezifischer Bundles, indem sie OSGi-Schnittstellen und Logging-Funktionalität kapseln. Alle Komponenten der Architektur bauen auf dieser Ebene auf. Komponenten der *core*-Ebene realisieren die Kernfunktionalität des Systems zur Dokumentenindexierung und -analyse (*KIMMMediaImporter*), zur Modellverarbeitung (*KIMMModel*), zur Modellierung und Konsolidierung (*KIMMSemantics*) und zur Nutzer- und Rechteverwaltung beim Austausch semantischer Daten mit anderen Anwendern (*KIMMExchange*). Auf Ebene der *add-ons* sind zum einen spezifische Analysekomponenten, die am KIMMMediaImporter anknüpfen, und zum anderen verschiedene optionale Dienste wie die semantische Websuche (*KIMMWebSearch*) und die Kontextverwaltung (*KIMMContextModel*) angesiedelt. Die orthogonale Ebene *domain* enthält die domänenspezifische Anwendungsschnittstelle (*KIMMDataAccess*).

5.2 Die medien- und systemspezifische Ebene der Dokumentenanalyse

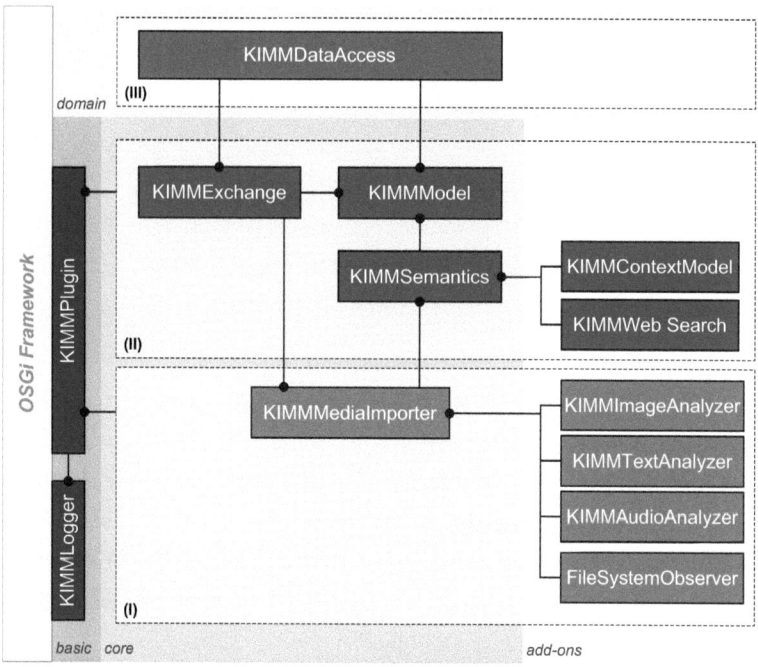

Abbildung 5.2: Elementare und erweiternde Komponenten der Architektur mit jeweiligen Abhängigkeiten

Anhand der in den Abbildungen 5.1 und 5.2 dargestellten Ebenen (I) bis (III) erfolgt nun in den nächsten Abschnitten die Erläuterung der funktionalen Zusammenhänge zwischen diesen einzelnen Komponenten.

5.2 Die medien- und systemspezifische Ebene der Dokumentenanalyse

Auf Ebene der Dokumentenanalyse befinden sich, wie aus dem vorhergehenden Abschnitt zu entnehmen, Komponenten zur medien- und formatspezifischen Verarbeitung von Dokumenten, die als Plugins dynamisch im System installiert, gestartet und gestoppt werden können. Die Verwaltung dieser Analysekomponenten erfolgt über die zentrale Managerkomponente KIMMMediaImporter. Die KIMMMediaImporter-Komponente führt beim Start die Aktivierung aller installierten d.h. in der OSGi-Laufzeitumgebung verfügbaren Analysekomponenten durch. Diese werden anhand der in der Bundle-Beschreibung hinterlegten Metadaten als solche identifiziert. Mit dem erfolgreichen Start werden die Analysekomponenten beim KIMMMediaImporter registriert und in die Liste verfügbarer Plugins aufgenommen. Somit wird gewährleistet, dass eine beliebige Zahl Analysekomponenten dem System hinzugefügt werden kann.

Des Weiteren ermöglicht die KIMMMediaImporter-Komponente über eine generische Schnittstelle für plattformspezifische Callback-Handler das Registrieren einer optionalen FileSystemObserver-Komponente, die Dateisystemaktivitäten überwacht und somit Dokumentänderungen (Verschieben, Umbenennen, Löschen) erfasst. Da die technische Realisierung einer solchen Komponente vom jeweils eingesetzten Betriebssystem und dessen Dateisystemschnittstellen abhängt (wie bereits in Abschnitt 4.2.1 erwähnt), ist der Einsatz einer solchen Monitoring-Komponente nur möglich, wenn eine entsprechende systemspezifische Implementierung vorhanden ist.

Dokumente, die dem System im initialen Indexierungsvorgang zugeführt wurden und über die semantische Informationen in der Datenbasis existieren, werden der FileSystemObserver-Komponente bekanntgegeben. Während der KIMMMediaImporter die Überprüfung auf Änderungen und Löschung von Dateien zu festgelegten Zeitpunkten übernimmt, wird die Überprüfung zusätzlich durch die vom FileSystemObserver erfassten Dateisystemereignisse ausgelöst. Bei fehlender plattformspezifischer Implementierung eines Callback-Handlers, können Zeitpunkt und Häufigkeit der Überprüfung auch durch den Anwendungsentwickler vorgegeben werden (beispielsweise kann jeweils beim Start einer PIM-Anwendung eine Überprüfung erfolgen). Um zu gewährleisten, dass Dokumente nur dann analysiert werden, wenn sie dem System neu hinzugefügt werden oder wenn sich ihr Inhalt ändert, verwaltet die KIMMMediaImporter-Komponente ein Verzeichnis aller verwalteten Dokumente (Media Index).

5.2.1 Analysekomponenten

Wie in Kapitel 2 erläutert, beinhaltet die Analyse multimedialer Dokumente eine ganze Reihe medientyp- und medienformatabhängiger Aufgaben und Herausforderungen. Der Schwerpunkt dieser Dissertation liegt jedoch nicht auf der Entwicklung und Evaluation innovativer Verfahren zur Analyse multimedialer Inhalte. Vielmehr wurde in dieser Arbeit eine allgemeingültige, medienübergreifende Schnittstelle für Analysekomponenten erarbeitet und ein Konzept für den Ablauf und das Zusammenspiel einzelner Teilaufgaben festgelegt. Dadurch ist es möglich, verschiedenste Verfahren zur Analyse von visuellen, auditiven, textuellen und komplexen Mediendokumenten zu integrieren und anzuwenden.

Die Verarbeitung und Analyse eines Dokumentes wird abhängig von dessen Medien- und Dateityp von einer entsprechenden *Analysekomponente* durchgeführt. Jede Analysekomponente besitzt nicht nur eine Schnittstelle für die Eingabe von Dokumenten, sondern auch für die Eingabe von Rohdaten des entsprechenden Medientyps, sodass andere Analysekomponenten deren Verfahren der inhaltlichen Erschließung nutzen können. Zu diesem Zweck implementiert jede Analysekomponente eine Reihe abstrakter Methoden, die der KIMMMediaImporter bereitstellt. Das Ergebnis, welches eine Analysekomponente liefert, stellt jeweils die Attribute *eines einzelnen* Dokumentes dar. Jedes Dokument wird in einem eigenständigen Prozess (*Thread*) analysiert. Die erhaltenen Daten werden erst anschließend, in den folgenden Schritten des Generierungsprozesses (siehe Abschnitt 4.1.1, 4.1.2 und 4.1.3), in Relation zueinander und in den entsprechenden Kontext gesetzt. Ein entscheidender Vorteil liegt dabei darin, dass die voneinander unabhängigen Analyseprozesse parallelisiert werden können, um den Indexierungsvorgang zu beschleunigen.

Eine Analysekomponente muss als Softwarekomponente bestimmte Voraussetzungen erfüllen, um sich am KIMMMediaImporter anmelden zu können, um Dokumente entgegen zu nehmen und Analyseergebnisse zurück zu liefern. Dazu wird sie durch eine Reihe zusätzlicher Metadaten näher beschrieben, die in erster Linie Angaben zum unterstützten Medien- und Dokumenttyp enthalten, sowie Angaben, die die Kom-

5 Eine Architektur für die semantische Dokumentenverwaltung

ponente und die angewendeten Verfahren näher spezifizieren (z. B. Versionsnummer, Hersteller oder Systemvoraussetzungen). Zusätzlich dazu ist es wichtig, die von der Komponente verwendeten Attribute zu dokumentieren. Diese beschreibenden Daten sind für den Entwickler einer Anwendung wichtig, um eine Auswahl relevanter Analysekomponenten vorzunehmen und die entsprechende Anpassung des Generierungsprozesses vorzunehmen (mehr dazu in Abschnitt 5.4.2). Ein Beispiel für Metadaten einer Analysekomponente ist in Quellcode 5.1 in Form eines Auszuges aus einer OSGi-Bundle-Manifest-Datei[2] gegeben.

```
Bundle-ManifestVersion: 2
Bundle-Name: KIMMImageAnalyzer Plug-in
Bundle-SymbolicName: KIMMImageAnalyzer
Bundle-NativeCode: lib/libguide40.dll; lib/cv100.dll; lib/cxcore100.dll; lib/
    highgui100.dll; lib/facedetection.dll; processor=x86; osname="Windows XP";
    osname="Windows 2000"; osname=winvista
Bundle-Version: 1.2.0
Bundle-Activator: org.kimm.media.image.KimmImageAnalyzerPlugin
Require-Bundle: KIMMMediaImporter
Bundle-ClassPath: .,lib/vizir.jar,lib/metadata-extractor-2.3.1.jar
...
KIMMAnalyzer-Name: KIMMImageAnalyzer
KIMMAnalyzer-Version: 1.2.0.2009-01-15
KIMMAnalyzer-MediaType: image
KIMMAnalyzer-FileType: jpeg
KIMMAnalyzer-Provider: LMMT
KIMMAnalyzer-NativeCode: yes
KIMMAnalyzer-Comment: image analyzer with face detection (native)
KIMMAnalyzer-Attributes: KIMMImageAnalyzer.FaceDetection.NumFaces {number of
    detected faces}; KIMMImageAnalyzer.FaceDetection.Face$x {coordinates of
    detected face, syntax is: (x,y,width)}; KIMMImageAnalyzer.MPEG7.
    Descriptor[@type='ColorLayoutType']/YDCCoeff {ColorLayout-Descriptor value
    ... }
...
```

Quellcode 5.1: Beispiel für Metadaten einer Bildanalysekomponente

Im Rahmen der prototypischen Realisierung wurden nach diesem Konzept drei Analysekomponenten umgesetzt. Dazu zählt eine Bildanalysekomponente (*KIMMImageAnalyzer*), welche EXIF- und IPTC-Metadaten extrahiert und auf inhaltlicher Ebe-

---

[2]Wie die Beschreibung einer Softwarekomponente zu erfolgen hat, wird durch das verwendete Komponentenframework festgelegt.

ne MPEG-7 Visual Deskriptoren berechnet und Gesichter erfasst[3] [@KP0506; Judick, 2007]. Des Weiteren wurde eine Textanalysekomponente umgesetzt, die Metadaten verbreiteter Dokumentenformate extrahiert, Textinhalte nach Orts-, Personen- und Zeitangaben untersucht und eine Klassifikation nach Thema und Sprache vornimmt [@KP0607]. Schließlich wurde als Beispiel für die Analyse zeitvarianter Medien eine Audioanalysekomponente für MP3-Dateien entwickelt[4].

5.2.2 Analyse der Dokumente

Wie in Abschnitt 2.1 dargestellt, bestehen Mediendokumente aus dem eigentlichen Inhalt (Primärdaten) und eventuell eingebetteten Metadaten. Unabhängig von den jeweiligen dokumentspezifischen Verfahren können für jedes Mediendokument folgende Teilaufgaben benannt werden:

1. Erkennung des Dateiformats
2. Extraktion enthaltener Metadaten
3. Extraktion der Primärdaten

Die korrekte Bestimmung des Medientyps und Dateiformats ist für die Interpretation des Inhaltes und die weitere Verarbeitung essentiell. Abhängig davon werden die Dokumente der weiteren Verarbeitung durch die entsprechenden Analyseverfahren zugeführt. Fehlt eine entsprechende Dateierweiterung, ist die Bestimmung anhand des Inhaltes schwierig und nicht immer zuverlässig. Selbst bei vorhandener Dateiendung ist es mitunter problematisch, sicherzustellen, dass es sich tatsächlich um das entsprechende Format handelt, da es durchaus auch Mehrfachbelegung von Dateierweiterungen gibt (vgl. [@Wotsit]). Das Hauptkriterium zur Bestimmung, ob es sich um ein durch eine Analysekomponente verwertbares Dokument handelt, muss die jeweilige Analysekomponente selbst liefern. Dadurch wird gewährleistet, dass die Strategie zur

---
[3]auf Basis der unter GNU Public License veröffentlichten Ergebnisse des *VizIR*-Projektes der TU Wien [Eidenberger & Breiteneder, 2003; @VizIR], sowie der Open-Source-Bibliothek *OpenCV* [@OpenCV]
[4]In [Güttig, 2006] wurde zudem eine Sprachanalysekomponente konzipiert und rudimentär umgesetzt.

Formatbestimmung auch konform zu den Analysestrategien ist. Beispielsweise sollte eine Bildanalysekomponente, die nur vektorbasierte grafische Inhalte verarbeiten kann, nicht nur die Dateierweiterung, sondern auch den Inhalt selbst entsprechend überprüfen. Demnach erfolgt die Zuordnung der Dokumenttypen zu den entsprechenden Analysekomponenten nicht zentralisiert über eine Managerinstanz, sondern dezentral, d. h. jede Komponente entscheidet eigenständig darüber, ob das jeweilige Dokument von ihr verarbeitet werden kann. Der dadurch auftretende Mehraufwand (jede Analysekomponente prüft jedes eingegebene Dokument) ist jedoch akzeptabel, da dieses Vorgehen gewährleistet, dass Analysekomponenten eingebunden werden können, ohne dass sie eine bestimmte Beschreibung aufweisen müssen, anhand derer eine zentrale Zuordnung der Dokumente vorgenommen wird. Enthaltene Metadaten können selbstverständlich nur extrahiert und verarbeitet werden, wenn die Art der Speicherung (die Einbettung innerhalb des Dateiformates) einem Standard entspricht oder zumindest ausreichend offen gelegt ist.

Der gesamte Ablauf der Verarbeitung innerhalb einer Analysekomponente ist in Abbildung 5.3 dargestellt. Zwei Aufgabenbereiche werden unterschieden: die Dokumentenanalyse, welche die dateiformatspezifische Verarbeitung und Extraktion der Metadaten und Primärdaten beinhaltet, und die Inhaltsanalyse, durch welche die Primärdaten medientypspezifisch untersucht werden. Wie in der Abbildung dargestellt werden Metadaten – so vorhanden – extrahiert und in die später beschriebene Ausgabeform gebracht. Im Gegensatz dazu werden die eigentlichen Primärdaten, die den Inhalt des Dokumentes darstellen, einer spezifischen Inhaltsanalyse unterzogen.

Inhaltsanalyse

Für jeden medientypischen Analyseprozess können Teilaufgaben definiert werden, die in einer bestimmten Abfolge zu bearbeiten sind bzw. voneinander abhängen (vgl. Abschnitt 2.2). Ebenso können bestimmte Verfahren auch medienübergreifend angewendet werden - insbesondere dann, wenn sich ein Dokument aus mehreren, heterogenen Medienobjekten zusammensetzt. Ein Delegieren bestimmter Aufgaben an spezialisierte Teilkomponenten ermöglicht die Aufteilung des komplexen Problems der Analyse

5.2 Die medien- und systemspezifische Ebene der Dokumentenanalyse

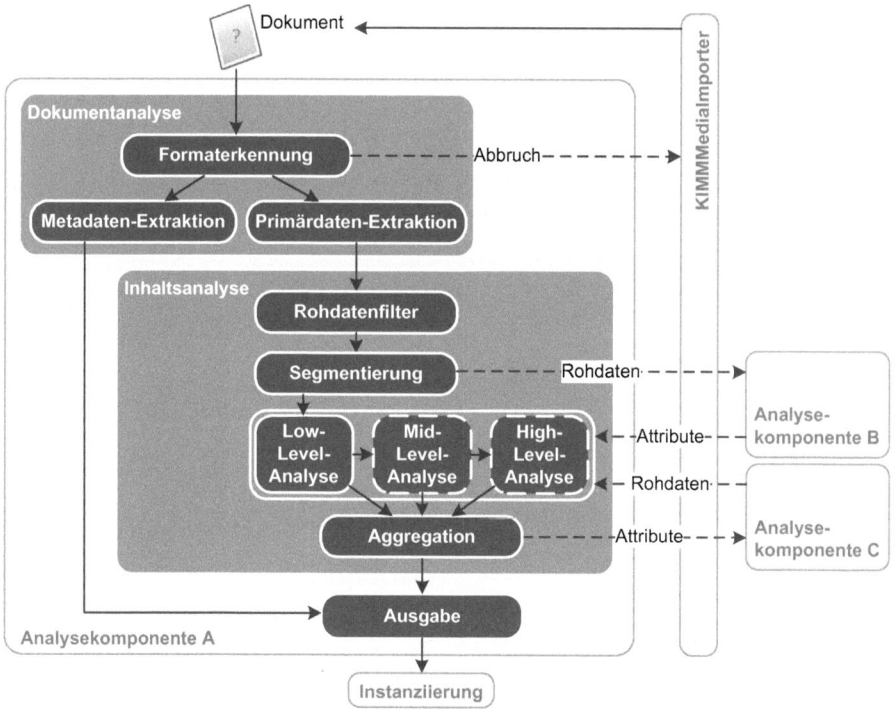

Abbildung 5.3: Ablauf der Verarbeitung innerhalb einer Analysekomponente

auf kleinere Teilprobleme ("divide and conquer") und ebenso den einfachen Austausch und vor allem auch die Wiederverwendung einzelner Lösungen. Ebenso wie das Delegieren bestimmter medientypischer Aufgaben zur Verarbeitung einzelner "Segmente" eines Dokumentes (beispielsweise als Schrift erkannte Textsegmente in einem Bild) an andere Analysekomponenten, ist auch die Analyse komplexer Mediendokumente als ein "Zerlegen" des Dokumenteninhalts in einzelne Medienobjekte zu verstehen (vgl. [Schmitt, 2004]), welche an spezifische Analysekomponenten übergeben werden (siehe Abbildung 5.3).

Da Analysekomponenten dynamisch eingebunden werden sollen, ist auch bei der Rohdatenanalyse keine zentrale Zuordnung möglich. Auch hier entscheiden die Komponenten selbst darüber, ob sie die Verarbeitung der Rohdaten vornehmen können (*Roh-*

datenfilter in Abbildung 5.3). Wie umfangreich und komplex die in der Inhaltsanalyse extrahierten Daten letztlich sind, hängt davon ab, wie viel "Hintergrundwissen" durch Regeln und Fakten oder durch eine Menge von Trainingsdaten (zur Klassifikation von Low-Level-Merkmalen) vorhanden sind. Die Fähigkeiten einer Analysekomponente können sich durchaus auch nur auf die bloße Extraktion von Metadaten oder einfacher Low-Level-Merkmale beschränken. Es ist daher durchaus denkbar, für einen Medien- oder Dokumenttyp mehrere, unterschiedlich spezialisierte Analysekomponenten einzusetzen.

5.3 Die domänenunabhängige Ebene der semantischen Datenmodellierung und -verarbeitung

Die semantische Datenmodellierung und -verarbeitung ist der zentrale und wichtigste Teil der Architektur. Sie besteht aus drei Kernmodulen: *KIMMModel*, *KIMM-Semantics* und *KIMMExchange*. Eine grundsätzliche Anforderung, die in Abschnitt 3.3 formuliert wurde, ist die der Anwendungs- und Domänenunabhängigkeit. Die Datenverarbeitungs- und -modellierungsebene ist dementsprechend generisch gehalten. Um anwendungsübergreifende Nutzung und Austausch der semantischen Daten zu ermöglichen, werden empfohlene Semantic-Web-Standards (siehe Abschnitt 3.1) verwendet. Gleichzeitig stellt KIMMModel eine Ontologie-API bereit, die als abstrakte Schnittstelle für konkrete Persistenzlösungen dient und damit deren Austausch gewährleistet.

Im Folgenden wird zunächst näher auf die zentrale KIMMModel-Komponente und die für die Freigabe von Modellen verantwortliche KIMMExchange-Komponente eingegangen. Anschließend erfolgt in Abschnitt 5.3.2 die Darstellung der Funktionen und Eigenschaften der KIMMSemantics-Komponente. Abschnitt 5.3.3 befasst sich schließlich mit den Schnittstellen zu externen Informationsquellen.

5.3 Die domänenunabhängige Ebene der semantischen Datenmodellierung

5.3.1 Modellverarbeitung und -verwaltung

Die Ontologie-API stellt ein eigenes Java-Framework zur Ontologieverarbeitung dar und basiert auf einer Grundmenge zentraler Schnittstellen und Klassen. Analog zu der in RDF-Frameworks wie Jena und Sesame üblichen objekt-orientierten Kapselung von RDF-Konzepten existiert je eine Schnittstelle und abstrakte Klasse für Instanzen ((Abstract-)OntologyClassInstance), Properties ((Abstract-)OntologyProperty) und Klassen ((Abstract-)OntologyClass), welche jeweils spezielle RDF-Ressourcen sind und somit von (Abstract-)OntologyResource abgeleitet werden. Die Beziehungen sind in Form eines vereinfachten UML-Diagramms in Abbildung 5.4 dargestellt.

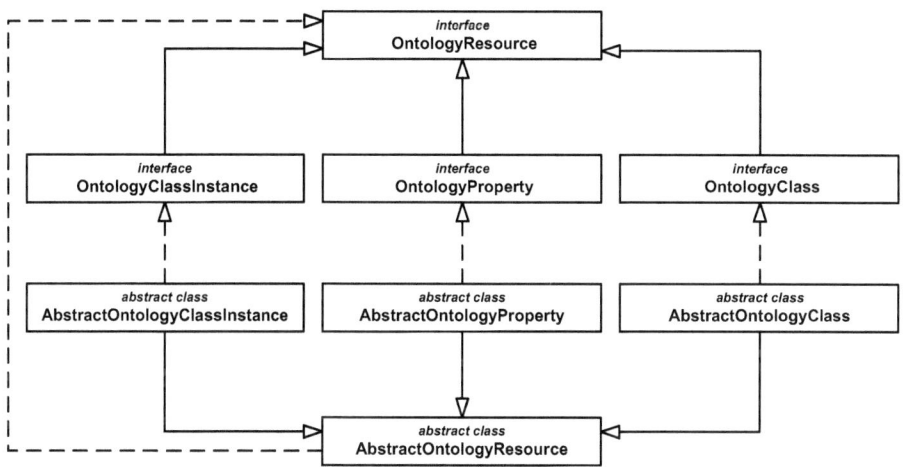

Abbildung 5.4: Basisklassen und -schnittstellen der Ontologie-API in KIMMModel

Die Basisklassen und -schnittstellen der Ontology-API bilden die Grundlage zur Wissensmodellierung, unabhängig vom konkreten Ausgabeformat. Darauf aufbauend besteht die Möglichkeit, Spezialisierungen vorzunehmen, wodurch die Basis für die später in Abschnitt 5.4 beschriebene domänenspezifische Anwendungsschnittstelle gelegt wird.

5 Eine Architektur für die semantische Dokumentenverwaltung

Die Repräsentation der RDF-Primitive sowohl als Interfaces als auch als abstrakte Klassen hat folgende Gründe: Zum einen sollen Instanzen, Properties und Klassen als Java-Objekte über Konstruktoren instanziiert werden können, womit gleichzeitig auch eine entsprechende Verwaltung der URI und der zugehörigen Metadaten verbunden ist. Zum anderen kann nur mit Hilfe von Interfaces eine *Mehrfachvererbung* (*multiple inheritance*) modelliert werden, da in Java Klassen jeweils nur von einer Klasse erben können (*single inheritance*), im Gegensatz zu RDF bzw. OWL (siehe auch [Kalyanpur & Jiménez, 2004]).

Die Ontologie-API realisiert zudem die in Abschnitt 4.2.1 beschriebene Protokollierung von Änderungen in der Datenbasis. Dazu stellen die beschriebenen Basisklassen entsprechende Logging-Funktionen zur Verfügung, die beim Erstellen von Ressourcen (d. h. Aufruf der Konstruktoren) und dem Bearbeiten von Ressourceneigenschaften (d. h. Aufruf von set- oder remove-Methoden) automatisch ausgeführt werden. Die konkrete Speicherung erfolgt in RDF entsprechend der in Abschnitt 4.2.1 beschriebenen Ontologie.

5.3.1.1 Container-Konzept

Die Instanziierung der oben genannten Klassen erfolgt immer unter Angabe eines Ressourcencontainers, welchem die erzeugte Instanz zugeordnet wird. Hierbei fungieren Objekte vom Typ OntologyResourceContainer als "Namensraumrepräsentanten", welche Ressourcen aufnehmen können. Neben Containern für einzelne Ontologien werden auch Container zur Verwaltung mehrerer Ontologien benötigt werden. Dazu wurde das Interface OntologyResourceContainerPool eingeführt, dessen implementierende Klassen Objekte vom Typ OntologyResourceContainer verwalten (vgl. Abbildung 5.5). Wie bereits bei den zentralen Klassen aus dem vorigen Abschnitt, wurden auch hier abstrakte Klassen erstellt, welche die deklarierten Methoden implementieren. Mit Hilfe des Container-Konzeptes kann die gesamte Wissensbasis aus softwaretechnologischer Sicht partitioniert werden. Einzelne Teilbereiche können separat geladen und verarbeitet werden.

5.3 Die domänenunabhängige Ebene der semantischen Datenmodellierung

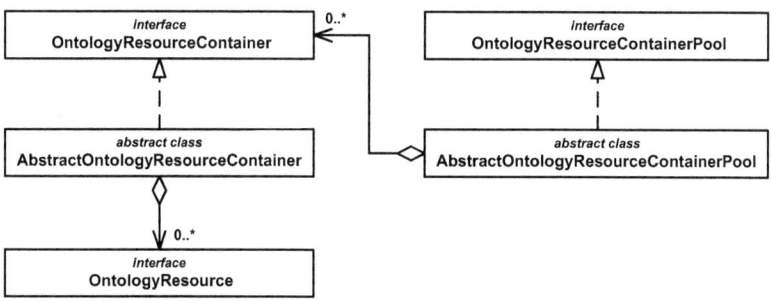

Abbildung 5.5: Container-Konzept der Ontologie-API in KIMMModel

5.3.1.2 Freigabe und Kollaboration

Die *KIMMExchange*-Komponente erweitert dieses Konzept durch eine API für die Freigabe von semantischen Daten zum Zwecke des Austauschs mit anderen Nutzern. Eine Lösung zur Verwaltung persönlicher Dokumente dient in erster Linie dem eigenen, individuellen Gebrauch. Gleichzeitig ermöglicht die Nutzung semantischer Technologien nicht nur den anwendungsübergreifenden Austausch von Informationen, sondern auch den Wissensaustausch mit anderen Nutzern durch eine gemeinsame Konzeptualisierung.

Das hier vorgestellte Konzept ist ein generischer, datenorientierter Ansatz und unabhängig von der konkreten technischen Umsetzung des Verwaltungssystems. Es soll dadurch gewährleistet werden, dass das Prinzip der Vergabe von Zugriffsrechten und Sichtbarkeiten allgemeingültig genug ist, um die folgenden beiden Szenarien zu unterstützen:

Desktop-Anwendung: Das Verwaltungssystem wird als lokale Anwendung auf einem Arbeitsplatzrechner installiert. Wird der Computer dabei beispielsweise von einer Familie genutzt, kann jeder Familienangehörige Dokumente unter seinem Nutzerkonto verwalten und dediziert freigeben. Die Zahl der Nutzer ist dabei eher gering.

5 Eine Architektur für die semantische Dokumentenverwaltung

Client-Server-Szenario: Das Verwaltungssystem wird auf einem zentralen Server betrieben und bietet durch entsprechende Service-Schnittstellen die Möglichkeit, über einen Client Dokumente hochzuladen und das semantische Datenmodell zu bearbeiten und zu durchsuchen. Die Zahl der Nutzer kann hier unbegrenzt hoch sein.

Im Rahmen dieser Dissertation wurde ein Ansatz entwickelt, der es ermöglicht Dokumente und zugehörige semantische Beschreibungen mit anderen Nutzern oder Nutzergruppen über eine gezielte Rechtevergabe zu teilen [Fritzsche, 2007]. Für jeden Nutzer wurde ein *User Resource Container* (URC) konzipiert, der den "Arbeitsraum", d. h. das individuelle Datenmodell des Nutzers repräsentiert [Lochmann, 2005]. Alle Instanzdaten über Dokumente und ihren Kontext liegen in diesem Container und können von anderen nicht eingesehen oder bearbeitet werden. Ein Container ist somit als abgeschlossenes Modell zu verstehen, welches einen eigenen Namensraum besitzt, über den alle enthaltenen Ressourcen eindeutig benannt sind. Die existierenden URC werden in einem so genannten *User Resource Container Pool* verwaltet. Um Nutzergruppen zu unterstützen, wurde als "Gruppenarbeitsraum" das Konzept des *Group Resource Containers* (GRC) eingeführt. Instanzdaten, die ein Nutzer aus seinem URC an andere freigibt, werden in den entsprechenden GRC verschoben. Das Prinzip soll anhand eines Beispiels näher erläutert werden (vgl. dazu Abbildung 5.6):

5.3 Die domänenunabhängige Ebene der semantischen Datenmodellierung

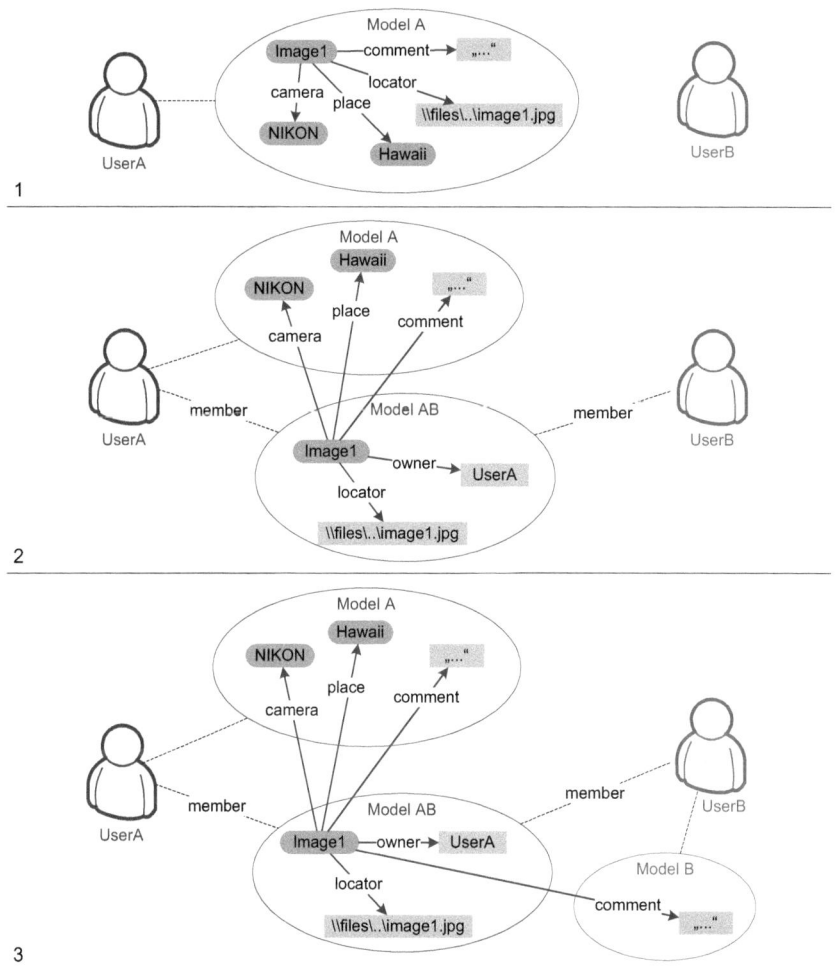

Abbildung 5.6: Beispiel für die Freigabe einer Instanz an einen anderen Nutzer

5 Eine Architektur für die semantische Dokumentenverwaltung

Ein Nutzer (*UserA*) hat eine Reihe digitaler Fotos indexieren lassen und die beschreibenden Daten durch zusätzliche Informationen, wie z. B. persönliche Kommentare erweitert (1). Er möchte ein Bild mit zugehörigen Angaben an einen anderen Nutzer (*UserB*) freigeben. Allerdings soll dabei der persönliche Kommentar nicht mit freigegeben werden.

Beide Nutzer sind Mitglied in einem GRC (*AB*), der als solcher bereits existiert oder zu diesem Zweck neu angelegt wird. Die Instanz, die das Bild repräsentiert, wird in den GRC verschoben (2), indem ihr eine neue ID, dem Namensraum des GRC entsprechend, zugewiesen und sie in das Ontologiemodell des GRC eingefügt wird. Zugehörige Aussagen werden mit im Modell des GRC angelegt (z. B. Kennzeichnung des Eigentümers) bzw. mit verschoben. Informationen, die für *UserB* nicht sichtbar sein sollen, verbleiben im Modell von *UserA*.

UserB kann zu den für ihn sichtbaren Instanzen innerhalb seines Modells ebenfalls persönliche Information, wie beispielsweise Kommentare, erstellen (3).

Dieser Ansatz ist im Falle einer Arbeitsgruppe mit gleichberechtigten Sichtbarkeiten ausreichend. Für den Fall (Abbildung 5.7), dass *UserA* einem weiteren Nutzer (*UserC*), der nicht Mitglied der Arbeitsgruppe *AB* ist, Zugriff auf das Bild und zugehörige Informationen (z. B. Aufnahmeort) geben möchte, wird das Konzept eines "versteckten" Ressourcen-Containers (*Hidden Resource Container*, HRC) verwendet. Im System ist dabei nur ein einzelner HRC aktiv. Direkte Mitgliedschaften sind nicht möglich. Nutzer können nur über qualifizierte Beziehungen, die innerhalb ihrer URC- und GRC-Arbeitsräume definiert sind, auf Instanzen im HRC zugreifen. Als Gegenkonzept dazu enthält ein "Öffentlicher Container" (*Public Resource Container*) Ressourcen, die für alle Nutzern gleichermaßen sichtbar sind. Die beschriebenen Containerarten stellen dabei, wie in Abbildung 5.8 zu sehen, Spezialisierungen des allgemeinen OntologyResourceContainer dar.

5.3 Die domänenunabhängige Ebene der semantischen Datenmodellierung

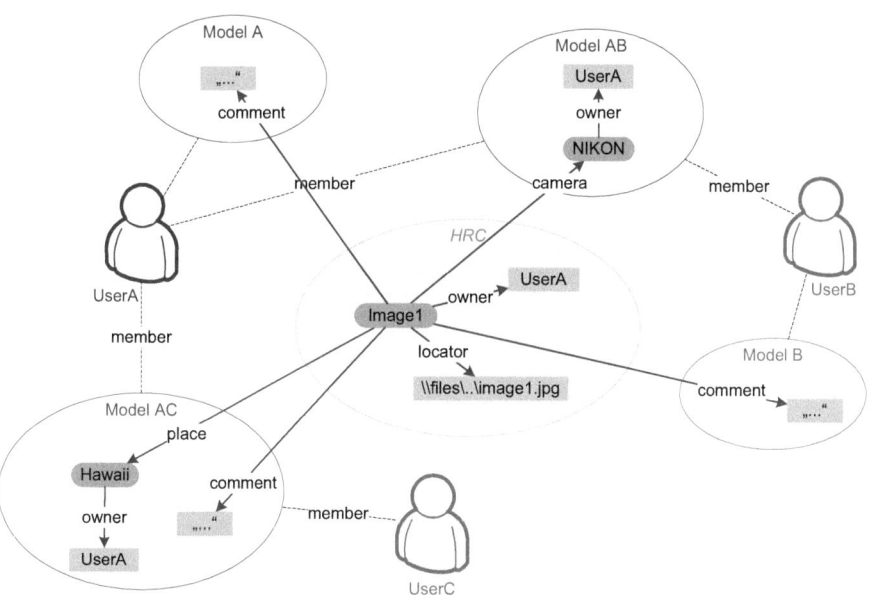

Abbildung 5.7: Beispiel für die Freigabe einer Instanz an mehrere Nutzer

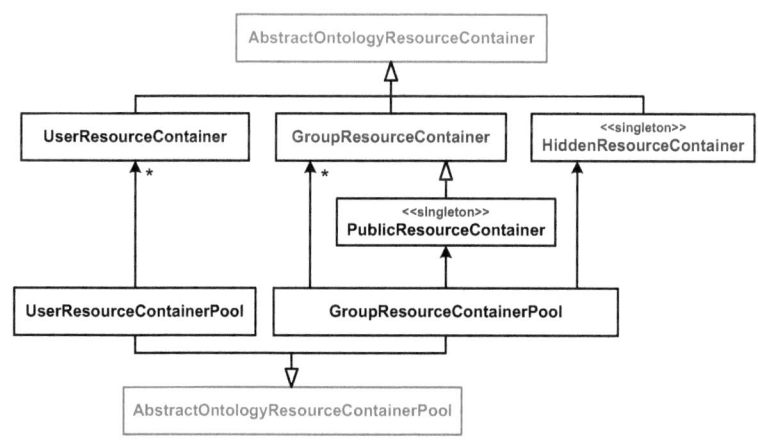

Abbildung 5.8: Übersicht der Containerarten

5 Eine Architektur für die semantische Dokumentenverwaltung

Das Entziehen von Zugriffsrechten verläuft analog zur Freigabe: die Ressourcen werden dabei wieder in den Arbeitsraum des Besitzers zurück verschoben. Dabei ist jedoch zu beachten, dass auch alle zugehörigen Attribute mit verschoben werden und Relationen, in denen die Ressourcen als Objekte auftreten, aus den GRC entfernt werden. Im Falle einer mehrfachen Freigabe (an mehrere GRC) verbleiben die Ressourcen im HRC - die jeweiligen Relationen in den GRC werden jedoch gelöscht.

Das entwickelte Verfahren zur Zugriffsverwaltung, welches auch prototypisch umgesetzt wurde, ist ein im Bereich der semantischen Technologien neuartiger Ansatz zur feingranularen, auf einzelne Aussagen anwendbaren Rechteverwaltung [Mitschick & Fritzsche, 2007]. Es bietet somit eine Lösung für die bisher noch unzureichend betrachtete Frage der Zugriffsverwaltung in semantischen Datenbanken (vgl. Abschnitt 3.1.5).

5.3.1.3 Persistenz und Anfrageverarbeitung

Die Ontologie-API wird durch ein Adapterkonzept an eine Persistenzlösung angebunden. Hierzu wurden entsprechende Adapterschnittstellen entwickelt, welche von den jeweiligen Ontologie-API-Schnittstellen erben. Abbildung 5.9 zeigt das vereinfachte UML-Diagramm der Schnittstellen.

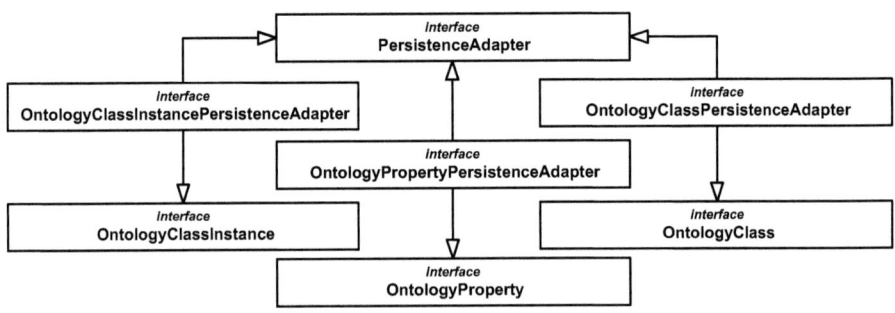

Abbildung 5.9: Adapterkonzept der Ontologie-API

5.3 Die domänenunabhängige Ebene der semantischen Datenmodellierung

Neben diesen Schnittstellen existiert ein weiteres Interface (CommonPersistence-Utilities) für globale Verwaltungsmethoden, u. a. zum Initialisieren der Persistenz, zur Transaktionsverwaltung sowie zum Import und Export von Ontologien. Konkrete Adapter implementieren die Funktionen der zentralen Schnittstellen bezogen auf ein bestimmtes Persistenz-Framework. Zur persistenten Speicherung der Datenmodelle müssen die vier genannten Adapter-Schnittstellen implementiert werden. Welche Persistenzlösung zum Einsatz kommt, wird über eine Konfigurationsdatei beschrieben, für die ein Beispiel einer Jena-basierten Implementierung in Quellcode 5.2 gegeben ist.

```
# Jena persistence framework description
id          = org.kimm.model.persistence.file
title       = Jena Semantic Web Framework
description = Jena Persistence Framework
vendor      = Henrik Lochmann
version     = 1.0

# persistence adapter
adapter.OntologyClass =
    org.kimm.model.persistence.jena.OntologyClassPersistenceAdapter
adapter.OntologyClassInstance =
    org.kimm.model.persistence.jena.OntologyClassInstancePersistenceAdapter
adapter.OntologyProperty =
    org.kimm.model.persistence.jena.OntologyPropertyPersistenceAdapter
adapter.CommonPersistenceUtilities =
    org.kimm.model.persistence.jena.JenaFilePersistenceUtilities

# query hosts
query.sparql = org.kimm.model.persistence.query.sparql.SparqlOntologyQueryHost
query.larq   = org.kimm.model.persistence.query.sparql.LuceneOntologyQueryHost
```

Quellcode 5.2: Beispiel für eine Persistenz-Konfigurationsdatei

Die Realisierung von komplexen Anfragen an die Datenbasis ist, in Hinblick auf die Nutzung des Systems zur Organisation von Dokumentensammlungen und damit zur gezielten Suche nach Medienobjekten, unabdingbar. Zu Beginn der Entwicklung der Architektur war noch nicht absehbar, welche der verfügbaren, konkurrierenden Anfragesprachen für das Semantic Web sich durchsetzen würde. Die vom W3C empfohlene Anfragesprache SPARQL [@SPARQL] wurde erst 2008 endgültig freigegeben. Aus diesem Grund wurde ein erweiterbarer Ansatz verfolgt und die generische Schnittstelle OntologyQueryHost und die abstrakte Klasse OntologyQuery definiert. Das Interface OntologyQueryHost definiert eine geringe Anzahl an Methoden zur Verarbeitung von Anfragen an die Datenbasis. Die abstrakte Klasse OntologyQuery liefert die Basisfunktionalität zur Kapselung einer von einer Anfragesprache abhängigen Zeichenkette.

Die konkrete Implementierung wird über die oben genannte Konfigurationsdatei zugeordnet. Im aufgeführten Beispiel in Quellcode 5.2 wird eine SPARQL-Implementierung (query.sparql) referenziert. Dieser erweiterbare Ansatz ermöglicht das Hinzufügen beliebiger QueryHost-Implementierungen. Im Beispiel ist als alternative Anfrageschnittstelle (query.larq) eine Lucene-basierte Lösung [@Lucene] für die Volltextsuche in semantischen Daten angegeben.

5.3.2 Modellinstanziierung und -konsolidierung

Die in den Abschnitten 4.1.1 und 4.2.1 beschriebenen automatisierten Prozesse der Generierung semantischer Beschreibungen und der Synchronisation der Datenbasis mit der Dokumentensammlung werden in der *KIMMSemantics*-Komponente realisiert. Deren Aufbau, wie in Abbildung 5.10 dargestellt, spiegelt die beschriebenen Aufgaben in Form von Teilkomponenten wider.

Die einzelnen Manager-Komponenten greifen jeweils über eine zentrale RulesHandler-Instanz auf die zugehörigen verfügbaren Regeln zu. Über diese Instanz wird zudem auch die Integration der neu erstellten Informationen in das Datenmodell realisiert. Die über eine *FileSystemObserver*-Komponente (vgl. Abschnitt 5.2) und die *KIMMContextModel*-Komponente registrierten Dokumentenaktivitäten werden durch einen zentralen *DocumentLifeCycleManager* an die jeweiligen Handler übergeben, welche die vom Entwickler definierten Regeln anwenden.

Verwaltung und Verarbeitung der Regeln

Im Rahmen dieser Arbeit wurde eine abstrakte API für das Lesen und Verarbeiten von Regeln entwickelt, die eine möglichst große Flexibilität bezüglich der verwende-

5.3 Die domänenunabhängige Ebene der semantischen Datenmodellierung

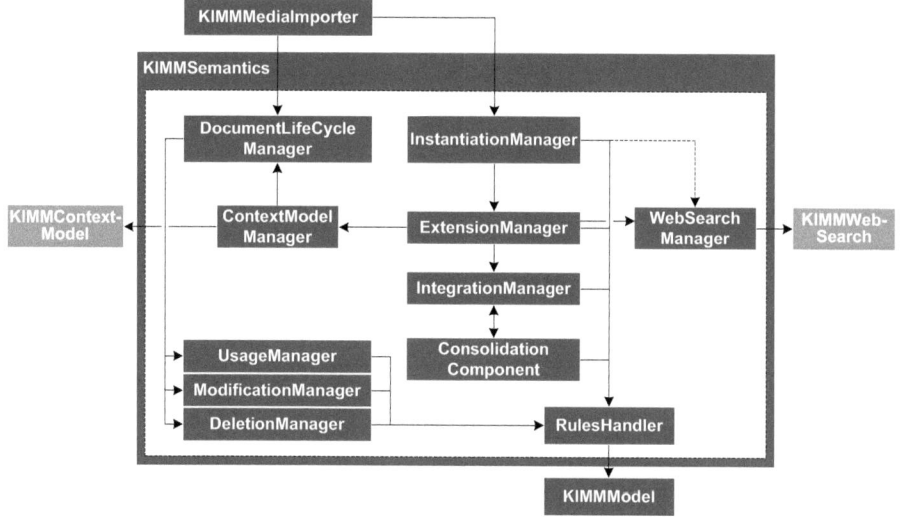

Abbildung 5.10: Aufbau der KIMMSemantics-Komponente

ten Regelsprachen und Reasoner-Implementierungen bietet. Wie in Abbildung 5.11 dargestellt beinhaltet diese API eine abstrakte Klasse zur Implementierung konkreter RulesHandler (hier im Beispiel auf Basis der Jena Rules API [@JenaRules]). Diese sorgen für das Laden und Ausführen der Regeln, die in entsprechender Syntax in Dateien vorliegen. Einzelne Regeln werden als Java-Objekte instanziiert (JenaRule) und erlauben so einen objektorientierten Umgang mit diesen.

Die entwickelte Referenzimplementierung stützt sich, wie bereits angedeutet, auf die Jena Rules API [@JenaRules]. Diese beinhaltet eine generische, erweiterbare Reasoner API, die es ermöglicht, verschiedene Reasoner-Implementierungen (z. B. Pellet, Racer oder FaCT) anzubinden. KIMMSemantics setzt in der prototypischen Umsetzung lediglich den "universellen" GenericRuleReasoner ein, der sich zur Validierung des Konzeptes als ausreichend erwiesen hat. Erweiterungen, sei es in Bezug auf die Einbindung leistungsfähigerer Reasoner oder in Bezug auf die verwendete Regelsprache, sind durch die abstrakte Regel-API (Abbildung 5.11) problemlos möglich.

5 Eine Architektur für die semantische Dokumentenverwaltung

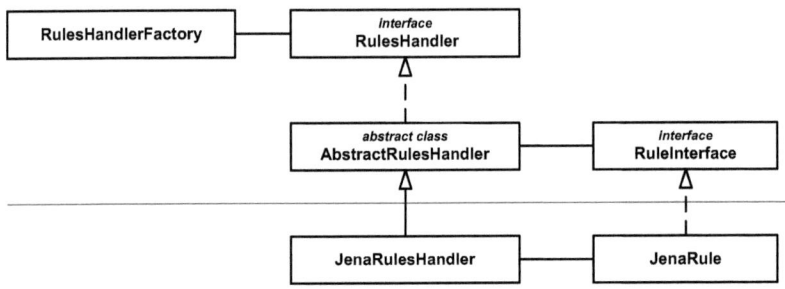

Abbildung 5.11: Basisklassen- und Schnittstellen zur Verarbeitung von Regeln

In den folgenden Ausführungen werden jeweils beispielhaft Regeln in Jena-Rules-Syntax angegeben. Eine andere Form der Eingabe der Regelmengen bietet SWRL (Semantic Web Rule Language) [@SWRL], ein Vorschlag des W3C. Dazu müsste die Regel-API durch eine entsprechende SWRL-Unterstützung erweitert werden.

Instanziierung

Bei der Instanziierung eines temporären Modells zur Beschreibung eines Dokumentes wird, wie in Abschnitt 4.1.1 erläutert, zunächst eine Filterung, sowie eine Syntaxkontrolle und Normalisierung der Eingabedaten durch entsprechende Datentyp-Handler vorgenommen. Der beschriebene Prozess soll dabei durch den Anwendungsentwickler entsprechend seiner Anwendungsdomäne und relevanter Eingabedaten angepasst werden können. Die Konfiguration dieser Prozesse erfolgt über eine deklarative Beschreibung der jeweils verwendeten Datentyp-Handler in XML, die durch den Entwickler entsprechend seiner Anwendungsdomäne bearbeitet werden kann. Dabei wird über den Klassennamen festgelegt, welcher Handler bei welchem Attribut zum Einsatz kommt. Ein beispielhafter Auszug aus einer solchen Beschreibung ist in Quellcode 5.3 gegeben.

```
<DatatypeHandling>
  <datatype type="Integer"
       handler="org.kimm.model.generation.syntax.IntegerHandler">
```

5.3 Die domänenunabhängige Ebene der semantischen Datenmodellierung

```
        <attribute key="Filesize"/>
        <attribute key="KIMMImageAnalyzer.Jpeg.Image Height"/>
        <attribute key="KIMMImageAnalyzer.Jpeg.Image Width"/>
        <attribute key="KIMMTextAnalyzer.PageNumber"/>
        <attribute key="KIMMImageAnalyzer.FaceDetection.Faces"/> ...
    </datatype>
    <datatype type="Date"
              handler="org.kimm.model.generation.syntax.PatternBasedDateHandler">
        <attribute key="KIMMImageAnalyzer.Exif.Date/Time"/>
        <attribute key="KIMMTextAnalyzer.Dates"/> ...
    </datatype>
    <datatype type="Person"
              handler="org.kimm.model.generation.syntax.ListBasedNEHandler">
        <attribute key="KIMMTextAnalyzer.Author"/>
        <attribute key="KIMMTextAnalyzer.DC.creator"/>
        <attribute key="KIMMTextAnalyzer.Persons"/> ...
    </datatype> ...
</DatatypeHandling>
```

Quellcode 5.3: Auszug aus einer Konfigurationsdatei für die Filterung der Ausgangsdaten und Datentypbehandlung (Syntaxkontrolle und Normalisierung)

Modellkonsolidierung

Der automatische Prozess der Konsolidierung der semantischen Datenbasis beinhaltet entsprechend Abschnitt 4.3 drei Teilaufgaben: die Behandlung semantischer Fehler, die Erkennung und Beseitigung von Duplikaten und die Identifikation unvollständiger Daten. Dementsprechend bietet die in Abbildung 5.10 dargestellte Consolidation-Component drei Schnittstellen, die jeweils durch spezifische Lösungen implementiert werden: ConflictsHandler, DuplicationHandler und IncompletionHandler. Die im Rahmen dieser Arbeit exemplarisch entwickelten Lösungen sind in Abbildung 5.12 zu sehen.

Semantische Konflikte und Unvollständigkeiten werden durch konfigurierbare Validierungsregeln identifiziert (RuleBasedConflictsHandler, RuleBasedIncompletion-Handler). Beispiele dazu wurden bereits in Abschnitt 4.3.2 gegeben. Entsprechend der in Abschnitt 4.3.3 vorgestellten Ontologie für Problembeschreibungen wird neben

5 Eine Architektur für die semantische Dokumentenverwaltung

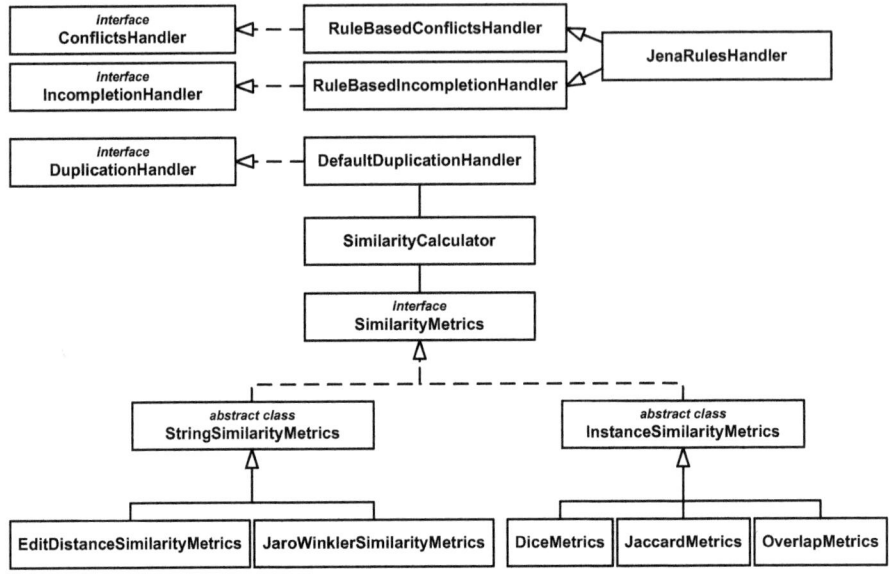

Abbildung 5.12: Schnittstellen und zugehörige Implementierungen der ConsolidationComponent

der menschenlesbaren Beschreibung des gemeldeten Problems über die genannten *Builtins* eine RDF-basierte Beschreibung erstellt.

Die Duplikaterkennung kann bezüglich verwendeter Metriken und signifikanter Attribute (siehe Abschnitt 4.3.1) vom Entwickler über eine XML-basierte Konfigurationsdatei angepasst werden. Die Metriken wie auch das in Abschnitt 4.3.1 vorgestellte Verfahren zur Erkennung identischer Instanzen sind als austauschbare Klassen konzipiert, die anhand der Konfiguration ausgewählt und parametrisiert werden. Ein Beispiel für eine Konfiguration ist in Quellcode 5.4 aufgeführt.

```
<duplicationHandling>
    <entityType id="person.owl#Person">
        <preselection metric="JaroWinklerSimilarityMetric" min="0.9">
            <signAttr value="person.owl#familyName" min="0.9"/>
            <signAttr value="person.owl#givenName" min="0.9"/>
```

5.3 Die domänenunabhängige Ebene der semantischen Datenmodellierung

```
            <signAttr value="person.owl#gender" min="1.0"/>
            <signAttr value="person.owl#birthday" min="1.0"/>
        </preselection>
        <comparison metric="OverlapMetric" min="1.0"/>
    </entityType>
    ...
</duplicationHandling>
```

Quellcode 5.4: Konfigurationsbeispiel für die Duplikaterkennung

Durch diese wird festgelegt, welche Metrik für den syntaktischen Vergleich eines Instanztyps eingesetzt wird (im Beispiel der *Jaro-Winkler-Abstand* [Winkler, 1999]) und welcher Schwellwert für die Ähnlichkeit der einzelnen Attribute der Instanz sowie für das Gesamtergebnis verwendet werden soll (min-Attribute).

5.3.3 Einbeziehen von Kontext- und "Weltwissen"

Die Erweiterung des temporären Modells beruht auf der Nutzung zweier Informationsquellen: "Weltwissen" in Form von semantischen Websuchergebnissen und Kontextinformationen. Wie in Abbildung 5.1 dargestellt, existieren dazu in der Architektur zwei Komponenten als Schnittstellen zu diesen Informationsquellen: *KIMMWebSearch* und *KIMMContextModel*. Die Funktionsweise beider Komponenten ist dabei vom Prinzip her gleich: mit Hilfe von SPARQL-Anfragen werden Informationen von dedizierten Anbietern (die über entsprechende Schnittstellen verfügen) bezogen und die Resultate in Form von RDF-Modellen an den *ExtensionManager* der KIMMSemantics-Komponente zur Weiterverarbeitung übergeben.

Die Umsetzbarkeit einer semantischen Websuche wurde durch verschiedene prototypische Implementierungen einer KIMMWebSearch-Komponente überprüft. Dazu zählt zum einen eine eigenständige *Crawler*-Komponente [Winkler, 2006; Mitschick et al., 2007], die bestehende Indexdienste (exemplarisch der Webservice von Swoogle [Ding et al., 2004; @Swoogle] und Yahoo! [@Yahoo]) nutzt, um RDF-basierte Inhalte auf Basis einer stichwortbasierten Suche aus dem Internet zu beziehen und diese nach eigenen Kriterien zu evaluieren. Zum anderen wurde in [Geißler, 2009] ein alternativer

5 Eine Architektur für die semantische Dokumentenverwaltung

Ansatz entwickelt, um eine Anbindung bestehender, über einen SPARQL Endpoint verfügende Wissensquellen (*Linked Data*) zu gewährleisten. Der Vorteil der Nutzung solcher Informationsquellen ist, dass die Ergebnisse bereits strukturierte, valide Informationen darstellen und somit das zeitaufwendige Herunterladen und lokale Validieren von Ergebnisdokumenten entfällt. Nachteilig ist jedoch, dass man von der Verfügbarkeit und den Antwortzeiten der SPARQL Endpoints abhängig ist.

Die KIMMWebSearch-Komponente kann aufgrund ihrer generischen Schnittstellen auch in einer PIM-Anwendung zum Einsatz kommen, wie später in Abschnitt 6.1 an einem Beispiel beschrieben wird. Dabei können Anwender manuell nach Informationen zu bestehenden Instanzen suchen und ausgewählte Ergebnisse nutzen.

Analog zur KIMMWebSearch-Komponente stellt KIMMContextModel eine *Wrapper*-Komponente dar, um einen oder mehrere Wissendienste anzusprechen und Daten abzufragen. Die Besonderheit hierbei ist, dass sich der Kontext kontinuierlich ändert. Die Anforderung besteht also darin, dass stets aktuelle Kontextdaten zur Verfügung stehen, und insbesondere eine Kontextänderung registriert wird. Aus diesem Grund stellt KIMMContextModel neben einer Schnittstelle zum aktiven Abfragen eines Kontextanbieters auch eine Callback-Funktion bereit, die ein Anbieter zur Aktualisierung von Kontextdaten verwenden kann (diese kommt bei der in Abschnitt 4.2.1 beschriebenen Registrierung von Dokumentaktivitäten zum Einsatz).

Als konkreter Anbieter von Kontextinformationen wird der in dieser Arbeit entwickelte *Cross-application Context Management Service* (CroCo) [Pietschmann et al., 2008] eingesetzt. Dieser ist ein im Rahmen einer Diplomarbeit [Winkler, 2007] entwickelter generischer Kontextmodellierungsdienst, der Kontextinformationen in RDF verwaltet und bereitstellt. Die Entwicklung dieses Ansatzes zur anwendungsübergreifenden, ontologiebasierten Kontextverwaltung entstand vor dem Hintergrund und mit den Anforderungen zweier Projekte: zum einen für die Bereitstellung von Kontextdaten aus lokalen Anwendungen für die Modellierung semantischer Beschreibungen im K-IMM-Projekt, und zum anderen für die Kontextmodellierung zur Anpassung von Webdokumenten und Synchronisation der Interaktion für verschiedene Endgerä-

5.3 Die domänenunabhängige Ebene der semantischen Datenmodellierung

te innerhalb eines *Co-Browsing*-Szenarios im VCS-Projekt[5] [@VCS]. CroCo arbeitet dabei nach dem *Blackboard*-Prinzip [Winograd, 2001]: er nimmt Daten von unterschiedlichen Kontextlieferanten (*Providern*) entgegen, erzeugt daraus ein konsistentes Kontextmodell und ermöglicht interessierten Konsumenten den Zugang zu den vorhandenen Informationen über synchrone und asynchrone Abfragen. Des Weiteren besitzt die Komponente Mechanismen zur Konsistenzsicherung und -erweiterung durch einen zentralen *Reasoner* und verwaltet eine Kontexthistorie, zur Berücksichtigung unterschiedlicher Alterungsprozesse der gesammelter Kontextdaten. Abbildung 5.13 zeigt den generellen Aufbau der Komponente im Überblick.

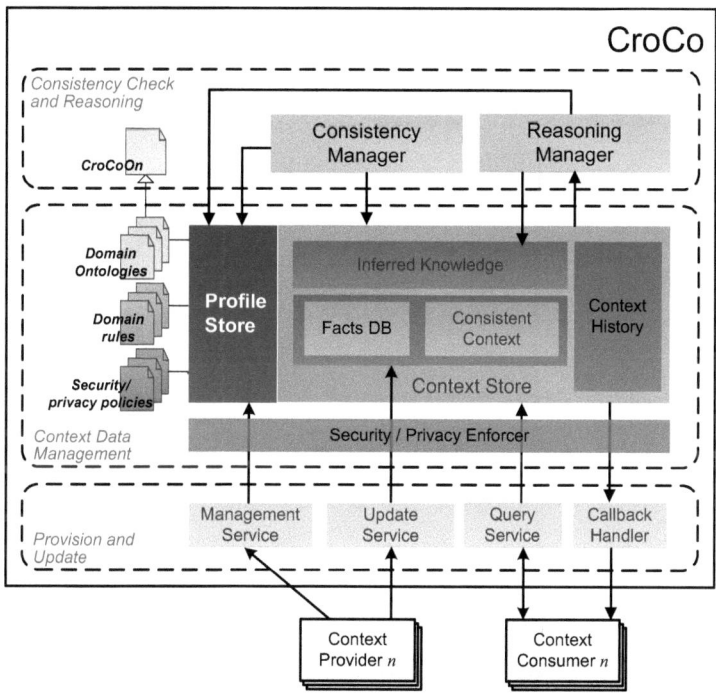

Abbildung 5.13: Aufbau des Kontextmodellierungsdienstes *CroCo*

Für das Kontextmodell wurde eine Ontologie entwickelt, die im Laufe der Entwicklung

[5]*Virtual Consulting Services*, gefördert durch die Sächsische Aufbaubank (SAB), 2006/2007

5 Eine Architektur für die semantische Dokumentenverwaltung

zur Unterstützung spezifischer Anwendungsszenarien um das Prinzip der Spezifikation so genannter *Domänenprofile* erweitert wurde [Winkler, 2007; Zimmermann, 2009]. Die Ontologie besteht aus einer allgemeinen Upper-Ontologie und grundsätzlichen Subontologien (z. B. für Zeit, Raum, Person, Ort, Gerät), die diese erweitern. Bei der Entwicklung des Modells lag der Fokus bewusst auf einem domänenunabhängigen, generischen Ansatz, der es ermöglicht, dieses mittels Ableitung und Spezialisierung zu erweitern und somit neuen Kontext anwendungsspezifisch zu modellieren. Ein Beispiel für Informationen aus dem Anwendungskontext, welche zur Modellierung einer Dokumentnutzungsaktivität dienen, ist in Quellcode 5.5 zu finden. In diesem wird das Eintreffen eines Bildes per Mail dokumentiert. Dieses Bild wird eindeutig über eine ID beschrieben, die über eine Hash-Funktion (SHA1) aus den Bits des Bildes generiert wird. Auf Basis dieser ID kann ein Abgleich mit dem gerade indexierten Dokument vorgenommen werden (mehr dazu im nächsten Abschnitt).

```
<rdf:RDF xmlns:rdf="http://www.w3.org/1999/02/22-rdf-syntax-ns#"
    xmlns:cdoc="http://mmt.inf.tu-dresden.de/crocoon/context-document.owl#"
    xmlns:cmail="http://mmt.inf.tu-dresden.de/crocoon/context-mail.owl#"
    xmlns:cupper="http://mmt.inf.tu-dresden.de/crocoon/context-upper.owl#"
    xml:base="http://mmt.inf.tu-dresden.de/crocoon/consistent-context">
    <cmail:Email rdf:ID="Email_238">
        <cmail:receivedAt>2009-07-14T23:57:42Z</cmail:receivedAt>
        <cmail:receivedIn>Thunderbird Version 2.0.0.22</cmail:receivedIn>
        <cmail:emailSubject>Foto</cmail:emailSubject>
        <cmail:emailFrom>simzim@gmx.de</cmail:emailFrom>
        <cmail:emailTo>context@xidon.de</cmail:emailTo>
        <cmail:hasAttachment rdf:resource="#Image_18"/>
    </cmail:Email>
    <cdoc:DigitalImage rdf:ID="Image_18">
        <cupper:uniqueID>d07149922d9f84c097f7ccf6ed5c7b658c4229d0</cupper:uniqueID
        >
        <cdoc:fileName>landschaft.jpg</cdoc:fileName>
    </cdoc:DigitalImage>
...  </rdf:RDF>
```

Quellcode 5.5: Beispiel für Kontextinformationen von CroCo

5.3 Die domänenunabhängige Ebene der semantischen Datenmodellierung

Definition von Anfragen

Die Definition der Anfragen an den Kontextmodellierungsdienst erfolgt in SPARQL-Templates, welche aus konfigurierbaren Dateien zur Laufzeit geladen werden. Dabei werden bestimmte Platzhalter eingesetzt, die beim Ausführen einer Anfrage zu einer in der Datenbasis bestehenden Entität durch deren Attribute als konkrete Filterkriterien ersetzt werden. Ein Beispiel eines solchen Templates und einer Beispielanfrage an den DBpedia-Endpoint ist in Quellcode 5.6 gegeben. Dieses Beispiel liefert Daten für eine Erweiterung einer Personenbeschreibung.

```
PREFIX rdf: <http://www.w3.org/1999/02/22-rdf-syntax-ns#>
PREFIX foaf: <http://xmlns.com/foaf/0.1/>

SELECT ?person ?property ?value
WHERE {  ?person rdf:type <http://xmlns.com/foaf/0.1/Person>.
         ?person foaf:surname [[person:familyName]].
         ?person foaf:givenname [[person:givenName]].
         ?person ?property ?value. }


# Beispielanfrage
SELECT ?person ?property ?value
WHERE {  ?person rdf:type <http://xmlns.com/foaf/0.1/Person>.
         ?person foaf:surname "Jackson"@de.
         ?person foaf:givenname "Peter"@de.
         ?person ?property ?value. }
```

Quellcode 5.6: Beispiel eines Templates für eine SPARQL-Anfrage zur Suche nach Personendaten

Ein weiteres Beispiel für die Anfrage an CroCo zum oben beschriebenen Email-Szenario ist in Quellcode 5.7 gegeben. Dabei wird nach der eindeutigen ID des gesendeten Dokumentes (Hash-Code) gefiltert.

5 Eine Architektur für die semantische Dokumentenverwaltung

```
PREFIX rdf: <http://www.w3.org/1999/02/22-rdf-syntax-ns#>
PREFIX cmail: <http://mmt.inf.tu-dresden.de/crocoon/context-mail.owl#>
PREFIX cupper: <http://mmt.inf.tu-dresden.de/crocoon/context-upper.owl#>

SELECT ?mail ?property ?value
WHERE  { ?mail rdf:type cmail:Email. ?mail cmail:hasAttachment ?doc.
         ?doc cupper:uniqueID [[SHA1_content]].
         ?mail ?property ?value. }


# Beispielanfrage
SELECT ?mail ?property ?value
WHERE  { ?mail rdf:type cmail:Email. ?mail cmail:hasAttachment ?doc.
         ?doc cupper:uniqueID "d07149922d9f84c097f7ccf6ed5c7b658c4229d0".
         ?mail ?property ?value. }
```

Quellcode 5.7: Beispiel eines Templates für eine SPARQL-Anfrage an CroCo

Für bestimmte Klassen kann so, durch die Definition einer oder mehrerer SPARQL-Templates und zugehöriger Erweiterungsregeln (siehe oben) ein automatisches Vorgehen zur Integration von verfügbarem externen Wissen spezifiziert werden. Die Erweiterungskomponente überprüft dabei für jede der im temporären Modell vorhandenen Instanzen, ob für deren Typ (`rdf:type`) ein Template vorhanden ist. Dieses wird dann entsprechend der Platzhalter mit Attributen der Instanz befüllt und an die jeweilige Komponente, KIMMWebSearch oder KIMMContextModel, übergeben. Der *ExtensionManager* (vgl. Abbildung 5.10) übernimmt die Generierung des Hashs, falls eine Abfrage auf Basis einer eindeutigen ID nötig ist.

Auswertung der Ergebnisse

Ist die Anfrage erfolgreich, so werden die Resultate dem temporären Modell hinzugefügt und Erweiterungsregeln darauf angewendet. Auch hier erfolgt das Laden und Ausführen der Regeln über einen entsprechenden `RulesHandler`. Die Regeln enthalten dabei Vorschriften zur Integration von Informationen aus den externen Informationsquellen. Ein Beispiel für eine Regel zur Erweiterung von Basisbeschreibungen mit Hilfe von Websuchergebnissen ist in Quellcode 5.8 zu finden. Darin werden Teile einer bei einer semantischen Websuche gefundenen FOAF-Beschreibung [@FOAF]

5.3 Die domänenunabhängige Ebene der semantischen Datenmodellierung

(entsprechend dem Beispiel in Quellcode 5.6) in eine bestehende Personenbeschreibung integriert.

```
@prefix person: <http://mmt.inf.tu-dresden.de/k-imm/person.owl#>.
@prefix core: <http://mmt.inf.tu-dresden.de/k-imm/core.owl#>.
@prefix foaf: <http://xmlns.com/foaf/0.1/>.
@prefix dbpedia2: <http://dbpedia.org/property/>.

[foaf1:  (?P rdf:type person:Person),
         (?F rdf:type foaf:Person),
         (?F dbpedia2:dateOfBirth ?birthdate),
         (?F foaf:page ?homepage),
         (?F foaf:depiction ?img)
         -> (?P person:birthday ?birthdate),
            (?P person:homepage ?homepage),
            (?P core:imgLink ?img) ]
```

Quellcode 5.8: Erweiterungsbeispiel (FOAF)

Ein Beispiel für die Integration von Kontextinformationen von CroCo ist in Quellcode 5.9 gegeben.

```
@prefix cmail: <http://mmt.inf.tu-dresden.de/crocoon/context-mail.owl#>.
@prefix core: <http://mmt.inf.tu-dresden.de/k-imm/core.owl#>.
@prefix abc: <http://mmt.inf.tu-dresden.de/k-imm/abc.owl#>.
@prefix mmobject: <http://mmt.inf.tu-dresden.de/k-imm/mmobject.owl#>.

[context1: (?D rdf:type mmobject:MultiMediaDocument),
           (?E rdf:type cmail:Email),
           (?E cmail:receivedAt ?date),
           (?E cmail:receivedIn ?software),
           (?E cmail:emailFrom ?from),
           initInstance(?T), initInstance(?S),
           -> (?T rdf:type core:Transmission),
              (?D core:isTransmittedBy ?T),
              (?S rdf:type core:Software), (?S rdfs:label ?software),
              (?T abc:usesTool ?S), (?T abc:atTime ?date),
              (?D mmobject:publisher ?from) ]
```

Quellcode 5.9: Erweiterungsbeispiel (CroCo)

Der Abgleich über die eindeutige ID (siehe oben) hat dabei bereits sichergestellt, dass das per Mail empfangene Dokument mit dem gerade indexierten übereinstimmt. Im Anschluss daran werden alle Ressourcen fremder Namensräume (z. B. foaf, dbpedia2, cmail) wieder entfernt und nur die des internen Namensraums weiterverarbeitet.

5.4 Die domänenspezifische Ebene der Anwendungsschnittstelle

Die in den vorangegangenen Abschnitten beschriebenen unteren beiden Schichten der entwickelten Architektur (vgl. Abbildung 5.1) stellen im Sinne eines Frameworks die Grundfunktionen der Dokumentenanalyse, Datenmodellierung und Datenverwaltung bereit. Die von der semantischen Datenbasis verwendete Ontologie kann dabei frei gewählt bzw. angepasst werden. Um dies zu gewährleisten, sind die domänenunabhängigen Modellierungskomponenten mit Hilfe von Regeln und deklarativen Beschreibungen konfigurierbar. Von einer Domänenanpassung (Austausch bzw. Bearbeitung der verwendeten Ontologie) betroffen und entsprechend anzupassen sind (1) die am Generierungsprozess (siehe Abschnitt 4.1.1) beteiligten Regeln (Instanziierung, Erweiterung, Abbildung), (2) die Regeln zur Identifikation semantischer Konflikte und unvollständiger Instanzdaten, (3) die Regeln zur Modellierung von Dokumentenaktivitäten (Dokumentenlebenszyklus) und (4) die Abbildungsregeln zur Integration von Anwendungskontext und Resultaten einer Websuche.

Die konkrete Anpassung der einzelnen Komponenten an eine bestimmte Anwendungsdomäne wird in der obersten Ebene der Architektur vorgenommen. Diese bietet dem Entwickler leistungsstarke, abstrakte Schnittstellen, über die er

1. modellkonforme, typsichere Instanzdaten über eine vom verwendeten Datenmodell bestimmte Schnittstelle erzeugen und bearbeiten kann, und
2. domänenspezifische Anpassungen der Modellierungs- und Konsolidierungskomponenten zentral vornehmen kann.

5.4 Die domänenspezifische Ebene der Anwendungsschnittstelle

In Abschnitt 5.4.1 erfolgt zunächst die Darstellung der generierbaren Modell-API. Anschließend wird in Abschnitt 5.4.2 näher auf den grundsätzlichen Autorenprozess eingegangen, der mit der Anpassung an eine bestimmte Domäne verbunden ist.

5.4.1 Generierung der Modell-API

Objektorientierung bietet durch ihre Anlehnung an die menschliche Art des Denkens (in Form von Objekten, die über Zustände und Verhalten verfügen) eine ganze Reihe von Vorteilen beim Entwurf und der Implementierung komplexer Softwarelösungen, wie beispielsweise einfache Wartbarkeit und Wiederverwendbarkeit. Parallelen existieren insbesondere zu Ontologien. Wie bereits in [Ramamoorthy & Sheu, 1988] beschrieben, stellt die Objektorientierung durch die Möglichkeit auf Daten mittels verschiedener Abstraktionsgrade zuzugreifen, eine geeignete Methode für die Realisierung semantischer Datenbanken und Wissensbasen dar. Der hauptsächliche Vorteil, mit Hilfe einer objektorientierten API, die Ontologieklassen in Objektklassen und Ontologieinstanzen in Objektinstanzen abbildet, mit semantischen Daten zu arbeiten, liegt in der Gewährleistung der Konsistenz zwischen Funktionalität und Modellspezifikation [Kalyanpur & Jiménez, 2004]. Dies bietet insbesondere für PIM-Entwickler mehr Sicherheit und Komfort bei der Erstellung ihrer Anwendungen.

Die in Abschnitt 5.3.1 vorgestellten Basisklassen der Ontologie-API bilden die Grundlage zur Wissensmodellierung, unabhängig vom Ausgabeformat und der Domäne. Ein AbstractOntologyClassInstance-Objekt stellt in der Wissensbasis grundsätzlich eine allgemeine Instanz vom Typ owl:Thing [@OWL] dar. Verfeinerungen dieser Java-Klasse stellen in Analogie dazu Verfeinerungen dieses Basiskonzeptes dar. Das in Abbildung 5.14 dargestellte vereinfachte UML-Diagramm zeigt eine Vererbungshierarchie für die Konzepte der in [Lagoze & Hunter, 2001] vorgestellten *ABC*-Ontologie.

Nicht dargestellt ist dabei der Einfachheit halber die ebenfalls notwendige Hierarchie der Schnittstellen (*Interfaces*) als Pendant zur Klassenhierarchie, um, wie in 5.3.1 beschrieben, Mehrfachvererbung zu ermöglichen.

Die Projektion von Java- auf Ontologieklassen erfolgt bei der Instanziierung ent-

5 Eine Architektur für die semantische Dokumentenverwaltung

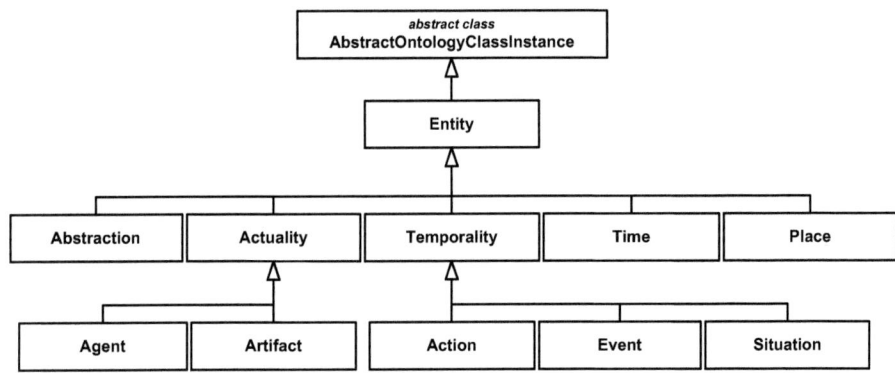

Abbildung 5.14: Vererbungshierarchie der aus der ABC-Ontologie [Lagoze & Hunter, 2001] generierten Java-Klassen

sprechender Spezialisierungen der Klasse AbstractOntologyClassInstance. Die Zuordnung basiert dabei auf der URI der Ontologieklasse und der vollständigen Bezeichnung der Java-Klasse. *Package-* und *Namespace-*Bezeichnung werden in einer Konfigurationsdatei zugewiesen. Dabei können beliebig viele Teilontologien mit entsprechenden Namespaces eingebunden werden. Ein Beispiel dazu ist in Abschnitt 6.1 zu finden. Bei der Instanziierung der jeweiligen Java-Klasse wird über den Klassennamen eine entsprechende Ontologieinstanz erzeugt. Der Zugriff auf die Eigenschaften einer Instanz erfolgt über entsprechende get- und set-, bzw. list-, add- und remove-Methoden, in denen die Property-Bezeichnung enthalten ist (z. B. org.kimm.model.ont.person.impl.Person.getName() für http://mmt.inf.tu-dresden.de/k-imm/person.owl#name). Bei Aufruf einer dieser Methoden wird der Methodenname entsprechend zerlegt und der korrespondierende Wert aus der Ontologie bezogen.

Der Austausch der Ontologie ist im Sinne der Modell-API nur praktikabel, wenn diese auch automatisch aus den entsprechenden OWL-Dateien generiert wird. Im Rahmen dieser Arbeit wurde daher eine entsprechende Lösung auf Basis des Protégé-Projektes *JSave* [@Protégé] entwickelt, welche eine Transformation entsprechend dem in den Quellcodes 5.10 und 5.11 gegebenen Beispiel vornimmt. Die Ontologieklasse *Person* wird dabei in eine Schnittstelle (org.kimm.model.ont.person.Person) und

5.4 Die domänenspezifische Ebene der Anwendungsschnittstelle

eine entsprechende Klasse (org.kimm.model.ont.person.impl.Person) abgebildet. Das Objekt-Property *birthplace*, welches ein Objekt vom Typ *Place* fordert, wird durch get- und set-Methoden umgesetzt.

```
<owl:Class rdf:ID="Person">
    <rdfs:comment rdf:datatype="http://www.w3.org/2001/XMLSchema#string">Eine
        Person im Sinne einer fiktiven oder realen Person</rdfs:comment>
    <rdfs:subClassOf
        rdf:resource="http://mmt.inf.tu-dresden.de/k-imm/abc.owl#Agent"/>
</owl:Class>
<owl:ObjectProperty rdf:ID="birthplace">
    <rdfs:comment rdf:datatype="http://www.w3.org/2001/XMLSchema#string">
        Geburtsort einer Person</rdfs:comment>
    <rdf:type rdf:resource="http://www.w3.org/2002/07/owl#FunctionalProperty"/>
    <rdfs:range rdf:resource="http://mmt.inf.tu-dresden.de/k-imm/abc.owl#Place"/>
    <rdfs:domain rdf:resource="#Person"/>
</owl:ObjectProperty>
```

Quellcode 5.10: Auszug aus einer OWL-Datei zur Beschreibung einer Person

```
package org.kimm.model.ont.person;
/**
 *  Eine Person im Sinne einer fiktiven oder realen Person
 */
public interface Person extends org.kimm.model.ont.abc.Agent {
    /**
     * Geburtsort einer Person
     */
    public void setBirthplace(Place value);
    public Place getBirthplace();
}


package org.kimm.model.ont.person.impl;
/**
 *  Eine Person im Sinne einer fiktiven oder realen Person
 */
public class Person extends org.kimm.model.ont.abc.impl.Agent
                    implements org.kimm.model.ont.person.Person {
    public Person(org.kimm.model.OntologyResourceContainer container) {
        super(container);
    }
    /**
     * Geburtsort einer Person.
```

```
    */
    public void setBirthplace(Place value) {
        super.setPropertyValue(value);
    }
    public Place getBirthplace() {
        return (Place) super.getPropertyValue();
    }
}
```

Quellcode 5.11: Generierte Java-Schnittstelle und -Klasse

5.4.2 Anpassung an die jeweilige Anwendungsdomäne

Wie aus den vorangegangenen Ausführungen ersichtlich, beruht die Anpassung an eine bestimmte Anwendungsdomäne auf (1) dem Austausch der per OWL-Dateien definierten Ontologie, (2) dem Generieren einer entsprechenden Modell-API und (3) dem Bearbeiten bzw. Austausch der Regel- und Konfigurationsdateien. Abbildung 5.15 zeigt im Überblick die Aufgaben des Entwicklers bei der anwendungsspezifischen Konfiguration des Verwaltungssystems:

(1) Erstellung der Anwendungsontologie (bestehend aus beliebigen Subontologien) in OWL

(2) Erstellung der Konfigurationen für

- den Instanziierungsprozess anhand der Bundle-Beschreibungen verwendeter Analysekomponenten
- die Suchraumbegrenzung und Metrik der Duplikaterkennung
- die Definition von SPARQL-Anfragen an den Kontextmodellierungsdienst und an semantische Informationsquellen im Internet

(3) Erstellung der Regeln zur

- Konsolidierung (Erkennung semantischer Fehler und unvollständiger Daten)
- Aktualisierung (Berücksichtigung von Dokumentänderungen, -nutzung, -löschung)

5.4 Die domänenspezifische Ebene der Anwendungsschnittstelle

- Erweiterung (Berücksichtigung von Kontextinformationen und "Weltwissen")
- Integration (Aufbau von Zusammenhängen zwischen Dokumenten)

(4) Implementierung der Anwendung auf Basis der generierten Model-API

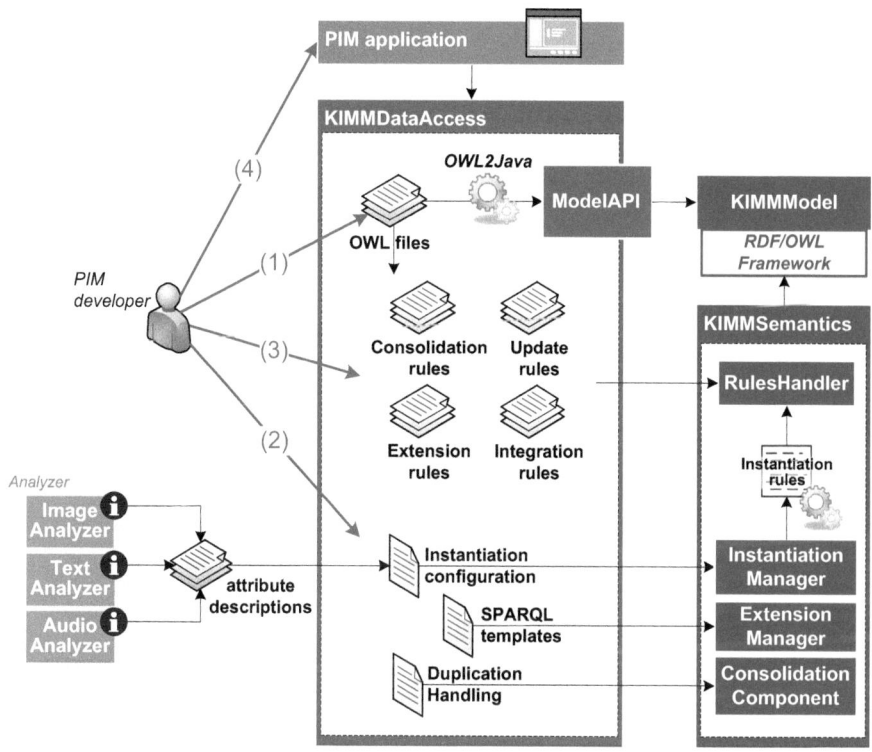

Abbildung 5.15: Aufgaben des Entwicklers bei der anwendungsspezifischen Konfiguration des K-IMM-Systems

Die Nummerierung gibt dabei quasi eine logische Reihenfolge vor. Schließlich stellt die Entwicklung der Anwendungsontologie die wesentliche Basis sowohl für die Erstellung der Regeln als auch der Anwendung dar.

5 Eine Architektur für die semantische Dokumentenverwaltung

Für das Erstellen von Ontologien existieren bereits seit einigen Jahren eine Reihe praxistauglicher Editoren, die standardkonforme Formate zur Speicherung verwenden [Gomez-Perez et al., 2002; Buraga et al., 2006]. Allen voran zu nennen ist das Werkzeug *Protégé* [@Protégé], welches bereits auf einen langen Entwicklungs- und Reifeprozess zurückblickt. Die entwickelten Ontologien werden in OWL abgelegt und zur automatischen Generierung der Modell-API verwendet.

Das Bearbeiten von Konfigurationsdateien stellt für einen Entwickler im Normalfall keine Herausforderung dar. Wesentlich schwieriger gestaltet sich jedoch mitunter das Erstellen von Regeln in entsprechender Syntax. Insbesondere für die im Rahmen der prototypischen Entwicklung der K-IMM-Architektur verwendete *Jena-Rules*-Syntax [@JenaRules] existiert zum heutigen Zeitpunkt noch keine ausreichende Werkzeugunterstützung. Die Erstellung von Regeln in einem einfachen Texteditor – ohne Autovervollständigung und Validierungsfunktionen – birgt die Gefahr syntaktischer oder auch semantischer Fehler. Alternativ bietet sich die Möglichkeit, über einen Regeleditor erstellte Regeln (bspw. SWRL-Editor von Protégé) in Jena-Rules-Syntax zu transformieren. Ein Ansatz dazu wurde im *REWERSE*-Projekt[6] auf Basis eines "verlustfreien" Austauschformates für Regeln, R2ML, entwickelt [Milanovic et al., 2007].

Als ebenfalls problematisch erweist sich die Erstellung der in Abschnitt 5.3.2 beschriebenen Instanziierungsregeln, die dazu dienen, die aus den Dokumenten extrahierten Fakten in das temporäre Modell zu überführen (ein Beispiel dazu ist in Quellcode 4.2 gegeben). Dazu muss der Entwickler wissen, welche Attribute die eingebundenen Analysekomponenten bereitstellen und welche Bedeutung sie haben. Attributbeschreibungen werden, wie in Quellcode 5.1 beispielhaft gezeigt, von den jeweiligen Beschreibungen der Analysekomponenten geliefert. Um die Erstellung der Instanziierungsregeln zu vereinfachen, dient die in Abschnitt 5.3.2 beschriebene Konfigurationsdatei neben der Definition von Datentypkonventionen (zur Filterung, Syntaxkontrolle und Normalisierung der Eingabedaten) auch der abstrakten Deklaration von Abbildungsvorschriften für die relevanten Attribute. Diese beruht auf einer Zuweisung der Attribute der Eingabedaten zu einem Pfad von Relationen, ausgehend von der Instanz des Dokuments. Ein erklärendes Beispiel dazu zeigt Quellcode 5.12.

---

[6]Working Group I1 - Rule Modeling and Markup [@REWERSE-I1]

5.4 Die domänenspezifische Ebene der Anwendungsschnittstelle

```xml
<Ontology>
    <namespace prefix="ex">http://example.org/example.owl</namespace>
    <rootClass>http://example.org/example.owl#Document</rootClass>
    <additionalRule id="0"><![CDATA[[type1: (?erg rdf:type ex:Document),(
        urn:MediaType rdf:value 'Image') -> (?erg rdf:type ex:Image)]]]></
        additionalRule>
</Ontology>
<DatatypeHandling>
    <datatype ...>
        <attribute key="Filepath">
            <property name="http://example.org/example.owl#url"/>
        </attribute>
        <attribute key="Filename">
            <property name="http://example.org/example.owl#name"/>
        </attribute>
    </datatype>
    <datatype ...>
        <attribute key="CreationDate">
            <property name="http://example.org/example.owl#creation">
                <entity name="http://example.org/example.owl#CreationEvent">
                    <property name="http://example.org/example.owl#time"/>
                </entity>
            </property>
        </attribute>
    </datatype>
    <datatype ...>
        <attribute key="CreationSoftware">
            <property name="http://example.org/example.owl#creation">
                <entity name="http://example.org/example.owl#CreationEvent">
                    <property name="http://example.org/example.owl#tool">
                        <entity name="http://example.org/example.owl#Software">
                            <property name="http://example.org/example.owl#name"/>
                        </entity>
                    </property>
                </entity>
            </property>
        </attribute>
    </datatype>
    ...
</DatatypeHandling>
```

Quellcode 5.12: Auszug aus einer Konfigurationsdatei für die Spezifikation der Instanziierungsregeln

5 Eine Architektur für die semantische Dokumentenverwaltung

Die Erstellung einer solchen Deklaration lässt sich gut durch XML-Werkzeuge unterstützen. Aus diesen Angaben werden zur Laufzeit durch den InstantiationManager die entsprechenden Instanziierungsregeln generiert. Dies gelingt insofern, da die zu generierenden Beschreibungen, wie in Abschnitt 5.3.2 erläutert, *dokumentzentriert* sind und daher alle Aussagen direkt oder indirekt an eine zentrale *Dokumentinstanz* gebunden sind. Das entsprechende Transformationsmuster für die Überführung in Jena-Rules-Syntax kann anhand des Beispiels in Quellcode 5.12 und der generierten Regeln in Quellcode 5.13 nachvollzogen werden[7].

```
@prefix ex: <http://example.org/example.owl#>.
[type1: (?erg rdf:type ex:Document), (urn:MediaType rdf:value 'Image')
    -> (?erg rdf:type ex:Image)]
[r1: (urn:Filepath rdf:value ?x), (?erg rdf:type ex:Document)
    -> (?erg ex:url ?x)]
[r2: (urn:Filename rdf:value ?x), (?erg rdf:type ex:Document)
    -> (?erg ex:name ?x)]
[r3: (urn:CreationDate rdf:value ?x), (?erg rdf:type ex:Document),
        initInstance(?erg1)
    -> (?erg ex:creation ?erg1), (?erg1 rdf:type ex:CreationEvent),
        (?erg1 ex:time ?x)]
[r4: (urn:CreationSoftware rdf:value ?x), (?erg rdf:type ex:Document),
        initInstance(?erg1), initInstance(?erg2)
    -> (?erg ex:creation ?erg1), (?erg1 rdf:type ex:CreationEvent),
        (?erg1 ex:tool ?erg2), (?erg2 rdf:type ex:Software), (?erg2 ex:name ?x)
    ]
...
```

Quellcode 5.13: Generierte Instanziierungsregeln in Jena-Rules-Syntax

Wie im Beispiel gezeigt können die generierten Regeln auch durch manuell erstellte Regeln ergänzt werden (additionalRule), insbesondere dann, wenn die Ausdrucksstärke der generierten Regeln nicht ausreicht. Ein umfangreiches Beispiel für eine entsprechende Deklaration und Transformation ist in Abschnitt 6.1 gegeben.

---

[7] Das Jena-Builtin initInstance sorgt in dem Beispiel für die Erzeugung einer Instanz mit einer innerhalb der Datenbasis eindeutigen ID

Es ist durchaus denkbar, die beschriebenen Aufgaben des Entwicklers (vgl. Abbildung 5.15) zu parallelisieren oder auf verschiedene Rollen zu verteilen. Mögliche Rollen wären dabei:

- der *Ontologieentwickler* als Domänenexperte, verantwortlich für die geeignete Formalisierung des verwendeten Datenmodells (Aufgabe (1) und (3)),
- der *Prozessentwickler*, der das Verhalten des Systems bei der Modellierung und Verarbeitung der Instanzdaten entsprechend der Ontologie und anhand der Regeln und Konfigurationen definiert (Aufgabe (2)), und
- der *Anwendungsprogrammierer*, der die grafische Benutzeroberfläche und deren Funktionen auf Basis der K-IMM-Anwendungsschnittstelle umsetzt (Aufgabe (4)).

Es liegt selbstverständlich nahe, die genannten Aufgaben durch entsprechende Werkzeuge und einen geführten Autorenprozess zu unterstützen. Auf diesen Aspekt wird bei der Darstellung zukünftiger Arbeiten in Kapitel 7 noch einmal detaillierter eingegangen.

5.5 Zusammenfassung und Diskussion

In diesem Kapitel wurde eine Architektur beschrieben, die auf den in Kapitel 4 vorgestellten Verfahren zur ontologiebasierten Indexierung und Kontextualisierung multimedialer Dokumente basiert. Durch einen komponentenorientierten, OSGi-basierten Ansatz bietet diese ein Höchstmaß an Flexibilität, Erweiterbarkeit und Wiederverwendbarkeit. Das Alleinstellungsmerkmal dieser Architektur ist ihre Gliederung in drei Ebenen: die *medien- und systemspezifische Ebene der Dokumentenanalyse*, die *domänenunabhängige Ebene der semantischen Datenmodellierung und -verarbeitung* und die *domänenspezifische Ebene der Anwendungsschnittstelle*. Dadurch ergibt sich eine klare Trennung zwischen domänenunabhängiger und domänenabhängiger Anwendungslogik, welche die Anpassung an spezifische Anwendungsdomänen unterstützt.

In Abschnitt 5.2 wurde die unterste Ebene der Dokumentenanalyse erläutert. Diese ermöglicht die dynamische Integration beliebiger Analysekomponenten für verschiedenste Medientypen und -formate über eine zentrale Managerkomponente. Die Analysekomponenten bieten festgelegte Ein- und Ausgabeschnittstellen für Dokumente und Rohdaten und dienen als Erzeuger der Ausgangsdaten, die als *Fakten* im nachfolgenden Prozess der Generierung semantischer Beschreibungen verarbeitet werden.

Die semantische Modellierung erfolgt in der zweiten Ebene, vorgestellt in Abschnitt 5.3. Diese beinhaltet die generische, d. h. domänenunabhängige Umsetzung der in Kapitel 4 erläuterten Modellierungsmechanismen. Die Verarbeitung und Verwaltung semantischer Modelle beruht dabei auf einer *Ontologie-API*, welche durch ein Adapterkonzept an ein bestimmtes RDF-Framework gebunden wird und somit als Abstraktionsschicht von konkreten Persistenz- oder Reasoning-Lösungen unabhängig ist. Durch ein *Container-Konzept* wird die Grundlage für den Austausch semantischer Daten mit anderen Nutzern gelegt. Kernstück der Modellierungslogik ist eine abstrakte API zum Lesen und Verarbeiten von Regeln, welche durch Spezialisierungen erweitert werden kann. Die domänenspezifischen Regeln, die in den einzelnen Modellierungs- und Konsolidierungsprozessen benötigt werden, können so zur Laufzeit geladen und verarbeitet werden. Um Kontextinformationen und "Weltwissen" bei der Erstellung semantischer Beschreibungen zu berücksichtigen, existieren zwei konfigurierbare Schnittstellen: eine zur Anbindung von Websuchdiensten und eine zur Anbindung eines externen Kontextmodellierungsdienstes.

Die oberste Ebene der domänenspezifischen Anwendungsschnittstelle wurde in Abschnitt 5.4 erläutert. Auf dieser Ebene erfolgt durch den Anwendungsentwickler die domänen- und aufgabenspezifische Konfiguration des K-IMM Systems als "Back-End" für seine PIM-Applikation. Aus der von ihm definierten Anwendungsontologie wird durch einen Build-Prozess eine *Modell-API* automatisch generiert, die es ihm ermöglicht, objektorientiert mit Klassen, Instanzen und Relationen zu arbeiten. Auf diese Weise erhält er für die Entwicklung seiner Anwendung eine komfortable Schnittstelle, die den modellkonformen, typsicheren Zugriff auf die semantische Datenbasis gewährleistet. Über die Definition von Regeln und eine zentrale Konfiguration der Instanziierungslogik legt der Entwickler darüber hinaus auch fest, wie die Modellierungs- und

5.5 Zusammenfassung und Diskussion

Konsolidierungsprozesse der zweiten Ebene (siehe oben) der Ontologie gemäß arbeiten.

Für die hier beschriebene Architektur wurde im Rahmen dieser Arbeit auf Grundlage von [Lochmann, 2005] (sowie [Fritzsche, 2007] und [Nagel, 2008]), eine "Referenzimplementierung" entwickelt, die als *Proof-of-Concept*-Prototyp fungiert. Basis dieser Java-Implementierung ist das OSGi-Framework *Equinox* [@Equinox] und das Semantic-Web-Framework *Jena* [@Jena]. Für das Lesen und Verarbeiten von Regeln wurde auf der Jena Rules API aufgesetzt. Wie bereits in Abschnitt 5.2.1 angedeutet, wurden verschiedene prototypische Analysekomponenten zur Unterstützung von Bild-, Text- und Audiodokumenten entwickelt. Des Weiteren existieren, wie in Abschnitt 5.3.3 beschrieben, prototypische Umsetzungen zur Akquisition von semantischen Informationen aus dem WWW und von semantischen Kontextinformationen von Anwendungsdaten. Um die praktische Tauglichkeit des entwickelten Ansatzes zu überprüfen, wurde das implementierte *K-IMM System* in verschiedenen Anwendungsszenarien eingesetzt, die im nächsten Kapitel näher vorgestellt werden.

6 Einsatz des K-IMM-Systems in verschiedenen Anwendungsszenarien

In den beiden vorhergehenden Kapiteln wurde ein Verfahren und eine zugehörige Architektur zur ontologiebasierten Verwaltung persönlicher, multimedialer Dokumente beschrieben. Die in Kapitel 3 erörterten Anforderungen führten zu Entwurfsentscheidungen, die den Ansatz *flexibel*, *erweiterbar* und *domänenunabhängig* gestalten. Dabei ist eine komponentenbasierte Architektur entstanden, die an die Anforderungen einer Anwendungsdomäne angepasst werden kann und dem Entwickler einer PIM-Anwendung eine Plattform bietet, welche die Mechanismen zur konsistenten Modellierung und Aktualisierung semantischer Beschreibungen für multimediale Dokumente bereitstellt.

Auf Grundlage der im Rahmen dieser Arbeit entwickelten Referenzimplementierung (vgl. Abschnitt 5.1) wurden beispielhaft drei Einsatzszenarien prototypisch umgesetzt und die gestellten Anforderungen an die Architektur auf diese Weise evaluiert. Dies ist zum einen eine für den privaten Gebrauch vorgesehene umfangreiche Desktop-Anwendung zur Verwaltung persönlicher Bild-, Text- und Audiodokumente auf Basis einer ereignisorientierten Ontologie, vorgestellt in Abschnitt 6.1. Zum anderen wurde die Referenzimplementierung in Zusammenarbeit mit dem Institut für Bauinformatik der Technischen Universität Dresden in einem professionellen Einsatzszenario erprobt.

Der in diesem Zusammenhang realisierte serverseitige Einsatz der Architektur wird näher in Abschnitt 6.2 beschrieben und verdeutlicht die angestrebte Flexibilität. Als letztes wird in Abschnitt 6.3 ein prototypisch realisiertes Einsatzszenario beschrieben, welches auf Basis des K-IMM-Ansatzes den Zugang zu einer Bildsammlung über eine Kombination aus visueller und semantischer Suche ermöglicht. Dieses letzte Szenario rundet die Vorstellung der Einsatzmöglichkeiten dementsprechend ab.

Das Ziel der praktischen Realisierungen bestand nicht darin, den Mehrwert einer semantikbasierten Dokumentenverwaltung gegenüber konventionellen Lösungen zu belegen. Vielmehr sollen die Demonstratoren dazu dienen, die entwickelte Architektur, mit ihren Komponenten zur semantischen Datenmodellierung (unter Berücksichtigung des Dokumentenlebenszyklus, Kontextinformationen und "Weltwissen") und -konsolidierung, hinsichtlich der folgenden generellen Fragestellungen zu bewerten:

1. Sind die Komponenten der Architektur allgemeingültig und domänenübergreifend einsetzbar bzw. wiederverwendbar?
2. Wird die Entwicklung der jeweiligen Anwendungen durch die Verwendung der Architektur vereinfacht bzw. beschleunigt?

Gemäß dem in Abschnitt 5.4.2 beschriebenen Vorgehen bei der Anpassung des K-IMM-Systems an eine bestimmte Anwendungsdomäne, werden in allen drei Fällen auf Basis der jeweils verwendeten Domänenontologien spezifische Anwendungsschnittstellen generiert und die Regeln und Konfigurationen zur Datenmodellierung und Konsistenzsicherung angepasst.

6.1 Eine K-IMM-basierte Desktop-Anwendung zur ereignisorientierten Verwaltung persönlicher Dokumente

Als primäres Beispielszenario wurde die prototypische Desktop-Anwendung Sim^2 auf Basis der *Eclipse Rich Client Platform* (RCP) entwickelt. Die Referenzimplementierung des K-IMM-Systems kommt hierbei lokal zum Einsatz und verwaltet im Dateisystem abgelegte Bild-, Text- und Audiodokumente. Die entwickelten Komponenten des K-IMM-Systems werden als *Bundles* in der Laufzeitumgebung der RCP-Anwendung betrieben. Die OSGi-Laufzeitumgebung (konkret *Eclipse Equinox* [@Equinox]) sorgt für das Starten der Bundles entsprechend ihrer gegenseitigen Abhängigkeiten und benötigter Funktionen. Zum Einsatz kommen die bereits erwähnten Analysekomponenten zur Unterstützung entsprechender Dokumentformate. Die Konzeption und Implementierung der grafischen Oberfläche entstand im Rahmen von Komplexpraktika [@KP0708; @KP0809]. Im Wesentlichen bestand dabei die Zielsetzung darin, geeignete Interaktions- und Visualisierungstechniken zu nutzen, um die Stärken einer semantikbasierten Dokumentenverwaltung hervorzuheben. Gleichzeitig sollte die Leistungsfähigkeit der durch die K-IMM-Architektur bereitgestellten Mechanismen zur semantischen Dokumentenverwaltung eingehend erprobt werden.

Verwendete Ontologie

Zur Vorbereitung der Anwendungsentwicklung wurde auf Basis der Ergebnisse einer Belegarbeit [Dochow, 2007] eine Ontologie für den Bereich privater Dokumentenverwaltung definiert. Diese baut auf der in [Lagoze & Hunter, 2001] vorgestellten Basisontologie *ABC* auf und beinhaltet verschiedene Subontologien zur Verfeinerung bestimmter Aspekte (Dokumenteigenschaften, zeitliche, räumliche und personenspezifische Zusammenhänge). Durch den Einsatz der ABC-Ontologie als Top-Level-Ontologie, von der alle übrigen Konzepte abgeleitet sind, wird eine ereignisbezogene Datenmodellierung (Beziehungen von Objekten zu Orten, Zeiten, Akteuren, etc. über Ereignisse, Situationen und Aktivitäten und Übergänge zwischen diesen [Lagoze & Hunter, 2001]) unterstützt. Ein Überblick über den modularen Aufbau der Ontologie ist in Abbildung 6.1 dargestellt.

Die einzelnen Subontologien wurden in OWL DL [@OWL] spezifiziert und umfassen insgesamt 87 Klassen und 173 Properties.

6.1 Eine K-IMM-basierte Desktop-Anwendung

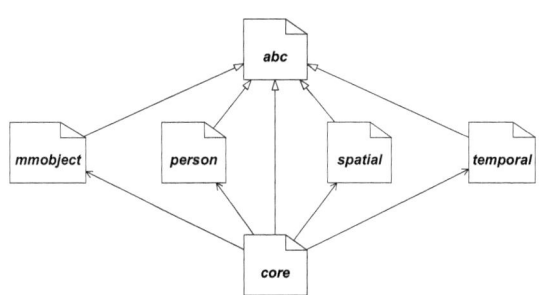

Abbildung 6.1: Abhängigkeiten der verwendeten Subontologien im Überblick

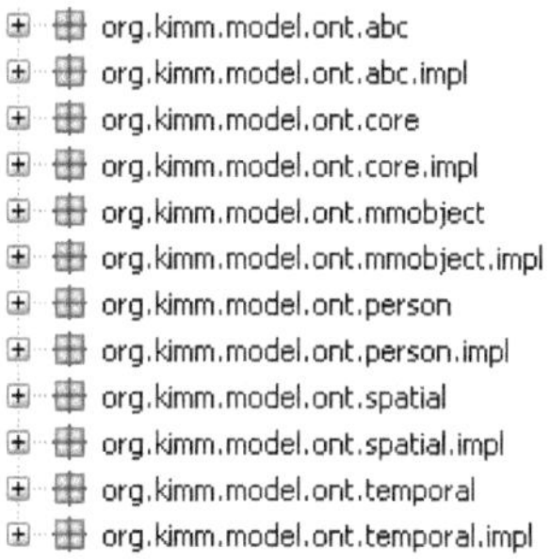

Abbildung 6.2: Package-Struktur der generierten Modell-API

Generierung und Konfiguration der Anwendungsschnittstelle

Entsprechend dem in Abschnitt 5.4.2 beschriebenen Verfahren wurde die Modell-API aus den OWL-Dateien automatisch erstellt (siehe Darstellung der Package-Struktur in Abbildung 6.2) und die Zuordnung zwischen Java-Packages und Namensräumen der Subontologien über eine Konfigurationsdatei beschrieben, deren Inhalt in Quellcode 6.1 zu finden ist.

```
namespace_map.0.src = org.kimm.model.ont.abc.impl
namespace_map.0.dst = http://w3-mmt.inf.tu-dresden.de/k-imm/abc.owl#
namespace_map.1.src = org.kimm.model.ont.core.impl
namespace_map.1.dst = http://w3-mmt.inf.tu-dresden.de/k-imm/core.owl#
namespace_map.2.src = org.kimm.model.ont.mmobject.impl
namespace_map.2.dst = http://w3-mmt.inf.tu-dresden.de/k-imm/mmobject.owl#
namespace_map.3.src = org.kimm.model.ont.person.impl
namespace_map.3.dst = http://w3-mmt.inf.tu-dresden.de/k-imm/person.owl#
namespace_map.4.src = org.kimm.model.ont.spatial.impl
namespace_map.4.dst = http://w3-mmt.inf.tu-dresden.de/k-imm/spatial.owl#
namespace_map.5.src = org.kimm.model.ont.temporal.impl
namespace_map.5.dst = http://w3-mmt.inf.tu-dresden.de/k-imm/temporal.owl#
```

Quellcode 6.1: Zuordnung von Java-Packages zu Ontologie-Namespaces

Ein Auszug aus der umfassenden Instanziierungskonfiguration für die Generierung von Instanzdaten entsprechend dieser Ontologie und die zugehörigen generierten Regeln sind in Anhang D bzw. Anhang E zu finden. Des Weiteren wurden, wie in Abschnitt 5.4.2 erläutert, entsprechende Regeln für die Konsolidierung, Aktualisierung, Erweiterung und Integration der semantischen Dokumentbeschreibungen erstellt. Auf diese soll hier jedoch nicht näher eingegangen werden.

Benutzerschnittstelle

Ein repräsentativer Screenshot der realisierten grafischen Benutzeroberfläche von Sim^2 ist in Abbildung 6.3 zu sehen.

Über ein Dialogfenster werden zunächst relevante Dateien und Ordner im Dateisystem für die Indexierung ausgewählt. Der Prozess der Indexierung wird im Hintergrund ausgeführt, sodass der Anwender weiter arbeiten kann. Nach Abschluss der semantischen Modellierung erscheinen die generierten Daten auf der Oberfläche. Folgende Komponenten (*Widgets*) wurden prototypisch umgesetzt:

- *Explorer* (links): Dieser stellt in der Datenbasis bestehenden Instanzen sortiert bzw. hierarchisch gruppiert nach ihrem Typ dar. Eine Bearbeitung der einzelnen Instanzen sowie ihrer Relationen wird über ein Kontextmenü und entsprechende Dialoge ermöglicht.

- *Zeitleiste* (Mitte): Aufbauend auf dem *TimeZoom*-Ansatz aus [Dachselt & Weiland, 2006] stellt die Zeitleiste Instanzen dar, welche eine oder mehrere Relationen zu Zeitangaben besitzen. Entsprechend werden diese über der stufenlos zoombaren Zeitachse angezeigt.

- *Karte* (rechts): Die Karte verwendet die Google Maps API [@Google] zur Darstellung von Instanzen mit einer oder mehreren Relationen zu Ortsangaben.

- *Suche* (unten links): Über ein Eingabefeld kann eine stichwortbasierte Suche in der semantischen Datenbasis durchgeführt werden. Die Volltextsuche beruht, wie in Abschnitt 5.3.1 beschrieben, auf einem Lucene-basierten QueryHost [@Lucene]. Die Ergebnisse werden in einer Liste dargestellt.

6.1 Eine K-IMM-basierte Desktop-Anwendung

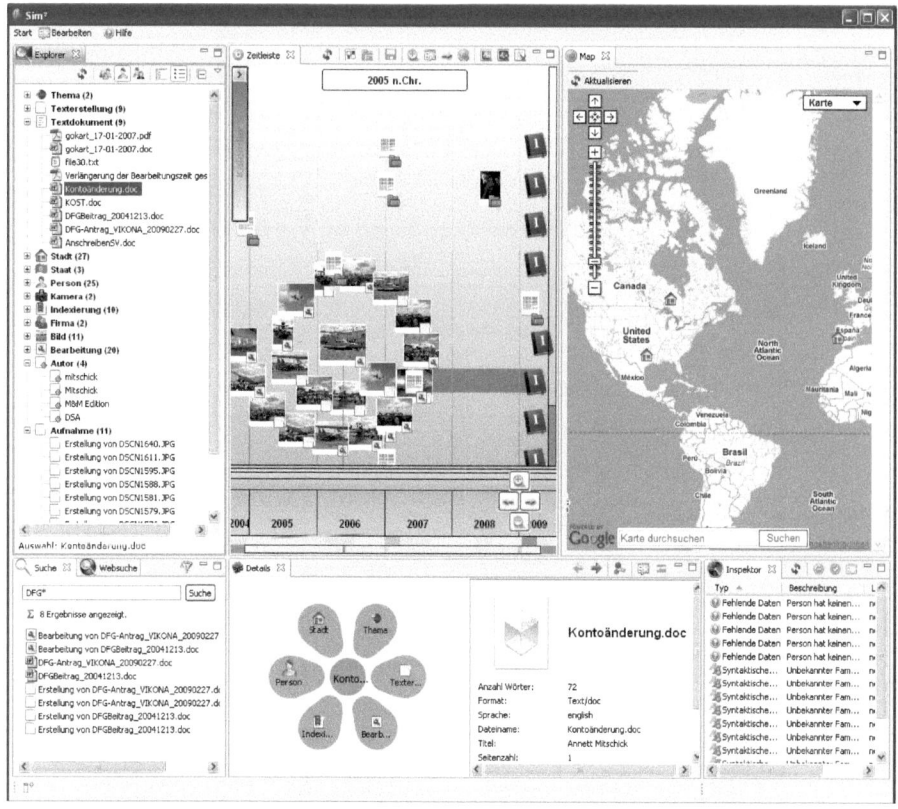

Abbildung 6.3: Die RCP-Desktopanwendung Sim² im Überblick

- *Detailansicht* (unten Mitte): Hier werden Informationen zur jeweils im Explorer ausgewählten Instanz angezeigt. Die "Blumenansicht" zeigt dabei grafisch die bestehenden Relationen zu anderen Instanzen an, wobei diese nach Typ zu "Blütenblättern" zusammengefasst sind. Rechts davon werden die Attribute und, falls vorhanden, ein Vorschaubild der Instanz angezeigt. Bei Auswahl eines "Blattes" werden die zugehörigen Instanzen angezeigt, zu denen eine entsprechende Relation besteht. Über diese wiederum kann weiter navigiert werden.
- *Inspector* (unten rechts): Dieser bietet eine Übersicht über aktuelle Probleme im Datenmodell entsprechend der in Abschnitt 5.3.2 vorgestellten Problembe-

6 Einsatz des K-IMM-Systems in verschiedenen Anwendungsszenarien

schreibungen. Durch Auswahl einer der angezeigten Warnungen kann die betreffende Instanz direkt bearbeitet werden (beispielsweise bei fehlendem Label o. ä.).

- *Websuche* (siehe auch Abbildung 6.4): Diese ermöglicht eine semantische Suche im WWW auf Basis der in Abschnitt 5.3.3 vorgestellten *KIMMWebSearch*-Komponente. Die Resultate der Suche können zur Datenübernahme ausgewählt werden. Entsprechend der für die verwendetet Ontologie spezifizierten Abbildungsvorschriften werden die Informationen dann entweder als neue Instanz eingefügt oder die Attribute einer bestehenden Instanz erweitert. Im Beispiel in Abbildung 6.4 wird eine bestehende Instanz einer Person (durch NER in einem Textdokument identifiziert) durch Informationen von DBpedia (Bild, Kommentar, Geburtsdatum) erweitert.

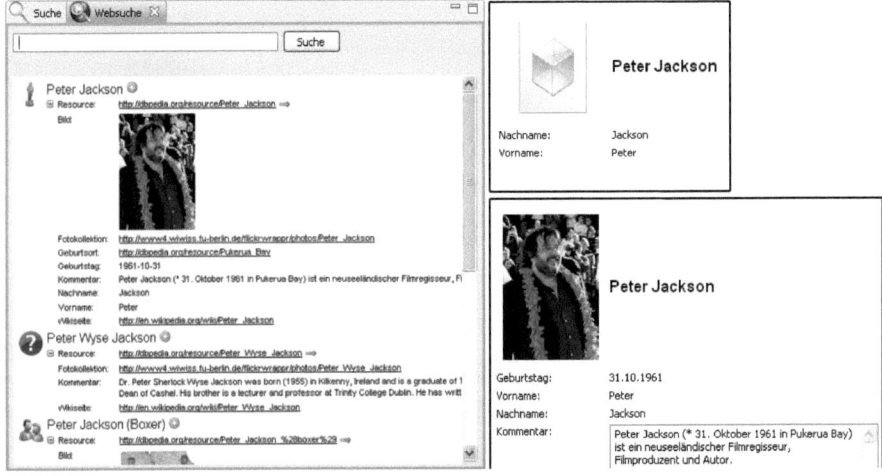

Abbildung 6.4: Sim^2-Widget für die semantische Websuche (links), sowie Ansichten der Attribute einer Personeninstanz vor und nach dem Hinzufügen von Informationen aus dem Web (rechts)

Die entwickelte Desktop-Anwendung bietet somit vier verschiedene, sehr intuitive Zugänge zu den indexierten Dokumenten und zugehörigen Informationen: über die

Objektklassen im *Explorer*, über Zeitangaben in der *Zeitleiste*, über Ortsangaben in der *Kartenansicht* und über das Navigieren über Objektrelationen in der *Detailansicht*. Dem Anwender bleibt dabei verborgen, dass im Hintergrund Ontologien zum Einsatz kommen. Er kann über Dialogfenster und entsprechende Eingabemasken Instanzen und Relationen erstellen, bearbeiten und löschen und wird dabei entsprechend dem Datenmodell geleitet.

Informationen an andere Nutzer freigeben

Entsprechend dem in Abschnitt 5.3.1 erläuterten Konzept und der Umsetzung der *User Resource Container*, ermöglicht Sim^2 das Freigeben von Instanzen und zugehörigen Informationen an andere Nutzer der Anwendung (hierbei wird zunächst nur von mehreren lokalen Nutzern ausgegangen). Jeder Nutzer meldet sich mit einem eigenen Login an, kann eine Gruppe erstellen, Mitglieder hinzufügen und Teile seiner Daten an diese Gruppe freigeben.

Als alternativer Lösungsansatz für den Einsatz als Mehrbenutzersystem bietet es sich an, das K-IMM-System in einer Server-Laufzeitumgebung zu betreiben. Zunächst wurde dies in [Fritzsche, 2007] auf Basis der in einer Vorgängerarbeit entwickelten *Webclipse*-Plattform umgesetzt und eine AJAX-basierte Weboberfläche erstellt. In einem Komplexpraktikum [@KP0708] wurde zudem ein Prototyp einer *Rich Internet Application* (RIA) realisiert, der an die Funktionalität einer Desktop-Anwendung sehr nahe heranreicht. In beiden Fällen werden Dokumente über einen HTTP-basierten Upload an das K-IMM-System zum Indizieren übergeben. Eine weitere Möglichkeit besteht darin, Daten über einen RDF-Server wie beispielsweise *Joseki* [@Joseki] auszutauschen (angedeutet in der Architekturskizze in Abbildung 5.1 durch eine Schnittstelle zur Nutzer- und Rechteverwaltungskomponente). Dieser übernimmt in dem Fall die Speicherung und Bereitstellung der Inhalte der Gruppen-Container. Dieser Fall wurde allerdings bisher noch nicht prototypisch umgesetzt. Wie im nächsten Abschnitt näher beschrieben, wurde das K-IMM-System im Rahmen des BauVOGrid-Projektes [@BauVOGrid] auch als *Webservice* ohne grafisches "Front-End" eingesetzt.

6 Einsatz des K-IMM-Systems in verschiedenen Anwendungsszenarien

6.2 Einsatz im Rahmen eines Mängelmanagementszenarios im Bauwesen

In Zusammenarbeit mit dem Institut für Bauinformatik der Technischen Universität Dresden ergab sich für die K-IMM-Referenzimplementierung eine weitere Einsatzmöglichkeit jenseits des privaten Anwendungsbereichs, um die Flexibilität und Anpassungsfähigkeit der Architektur und die Domänenunabhängigkeit des Ansatzes zu demonstrieren. Für die Projektpartner bildete das K-IMM-System eine geeignete Realisierung einer ontologiebasierten Dokumentenverwaltung, die für das *BauVOGrid*-Projekt [@BauVOGrid] als eigenständiges Modul benötigt wurde. Im Folgenden soll kurz der Projekthintergrund erläutert werden. Anschließend wird der konkrete Einsatz und die entsprechende Konfiguration des K-IMM-Systems beschrieben.

BauVOGrid – Plattform für virtuelle Organisationen im Bauwesen

Das Projekt *BauVOGrid* [@BauVOGrid] ist ein im Rahmen der 2. Phase der *Deutschen Grid-Initiative* (D-Grid) vom BMBF gefördertes Projekt. Ziel ist es, *"die Struktur, Funktionsweise und Operabilität virtueller Unternehmen im Bauwesen durch eine wieder verwendbare Bau-Grid-Infrastruktur entscheidend zu verbessern"* [Gehre & Katranuschkov, 2008]. Die Grundlage bilden dabei die in der 1. Förderphase der D-Grid-Initiative etablierten Basisdienste, auf denen die vier Ebenen der BauVOGrid-Infrastruktur aufbauen:

- **Middleware-Dienste**, zum generellen Management der Plattform, der gehosteten virtuellen Organisationen und ihrer Ressourcen und Prozesse,
- **Anwenderdienste**, für die domänenspezifischen Anforderungen der Endanwender (hier im Fall der Pilotimplementierung des Projektes Dienste für ein zentrales Mängelmanagement),
- **Zugangsdienste**, für den Zugriff auf die Plattformkomponenten, und
- **Geschäftsanwendungen**, im Sinne von Client-Anwendungen für die Nutzer der Plattform.

6.2 Einsatz im Rahmen eines Mängelmanagementszenarios im Bauwesen

Um das konkrete Einsatzszenario für das K-IMM-System zu erläutern, soll an dieser Stelle lediglich auf die Ebene der Anwenderdienste, wie sie in der Pilotimplementierung des Projektes konzipiert und realisiert wurde, eingegangen werden.

Die Anwenderdienste gewährleisten den rollen- und prozessbasierten, aufgabengerechten Zugriff auf die Grid-Ressourcen und unterstützen somit die firmenübergreifende Zusammenarbeit in einer virtuellen Organisation. Die BauVOGrid-Implementierung stellt fünf Komponenten bereit: ein *zentraler Mängelmanagementservice* (ZMMS), ein *Business-Process-Object-Management-Dienst* (BPO-Management), zwei *mobile Dienste* (zur Datensynchronisation und zur lokalen Ortung) und ein *Medienmanagementdienst*, für den die K-IMM-Architektur die Grundlage bildet.

Die Hauptaufgaben eines Mängelmanagementsystems sind die Erfassung und Dokumentation von Mängeln und die Unterstützung der Phasen der Mängelbeseitigung (Verfolgung, Beseitigung und Meldung der Beseitigung) im Rahmen eines Bauprojektes. Es stellt somit vor allem sicher, dass Qualitätsvorgaben eingehalten werden. In der Phase der Erfassung und Dokumentation der Mängel werden typischerweise verschiedene Medien (hauptsächlich Digitalbilder) erstellt, um den jeweiligen Mangel geeignet zu dokumentieren. Drei Akteure (Rollen) treten dabei in Erscheinung: der Bauherr, der Generalunternehmer, der vom Bauherrn beauftragt wird, und die Nach- oder Subunternehmer. Mängel werden allerdings meist von jedem beteiligten Partner separat behandelt. *"Dadurch entstehen typischerweise Wartezeiten, Wiederholungszyklen oder Missverständnisse, die die Effizienz des Gesamtprozesses massiv beeinträchtigen"* [Gehre & Katranuschkov, 2008]. Eine zentrale Mängelverwaltung durch den ZMMS soll hier durch die Harmonisierung und zentrale Speicherung der Mängeldaten Abhilfe schaffen und einen schnellen Zugriff und Archivierung ermöglichen.

Der BPO-Management-Dienst sorgt für die entsprechende Workflow-Unterstützung und stellt dabei u. a. Funktionen wie das Ermitteln der für einen bestimmten Prozess verantwortlichen Person/Team/Rolle oder das Auflisten aller Funktionen, die für ihre Durchführung eine bestimmte Ressource benötigen. Mehr als alle anderen nutzt dieser Dienst die unterliegenden BauVOGrid-Middleware-Dienste.

6 Einsatz des K-IMM-Systems in verschiedenen Anwendungsszenarien

Die Bereitstellung der genannten *mobilen Dienste* ist in sofern von besonderer Bedeutung, da die BauVOGrid-Infrastruktur inbesondere vor Ort mit mobilen Endgeräten (z. T. mit eingeschränkter Funktionalität) genutzt werden soll. Neben der Datensynchronisation (nach temporärem Offline-Betrieb) spielt die Ortung, d. h. die Bestimmung der Benutzerposition bei einer Baustellenbegehung, eine besondere Rolle. Mängelbeschreibungen können so mit konkreten Ortsangaben versehen werden. Globale Positionsangaben werden dabei per GPS ermittelt[1], wohingegen bei der lokalen Positionierung (an oder innerhalb eines Bauwerks/Baukomponente) W-LAN-basierte Ortung oder RFID-Tags zum Einsatz kommen[2].

Das K-IMM-System im Projekt BauVOGrid

Der Medienmanagementservice dient, wie in [Gehre & Katranuschkov, 2008] beschrieben, dazu, Medienobjekte (Fotos, Video-, Audiodaten), die für die effiziente Behandlung von Mängeln, aber auch für diverse weitere Zwecke gesammelt werden, zentralisiert zu speichern und bereitzustellen. Medienobjekte (Mangeldokumente) sollen dabei sowohl direkt, bei der Feststellung und Meldung eines Mangels, als auch indirekt, aus anderem Anlass und zur späteren Verknüpfung mit Mangeldaten, erfasst werden (z. B. Bilder / Videosequenzen einer Überwachungskamera). Abbildung 6.5 zeigt die Kommunikation über den ZMMS.

Der K-IMM-Medienmanagementservice (bzw. *K-IMM Web Service*, KWS) erfüllt in diesem Zusammenhang folgende Funktionen, die in vier Gruppen unterteilt werden können [Gehre & Katranuschkov, 2008]:

1. Allgemeine Funktionen: Up- und Downloaden von Medienobjekten, Annotation auf Basis der Medienontologie, Prüfung der Konsistenz, Stichwortsuche.
2. Ortsbasierte Funktionen: Abfrage der Medienobjekte und zugehöriger Beschreibungen, die mittels Ortsangaben und/oder einer eindeutigen Mangel-ID einer Baustelle bzw. einem Bauabschnitt, einem konkreten Baumodellobjekt (Geschoss, Raum, Element) oder konkreten Mängeln zugeordnet werden können.

---
[1] i. A. innerhalb von Gebäuden allerdings problematisch
[2] Ein weiterer Ansatz ist die Auswertung eines fotografierten Barcodes, der vor Ort angebracht ist und Ortangaben enthält [Gehre & Katranuschkov, 2008].

6.2 Einsatz im Rahmen eines Mängelmanagementszenarios im Bauwesen

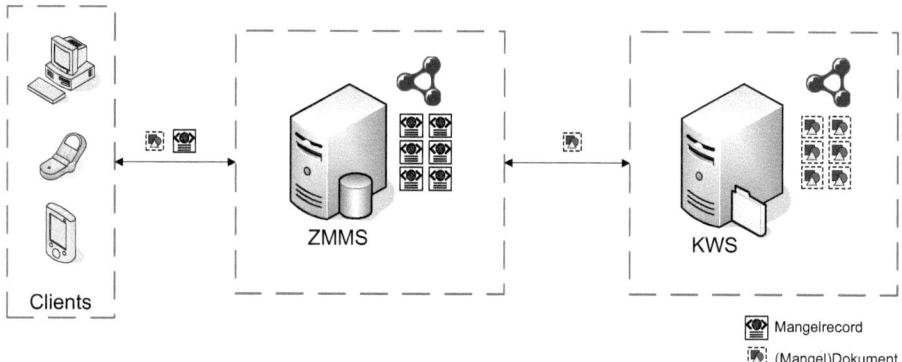

Abbildung 6.5: Einsatz des K-IMM-Systems als Webservice (KWS) zur Verwaltung von Mangeldokumenten

3. Zeitbasierte Funktionen: Abfrage der Medienobjekte und zugehöriger Beschreibungen, die mittels Zeitangaben und/oder einer eindeutigen Mangel-ID einer Baustellenbegehung o. ä. zugeordnet werden können.

4. Rollenbasierte Funktionen: Abfrage der Medienobjekte und zugehöriger Beschreibungen entsprechend zugeordneter Nutzer und Nutzergruppen (auf Grundlage des Rollenmodells des VO-Managements).

Alle mangelspezifischen Angaben verwaltet dabei der ZMMS. Die einzige mangelspezifische Information, die mit in der Medienontologie auf Seite des KWS hinterlegt wird, ist die bereits erwähnte eindeutige Mangel-ID, die die direkte Zuordnung zwischen registrierten Mängeln und Medienobjekten (m:n-Beziehung) gewährleistet.

Für den Einsatz des K-IMM-Systems wurde zunächst in Absprache mit den Projektpartnern die verwendete Medienontologie an die Anforderungen der Beschreibung von Mangeldokumenten angepasst und die zugehörigen Regeln zur Datenmodellierung und Konsistenzprüfung konfiguriert. Anschließend wurde das K-IMM-System als Webservice mit den entsprechenden, oben beschriebenen Funktionen bereitgestellt, welche auf der aus den erstellten OWL-Dateien der Ontologie generierten Modell-API aufsetzen.

Im Gegensatz zum Desktop-Szenario (Abschnitt 6.1), bei dem eine dateibasierte Speicherung der Daten als Prototyp ausreichend war, werden die semantischen Daten der Medienontologie hierbei in einer MySQL-Datenbank gespeichert, um den größeren Datenmengen und der nötiger Skalierbarkeit Rechnung zu tragen. Somit konnte auch das in Abschnitt 5.3.1 vorgestellte Adapterkonzept für die Anbindung an eine konkrete Persistenzlösung erfolgreich erprobt werden. Des Weiteren dient das entwickelte Container-Konzept (vgl. Abschnitt 5.3.1) zur Realisierung des rollenbasierten Zugriffs über entsprechende Gruppenlogins. Jegliche Rechte- und Gruppenzugehörigkeitskontrolle wird allerdings vom ZMMS mit Hilfe der BauVOGrid-Middleware-Dienste gewährleistet.

Obwohl verschiedenste Medientypen als Mangeldokumente in Frage kommen (Sprachaufnahmen, Videosequenzen, Vektorgrafiken), wurden in der Pilotimplementierung zunächst nur Digitalbilder verwendet, die mit Hilfe der mobilen Endgeräte (mit Kamerafunktion) erfasst werden. Entsprechend wird zur Laufzeit nur die Bildanalysekomponente zur Extraktion von Metadaten gestartet. Eine Analyse visueller Merkmale (Farbmerkmale, Texturen, Formen) wird nicht vorgenommen, da entsprechende Anwendungsszenarien noch fehlen. Denkbar wäre hier allerdings der Einsatz von OCR-Verfahren, um bewusst in einem Bild erfasste Beschriftungen (z. B. Raumnummern) zu interpretieren, ähnlich dem in [Gehre & Katranuschkov, 2008] beschriebenen Barcode-Analyseverfahren.

Ein letztes prototypisches Szenario, in dem insbesondere visuelle Merkmale in Kombination mit semantischen Daten zur Anwendung kommen, wird im nächsten Abschnitt vorgestellt. Damit wird ein ganz anderer Zugang zu einer Dokumentensammlung realisiert und die Vielfalt der Einsatzmöglichkeiten des K-IMM-Ansatzes belegt.

6.3 Bildverwaltung mit Hilfe visueller Merkmale

Im Rahmen studentischer Arbeiten [@KP0506; Judick, 2007] entstand eine weitere Anwendung, welche die Möglichkeiten der Verwaltung von Dokumenten demonstriert

6.3 Bildverwaltung mit Hilfe visueller Merkmale

(hierbei die Verwaltung von Bildern mit Hilfe visueller Merkmale). Dabei kam eine Ontologie zur Beschreibung von MPEG-7-Visual-Deskriptoren zum Einsatz, welche manuell erstellt wurde (im Gegensatz zu dem Ansatz von [García & Celma, 2005]). Die vollständige RDF/XML-Repräsentation ist in Anhang F zu finden. Die auf Basis des VizIR-Frameworks [@VizIR] durch den *KIMMImageAnalyzer* extrahierten visuellen MPEG-7-Deskriptoren werden dementsprechend in der Datenbasis modelliert. Des Weiteren wurde die in [Judick, 2007] entwickelte Gesichtserkennung (auf Basis der OpenCV-Bibliothek [@OpenCV]) verwendet, um rechteckige Bildregionen zu identifizieren, die ein Gesicht (frontal) zeigen. Diese Informationen werden mit Hilfe einer entsprechenden Ontologieerweiterung (vgl. Anhang F) modelliert. Ein Auszug aus der zugehörigen Instanziierungskonfiguration ist in Anhang G aufgeführt.

Zur Demonstration wurde eine Desktop-Anwendung zum Navigieren durch eine Bildsammlung mit Hilfe verschiedener Ansichten entwickelt [@KP0506; Judick, 2007]. Zum einen handelt es sich dabei um eine Ansicht, die alle Bilder visuell durch verschiedene Clusteralgorithmen anordnet (Screenshots sind in Abbildung 6.6 dargestellt). Dabei werden alle Bilder mit ähnlichen visuellen Merkmalen (konkret *ColorLayout*, *DominantColor* und *EdgeHistogramm*) flächig gruppiert.

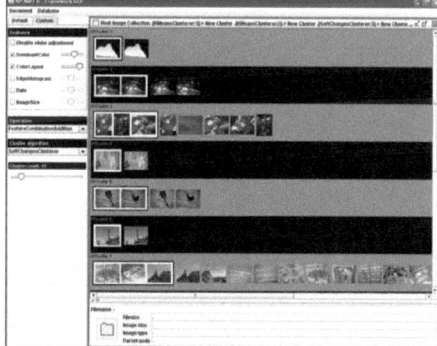

Abbildung 6.6: Screenshots des Demo-Bildbrowsers zur Gruppierung von Bildern nach visuellen MPEG-7-Merkmalen [@KP0506]

6 Einsatz des K-IMM-Systems in verschiedenen Anwendungsszenarien

Abbildung 6.7: Screenshots der Gesichtserkennungsansicht im Demo-Bildbrowser [Judick, 2007]

Zum anderen wurden Ergebnisse aus [Judick, 2007] in Form einer Ansicht, die Bilder anhand darin erfasster Gesichter darstellt, integriert (siehe Abbildung 6.7). Ein gefundenes Gesicht wird durch eine quadratische Umrahmung markiert, welche ausgewählt und mit weiteren Informationen versehen oder gelöscht werden kann. Im Gegenzug dazu ist es ebenfalls möglich, neue Markierungen dem Bild hinzuzufügen, etwa wenn ein Gesicht halb verdeckt ist, oder nur im Profil zu sehen ist. Jeder Region wird dabei eine Person (zunächst eine anonyme Instanz ohne nähere Informationen) zugeordnet, welche durch den Nutzer bearbeitet werden kann. Auf Basis der Anzahl der gefundenen Gesichter in einem Bild ist es auch möglich, Bilder nach der Anzahl der gefundenen Personen zu gruppieren (vgl. Abbildung 6.7, rechts).

Der vorgestellte Prototyp ist als Demonstrator für den Einsatz struktureller Merkmale in Kombination mit semantischen Informationen zur Dokumentenverwaltung gedacht. Durchaus denkbar ist auch die Verknüpfung dieses Prototyps mit der Sim^2-Anwendung.

6.4 Fazit

Durch die beschriebenen Einsatzszenarien, die anhand von Demonstratoren untersucht wurden, konnte der generische Charakter und die Flexibilität der K-IMM-Architektur nachgewiesen werden. Insbesondere belegen diese Anwendungsfälle folgende generelle Eigenschaften:

- Durch den komponentenbasierten Aufbau lassen sich Teile der Architektur (insbesondere Analysekomponenten) bedarfsgerecht austauschen und dynamisch integrieren. Dadurch ist es möglich, nur tatsächlich benötigte Funktionen zu aktivieren und damit spezialisierte Anwendungen (z. B. zur Bildverwaltung) zu entwickeln.

- Die Austauschbarkeit der verwendeten Ontologie(n) ermöglicht die Unterstützung verschiedenster Anwendungsszenarien, nicht nur im privaten sondern auch im professionellen Umfeld, wie im Rahmen des BauVOGrid-Projektes (Abschnitt 6.2) gezeigt. Darüber hinaus kann abhängig von der Zielsetzung einer Verwaltungsanwendung eine geeignete Datenstruktur zum Einsatz kommen, wie in Abschnitt 6.3 am Beispiel visueller Merkmale gezeigt.

- Durch das flexible Adapterkonzept zur Anbindung verschiedener Persistenzlösungen kann abhängig von den Anforderungen des Anwendungsszenarios eine geeignete Speicherung der semantischen Daten vorgenommen werden. Konkret wurde dies im BauVOGrid-Projekt durch den Einsatz einer MySQL-Datenbank gezeigt.

Die Frage (1) nach der allgemeingültigen und domänenübergreifenden Einsatzfähigkeit der Architekturkomponenten konnte mit Hilfe der beschriebenen Szenarien und Demonstratoren nachgewiesen werden. Die Frage (2) nach der Verbesserung des Entwicklungsaufwands durch den Einsatz der Architektur lässt sich nicht exakt beantworten, da alternative Umsetzungen als Vergleich fehlen. Tabelle 6.1 zeigt eine Übersicht zum Umfang der Entwicklungen anhand der Komplexität der verwendeten Ontologien und der LOC[3] der deklarativen und imperativen Programmierung (aufbauend auf der Architektur). Dem gegenüber stehen insgesamt 16.375 LOC der Kernkomponenten (*base, core*) sowie 61.625 LOC der erweiternden Komponenten (*add-ons*) des eingesetzten K-IMM-Systems.

		Szenario 1	Szenario 2	Szenario 3
Ontologie	Konzepte	87	39	44
	Relationen / Attribute	173	113	72
Konfiguration	XML-Daten (LOC)	283	177	206
	Jena Rules (LOC)	226	157	173
Anwendung (Java)	Anwendungsschnittstelle, ohne generierte Modell-API (LOC)	1.302	1.082	903
	GUI (LOC)	21.370	1.707	5.425

Tabelle 6.1: Umfang der prototypischen Realisierungen (aufbauend auf der Referenzimplementierung der K-IMM-Architektur)

Natürlich stellt die Entwicklung einer grafischen Benutzeroberfläche mit den zugehörigen Funktionen für sich betrachtet nach wie vor einen erheblichen Aufwand dar (wie am Beispiel des Sim^2-Prototyps in Szenario 1 zu sehen). Dies ändert sich auch nicht durch den Einsatz der Architektur und den zugrunde liegenden Ansatz. Stattdessen bietet die entstandene Architektur jedoch die Grundlage für die Realisierung semantikbasierter Anwendungen, ohne dass sich der Entwickler mit der Kernfunktionalität der Indexierung und Kontextualisierung der Dokumente und der Konsolidierung und Konsistenzsicherung näher befassen muss. Durch eine deklarative Spezifikation seiner Anwendungs- und Aufgabendomäne nimmt er die für seine Applikation nötige Anpassung des Systems vor. Der gesamte Entwicklungsaufwand ist somit erheblich reduziert

---
[3]Lines-of-Code (Anzahl an Quellcodezeilen)

und lässt Raum für die Erstellung innovativer grafischer Benutzeroberflächen für die semantische Dokumenten- und Informationsverwaltung.

7 Zusammenfassung und Ausblick

In dieser Arbeit wurde ein umfassendes Konzept für die ontologiebasierte Indexierung und Kontextualisierung persönlicher, multimedialer Dokumente für deren langfristige Verwaltung vorgestellt. Auf Grundlage der eingehenden Untersuchung des Standes der Technik und Forschung wurden Defizite existierender Lösungen identifiziert und Kriterien aufgestellt, die ein semantikbasiertes Verwaltungssystem für persönliche, multimediale Dokumente erfüllen sollte. Darauf aufbauend entstand ein Vorgehensmodell, welches essentielle Mechanismen zur semantikbasierten Dokumentenverwaltung bereitstellt. Zu diesen Mechanismen zählen die *semi-automatische Generierung semantischer Beschreibungen für persönliche, multimediale Dokumente*, die *Aktualisierung und Synchronisierung der semantischen Datenbasis* in Bezug auf eine Dokumentensammlung und die *systemgestützte Bereinigung und Konsolidierung der semantischen Datenbasis* zur Sicherung der Datenqualität. Die entwickelten Verfahren bilden die Grundlage für den Entwurf einer komponentenbasierten Architektur, welche die technische Grundlage für die Entwicklung innovativer, semantikbasierter Anwendungen zur persönlichen Dokumentenverwaltung liefert. Eine Reihe von Demonstratoren belegen den Mehrwert, der sich durch die erarbeiteten Konzepte ergibt, und die Tauglichkeit der auf Basis der Architektur entwickelten Referenzimplementierung.

In diesem Kapitel werden die erreichten Ergebnisse zunächst kapitelweise zusammengefasst und anschließend bewertet. Dabei werden die wissenschaftlichen Beiträge der Arbeit im Bezug zu den in Kapitel 1 beschriebenen Problemstellungen, Thesen und Forschungszielen diskutiert und Einschränkungen der vorstellten Lösungsansätze angeführt. Abschließend erfolgt eine Darstellung möglicher weiterführender Arbeiten.

7.1 Zusammenfassung der Kapitel und ihrer Beiträge

Kapitel 1 – Einleitung

In Kapitel 1 wurde die Motivation und Zielstellung dieser Arbeit einführend beschrieben. Es wurde dabei problematisiert, dass insbesondere Privatanwender nur unzureichend bei der langfristigen Verwaltung der Vielzahl ihrer persönlichen Dokumente unterstützt werden. Gleichzeitig wurde deutlich, dass die Entwicklung von Anwendungen für die persönliche Dokumenten- und Informationsverwaltung (PIM) eine erhebliche Herausforderung darstellt. Davon ausgehend wurden die Thesen und Forschungsziele dieser Dissertation formuliert und ein Überblick über die Kapitel der Arbeit gegeben.

Kapitel 2 – Verwaltung multimedialer Dokumente: Anforderungen und Stand der Technik

Kapitel 2 analysiert den aktuellen Stand der Technik im Umgang mit multimedialen Dokumenten und geht auf die Herausforderungen bei der Entwicklung und Nutzung entsprechender Anwendungen und Archive ein. Dabei lag ein Schwerpunkt auf der Darstellung von Methoden und Techniken der inhaltsbasierten Suche sowie der Probleme, die mit der Vielfältigkeit und Komplexität multimedialer Daten und zugehöriger Metadaten verbunden sind. Die anschließend vorgestellten Nutzerstudien machen zusätzlich deutlich, dass geeignete Lösungen nur durch eine entsprechende Eingrenzung des Anwendungsbereichs und das Einbeziehen möglichst vieler Informationsquellen realisierbar ist. Dies führte zu der Erkenntnis, dass der Einsatz von Technologien zur computergestützten, semantischen Wissensverarbeitung notwendig ist, um verschiedene Informationen und Informationsquellen zu verknüpfen und individuelle *mentale Modelle* der Anwender zu unterstützen.

Forschungsbeitrag:

Auf Basis umfassender Recherchen in einem sehr breiten Forschungsfeld (MIR) erstellt, besteht der Beitrag dieses Kapitels in der zusammenfassenden Darstellung des

7 Zusammenfassung und Ausblick

aktuellen Standes der Forschung und Technik im Bereich der Verwaltung multimedialer Dokumente. Ein weiterer bedeutender Beitrag wird durch die Auswertung der eigens durchgeführten Nutzerstudien zur Ableitung von Anforderungen an das zu entwickelnde Konzept geleistet.

Kapitel 3 – Semantische Technologien zur Verwaltung persönlicher, multimedialer Dokumente

Ausgehend von den Erkenntnissen aus Kapitel 2 wurde in Kapitel 3 der aktuelle Stand der Forschung und Technik auf dem Gebiet der semantischen Informations- und Wissensverarbeitung vorgestellt und analysiert. Ein wesentlicher Schwerpunkt lag dabei auf der Untersuchung existierender Lösungsansätze für eine semantikbasierte Verwaltung persönlicher, multimedialer Dokumente. Aus dieser Untersuchung ging hervor, dass diese insbesondere Defizite aufweisen hinsichtlich ihrer Flexibilität zur Anpassung an individuelle Anwendungsdomänen, ihrer Erweiterbarkeit, ihrer Fähigkeiten, externe Informationsquellen zu berücksichtigen und hinreichende Datenqualität sicherzustellen. Die gewonnenen Erkenntnisse bildeten die Grundlage für das zu entwickelnde Konzept, welches in Kapitel 4 vorgestellt wurde.

Forschungsbeitrag:

Kapitel 3 stützt sich ebenfalls auf eine ausführliche Recherche und Analyse aktueller Forschungsarbeiten und bietet eine kompakte Darstellung und Bewertung der vorhandenen Lösungsansätze im betrachteten Anwendungsgebiet. Der maßgebliche Beitrag besteht in der Ableitung konkreter Anforderungen an ein ontologiebasiertes Dokumentenverwaltungssystem.

Kapitel 4 – Ontologiebasierte Indexierung und Kontextualisierung persönlicher, multimedialer Dokumente

In Kapitel 4 wurde das im Rahmen dieser Dissertation entwickelte neuartige Konzept der ontologiebasierten Indexierung und Kontextualisierung persönlicher, multimedialer Dokumente vorgestellt. Dieses beinhaltet (1) einen auf einem mehrstufigen, pipelinebasierten Modellierungsprozess beruhenden Ansatz zur Generierung semantischer Beschreibungen für Dokumente, (2) einen Ansatz zur Aktualisierung und Synchronisierung des semantischen Datenmodells mit der jeweiligen Dokumentensammlung, und (3) ein Verfahren zur systemgestützten Bereinigung und Konsolidierung der semantischen Datenbasis für deren langfristige Nutzbarkeit.

Forschungsbeitrag:

Die drei Aspekte der (semi-)automatischen Generierung, Aktualisierung und Konsolidierung semantischer Beschreibungen für persönliche, multimediale Dokumente werden in existierenden Lösungen nur unzureichend berücksichtigt, sodass die vorgestellten Konzepte hier einen substantiellen fachlichen Beitrag leisten. Dies gilt auch für die entwickelten, bisher nicht in geeigneter Form verfügbaren Ontologien für die Beschreibung des Dokumentenlebenszyklus, der Änderungsaktivitäten in einer semantischen Datenbasis und der Beschreibung von Datenproblemen. Darüber hinaus wird erstmals eine konzeptionelle Trennung zwischen domänenunabhängiger und domänenabhängiger Anwendungslogik vorgenommen, die die Grundlage für die Anpassung der Verfahren an spezifische Anwendungsdomänen und somit auch für die in Kapitel 5 vorgestellte Architektur bildet.

Die Forschungsbeiträge dieses Kapitels wurden in verschiedenen Veröffentlichungen auf einschlägigen, internationalen Tagungen vorgestellt, z. B. in [Mitschick, 2006], [Mitschick & Meißner, 2006], [Mitschick et al., 2008] und [Mitschick & Meißner, 2009]. Die Validierung der Konzepte beruht auf der in Kapitel 5 vorgestellten Architektur und ihrer Referenzimplementierung.

Kapitel 5 – Eine komponentenbasierte Architektur für die semantische Verwaltung persönlicher, multimedialer Dokumente

In diesem Kapitel wurde die auf der Grundlage der in Kapitel 4 beschriebenen Mechanismen zur ontologiebasierten Indexierung und Kontextualisierung multimedialer Dokumente entwickelte komponentenbasierte Architektur vorgestellt. Diese unterstützt durch ihren dreischichtigen Aufbau die bereits im Konzept eingeführte Trennung zwi-

7 Zusammenfassung und Ausblick

schen medien- und systemspezifischen Aufgaben, domänenunabhängiger und domänenabhängiger Anwendungslogik. Jede der drei Ebenen wurde eingehend vorgestellt, mit einem speziellen Fokus auf den komplexen Aufbau der mittleren, domänenunabhängigen Ebene, welche das Kernstück der Architektur darstellt. Durch den beschriebenen OSGi-basierten Ansatz ist ein Höchstmaß an Flexibilität, Erweiterbarkeit und Wiederverwendbarkeit gegeben. Die Umsetzbarkeit wurde durch eine prototypische Implementierung belegt, die der Forschung wie auch Entwicklern als Referenz dienen kann.

Forschungsbeitrag:

Die beschriebene Architektur bildet die konzeptionelle Grundlage für die Entwicklung semantikbasierter Verwaltungssysteme für persönliche, multimediale Dokumente und stellt einen substanziellen wissenschaftlichen Beitrag dar. Damit steht erstmalig eine Spezifikation für eine Plattform zur Verfügung, die an die jeweilige Anwendungsdomäne angepasst werden kann und auf der domänenspezifische PIM-Anwendungen aufsetzen können.

Verschiedene Teilaspekte der entwickelten Architektur wurden in internationalen Publikationen vorgestellt, z. B. in [Mitschick & Fritzsche, 2007], [Mitschick et al., 2007], [Pietschmann et al., 2008] und [Mitschick & Meißner, 2008].

Kapitel 6 – Einsatz des K-IMM-Systems in verschiedenen Anwendungsszenarien

In Kapitel 6 wurden drei, in ihren Anforderungen sehr unterschiedliche Anwendungsszenarien vorgestellt, in denen die Referenzimplementierung der entwickelten Architektur als semantikbasiertes Dokumentenverwaltungssystem zum Einsatz kam. Dazu gehört (1) ein Desktop-Szenario zur Verwaltung persönlicher, multimedialer Dokumente, (2) der Einsatz im Rahmen eines Mängelmanagementszenarios im Bauwesen, und (3) ein Bildverwaltungsszenario unter Verwendung visueller Merkmale.

Forschungsbeitrag:

Durch die realisierten Demonstratoren wird die Tauglichkeit der Architektur anhand ihrer Referenzimplementierung und entsprechend der an diese Arbeit geknüpften Anforderungen belegt. Gleichzeitig ermöglichen die prototypischen Anwendungen eine weiterführende Evaluation der Akzeptanz und Nutzerfreundlichkeit, sowie des praktischen Mehrwerts semantikbasierter Anwendungen zur Verwaltung persönlicher, multimedialer Dokumente.

7.2 Diskussion

Zur Motivation und als Leitfaden dieser Arbeit wurden in Kapitel 1, Abschnitt 1.1 vier **Thesen** aufgestellt:

- Eine geeignete Grundlage für die intelligente, langfristige Verwaltung persönlicher multimedialer Dokumente bietet das *Semantic Web* und die damit verbundenen Technologien. Mit Hilfe anwendungsspezifischer Ontologien kann der Anwender Dokumente über deren Relationen zueinander und zu persönlichen, kontextuellen Informationen geeignet annotieren und wiederfinden.

- Die Komplexität einer ontologiebasierten Dokumentenverwaltungslösung wird nur durch entsprechende Automatismen, die dem Anwender grundlegenden Annotations- und Bearbeitungsaufwand abnehmen, beherrschbar. Dazu zählen insbesondere Mechanismen zur automatischen Generierung von Basisbeschreibungen für Dokumente, die vom Nutzer entsprechend erweitert werden können, und zur Sicherstellung der Synchronität zwischen der Dokumentensammlung und der semantischen Datenbasis.

- Die notwendige Sicherung der Datenqualität in einer semantikbasierten Dokumentenverwaltung wird durch die geeignete Kombination aus automatischen und manuellen Korrekturmechanismen gewährleistet, um so den Mehraufwand für den Nutzer zu beschränken und der Vielschichtigkeit semantischer Datenprobleme zu begegnen.

- Durch die Trennung der Anwendungslogik eines Dokumentenverwaltungssystems in eine prozedurale, domänenunabhängige und eine deklarative, domänenspezifische Ebene wird der einfache und komfortable Austausch bzw. die Anpassung der verwendeten Domänenontologie zur Unterstützung verschiedenster Wissensmodelle ermöglicht.

Ein umfassender Beweis dieser Thesen lässt sich nicht in jedem Fall erbringen, da umfangreiche, langfristig angelegte Studien dazu nötig sind. Dennoch werden die dazu notwendigen Grundlagen durch die vorgestellten Ergebnisse gelegt. Das ganzheitliche Konzept zur (semi-)automatischen Generierung, Aktualisierung und Konsolidierung semantischer Beschreibungen für persönliche, multimediale Dokumente, sowie die zugehörige komponentenbasierte Architektur leisten einen wesentlichen Beitrag dazu, den Mehrwert und die Akzeptanz einer semantikbasierten Verwaltungslösung zu evaluieren.

Im Folgenden sollen die bereits in Abschnitt 7.1 beschriebenen wissenschaftlichen Ergebnisse der Arbeit in Bezug auf die zu Beginn der Arbeit benannten Forschungsziele (vgl. Abschnitt 1.2) zusammengefasst und diskutiert werden.

Entwicklung einer Methodik zur semi-automatischen, konsistenten Modellierung semantischer Beschreibungen für Dokumente

Die entwickelte Methodik zur automatischen, konsistenten Modellierung semantischer Beschreibungen bildet die Grundvoraussetzung für den Einsatz semantischer Technologien bei der Verwaltung persönlicher Dokumente und Informationen. Gegenüber existierenden Ansätzen bietet diese Methodik eine wesentlich stärker auf die Komplexität und Anforderungen des heterogenen Anwendungsbereiches ausgerichtete Lösung. Ermöglicht wird dies grundsätzlich durch den mehrstufigen, pipelinebasierten Modellierungsprozess, der die spezifische Anpassung und Wartung einzelner Verarbeitungsschritte gewährleistet. Jeder dieser Schritte beruht auf domänen- und anwendungsunabhängigen Funktionen, deren konkrete Konfiguration auf Regeln basiert, die zur Laufzeit verarbeitet werden. Auf diese Weise kann die Zielontologie an die Bedürfnisse und Anforderungen einer konkreten Anwendung angepasst werden, was bisherige Ansätze nicht oder nur unzureichend unterstützen.

Darüber hinaus ermöglicht die Eingabe der Quelldaten in Form von Attribut-Wert-Paaren die Anbindung beliebig vieler, unterschiedlich komplexer Analysekomponenten (gegebenenfalls auch von Drittanbietern). Hinsichtlich der Vielzahl möglicher Dokumenten- und Metadatenformate und deren unterschiedlicher Relevanz für bestimmte Anwendungsszenarien bietet dieses Konzept somit eine hochgradig flexible und langfristig angelegte Lösung.

Auch die Art und Weise, wie externe Informationsquellen (in Form von Kontextlieferanten und Webinformationen) einbezogen werden, ist ein wesentliches Alleinstellungsmerkmal der vorgestellten Methodik, die sie von existierenden Ansätzen unterscheidet. So ist eine tatsächliche semantische *Kontextualisierung* persönlicher Dokumente, d. h. deren Einordnung in den individuellen Kontext des Nutzers, möglich.

Entwicklung einer Methodik zur Aktualisierung semantischer Beschreibungen für Dokumente

Existierende Ansätze zur semantikbasierten Dokumentenverwaltung vernachlässigen den Aspekt des Dokumentenlebenszyklus oder legen keinen gesonderten Schwerpunkt auf die damit verbundene Problematik. Die entsprechende Berücksichtigung und Unterstützung des Dokumentenlebenszyklus ist eine ganz wesentliche Leistung, die ein Dokumentenverwaltungssystem für die langfristige Nutzbarkeit einer Mediensammlung erbringen muss. Die in dieser Dissertation entwickelte Methodik zur Aktualisierung semantischer Beschreibungen entsprechend dem Lebenszyklus von Dokumenten bietet dazu erstmalig ein geeignetes Konzept, um die *Konformität* zwischen Dokumentensammlung und semantischer Metadaten (bei Änderungen, Löschungen, Verschiebungen etc.) zu gewährleisten.

Dieses beinhaltet einerseits die Spezifikation der Entwicklungsphasen eines Dokumentes in Form einer eigens erstellten Ontologie (*Document-Life-Cycle-Ontologie*). Andererseits wurde ein zugehöriger regelbasierter Modellierungsprozess entwickelt, der auf Basis dieser Ontologie die automatische Aktualisierung, Erweiterung und Synchroni-

7 Zusammenfassung und Ausblick

sation der semantischen Datenbasis gewährleistet. Dieser ermöglicht es, Informationen aus dem Anwendungs- und Nutzungskontext (aus anderen Applikationen), die durch einen Kontextmodellierungsdienst bereitgestellt werden, mit in die Dokumentenbeschreibung aufzunehmen. Auf diese Weise wird – im Gegensatz zu existierenden Ansätzen – ein weiterer Beitrag zur *Kontextualisierung* der persönlichen Dokumente geleistet.

Des Weiteren wird durch den Modellierungsprozess gewährleistet, dass manuelle Annotationen, die der Endnutzer durch die Bearbeitung semantischer Beschreibungen vorgenommen hat, nicht durch automatische Prozesse überschrieben oder entfernt werden. Dazu wurde eine eigene Ontologie zur Dokumentation von Änderungen in der Datenbasis entwickelt, anhand derer ein Protokoll erstellt wird, welches bei der Aktualisierung semantischer Beschreibungen berücksichtigt wird, um Nutzerannotationen generell zu priorisieren und ein Überschreiben zu vermeiden. Auch dies leisten vergleichbare Ansätze bisher nicht.

Entwicklung einer Methodik zur Bereinigung und Konsolidierung semantischer Beschreibungen für Dokumente

Ein wesentliches Problem, welches die Tauglichkeit und Akzeptanz existierender semantikbasierter Dokumentenverwaltungslösungen erheblich einschränkt, ist die bisher unzureichend gewährleistete *Konsistenz* und *Effizienz* semantischer Datenmodelle, insbesondere über längere Zeiträume hinweg. Bereitgestellten Automatismen zur Generierung und Aktualisierung semantischer Daten müssen auch geeignete Methoden für deren Konsolidierung gegenüberstehen. Auch dies ist ein erhebliches Defizit verwandter Lösungen für die semantikbasierte Verwaltung persönlicher, multimedialer Dokumente (vgl. Abschnitt 3.2).

Die in dieser Arbeit vorgestellte Methodik zur Bereinigung und Konsolidierung semantischer Beschreibungen von Dokumenten liefert somit erstmals eine Lösung, um dem Nutzer langfristig konsistente, aussagekräftige semantische Modelle bereitzustellen, deren Inhalten er vertraut und die ihm einen Mehrwert bei der Verwaltung seiner Dokumente bieten. Die entwickelten Mechanismen unterstützen die Duplikaterkennung und -behandlung (um effizientere Datenstrukturen zu erzielen) und die Identifikation semantischer Konflikte und unvollständiger Daten.

Auch hier erfolgte eine konsequente Trennung zwischen domänenabhängiger und domänenunabhängiger Bereinigungsfunktionen, um so die anwendungsspezifische Anpassung zu unterstützen. Diese bildet die Grundlage für ein Architekturkonzept, welches eine konkrete Konfiguration für ein bestimmtes Anwendungsszenario ermöglicht.

Konzeption einer modularen, flexiblen Architektur und deren Evaluation

Die im Rahmen dieser Arbeit entwickelte Architektur liefert für die beschriebenen Mechanismen zur ontologiebasierten Indexierung und Kontextualisierung persönlicher, multimedialer Dokumente das zugehörige technische Konzept und damit ein Referenzsystem für die semantikbasierte Dokumentenverwaltung. Architekturen vergleichbarer Ansätze weisen zwar ähnliche Komponenten auf, jedoch nicht diese konsequente Trennung zwischen medienspezifischer Analysefunktionen, domänenunabhängiger Datenmodellierung und -verarbeitung und domänenabhängiger Anwendungsschnittstelle.

Auf diese Weise unterstützt die vorgestellte Architektur drei Ebenen von Belangen: Auf der untersten Ebene wird die Erweiterbarkeit und Flexibilität bezüglich der Vielzahl existierender Dokumenten- und Metadatenformate durch eine generische Schnittstelle für verschiedene Analysekomponenten gewährleistet. Auf der mittleren Ebene steht die domänenunabhängige Anwendungslogik zur automatischen und semi-automatischen Generierung, Aktualisierung und Konsolidierung der semantischen Datenmodelle bereit. Die oberste Ebene bietet die von der jeweils verwendeten Domänenontologie bestimmte Anwendungsschnittstelle für den Zugriff auf und die Interaktion mit den semantischen Daten.

Die Praktikabilität und Tauglichkeit der anwendungsspezifischen Anpassbarkeit dieser Architektur wurde anhand der im Rahmen dieser Dissertation entwickelten umfangreichen prototypischen Implementierung in drei verschiedenen Einsatzszenarien (mit jeweils unterschiedlichen Domänenontologien) hinreichend erprobt.

7.2.1 Wissenschaftliche Beiträge

Die wesentlichen wissenschaftlichen Ergebnisse dieser Dissertation wurden in verschiedenen internationalen Veröffentlichungen vorgestellt[1]. Die Beiträge können wie folgt zusammengefasst werden:

▶ Konzeption eines mehrstufigen, regelbasierten Generierungsprozesses zur semi-automatischen und konsistenten Modellierung semantischer Beschreibungen für persönliche, multimediale Dokumente, welcher externe Informationsquellen zur Kontextualisierung (durch Anwendungs- und Nutzungskontext) und Validierung (durch "Weltwissen") von Dokumentenbeschreibungen berücksichtigt.

▶ Entwicklung einer auf einer Ontologie zur Beschreibung der Lebenszyklusphasen eines Dokumentes basierenden Methodik zur Aktualisierung und Synchronisation einer semantischen Datenbasis entsprechend der Nutzungs- und Änderungsaktivitäten (Erstellen, Bearbeiten, Nutzen, Verwalten, Löschen) innerhalb der Dokumentensammlung.

▶ Entwicklung eines semi-automatischen Verfahrens zur Bereinigung und Konsolidierung der automatisch generierten bzw. aktualisierten semantischen Informationen zur Gewährleistung konsistenter, effizienter und langfristig nutzbarer Datenstrukturen.

▶ Konzeption einer komponentenbasierten Drei-Schichten-Architektur für eine semantikbasierte Dokumentenverwaltung, welche auf den entwickelten Mechanismen zur automatischen und semi-automatischen Modellierung und Aktualisierung (Wartung) semantischer Dokumentenbeschreibungen basiert und durch die Trennung zwischen domänenabhängiger und domänenunabhängiger Anwendungslogik an verschiedene Einsatzszenarien angepasst werden kann.

---

[1] Eine vollständige Liste ist unter "??" auf Seite ?? zu finden.

7.2.2 Einschränkungen

Die Ergebnisse der vorliegenden Arbeit beinhalten einige Einschränkungen und Defizite, die nicht grundsätzlicher Natur sind, deren Behebung jedoch im zeitlichen Rahmen dieser Dissertation nicht möglich war. Sie bieten allerdings Ansatzpunkte für zukünftige, auf dieser Arbeit aufbauende Entwicklungen, auf die in Abschnitt 7.3 näher eingegangen wird.

Fehlende Autorenunterstützung für die Anwendungsentwicklung

Die Anpassung der vorgestellten Mechanismen und der konzipierten Architektur an die Anforderungen eines bestimmten Einsatzszenarios beruht auf der Erstellung bzw. Bearbeitung deklarativer Beschreibungen der Anwendungsdomäne in Form von (1) OWL-Dateien (Domänenontologie und gegebenenfalls Subontologien), (2) Konfigurationsdateien (für Instanziierung und Konsolidierung) und (3) Regeln (für die regelbasierten Modellierungsprozesse). Zwar kann auf Basis der implementierten Beispielsszenarien leicht ein eigenes Szenario durch entsprechende Wiederverwendung und Abwandlung umgesetzt werden, der gesamte Autorenprozess, wie in Abschnitt 5.4 vorgestellt, setzt allerdings einige fachliche und anwendungsspezifische Kenntnisse voraus und ist ohne geeignete Werkzeugunterstützung alles andere als trivial. Aus diesem Grund wurde vorgeschlagen, für diesen Prozess der Domänenbeschreibung verschiedene Rollen einzuführen: den Ontologieentwickler, den Prozessentwickler und den eigentlichen Anwendungsprogrammierer, der die Benutzerschnittstelle realisiert. Dieser rollenbasierte Autorenprozess konnte jedoch in dieser Arbeit nicht weiter verfolgt werden.

Fehlende Einflussmöglichkeiten des Endanwenders auf die Modellierungsprozesse

Die entwickelten, vom System durchgeführten Prozesse werden durch den Anwendungsentwickler entsprechend dem zu unterstützenden Einsatzszenario konfiguriert. Dieser legt somit für den Endanwender fest, welche Daten wie interpretiert und in welcher Form modelliert werden sollen. Der Endanwender kann zwar im Rahmen der verwendeten Ontologie semantische Beschreibungen (Instanzdaten) erstellen und be-

7 Zusammenfassung und Ausblick

arbeiten, dies allerdings nur in Abhängigkeit von den Möglichkeiten der zur Verfügung stehenden Client-Anwendung und ohne die Möglichkeit, die Ontologie selbst, d. h. das Datenschema, zu ändern oder zu erweitern. Trotz des Mehrwertes semantischer Technologien und den Möglichkeiten intelligente PIM-Anwendungen zu implementieren, kann eine Lösung zur Verwaltung persönlicher, multimedialer Dokumente dennoch daran scheitern, dass das mentale Modell des Nutzers nicht ausreichend unterstützt wird und ihm die Möglichkeiten der Einflussnahme fehlen. Eine entsprechende Weiterentwicklung der hier vorgestellten Konzepte (zuzüglich der damit verbundenen Erweiterung der Mechanismen zur Konsistenzsicherung) konnte im Rahmen dieser Arbeit nicht vorgenommen werden.

Fehlende Nutzerstudien

Wie in Kapitel 6 beschrieben, wurde die prototypische Implementierung des entwickelten Konzeptes erfolgreich in drei verschiedenen Einsatzszenarien erprobt. Allerdings waren in allen drei Fällen bislang jeweils nur wenige Nutzer, die darüber hinaus Experten darstellten, bei der Evaluation beteiligt. Aus diesem Grund stehen umfassende Studien zur Akzeptanz und zum Mehrwert einer semantikbasierten Verwaltung persönlicher, multimedialer Dokumente noch aus. Die vorgestellten Demonstratoren illustrieren damit lediglich die Einsatzfähigkeit und Tauglichkeit der vorgestellten Konzepte und der Architektur, liefern aber noch keine Aussage dazu, ob die Nutzung dieser Lösungen für tatsächliche Endanwender einen substanziellen, persönlichen Mehrwert erbringt. Darüber hinaus konnte im Rahmen dieser Arbeit keine langfristige, d. h. über mehrere Jahre angelegte Evaluation des Ansatzes durchgeführt werden, um zu untersuchen und zu bewerten, ob dieser für entsprechende Anforderungen der Langzeitarchivierung geeignet ist.

7.3 Zukünftige Forschungsarbeiten

Aus den beschriebenen Einschränkungen der Ergebnisse, aber auch in Bezug auf bisher unberücksichtigte Forschungsfragen, ergeben sich eine Reihe von Anknüpfungs-

7.3 Zukünftige Forschungsarbeiten

punkten für weiterführende Arbeiten. Besonders interessante Möglichkeiten sollen im Folgenden zur Abrundung dieser Arbeit kurz vorgestellt werden.

Autorenwerkzeuge für den Anwendungsentwickler

Bei der Erstellung der Domänenontologien, der Konfigurationsdateien und Regeln ergeben sich verschiedenste inhaltliche Abhängigkeiten, deren Einhaltung durch einen geführten Autorenprozess und eine geschlossene Entwicklungsumgebung vereinfacht werden kann. Der Entwicklung einer entsprechenden Werkzeugunterstützung sollte zunächst die wissenschaftliche Analyse des Autorenprozesses und der Entwicklungsmethodik vorausgehen. Hier ergeben sich eine Reihe von wissenschaftlichen Herausforderungen, u. a. die Untersuchung und Evaluation vergleichbarer Lösungen, die Identifikation von Entwicklungsphasen und Abhängigkeiten und deren Verallgemeinerung. Möglicherweise kann eine geeignete Werkzeugunterstützung[2] in eine vom Anwendungsentwickler verwendete Entwicklungsumgebung integriert werden, um somit Domänenbeschreibung und Anwendungsentwicklung zu kombinieren. Darüber hinaus könnten aber auch die genannten Autorenrollen (Ontologieentwickler, Prozessentwickler, Anwendungsprogrammierer) durch rollenspezifische Sichten unterstützt werden (vergleichbar mit der in [Dachselt, 2004, S. 147] vorgestellten Unterstützung verschiedener Autorengruppen).

Anpassung des Generierungsprozesses durch den Endanwender

Der entwickelte Prozess der automatischen Generierung semantischer Dokumentenbeschreibungen ist derzeit lediglich durch den Entwickler konfigurierbar, der somit, wie oben beschrieben, den Nutzer "bevormundet". Die Konfiguration könnte allerdings – mit entsprechender Hilfestellung durch die Benutzerschnittstelle – zum Teil auch vom Endanwender durchgeführt werden. Dafür geeignet wäre insbesondere der Schritt der *Erweiterung der Basisbeschreibungen* durch Kontextinformationen und "Weltwissen". Der Anwender könnte, durch eine intuitive Benutzerführung und geeignete Interakti-

---

[2] Eine Werkzeugunterstützung sollte Mechanismen bereitstellen, die die erstellten Regeln und Konfigurationen gegenüber der verwendeten Ontologie validieren, beispielsweise durch eine entsprechende Syntaxhervorhebung oder Autovervollständigung.

onskonzepte (z. B. *Drag and Drop*) unterstützt, Regeln zur Integration externer Informationen erstellen oder anpassen. Ein solcher Ansatz ließe sich gegebenenfalls auch auf die Spezifikation der Instanziierungskonfiguration übertragen. Erweiterungen in diese Richtung sollten allerdings stets die Fähigkeiten und Leistungsbereitschaft des Anwenders berücksichtigen. Entsprechend ergeben sich in diesem Bereich die wissenschaftlichen Herausforderungen im Wesentlichen hinsichtlich der Gestaltung und Ergonomie der Benutzerschnittstelle, welche geeignete, intuitive Konzepte zur Visualisierung semantischer Relationen und Kausalität (Wirkung und Priorität von Regeln) beinhalten muss.

Erweiterung der Ontologie durch den Endanwender

Durch die vom Anwendungsentwickler definierte Ontologie ist der Endanwender bei der Beschreibung und Verknüpfung seiner persönlichen Dokumente und Informationen auf deren Konzeptualisierung, d. h. die gegebenen Konzepte, Attribute und Relationen, angewiesen. Wie in Abschnitt 5.3.1 beschrieben bietet die entwickelte Ontologie-API der K-IMM-Architektur bereits Schnittstellen zum softwaretechnischen Zugriff auf Ontologieklassen und deren Eigenschaften. Prinzipiell können so nicht nur Instanzdaten objektorientiert erstellt und bearbeitet werden, sondern auch die verwendete Ontologie selbst. Dieser bestehende Ansatz könnte in der Richtung weiter ausgebaut werden, dass Endanwender bei Bedarf neue Konzepte und Relationen, die so noch nicht in der Ontologie vorhanden sind, aber ihrem mentalen Modell besser entsprechen, erstellen können. Allerdings ist diesbezüglich auch Vorsicht geboten, da der Nutzer somit auch die Möglichkeit hat, das Datenmodell unbeabsichtigt unbrauchbar zu machen. Entsprechend ergeben sich auch hier eine Reihe wissenschaftlicher Fragestellungen (sowohl im Bereich der Gestaltung der Benutzerschnittstelle als auch im Bereich der Anwendungslogik), um die Konsistenz und Brauchbarkeit der semantischen Datenbasis zu gewährleisten.

Integration maschineller Lernverfahren

Eine intelligente PIM-Anwendung sollte zweifelsohne auch vom Verhalten und den Entscheidungen des Nutzers lernen. Auf diese Weise können nicht nur individuelle, personalisierte Sichten generiert werden, sondern auch Rückschlüsse für die zugrunde liegenden Generierungs- und Konsolidierungsprozesse gezogen werden. Eine interessante Weiterentwicklung des K-IMM-Ansatzes könnte daher in der Integration maschineller Lernverfahren liegen, um beispielsweise Informationen über Nutzerverhalten und -interessen zu sammeln, auszuwerten und bei der regelbasierten Datenmodellierung zu berücksichtigen. Das System könnte dabei ebenso auch neue Konzepte "erlernen", z. B. aus korrelierenden Entitäten in Freitextkommentaren.

Kollaboration und Community-Funktionen

Privatanwender agieren zunehmend in Netzwerken und verteilten Systemumgebungen, z. T. auch mit Hilfe verschiedenster mobiler Endgeräte. Im Zusammenhang mit der in Kapitel 5 vorgestellten Architektur wurde im Rahmen dieser Arbeit auch ein intuitiver Ansatz zur Freigabe von semantischen Ressourcen an andere Nutzer entwickelt (vgl. Abschnitt 5.3.1.2). Dieser Ansatz muss noch wesentlich weiter ausgebaut werden, um den Anforderungen verteilter, mobiler Umgebungen gerecht zu werden. Eine sehr interessante Erweiterung der K-IMM-Architektur stellt die Bereitstellung eines SPARQL Endpoints dar, über den semantische Informationen über eine standardisierte Abfrageschnittstelle nach außen gegeben werden können. Auf diese Weise können persönliche Informationen anwendungsübergreifend verwendet und verknüpft werden. Allerdings wird bereits aus der Tatsache, dass es sich um *persönliche Informationen* handelt, deutlich, dass damit eine wesentlich ausgereiftere Zugriffskontrolle notwendig ist und aus wissenschaftlicher Sicht Fragen der Sicherheit und des Datenschutzes adressiert werden müssen. Umgekehrt ergeben sich auch aus der Idee, *folksonomies* (Sammlungen kollaborativ erstellter Schlagwörter) in die Modellierung semantischer Beschreibungen einzubeziehen (z. B. durch die oben genannte Verwendung maschineller Lernverfahren), interessante wissenschaftliche Fragestellungen.

Evaluation des Ansatzes in anderen Domänen

Neben der in Kapitel 6 vorgestellten professionellen Domäne des Bauwesens, in der das prototypische K-IMM-System bereits erfolgreich zum Einsatz kam, existieren auch andere Bereiche mit relevanten Anwendungsszenarien zur umfassenden Erprobung des

7 Zusammenfassung und Ausblick

Ansatzes. Beispielsweise bietet der medizinische Bereich ein sehr interessantes Einsatzfeld, da hier – historisch bedingt – bereits umfangreiche Fachontologien existieren und gleichzeitig eine Vielzahl an Medientypen z. B. zur Dokumentation von Krankheitsfällen (hochauflösende Bilder, Video, Sprachaufnahmen) verwendet und verwaltet werden. Ein anderes Wirkungsfeld, welches zukünftig auch anvisiert werden könnte, um den K-IMM-Ansatz auszubauen und zu evaluieren, ist der Bereich Medienlogistik für Verlage, Presse und Marketingabteilungen. Selbstverständlich muss das entwickelte Konzepte für solche Domänen zunächst konkreter analysiert und gegebenenfalls auch ausgebaut werden, um deren Anforderungen gerecht zu werden.

Gestaltung der Benutzerschnittstelle, Nutzerstudien

Schlussendlich ist der tatsächliche Mehrwert einer semantikbasierten Lösung gegenüber klassischen Verwaltungssystemen nur hinsichtlich der jeweiligen Benutzerschnittstelle und durch umfassende Nutzerstudien zu beurteilen. Eine ontologiebasierte Lösung bietet im Gegensatz zu klassischen Verwaltungsanwendungen die Möglichkeit, "mit Wissen zu arbeiten". Klassische Wissensarbeit und persönliche Dokumentenverwaltung bildeten bisher jedoch zwei getrennte Bereiche, für die grafische Benutzerschnittstellen und Interaktionstechniken entwickelt wurden. Somit existiert hier ein ganz neues Wirkungsfeld für wissenschaftliche Nutzerstudien. Diese können z. B., ähnlich wie in den in Abschnitt 2.3.2 vorgestellten Nutzerbefragungen, auf Basis von Interviews oder Fragebögen, oder durch Beobachtung der Anwender bei der Bedienung der grafischen Oberfläche bzw. der Abarbeitung bestimmter Verwaltungsaufgaben erfolgen. Die abgeleiteten Ergebnisse würden ganz wesentlich dazu beitragen, die Usability und Akzeptanz ontologiebasierter Lösungen zur Verwaltung persönlicher, multimedialer Dokumente zu ergründen und zu verbessern. Ganz wesentlich ist hierbei auch die Zielstellung, Interaktionsformen und Eingabe- bzw. Befragungstechniken zu entwickeln und zu testen, die den Endanwender möglichst effektiv dabei unterstützen, das persönliche, semantische Wissen über seine Dokumente in die Wissensbasis einzubringen.

Anhang

Anhang A

Ontologie der Problembeschreibungen

```xml
<?xml version="1.0"?>

<!DOCTYPE rdf:RDF [
    <!ENTITY owl "http://www.w3.org/2002/07/owl#" >
    <!ENTITY swrl "http://www.w3.org/2003/11/swrl#" >
    <!ENTITY swrlb "http://www.w3.org/2003/11/swrlb#" >
    <!ENTITY xsd "http://www.w3.org/2001/XMLSchema#" >
    <!ENTITY owl2xml "http://www.w3.org/2006/12/owl2-xml#" >
    <!ENTITY rdfs "http://www.w3.org/2000/01/rdf-schema#" >
    <!ENTITY rdf "http://www.w3.org/1999/02/22-rdf-syntax-ns#" >
    <!ENTITY protege "http://protege.stanford.edu/plugins/owl/protege#" >
    <!ENTITY xsp "http://www.owl-ontologies.com/2005/08/07/xsp.owl#" >
    <!ENTITY consolidation "http://mmt.inf.tu-dresden.de/k-imm/consolidation.owl#" >
]>

<rdf:RDF xmlns="http://mmt.inf.tu-dresden.de/k-imm/consolidation.owl#"
     xml:base="http://mmt.inf.tu-dresden.de/k-imm/consolidation.owl"
     xmlns:rdfs="http://www.w3.org/2000/01/rdf-schema#"
     xmlns:swrl="http://www.w3.org/2003/11/swrl#"
     xmlns:protege="http://protege.stanford.edu/plugins/owl/protege#"
     xmlns:owl2xml="http://www.w3.org/2006/12/owl2-xml#"
     xmlns:xsp="http://www.owl-ontologies.com/2005/08/07/xsp.owl#"
     xmlns:owl="http://www.w3.org/2002/07/owl#"
     xmlns:xsd="http://www.w3.org/2001/XMLSchema#"
     xmlns:swrlb="http://www.w3.org/2003/11/swrlb#"
     xmlns:rdf="http://www.w3.org/1999/02/22-rdf-syntax-ns#"
     xmlns:consolidation="http://mmt.inf.tu-dresden.de/k-imm/consolidation.owl#">
    <owl:Ontology rdf:about=""/>

    <!--
    //
    // Data properties
    //
    -->

    <!-- http://mmt.inf.tu-dresden.de/k-imm/consolidation.owl#possibleDuplicate -->
    <owl:DatatypeProperty rdf:about="#possibleDuplicate">
        <rdf:type rdf:resource="&owl;FunctionalProperty"/>
```

```xml
    <rdfs:domain rdf:resource="#PossibleDuplicate"/>
    <rdfs:range rdf:resource="&xsd;anyURI"/>
</owl:DatatypeProperty>

<!-- http://mmt.inf.tu-dresden.de/k-imm/consolidation.owl#problemMessage -->
<owl:DatatypeProperty rdf:about="#problemMessage">
    <rdf:type rdf:resource="&owl;FunctionalProperty"/>
    <rdfs:comment rdf:datatype="&xsd;string"
        >human-readabel description</rdfs:comment>
    <rdfs:domain rdf:resource="#DataProblem"/>
    <rdfs:range rdf:resource="&xsd;string"/>
</owl:DatatypeProperty>

<!-- http://mmt.inf.tu-dresden.de/k-imm/consolidation.owl#refersTo -->
<owl:DatatypeProperty rdf:about="#refersTo">
    <rdf:type rdf:resource="&owl;FunctionalProperty"/>
    <rdfs:domain rdf:resource="#DataProblem"/>
    <rdfs:range rdf:resource="&xsd;anyURI"/>
</owl:DatatypeProperty>

<!-- http://mmt.inf.tu-dresden.de/k-imm/consolidation.owl#solutionMessage -->
<owl:DatatypeProperty rdf:about="#solutionMessage">
    <rdf:type rdf:resource="&owl;FunctionalProperty"/>
    <rdfs:comment rdf:datatype="&xsd;string"
        >human-readabel description</rdfs:comment>
    <rdfs:domain rdf:resource="#DataProblem"/>
    <rdfs:range rdf:resource="&xsd;string"/>
</owl:DatatypeProperty>

<!-- http://mmt.inf.tu-dresden.de/k-imm/consolidation.owl#suggestion -->
<owl:DatatypeProperty rdf:about="#suggestion">
    <rdfs:domain rdf:resource="#SyntacticProblem"/>
    <rdfs:range rdf:resource="&xsd;string"/>
</owl:DatatypeProperty>

<!--
//
// Classes
//
-->

<!-- http://mmt.inf.tu-dresden.de/k-imm/consolidation.owl#DataProblem -->
<owl:Class rdf:about="#DataProblem"/>

<!-- http://mmt.inf.tu-dresden.de/k-imm/consolidation.owl#MissingData -->
<owl:Class rdf:about="#MissingData">
    <rdfs:subClassOf rdf:resource="#DataProblem"/>
</owl:Class>

<!-- http://mmt.inf.tu-dresden.de/k-imm/consolidation.owl#MissingLabel -->
<owl:Class rdf:about="#MissingLabel">
    <rdfs:subClassOf rdf:resource="#MissingData"/>
</owl:Class>

<!-- http://mmt.inf.tu-dresden.de/k-imm/consolidation.owl#OrphanNode -->
<owl:Class rdf:about="#OrphanNode">
    <rdfs:subClassOf rdf:resource="#MissingData"/>
</owl:Class>

<!-- http://mmt.inf.tu-dresden.de/k-imm/consolidation.owl#PossibleDuplicate -->
<owl:Class rdf:about="#PossibleDuplicate">
    <rdfs:subClassOf rdf:resource="#DataProblem"/>
```

```xml
        </owl:Class>

        <!-- http://mmt.inf.tu-dresden.de/k-imm/consolidation.owl#SemanticProblem -->
        <owl:Class rdf:about="#SemanticProblem">
            <rdfs:subClassOf rdf:resource="#DataProblem"/>
        </owl:Class>

        <!-- http://mmt.inf.tu-dresden.de/k-imm/consolidation.owl#SyntacticProblem -->
        <owl:Class rdf:about="#SyntacticProblem">
            <rdfs:subClassOf rdf:resource="#DataProblem"/>
        </owl:Class>
</rdf:RDF>


<!-- Generated by the OWL API (version 2.2.1.1138) http://owlapi.sourceforge.net -->
```

Anhang B

Ontologie für die Beschreibung des Dokumentenlebenszyklus (DLC)

```xml
<?xml version="1.0"?>

<!DOCTYPE rdf:RDF [
    <!ENTITY owl "http://www.w3.org/2002/07/owl#" >
    <!ENTITY swrl "http://www.w3.org/2003/11/swrl#" >
    <!ENTITY swrlb "http://www.w3.org/2003/11/swrlb#" >
    <!ENTITY xsd "http://www.w3.org/2001/XMLSchema#" >
    <!ENTITY owl2xml "http://www.w3.org/2006/12/owl2-xml#" >
    <!ENTITY rdfs "http://www.w3.org/2000/01/rdf-schema#" >
    <!ENTITY rdf "http://www.w3.org/1999/02/22-rdf-syntax-ns#" >
    <!ENTITY dlc "http://mmt.inf.tu-dresden.de/k-imm/dlc.owl#" >
    <!ENTITY protege "http://protege.stanford.edu/plugins/owl/protege#" >
    <!ENTITY xsp "http://www.owl-ontologies.com/2005/08/07/xsp.owl#" >
]>

<rdf:RDF xmlns="http://mmt.inf.tu-dresden.de/k-imm/dlc.owl#"
    xml:base="http://mmt.inf.tu-dresden.de/k-imm/dlc.owl"
    xmlns:rdfs="http://www.w3.org/2000/01/rdf-schema#"
    xmlns:swrl="http://www.w3.org/2003/11/swrl#"
    xmlns:protege="http://protege.stanford.edu/plugins/owl/protege#"
    xmlns:owl2xml="http://www.w3.org/2006/12/owl2-xml#"
    xmlns:xsp="http://www.owl-ontologies.com/2005/08/07/xsp.owl#"
    xmlns:dlc="http://mmt.inf.tu-dresden.de/k-imm/dlc.owl#"
    xmlns:owl="http://www.w3.org/2002/07/owl#"
    xmlns:xsd="http://www.w3.org/2001/XMLSchema#"
    xmlns:swrlb="http://www.w3.org/2003/11/swrlb#"
    xmlns:rdf="http://www.w3.org/1999/02/22-rdf-syntax-ns#">
    <owl:Ontology rdf:about=""/>

    <!--
    //
    // Data properties
    //
     -->

    <!-- http://mmt.inf.tu-dresden.de/k-imm/dlc.owl#dateTime -->
    <owl:DatatypeProperty rdf:about="#dateTime">
        <rdf:type rdf:resource="&owl;FunctionalProperty"/>
        <rdfs:domain rdf:resource="#DocumentAction"/>
        <rdfs:range rdf:resource="&xsd;dateTime"/>
    </owl:DatatypeProperty>

    <!-- http://mmt.inf.tu-dresden.de/k-imm/dlc.owl#document -->
    <owl:DatatypeProperty rdf:about="#document">
        <rdf:type rdf:resource="&owl;FunctionalProperty"/>
        <rdfs:domain rdf:resource="#DocumentAction"/>
        <rdfs:range rdf:resource="&xsd;anyURI"/>
    </owl:DatatypeProperty>

    <!-- http://mmt.inf.tu-dresden.de/k-imm/dlc.owl#newName -->
    <owl:DatatypeProperty rdf:about="#newName">
        <rdf:type rdf:resource="&owl;FunctionalProperty"/>
```

```xml
    <rdfs:domain rdf:resource="#Renaming"/>
    <rdfs:range rdf:resource="&xsd;string"/>
</owl:DatatypeProperty>

<!-- http://mmt.inf.tu-dresden.de/k-imm/dlc.owl#newPath -->
<owl:DatatypeProperty rdf:about="#newPath">
    <rdf:type rdf:resource="&owl;FunctionalProperty"/>
    <rdfs:domain rdf:resource="#Renaming"/>
    <rdfs:range rdf:resource="&xsd;anyURI"/>
</owl:DatatypeProperty>

<!-- http://mmt.inf.tu-dresden.de/k-imm/dlc.owl#tool -->
<owl:DatatypeProperty rdf:about="#tool">
    <rdfs:domain rdf:resource="#DocumentAction"/>
    <rdfs:range rdf:resource="&xsd;string"/>
</owl:DatatypeProperty>

<!--
//
// Classes
//
-->

<!-- http://mmt.inf.tu-dresden.de/k-imm/dlc.owl#Annotation -->
<owl:Class rdf:about="#Annotation">
    <rdfs:subClassOf rdf:resource="#ManagementAction"/>
</owl:Class>

<!-- http://mmt.inf.tu-dresden.de/k-imm/dlc.owl#Creation -->
<owl:Class rdf:about="#Creation">
    <rdfs:subClassOf rdf:resource="#DocumentAction"/>
</owl:Class>

<!-- http://mmt.inf.tu-dresden.de/k-imm/dlc.owl#Deletion -->
<owl:Class rdf:about="#Deletion">
    <rdfs:subClassOf rdf:resource="#DocumentAction"/>
</owl:Class>

<!-- http://mmt.inf.tu-dresden.de/k-imm/dlc.owl#DocumentAction -->
<owl:Class rdf:about="#DocumentAction"/>

<!-- http://mmt.inf.tu-dresden.de/k-imm/dlc.owl#Indexing -->
<owl:Class rdf:about="#Indexing">
    <rdfs:subClassOf rdf:resource="#ManagementAction"/>
</owl:Class>

<!-- http://mmt.inf.tu-dresden.de/k-imm/dlc.owl#ManagementAction -->
<owl:Class rdf:about="#ManagementAction">
    <rdfs:subClassOf rdf:resource="#DocumentAction"/>
</owl:Class>

<!-- http://mmt.inf.tu-dresden.de/k-imm/dlc.owl#Modification -->
<owl:Class rdf:about="#Modification">
    <rdfs:subClassOf rdf:resource="#DocumentAction"/>
</owl:Class>

<!-- http://mmt.inf.tu-dresden.de/k-imm/dlc.owl#Presentation -->
<owl:Class rdf:about="#Presentation">
    <rdfs:subClassOf rdf:resource="#Usage"/>
</owl:Class>

<!-- http://mmt.inf.tu-dresden.de/k-imm/dlc.owl#Printing -->
```

```xml
<owl:Class rdf:about="#Printing">
    <rdfs:subClassOf rdf:resource="#Usage"/>
</owl:Class>

<!-- http://mmt.inf.tu-dresden.de/k-imm/dlc.owl#Renaming -->
<owl:Class rdf:about="#Renaming">
    <rdfs:subClassOf rdf:resource="#Modification"/>
</owl:Class>

<!-- http://mmt.inf.tu-dresden.de/k-imm/dlc.owl#Retrieval -->
<owl:Class rdf:about="#Retrieval">
    <rdfs:subClassOf rdf:resource="#ManagementAction"/>
</owl:Class>

<!-- http://mmt.inf.tu-dresden.de/k-imm/dlc.owl#Sharing -->
<owl:Class rdf:about="#Sharing">
    <rdfs:subClassOf rdf:resource="#ManagementAction"/>
</owl:Class>

<!-- http://mmt.inf.tu-dresden.de/k-imm/dlc.owl#Transmission -->
<owl:Class rdf:about="#Transmission">
    <rdfs:subClassOf rdf:resource="#Usage"/>
</owl:Class>

<!-- http://mmt.inf.tu-dresden.de/k-imm/dlc.owl#Usage -->
<owl:Class rdf:about="#Usage">
    <rdfs:subClassOf rdf:resource="#DocumentAction"/>
</owl:Class>
</rdf:RDF>

<!-- Generated by the OWL API (version 2.2.1.1138) http://owlapi.sourceforge.net -->
```

Anhang C

Ontologie für die Protokollierung der Bearbeitung des Datenmodells durch den Nutzer

```xml
<?xml version="1.0"?>

<!DOCTYPE rdf:RDF [
    <!ENTITY owl "http://www.w3.org/2002/07/owl#" >
    <!ENTITY swrl "http://www.w3.org/2003/11/swrl#" >
    <!ENTITY swrlb "http://www.w3.org/2003/11/swrlb#" >
    <!ENTITY xsd "http://www.w3.org/2001/XMLSchema#" >
    <!ENTITY owl2xml "http://www.w3.org/2006/12/owl2-xml#" >
    <!ENTITY rdfs "http://www.w3.org/2000/01/rdf-schema#" >
    <!ENTITY rdf "http://www.w3.org/1999/02/22-rdf-syntax-ns#" >
    <!ENTITY log "http://mmt.inf.tu-dresden.de/k-imm/log.owl#" >
    <!ENTITY protege "http://protege.stanford.edu/plugins/owl/protege#" >
    <!ENTITY xsp "http://www.owl-ontologies.com/2005/08/07/xsp.owl#" >
]>

<rdf:RDF xmlns="http://mmt.inf.tu-dresden.de/k-imm/log.owl#"
    xml:base="http://mmt.inf.tu-dresden.de/k-imm/log.owl"
    xmlns:rdfs="http://www.w3.org/2000/01/rdf-schema#"
    xmlns:swrl="http://www.w3.org/2003/11/swrl#"
    xmlns:protege="http://protege.stanford.edu/plugins/owl/protege#"
    xmlns:owl2xml="http://www.w3.org/2006/12/owl2-xml#"
    xmlns:xsp="http://www.owl-ontologies.com/2005/08/07/xsp.owl#"
    xmlns:owl="http://www.w3.org/2002/07/owl#"
    xmlns:xsd="http://www.w3.org/2001/XMLSchema#"
    xmlns:swrlb="http://www.w3.org/2003/11/swrlb#"
    xmlns:rdf="http://www.w3.org/1999/02/22-rdf-syntax-ns#"
    xmlns:log="http://mmt.inf.tu-dresden.de/k-imm/log.owl#">
    <owl:Ontology rdf:about=""/>

    <!--
    //
    // Data properties
    //
    -->

    <!-- http://mmt.inf.tu-dresden.de/k-imm/log.owl#dateTime -->
    <owl:DatatypeProperty rdf:about="#dateTime">
        <rdf:type rdf:resource="&owl;FunctionalProperty"/>
        <rdfs:domain rdf:resource="#ResourceAction"/>
        <rdfs:range rdf:resource="&xsd;dateTime"/>
    </owl:DatatypeProperty>

    <!-- http://mmt.inf.tu-dresden.de/k-imm/log.owl#instanceURI -->
    <owl:DatatypeProperty rdf:about="#instanceURI">
        <rdf:type rdf:resource="&owl;FunctionalProperty"/>
        <rdfs:domain rdf:resource="#InstanceAction"/>
        <rdfs:range rdf:resource="&xsd;anyURI"/>
    </owl:DatatypeProperty>

    <!-- http://mmt.inf.tu-dresden.de/k-imm/log.owl#objectURI -->
    <owl:DatatypeProperty rdf:about="#objectURI">
        <rdf:type rdf:resource="&owl;FunctionalProperty"/>
```

```xml
    <rdfs:domain rdf:resource="#StatementAction"/>
    <rdfs:range rdf:resource="&xsd;anyURI"/>
</owl:DatatypeProperty>

<!-- http://mmt.inf.tu-dresden.de/k-imm/log.owl#oldAttributeValue -->
<owl:DatatypeProperty rdf:about="#oldAttributeValue">
    <rdf:type rdf:resource="&owl;FunctionalProperty"/>
    <rdfs:domain rdf:resource="#InstanceEditing"/>
    <rdfs:range rdf:resource="&xsd;string"/>
</owl:DatatypeProperty>

<!-- http://mmt.inf.tu-dresden.de/k-imm/log.owl#oldPropertyValue -->
<owl:DatatypeProperty rdf:about="#oldPropertyValue">
    <rdf:type rdf:resource="&owl;FunctionalProperty"/>
    <rdfs:domain rdf:resource="#StatementEditing"/>
    <rdfs:range rdf:resource="&xsd;anyURI"/>
</owl:DatatypeProperty>

<!-- http://mmt.inf.tu-dresden.de/k-imm/log.owl#propertyURI -->
<owl:DatatypeProperty rdf:about="#propertyURI">
    <rdf:type rdf:resource="&owl;FunctionalProperty"/>
    <rdfs:range rdf:resource="&xsd;anyURI"/>
    <rdfs:domain>
        <owl:Class>
            <owl:unionOf rdf:parseType="Collection">
                <rdf:Description rdf:about="#InstanceEditing"/>
                <rdf:Description rdf:about="#StatementAction"/>
            </owl:unionOf>
        </owl:Class>
    </rdfs:domain>
</owl:DatatypeProperty>

<!-- http://mmt.inf.tu-dresden.de/k-imm/log.owl#subjectURI -->
<owl:DatatypeProperty rdf:about="#subjectURI">
    <rdf:type rdf:resource="&owl;FunctionalProperty"/>
    <rdfs:domain rdf:resource="#StatementAction"/>
    <rdfs:range rdf:resource="&xsd;anyURI"/>
</owl:DatatypeProperty>

<!--
//
// Classes
//
-->

<!-- http://mmt.inf.tu-dresden.de/k-imm/log.owl#InstanceAction -->
<owl:Class rdf:about="#InstanceAction">
    <rdfs:subClassOf rdf:resource="#ResourceAction"/>
</owl:Class>

<!-- http://mmt.inf.tu-dresden.de/k-imm/log.owl#InstanceCreation -->
<owl:Class rdf:about="#InstanceCreation">
    <rdfs:subClassOf rdf:resource="#InstanceAction"/>
    <rdfs:subClassOf rdf:resource="#ResourceCreation"/>
</owl:Class>

<!-- http://mmt.inf.tu-dresden.de/k-imm/log.owl#InstanceDeletion -->
<owl:Class rdf:about="#InstanceDeletion">
    <rdfs:subClassOf rdf:resource="#InstanceAction"/>
    <rdfs:subClassOf rdf:resource="#ResourceDeletion"/>
</owl:Class>
```

```xml
<!-- http://mmt.inf.tu-dresden.de/k-imm/log.owl#InstanceEditing -->
<owl:Class rdf:about="#InstanceEditing">
    <rdfs:subClassOf rdf:resource="#InstanceAction"/>
    <rdfs:subClassOf rdf:resource="#ResourceEditing"/>
</owl:Class>

<!-- http://mmt.inf.tu-dresden.de/k-imm/log.owl#ResourceAction -->
<owl:Class rdf:about="#ResourceAction"/>

<!-- http://mmt.inf.tu-dresden.de/k-imm/log.owl#ResourceCreation -->
<owl:Class rdf:about="#ResourceCreation">
    <rdfs:subClassOf rdf:resource="#ResourceAction"/>
</owl:Class>

<!-- http://mmt.inf.tu-dresden.de/k-imm/log.owl#ResourceDeletion -->
<owl:Class rdf:about="#ResourceDeletion">
    <rdfs:subClassOf rdf:resource="#ResourceAction"/>
</owl:Class>

<!-- http://mmt.inf.tu-dresden.de/k-imm/log.owl#ResourceEditing -->
<owl:Class rdf:about="#ResourceEditing">
    <rdfs:subClassOf rdf:resource="#ResourceAction"/>
</owl:Class>

<!-- http://mmt.inf.tu-dresden.de/k-imm/log.owl#StatementAction -->
<owl:Class rdf:about="#StatementAction">
    <rdfs:subClassOf rdf:resource="#ResourceAction"/>
</owl:Class>

<!-- http://mmt.inf.tu-dresden.de/k-imm/log.owl#StatementCreation -->
<owl:Class rdf:about="#StatementCreation">
    <rdfs:subClassOf rdf:resource="#ResourceCreation"/>
    <rdfs:subClassOf rdf:resource="#StatementAction"/>
</owl:Class>

<!-- http://mmt.inf.tu-dresden.de/k-imm/log.owl#StatementDeletion -->
<owl:Class rdf:about="#StatementDeletion">
    <rdfs:subClassOf rdf:resource="#ResourceDeletion"/>
    <rdfs:subClassOf rdf:resource="#StatementAction"/>
</owl:Class>

<!-- http://mmt.inf.tu-dresden.de/k-imm/log.owl#StatementEditing -->
<owl:Class rdf:about="#StatementEditing">
    <rdfs:subClassOf rdf:resource="#ResourceEditing"/>
    <rdfs:subClassOf rdf:resource="#StatementAction"/>
</owl:Class>
</rdf:RDF>

<!-- Generated by the OWL API (version 2.2.1.1138) http://owlapi.sourceforge.net -->
```

Anhang D

Auszug aus einer Konfigurationsdatei für die Instanziierung

```xml
<!-- Angaben zur Ontologie -->
<Ontology>
  <namespace prefix="mmobject">http://mmt.inf.tu-dresden.de/k-imm/mmobject.owl</namespace>
  <namespace prefix="core">http://mmt.inf.tu-dresden.de/k-imm/core.owl</namespace>
  <rootClass>http://mmt.inf.tu-dresden.de/k-imm/mmobject.owl#MultiMediaDocument</rootClass>
  <additionalRule id="0"><![CDATA[[t1: (?erg rdf:type mmobject:MultiMediaDocument), (urn:MediaType
      rdf:value 'Image') -> (?erg rdf:type mmobject:PictureDocument)]]]></additionalRule>
  <additionalRule id="1"><![CDATA[[t2: (?erg rdf:type mmobject:MultiMediaDocument), (urn:MediaType
      rdf:value 'Audio') -> (?erg rdf:type mmobject:AudioDocument)]]]></additionalRule>
  <additionalRule id="2"><![CDATA[[t3: (?erg rdf:type mmobject:MultiMediaDocument), (urn:MediaType
      rdf:value 'Text') ->  (?erg rdf:type mmobject:TextDocument)]]]></additionalRule>
</Ontology>

<!-- Datentypbehandlung -->
<DatatypeHandling>

<!-- org.kimm.model.generation.syntax.PatternBasedURIHandler -->
  <datatype type="URI" handler="org.kimm.model.generation.syntax.PatternBasedURIHandler">
    <attribute key="Filepath">
      <property name="http://mmt.inf.tu-dresden.de/k-imm/mmobject.owl#url"/>
    </attribute>
  </datatype>

<!-- kein Handler-Implementierung -->
  <datatype type="String" handler="">
    <attribute key="Filename">
      <property name="http://mmt.inf.tu-dresden.de/k-imm/mmobject.owl#name"/>
    </attribute>
    <attribute key="Fileformat">
      <property name="http://mmt.inf.tu-dresden.de/k-imm/mmobject.owl#format"/>
    </attribute>
    <attribute key="KIMMImageAnalyzer.Exif.Model">
      <property subject="http://mmt.inf.tu-dresden.de/k-imm/mmobject.owl#PictureDocument"
          name="http://mmt.inf.tu-dresden.de/k-imm/core.owl#isTakenAt">
        <entity name="http://mmt.inf.tu-dresden.de/k-imm/core.owl#PhotoShooting">
          <property name="http://mmt.inf.tu-dresden.de/k-imm/core.owl#withCamera">
            <entity name="http://mmt.inf.tu-dresden.de/k-imm/core.owl#Camera">
              <property name="http://mmt.inf.tu-dresden.de/k-imm/core.owl#model"/>
            </entity>
          </property>
        </entity>
      </property>
    </attribute>
    <attribute key="KIMMImageAnalyzer.Exif.Make">
      <property subject="http://mmt.inf.tu-dresden.de/k-imm/mmobject.owl#PictureDocument"
          name="http://mmt.inf.tu-dresden.de/k-imm/core.owl#isTakenAt">
        <entity name="http://mmt.inf.tu-dresden.de/k-imm/core.owl#PhotoShooting">
          <property name="http://mmt.inf.tu-dresden.de/k-imm/core.owl#withCamera">
            <entity name="http://mmt.inf.tu-dresden.de/k-imm/core.owl#Camera">
              <property name="http://mmt.inf.tu-dresden.de/k-imm/core.owl#make">
                <entity name="http://mmt.inf.tu-dresden.de/k-imm/core.owl#Company">
                  <property name="http://mmt.inf.tu-dresden.de/k-imm/core.owl#companyName"/>
                </entity>
              </property>
```

```xml
            </entity>
          </property>
        </entity>
      </property>
    </attribute>
  </datatype>

  <!-- org.kimm.model.generation.syntax.IntegerHandler -->
  <datatype type="Integer" handler="org.kimm.model.generation.syntax.IntegerHandler">
    <attribute key="Filesize">
      <property name="http://mmt.inf.tu-dresden.de/k-imm/mmobject.owl#fileSize"/>
    </attribute>
    <attribute key="KIMMImageAnalyzer.ImageHeight">
      <property subject="http://mmt.inf.tu-dresden.de/k-imm/mmobject.owl#PictureDocument"
          name="http://mmt.inf.tu-dresden.de/k-imm/mmobject.owl#height"/>
    </attribute>
    <attribute key="KIMMImageAnalyzer.ImageWidth">
      <property subject="http://mmt.inf.tu-dresden.de/k-imm/mmobject.owl#PictureDocument"
          name="http://mmt.inf.tu-dresden.de/k-imm/mmobject.owl#width"/>
    </attribute>
  </datatype>

  <!-- org.kimm.model.generation.syntax.PatternBasedDateHandler -->
  <datatype type="Date" handler="org.kimm.model.generation.syntax.PatternBasedDateHandler">
    <attribute key="CreationDate">
      <property name="http://mmt.inf.tu-dresden.de/k-imm/core.owl#isCreatedBy">
        <entity name="http://mmt.inf.tu-dresden.de/k-imm/core.owl#Creation">
         <property name="http://mmt.inf.tu-dresden.de/k-imm/core.owl#atTime"/>
        </entity>
      </property>
    </attribute>
    <attribute key="ModificationDate">
      <property name="http://mmt.inf.tu-dresden.de/k-imm/core.owl#isModifiedBy">
        <entity name="http://mmt.inf.tu-dresden.de/k-imm/core.owl#Modification">
         <property name="http://mmt.inf.tu-dresden.de/k-imm/core.owl#atTime"/>
        </entity>
      </property>
    </attribute>
    <attribute key="KIMMImageAnalyzer.Exif.Date/Time">
      <property subject="http://mmt.inf.tu-dresden.de/k-imm/mmobject.owl#PictureDocument" name="http://mmt.
          inf.tu-dresden.de/k-imm/core.owl#isTakenAt">
        <entity name="http://mmt.inf.tu-dresden.de/k-imm/core.owl#PhotoShooting">
         <property name="http://mmt.inf.tu-dresden.de/k-imm/core.owl#atTime"/>
        </entity>
      </property>
    </attribute>
  </datatype>

</DatatypeHandling>
```

Anhang E

Generierte Instanziierungsregeln

```
@prefix mmobject: <http://w3-mmt.inf.tu-dresden.de/k-imm/mmobject.owl#>.
@prefix core:     <http://w3-mmt.inf.tu-dresden.de/k-imm/core.owl#>.

[t1:  (?erg rdf:type mmobject:MultiMediaDocument),
      (urn:MediaType rdf:value 'Image')
      -> (?erg rdf:type mmobject:PictureDocument)]
[t2:  (?erg rdf:type mmobject:MultiMediaDocument),
      (urn:MediaType rdf:value 'Audio')
      -> (?erg rdf:type mmobject:AudioDocument)]
[t3:  (?erg rdf:type mmobject:MultiMediaDocument),
      (urn:MediaType rdf:value 'Text')
      -> (?erg rdf:type mmobject:TextDocument)]

[r1:  (urn:Filepath rdf:value ?x),
      (?erg rdf:type mmobject:MultiMediaDocument)
      -> (?erg mmobject:url ?x)]
[r2:  (urn:Filename rdf:value ?x),
      (?org rdf:type mmobject:MultiMediaDocument)
      -> (?erg mmobject:name ?x)]
[r3:  (urn:Fileformat rdf:value ?x),
      (?erg rdf:type mmobject:MultiMediaDocument)
      -> (?erg mmobject:format ?x)]
[r4:  (urn:KIMMImageAnalyzer.Exif.Model rdf:value ?x),
      (?erg rdf:type mmobject:PictureDocument),
      initInstance(?erg1), initInstance(?erg2)
      -> (?erg core:isTakenAt ?erg1),
         (?erg1 rdf:type core:PhotoShooting),
         (?erg1 core:withCamera ?erg2),
         (?erg2 rdf:type core:Camera),
         (?erg2 core:model ?x)]
[r5:  (urn:KIMMImageAnalyzer.Exif.Make rdf:value ?x),
      (?erg rdf:type mmobject:PictureDocument),
      initInstance(?erg1), initInstance(?erg2) , initInstance(?erg3)
      -> (?erg core:isTakenAt ?erg1),
         (?erg1 rdf:type core:PhotoShooting),
         (?erg1 core:withCamera ?erg2),
         (?erg2 rdf:type core:Camera),
         (?erg2 core:make ?erg3),
         (?erg3 rdf:type core:Company),
         (?erg3 core:companyName ?x)]
[r6:  (urn:Filesize rdf:value ?x),
      (?erg rdf:type mmobject:MultiMediaDocument)
      -> (?erg mmobject:fileSize ?x)]
...
[r10: (urn:CreationDate rdf:value ?x),
      (?erg rdf:type mmobject:MultiMediaDocument),
      initInstance(?erg1)
      -> (?erg core:isCreatedBy ?erg1),
         (?erg1 rdf:type core:Creation),
         (?erg1 core:atTime ?x)]
[r11: (urn:ModificationDate rdf:value ?x),
      (?erg rdf:type mmobject:MultiMediaDocument),
      initInstance(?erg1)
      -> (?erg core:isModifiedBy ?erg1),
```

```
            (?erg1 rdf:type core:Modification),
            (?erg1 core:atTime ?x)]
[r12: (urn:KIMMImageAnalyzer.Exif.Date/Time rdf:value ?x),
      (?erg rdf:type mmobject:PictureDocument),
      initInstance(?erg1)
      -> (?erg core:isTakenAt ?erg1),
         (?erg1 rdf:type core:PhotoShooting),
         (?erg1 core:atTime ?x)]
...
```

Anhang F

MPEG-7 Visual Ontologie

```xml
<?xml version="1.0"?>
<!DOCTYPE rdf:RDF [
    <!ENTITY owl "http://www.w3.org/2002/07/owl#" >
    <!ENTITY swrl "http://www.w3.org/2003/11/swrl#" >
    <!ENTITY swrlb "http://www.w3.org/2003/11/swrlb#" >
    <!ENTITY xsd "http://www.w3.org/2001/XMLSchema#" >
    <!ENTITY owl2xml "http://www.w3.org/2006/12/owl2-xml#" >
    <!ENTITY rdfs "http://www.w3.org/2000/01/rdf-schema#" >
    <!ENTITY rdf "http://www.w3.org/1999/02/22-rdf-syntax-ns#" >
    <!ENTITY mpeg7vd "http://mmt.inf.tu-dresden.de/k-imm/mpeg7vd#" >
    <!ENTITY protege "http://protege.stanford.edu/plugins/owl/protege#" >
    <!ENTITY xsp "http://www.owl-ontologies.com/2005/08/07/xsp.owl#" >
]>

<rdf:RDF xmlns="http://mmt.inf.tu-dresden.de/k-imm/mpeg7vd#"
    xml:base="http://mmt.inf.tu-dresden.de/k-imm/mpeg7vd"
    xmlns:rdfs="http://www.w3.org/2000/01/rdf-schema#"
    xmlns:swrl="http://www.w3.org/2003/11/swrl#"
    xmlns:protege="http://protege.stanford.edu/plugins/owl/protege#"
    xmlns:owl2xml="http://www.w3.org/2006/12/owl2-xml#"
    xmlns:xsp="http://www.owl-ontologies.com/2005/08/07/xsp.owl#"
    xmlns:owl="http://www.w3.org/2002/07/owl#"
    xmlns:xsd="http://www.w3.org/2001/XMLSchema#"
    xmlns:swrlb="http://www.w3.org/2003/11/swrlb#"
    xmlns:rdf="http://www.w3.org/1999/02/22-rdf-syntax-ns#"
    xmlns:mpeg7vd="http://mmt.inf.tu-dresden.de/k-imm/mpeg7vd#">
    <owl:Ontology rdf:about=""/>

    <!--
    //
    // Object Properties
    //
    -->

    <!-- http://mmt.inf.tu-dresden.de/k-imm/mpeg7vd#values -->
    <owl:ObjectProperty rdf:about="#values">
        <rdfs:domain rdf:resource="#DominantColor"/>
        <rdfs:range rdf:resource="#DominantColorValue"/>
    </owl:ObjectProperty>

    <!--
    //
    // Data properties
    //
    -->

    <!-- http://mmt.inf.tu-dresden.de/k-imm/mpeg7vd#binCounts -->
    <owl:DatatypeProperty rdf:about="#binCounts">
        <rdf:type rdf:resource="&owl;FunctionalProperty"/>
        <rdfs:domain rdf:resource="#EdgeHistogram"/>
        <rdfs:range rdf:resource="&xsd;string"/>
    </owl:DatatypeProperty>

    <!-- http://mmt.inf.tu-dresden.de/k-imm/mpeg7vd#cbacCoeff -->
```

```xml
<owl:DatatypeProperty rdf:about="#cbacCoeff">
    <rdf:type rdf:resource="&owl;FunctionalProperty"/>
    <rdfs:domain rdf:resource="#ColorLayout"/>
    <rdfs:range rdf:resource="&xsd;string"/>
</owl:DatatypeProperty>

<!-- http://mmt.inf.tu-dresden.de/k-imm/mpeg7vd#cbdcCoeff -->
<owl:DatatypeProperty rdf:about="#cbdcCoeff">
    <rdf:type rdf:resource="&owl;FunctionalProperty"/>
    <rdfs:domain rdf:resource="#ColorLayout"/>
    <rdfs:range rdf:resource="&xsd;int"/>
</owl:DatatypeProperty>

<!-- http://mmt.inf.tu-dresden.de/k-imm/mpeg7vd#coeff -->
<owl:DatatypeProperty rdf:about="#coeff">
    <rdf:type rdf:resource="&owl;FunctionalProperty"/>
    <rdfs:domain rdf:resource="#ScalableColor"/>
    <rdfs:range rdf:resource="&xsd;string"/>
</owl:DatatypeProperty>

<!-- http://mmt.inf.tu-dresden.de/k-imm/mpeg7vd#colorSpace -->
<owl:DatatypeProperty rdf:about="#colorSpace">
    <rdf:type rdf:resource="&owl;FunctionalProperty"/>
    <rdfs:domain rdf:resource="#ScalableColor"/>
    <rdfs:range rdf:resource="&xsd;string"/>
</owl:DatatypeProperty>

<!-- http://mmt.inf.tu-dresden.de/k-imm/mpeg7vd#colorValueIndex -->
<owl:DatatypeProperty rdf:about="#colorValueIndex">
    <rdf:type rdf:resource="&owl;FunctionalProperty"/>
    <rdfs:domain rdf:resource="#DominantColorValue"/>
    <rdfs:range rdf:resource="&xsd;string"/>
</owl:DatatypeProperty>

<!-- http://mmt.inf.tu-dresden.de/k-imm/mpeg7vd#cracCoeff -->
<owl:DatatypeProperty rdf:about="#cracCoeff">
    <rdf:type rdf:resource="&owl;FunctionalProperty"/>
    <rdfs:domain rdf:resource="#ColorLayout"/>
    <rdfs:range rdf:resource="&xsd;string"/>
</owl:DatatypeProperty>

<!-- http://mmt.inf.tu-dresden.de/k-imm/mpeg7vd#crdcCoeff -->
<owl:DatatypeProperty rdf:about="#crdcCoeff">
    <rdf:type rdf:resource="&owl;FunctionalProperty"/>
    <rdfs:domain rdf:resource="#ColorLayout"/>
    <rdfs:range rdf:resource="&xsd;int"/>
</owl:DatatypeProperty>

<!-- http://mmt.inf.tu-dresden.de/k-imm/mpeg7vd#numOfBitplanesDiscarded -->
<owl:DatatypeProperty rdf:about="#numOfBitplanesDiscarded">
    <rdf:type rdf:resource="&owl;FunctionalProperty"/>
    <rdfs:domain rdf:resource="#ScalableColor"/>
    <rdfs:range rdf:resource="&xsd;int"/>
</owl:DatatypeProperty>

<!-- http://mmt.inf.tu-dresden.de/k-imm/mpeg7vd#numOfCoeff -->
<owl:DatatypeProperty rdf:about="#numOfCoeff">
    <rdf:type rdf:resource="&owl;FunctionalProperty"/>
    <rdfs:domain rdf:resource="#ScalableColor"/>
    <rdfs:range rdf:resource="&xsd;int"/>
</owl:DatatypeProperty>
```

```xml
<!-- http://mmt.inf.tu-dresden.de/k-imm/mpeg7vd#percentage -->
<owl:DatatypeProperty rdf:about="#percentage">
    <rdf:type rdf:resource="&owl;FunctionalProperty"/>
    <rdfs:domain rdf:resource="#DominantColorValue"/>
    <rdfs:range rdf:resource="&xsd;int"/>
</owl:DatatypeProperty>

<!-- http://mmt.inf.tu-dresden.de/k-imm/mpeg7vd#spatialCoherency -->
<owl:DatatypeProperty rdf:about="#spatialCoherency">
    <rdf:type rdf:resource="&owl;FunctionalProperty"/>
    <rdfs:domain rdf:resource="#DominantColor"/>
    <rdfs:range rdf:resource="&xsd;int"/>
</owl:DatatypeProperty>

<!-- http://mmt.inf.tu-dresden.de/k-imm/mpeg7vd#yacCoeff -->
<owl:DatatypeProperty rdf:about="#yacCoeff">
    <rdf:type rdf:resource="&owl;FunctionalProperty"/>
    <rdfs:domain rdf:resource="#ColorLayout"/>
    <rdfs:range rdf:resource="&xsd;string"/>
</owl:DatatypeProperty>

<!-- http://mmt.inf.tu-dresden.de/k-imm/mpeg7vd#ydcCoeff -->
<owl:DatatypeProperty rdf:about="#ydcCoeff">
    <rdf:type rdf:resource="&owl;FunctionalProperty"/>
    <rdfs:domain rdf:resource="#ColorLayout"/>
    <rdfs:range rdf:resource="&xsd;int"/>
</owl:DatatypeProperty>

<!--
//
// Classes
//
-->

<!-- http://mmt.inf.tu-dresden.de/k-imm/mpeg7vd#ColorLayout -->
<owl:Class rdf:about="#ColorLayout">
    <rdfs:subClassOf rdf:resource="#VisualDescriptor"/>
</owl:Class>

<!-- http://mmt.inf.tu-dresden.de/k-imm/mpeg7vd#DominantColor -->
<owl:Class rdf:about="#DominantColor">
    <rdfs:subClassOf rdf:resource="#VisualDescriptor"/>
</owl:Class>

<!-- http://mmt.inf.tu-dresden.de/k-imm/mpeg7vd#DominantColorValue -->
<owl:Class rdf:about="#DominantColorValue"/>

<!-- http://mmt.inf.tu-dresden.de/k-imm/mpeg7vd#EdgeHistogram -->
<owl:Class rdf:about="#EdgeHistogram">
    <rdfs:subClassOf rdf:resource="#VisualDescriptor"/>
</owl:Class>

<!-- http://mmt.inf.tu-dresden.de/k-imm/mpeg7vd#ScalableColor -->
<owl:Class rdf:about="#ScalableColor">
    <rdfs:subClassOf rdf:resource="#VisualDescriptor"/>
</owl:Class>

<!-- http://mmt.inf.tu-dresden.de/k-imm/mpeg7vd#VisualDescriptor -->
<owl:Class rdf:about="#VisualDescriptor"/>
</rdf:RDF>

<!-- Generated by the OWL API (version 2.2.1.1138) http://owlapi.sourceforge.net -->
```

Anhang G

Auszug aus der Instanziierungskonfiguration für visuelle Beschreibungen

```xml
<!-- Angaben zur Ontologie -->
<Ontology>
 <namespace prefix="mmobject">http://mmt.inf.tu-dresden.de/k-imm/mmobject.owl#</namespace>
 <namespace prefix="mpeg7vd">http://mmt.inf.tu-dresden.de/k-imm/mpeg7vd.owl#</namespace>
 <rootClass>http://mmt.inf.tu-dresden.de/k-imm/mmobject.owl#MultiMediaDocument</rootClass>
 ...
</Ontology>

<!-- Datentypbehandlung -->
<DatatypeHandling>

 <!-- org.kimm.model.generation.syntax.IntegerHandler -->
 <datatype type="Integer" handler="org.kimm.model.generation.syntax.IntegerHandler">
  <attribute key="KIMMImageAnalyzer.MPEG7.Descriptor[@type='ColorLayoutType']/YDCCoeff">
   <property name="http://mmt.inf.tu-dresden.de/k-imm/mpeg7vd.owl#hasVisualDescriptor">
    <entity name="http://mmt.inf.tu-dresden.de/k-imm/mpeg7vd.owl#ColorLayout">
     <property name="http://mmt.inf.tu-dresden.de/k-imm/mpeg7vd.owl#ydcCoeff"/>
    </entity>
   </property>
  </attribute>
  <attribute key="KIMMImageAnalyzer.MPEG7.Descriptor[@type='ColorLayoutType']/CbDCCoeff">
   <property name="http://mmt.inf.tu-dresden.de/k-imm/mpeg7vd.owl#hasVisualDescriptor">
    <entity name="http://mmt.inf.tu-dresden.de/k-imm/mpeg7vd.owl#ColorLayout">
     <property name="http://mmt.inf.tu-dresden.de/k-imm/mpeg7vd.owl#cbdcCoeff"/>
    </entity>
   </property>
  </attribute>
  <attribute key="KIMMImageAnalyzer.MPEG7.Descriptor[@type='ColorLayoutType']/CrDCCoeff">
   <property name="http://mmt.inf.tu-dresden.de/k-imm/mpeg7vd.owl#hasVisualDescriptor">
    <entity name="http://mmt.inf.tu-dresden.de/k-imm/mpeg7vd.owl#ColorLayout">
     <property name="http://mmt.inf.tu-dresden.de/k-imm/mpeg7vd.owl#crdcCoeff"/>
    </entity>
   </property>
  </attribute>
 </datatype>

 <!-- org.kimm.model.generation.syntax.VectorSyntaxHandler -->
 <datatype type="Vector" handler="org.kimm.model.generation.syntax.VectorSyntaxHandler">
  <attribute key="KIMMImageAnalyzer.FaceDetection.Face$x">
   <property name="http://mmt.inf.tu-dresden.de/k-imm/mpeg7vd.owl#hasFaceRegion">
    <entity name="http://mmt.inf.tu-dresden.de/k-imm/mpeg7vd.owl#FaceRegion">
     <property name="http://mmt.inf.tu-dresden.de/k-imm/mpeg7vd.owl#coords"/>
    </entity>
   </property>
  </attribute>
  ...
 </datatype>
 ...
</DatatypeHandling>
```

Abkürzungsverzeichnis

API	Application Programming Interface	IDE	Integrated Development Environment
CBIR	Content Based Image Retrieval	KI	Künstliche Intelligenz
		LOC	Lines Of Code
DC	Dublin Core	LOD	Linking Open Data
DCMI	Dublin Core Metadata Initiative	LRU	Least Recently Used
		MDS	Multimedia Description Scheme
DDL	Description Definition Language	MIR	Multimedia Information Retrieval
DL	Description Logics		
DLC	Document Life Cycle	MIT	Massachusetts Institute of Technology
EXIF	EXchangeable Image File Format	MPEG	Moving Picture Experts Group
FIFO	First In - First Out		
FOAF	Friend Of A Friend	NER	Named Entity Recognition
GRC	Group Resource Container	NLP	Natural Language Processing
GRDDL	Gleaning Resource Descriptions from Dialects of Languages	OCR	Optical Character Recognition
GUI	Graphical User Interface	OWL	Web Ontology Language
HRC	Hidden Resource Container	PIM	Personal Information

Abkürzungsverzeichnis

	Management		Binding Exchange Layer
P2P	Peer-to-Peer	**UML**	Unified Modeling Language
QBE	Query-by-Example	**URC**	User Resource Container
RCP	Eclipse Rich Client Platform	**URI**	Uniform Resource Identifier
		URL	Uniform Resource Locator
RDF	Resource Description Framework	**W3C**	World Wide Web Consortium
RDFS	RDF Schema	**WSD**	Word Sense Disambiguation
SPARQL	Simple Protocol and RDF Query Language	**WWW**	World Wide Web
SQL	Structured Query Language	**XML**	EXtensible Markup Language
SWRL	Semantic Web Rule Language	**XMP**	EXtensible Metadata Platform
UMBEL	Upper Mapping and		

Index

ADPCM, 35
Antonymie, 91

BauVOGrid, 234

Callback, 163, 186, 208
Clustering, 239
Conceptual Graphs, 91
Crawler, 207
CroCo, 208, 213

Dice-Metrik, 169
Dictionary Lookup, 142
Dokument, 29
    Lebenszyklus, 48, 157
    Multimedia-Dokument, 28
Domänenwissen, 148
DPCM, 35
Dublin Core, 40, 97
    DCMI, 40

EXIF, 47, 50, 107, 145

Facets, 13
False Negatives, 142
False Positives, 143

Farbe, 33
    Farbmodell, 33
    Farbraum, 33
Farbmerkmale, 60
    Farbhistogramm, 60
    Farbmomente, 61
Fourier-Transformation, 64
Fuzzy Logic, 93

GATE, 112
Gnowsis, 121
GPS, 47, 150
GRDDL, 99

Haystack, 119
Homographen, 57

ID3, 47, 107
Information Fragmentation, 16
Information Retrieval, 50
    Content Based Image Retrieval, 60
    Multimedia Information Retrieval, 15, 50, 54
    Music Information Retrieval, 64
IPTC, 46

Index

IRIS, 120

Jaccard-Metrik, 170
Jaro-Winkler-Abstand, 207
Jena, 100, 193

K-IMM, 134
Konsolidierung, 164
Kontextualisierung, 135

Latex, 32
Lemmatisierung, 57
Linked Data, 100, 208
Lucene, 202

Medium, 28
    Medienobjekt, 29
    Medientyp, 28
    Multimedia-Objekt, 29
    Perzeptionsmedium, 28
Mehrfachvererbung, 194
Memex, 119
Metadaten, 13, 29, 37
MIDI, 35
Morphologie, 54
MP3, 47
MPEG-7, 40, 41, 63, 67, 106, 145
    Audio, 42, 67
    DDL, 42
    MDS, 43
    Visual, 42, 63, 239

Named Entities, 58
Named Entity Recognition, 58

Natural Language Processing, 30, 113
NEPOMUK, 122
Normalisierung, 141, 166

OCR, 31, 62
Ontologie, 93
    Domänenontologie, 95
Ontology Evolution, 115
Ontology Matching, 96
Ontology Population, 112, 115
OpenCV, 189, 239
OpenDocument Format, 32
OSGi, 183, 228
Overlap-Metrik, 170
OWL, 16, 98, 100

PCM, 34
Persistenz, 192, 200
Personal Information Management, 28, 74
Phonem, 36, 67
PIMO, 107, 122
Pipe-and-Filter, 136
Polling, 163
Polysemie, 57
PoS-Tagging, 57, 113
Pragmatik, 55
Primärdaten, 30, 189, 190

Quantisierung, 33
Query-by-Example, 15

Rastergrafik, 33
Rasterung, 33

RDF, 16, 40, 97
RDF Schema, 98
RDFa, 99
Reasoner, 144, 203, 209
Record Linkage, 130, 165

Semantic Desktop, 105, 119
    Social Semantic Desktop, 119
Semantic Gap, 71
Semantic Web, 16, 40, 90, 97
Semantic Wiki, 103
Semantik, 55, 91
Semantisches Netz, 91
Sesame, 100, 122, 193
Shot Detection, 69
Sim^2, 227
Social Semantic Tagging, 103
SPARQL, 99, 100
    SPARQL Endpoint, 100, 149, 208
Split-and-Merge, 62
Sprachanalyse, 66
    Spracherkennung, 66
    Sprechererkennung, 66
Sprachermittlung, 55
SPROT, 99
Stemming, 56
    Porter-Stemmer, 56
Stoppwörter, 56
Suchraum, 155
Suchraumbegrenzung, 168
Synonymie, 91
Syntax, 54, 89, 141, 166

Tagging, 151
Taxonomie, 94
TF-IDF, 59
Thesaurus, 94
Tokenisierung, 56, 113

Unique Name Assumption, 114
User-Generated Content, 129

Vektorgrafik, 33

Web 2.0
    User-Generated Content, 73, 149
Weltwissen, 72, 88, 148
Word Sense Disambiguation, 57

XMP, 40, 45
XPath, 145

Webreferenzen

[@aceMedia] aceMedia (FP6-001765) Project Website:
http://www.acemedia.org/, letzter Zugriff: 10.01.2011

[@Aduna] Aduna, Firmenwebsite:
http://www.aduna-software.com/, letzter Zugriff: 10.01.2011

[@AIM@SHAPE] AIM@SHAPE (FP6 NoE 506766) Project Website:
http://www.aimatshape.net/, letzter Zugriff: 10.01.2011

[@AKT] Advanced Knowledge Technologies, Project Website:
http://www.aktors.org/akt/, letzter Zugriff: 10.01.2011

[@Aperture] Aperture Framework, Project Website:
http://aperture.sourceforge.net/, letzter Zugriff: 10.01.2011

[@BauVOGrid] BauVOGrid - Grid-basierte Plattform für Virtuelle Organisationen im Bauwesen, BMBF-Projekt, Website:
http://www.bauvogrid.de/ bzw. http://www.d-grid.de/index.php?id=403, letzter Zugriff: 10.01.2011

[@BITKOM] Studie des Bundesverbandes Informationswirtschaft Telekommunikation und neue Medien e.V. (BITKOM):
http://bitkom.org/, letzter Zugriff: 10.01.2011

[@BMWi] Bundesministerium für Wirtschaft und Technologie, Breitbandportal, Teil I des Berichts zum Atlas für Breitband-Internet 2009_01, Stand 17.06.2009:
http://www.zukunft-breitband.de/BBA/Navigation/Service/

Webreferenzen

publikationen,did=303750.html, letzter Zugriff: 10.01.2011

[@BOEMIE] BOEMIE (FP6-027538) Project Website:
http://www.boemie.org/, letzter Zugriff: 10.01.2011

[@CCO] Cell Cycle Ontology Website:
http://www.cellcycleontology.org/, letzter Zugriff: 10.01.2011

[@CContology] Customer Complaint Ontology Website, Stand 21.05.2005:
http://www.jarrar.info/CContology/, letzter Zugriff: 10.01.2011

[@COMM] Core Ontology for Multimedia (COMM), Project Website:
http://comm.semanticweb.org/, letzter Zugriff: 10.01.2011

[@DAML+OIL] DAML+OIL (March 2001) Reference Description W3C Note, Stand 18.12.2001:
http://www.w3.org/TR/daml+oil-reference, letzter Zugriff: 10.01.2011

[@DC] Dublin Core Metadata Initiative Website:
http://www.dublincore.org/, letzter Zugriff: 10.01.2011

[@DC-AM] DCMI Abstract Model, DCMI Recommendation, Stand 04.06.2007:
http://dublincore.org/documents/abstract-model/, letzter Zugriff: 10.01.2011

[@DC-ES] Dublin Core Metadata Element Set, Version 1.1, Stand 11.10.2010:
http://dublincore.org/documents/dces/, letzter Zugriff: 10.01.2011

[@DC-Terms] DCMI Metadata Terms, DCMI Recommendation, Stand 11.10.2010:
http://dublincore.org/documents/dcmi-terms/, letzter Zugriff: 10.01.2011

[@DBin] DBin, Project Website:
http://www.dbin.org/, letzter Zugriff: 10.01.2011

[@DBpedia] DBpedia Project Website:
http://dbpedia.org/, letzter Zugriff: 10.01.2011

[@DFKI] Deutsches Forschungszentrum für Künstliche Intelligenz, Website:
http://www.dfki.de/, letzter Zugriff: 10.01.2011

[@DOLCE] DOLCE Project Website:
http://www.loa-cnr.it/DOLCE.html, letzter Zugriff: 10.01.2011

[@EPOS] EPOS Project Website:
http://www3.dfki.uni-kl.de/epos, letzter Zugriff: 10.01.2011

[@Equinox] Equinox, Eclipse Foundation, Project Website:
http://www.eclipse.org/equinox/, letzter Zugriff: 10.01.2011

[@EXIF] Exchangeable Image File Format for Digital Still Cameras, EXIF Version 2.2, Stand April 2002:
http://www.exif.org/Exif2-2.PDF [PDF-Datei], letzter Zugriff: 10.01.2011

[@Felix] Apache Felix Project Website:
http://felix.apache.org/, letzter Zugriff: 10.01.2011

[@Flickr] Flickr Website:
http://www.flickr.com/, letzter Zugriff: 10.01.2011

[@FOAF] FOAF (Friend-of-a-friend) Vocabulary Specification 0.98, Stand 09.08.2010:
http://xmlns.com/foaf/spec/, letzter Zugriff: 10.01.2011

[@FreeDB] FreeDB Project Website:
http://www.freedb.org/, letzter Zugriff: 10.01.2011

[@FSEvent] File System Events Programming Guide, Stand 11.03.2008:
http://developer.apple.com/documentation/Darwin/Conceptual/FSEvents_ProgGuide/FSEvents_ProgGuide.pdf [PDF-Datei], letzter Zugriff: 10.01.2011

[@GATE] GATE (General Architecture for Text Engineering), Project Website:
http://gate.ac.uk/, letzter Zugriff: 10.01.2011

Webreferenzen

[@GeoW3C] Basic Geo (WGS84 lat/long) Vocabulary, W3C Semantic Web Interest Group:
http://www.w3.org/2003/01/geo/, letzter Zugriff: 10.01.2011

[@GeoNames] GeoNames Project Website:
http://www.geonames.org/, letzter Zugriff: 10.01.2011

[@Gnowsis] Gnowsis Project Website:
http://gnowsis.opendfki.de/, letzter Zugriff: 10.01.2011

[@GO] The Gene Ontology Project Website:
http://www.geneontology.org/, letzter Zugriff: 10.01.2011

[@Google] Google Website:
http://www.google.com/, letzter Zugriff: 10.01.2011

[@GRDDL] Gleaning Resource Descriptions from Dialects of Languages (GRDDL), W3C Recommendation, Stand 11.09.2007:
http://www.w3.org/TR/grddl/, letzter Zugriff: 10.01.2011

[@Haystack] Haystack Group (MIT), Project Website:
http://haystack.lcs.mit.edu/, letzter Zugriff: 10.01.2011

[@HTML] HTML 4.01 Specification, Stand 24.12.1999:
http://www.w3.org/TR/html401/, letzter Zugriff: 10.01.2011

[@ID3] ID3.org Website:
http://www.id3.org/, letzter Zugriff: 10.01.2011

[@ID3v23] ID3 Tag Version 2.3.0, M. Nilsson, Stand 03.02.1999:
http://www.id3.org/id3v2.3.0, letzter Zugriff: 10.01.2011

[@IIM] IPTC Information Interchange Model (IIM):
http://www.iptc.org/cms/site/index.html, letzter Zugriff: 10.01.2011

[@INPERIC] Forschungsprojekt INPERIC (INtuitive Interfaces for PERsonal Information Collections), Stand 01.04.2008:

http://mmt.inf.tu-dresden.de/Forschung/Projekte/INPERIC/, letzter
Zugriff: 10.01.2011

[@IPTC] IPTC Photo Metadata Standard 2008 (IPTC Core Specification Version 1.1, IPTC Extension Specification Version 1.0), Stand 18.07.2008:
http://www.iptc.org/std/photometadata/2008/specification/IPTC-PhotoMetadata-2008_2.pdf [PDF-Datei], letzter Zugriff: 10.01.2011

[@ISO] ISO/IEC International Organization for Standardization, Website:
http://www.iso.org/, letzter Zugriff: 10.01.2011

[@ISO-MDR] ISO/IEC JTC1 SC32 WG2 Development/Maintenance, ISO/IEC 11179, Information Technology - Metadata registries (MDR), Part 1: Framework for the specification and standardization of data elements, Stand 01.12.1999:
http://metadata-standards.org/11179-1/ISO-IEC_11179-1_1999_IS_E.pdf [PDF-Datei], letzter Zugriff: 10.01.2011

[@Jena] Jena Project Website:
http://jena.sourceforge.net/, letzter Zugriff: 10.01.2011

[@JenaRules] Jena Rules Dokumentation:
http://jena.sourceforge.net/inference/, letzter Zugriff: 10.01.2011

[@Joseki] Joseki - A SPARQL Server for Jena, Project Website:
http://www.joseki.org/, letzter Zugriff: 10.01.2011

[@K-IMM] Forschungsprojekt K-IMM (Knowledge through Intelligent Media Management), Stand 13.04.2010:
http://mmt.inf.tu-dresden.de/Forschung/Projekte/K-IMM/,
letzter Zugriff: 10.01.2011

[@Kernel] Linux Journal, Kernel Korner - Intro to inotify, Robert Love, Stand 28.09.2005: http://www.linuxjournal.com/article/8478, letzter Zugriff: 10.01.2011

Webreferenzen

[@Knoodl] Knoodle Website, Revelytix, Inc.:
http://knoodl.com, letzter Zugriff: 10.01.2011

[@Knopflerfish] Knopflerfish Open Source OSGi, Project Website:
http://www.knopflerfish.org/, letzter Zugriff: 10.01.2011

[@KP0506] Komplexpraktikum Wintersemester 2005/06 (Strukturelle Merkmale zur Verwaltung visueller Medien), Stand 27.03.2007: http://mmt.inf.tu-dresden.de/Lehre/Wintersemester_05_06/Komplexpraktikum2/, letzter Zugriff: 10.01.2011

[@KP0607] Komplexpraktikum Wintersemester 2006/07 (Analyse und Verwaltung von Textdokumenten mittels semantischer Informationen), Stand 26.05.2010: http://mmt.inf.tu-dresden.de/Lehre/Wintersemester_06_07/Komplexpraktikum2/, letzter Zugriff: 10.01.2011

[@KP0708] Komplexpraktikum Wintersemester 2007/08 (Entwicklung geeigneter Sichten zur semantischen Multimediaverwaltung), Stand 25.05.2010: http://mmt.inf.tu-dresden.de/Lehre/Wintersemester_07_08/KP_MMT/, letzter Zugriff: 10.01.2011

[@KP0809] Komplexpraktikum Wintersemester 2008/09 (Entwicklung einer Rich-Client-Anwendung zur Verwaltung persönlicher Dokumente mit Hilfe semantischer Daten), Stand 01.04.2009: http://mmt.inf.tu-dresden.de/Lehre/Wintersemester_08_09/KP_MMT1/, letzter Zugriff: 10.01.2011

[@K-Space] K-Space (FP6-027026) Project Website:
http://kspace.qmul.net/, letzter Zugriff: 08.11.2009

[@LMDB] Linked Movie Database Project Website:
http://www.linkedmdb.org/, letzter Zugriff: 10.01.2011

[@LOD] W3C Semantic Web Education and Outreach Interest Group, Community Project *Linking Open Data*:
http://esw.w3.org/topic/SweoIG/TaskForces/CommunityProjects/

LinkingOpenData, letzter Zugriff: 10.01.2011

[@Lucene] Apache Lucene Project Website:
http://lucene.apache.org/, letzter Zugriff: 10.01.2011

[@MediaCampaign] MediaCampaign (FP6-027413) Project Website:
http://www.media-campaign.eu/, letzter Zugriff: 10.01.2011

[@Microformats] Microformats Community Website:
http://microformats.org/, letzter Zugriff: 10.01.2011

[@Mindswap] Mindswap Project Website:
http://www.mindswap.org/, letzter Zugriff: 10.01.2011

[@MPEG-7] MPEG-7 Overview (version 10), Stand Oktober 2004:
http://www.chiariglione.org/mpeg/standards/mpeg-7/mpeg-7.htm, letzter Zugriff: 10.01.2011

[@MO] Music Ontology Specification, Stand 28.11.2010:
http://purl.org/ontology/mo/, letzter Zugriff: 10.01.2011

[@MusicBra] MusicBrainz Project Website:
http://musicbrainz.org/, letzter Zugriff: 10.01.2011

[@.NET] MSDN .NET Framework-Klassenbibliothek7, Referenz:
http://msdn.microsoft.com/de-de/library/ms229335.aspx, letzter Zugriff: 10.01.2011

[@NEPOMUK] NEPOMUK - The Social Semantic Desktop (FP6-027705) Project Website:
http://nepomuk.semanticdesktop.org/, letzter Zugriff: 10.01.2011

[@Netcraft] Netcraft, October 2009 Web Server Survey, Stand 17.10.2009:
http://news.netcraft.com/archives/2009/10/17/october_2009_web_server_survey.html, letzter Zugriff: 10.01.2011

[@ODF] OpenDocument Format Specification, OASIS Standard, Stand 01.02.2007:

http://docs.oasis-open.org/office/v1.1/OS/OpenDocument-v1.1.pdf [PDF-Datei], letzter Zugriff: 10.01.2011

[@OntoMedia] OntoMedia Project Website:
http://www.ontomedia.de/, letzter Zugriff: 10.01.2011

[@Ontotext] Ontotext Semantic Technology Lab, Website:
http://www.ontotext.com/, letzter Zugriff: 10.01.2011

[@OOXML] Office Open XML File Formats, Standard ECMA-376, Dezember 2006/08:
http://www.ecma-international.org/publications/standards/Ecma-376.htm, letzter Zugriff: 10.01.2011

[@OpenCV] OpenCV - Open Computer Vision Library, Project Website:
http://sourceforge.net/projects/opencvlibrary/, letzter Zugriff: 10.01.2011

[@OpenIRIS] IRIS/OpenIRIS Project Website:
http://www.openiris.org/, letzter Zugriff: 08.11.2009

[@OpenRDF] OpenRDF.org, Community-Website von Sesame:
http://www.openrdf.org/, letzter Zugriff: 10.01.2011

[@OSGi] The OSGi Alliance, Website:
phtt://www.osgi.org/, letzter Zugriff: 10.01.2011

[@OSGiSpec] OSGi Service Platform Core Specification, The OSGi Alliance, Release 4, Version 4.1, April 2007:
http://www.osgi.org/Download/File?url=/download/r4v41/r4.core.pdf [PDF-Datei], letzter Zugriff: 10.01.2011

[@OWL] OWL Web Ontology Language Overview, W3C Recommendation, Stand 10.02.2004:
http://www.w3.org/TR/owl-features/, letzter Zugriff: 10.01.2011

[@PIMO] Personal Information Model (PIMO) Open Semantic Collaboration Archi-

tecture Foundation (OSCAF) Recommendation, Stand 02.02.2009:
http://www.semanticdesktop.org/ontologies/pimo/, letzter Zugriff: 10.01.2011

[@PDF] Portable Document Format (PDF) Specification, ISO approved copy of the ISO 32000-1 Standards document, Stand 01.07.2008:
http://www.adobe.com/devnet/acrobat/pdfs/PDF32000_2008.pdf
[PDF-Datei], letzter Zugriff: 10.01.2011

[@Protégé] The Protégé Ontology Editor and Knowledge Acquisition System, Project Website:
http://protege.stanford.edu/, letzter Zugriff: 10.01.2011

[@RDF] Resource Description Framework (RDF): Concepts and Abstract Syntax, W3C Recommendation, Stand 10.02.2004:
http://www.w3.org/TR/rdf-concepts/, letzter Zugriff: 10.01.2011

[@RDFa] RDFa in XHTML: Syntax and Processing, A collection of attributes and processing rules for extending XHTML to support RDF, W3C Recommendation, Stand 14.10.2008:
http://www.w3.org/TR/rdfa-syntax/, letzter Zugriff: 10.01.2011

[@RDFS] RDF Vocabulary Description Language 1.0: RDF Schema, W3C Recommendation, Stand 10.02.2004:
http://www.w3.org/TR/rdf-schema/, letzter Zugriff: 10.01.2011

[@REWERSE-I1] REWERSE Project Working Group I1, Stand 21.05.2008:
http://oxygen.informatik.tu-cottbus.de/rewerse-i1/, letzter Zugriff: 10.01.2011

[@RTF] Rich Text Format (RTF) Specification, Version 1.6, Stand Mai 1999:
http://msdn.microsoft.com/en-us/library/aa140277(office.10).aspx, letzter
Zugriff: 10.01.2011

[@Sindice] Sindice Semantic Web Index:

Webreferenzen

http://sindice.com/, letzter Zugriff: 10.01.2011

[@SPARQL] SPARQL Query Language for RDF, W3C Recommendation, Stand 15.01.2008:
http://www.w3.org/TR/rdf-sparql-query/, letzter Zugriff: 10.01.2011

[@SPEnd] Currently Alive SPARQL Endpoints, W3C ESW Wiki, Stand 16.11.2010:
http://esw.w3.org/SparqlEndpoints, letzter Zugriff: 10.01.2011

[@SPROT] SPARQL Protocol for RDF, W3C Recommendation, Stand 15.01.2008:
http://www.w3.org/TR/rdf-sparql-protocol/, letzter Zugriff: 10.01.2011

[@SRI] SRI International, Website:
http://www.sri.com/, letzter Zugriff: 10.01.2011

[@SUMO] SUMO Website:
http://www.ontologyportal.org/, letzter Zugriff: 10.01.2011

[@Swoogle] Swoogle Web Services Documentation:
http://swoogle.umbc.edu/index.php?option=com_swoogle_manual&manual=search_overview, letzter Zugriff: 10.01.2011

[@SWRL] SWRL: A Semantic Web Rule Language, Combining OWL and RuleML, W3C Member Submission, Stand 21.05.2004:
http://www.w3.org/Submission/SWRL/, letzter Zugriff: 10.01.2011

[@TopicMaps] TopicMaps.org Consortium, Website:
http://topicmaps.org/, letzter Zugriff: 10.01.2011

[@Turtle] Turtle - Terse RDF Triple Language, W3C Team Submission, Stand 14.01.2008:
http://www.w3.org/TeamSubmission/turtle/, letzter Zugriff: 10.01.2011

[@UMBEL] Upper Mapping and Binding Exchange Layer Project Website:
http://umbel.org/, letzter Zugriff: 10.01.2011

Webreferenzen

[@URI] Uniform Resource Identifier (URI): Generic Syntax, RFC 3986, IETF, Januar 2005:
http://tools.ietf.org/html/rfc3986, letzter Zugriff: 10.01.2011

[@VizIR] VizIR Project Website:
http://vizir.ims.tuwien.ac.at/, letzter Zugriff: 10.01.2011

[@VCS] Forschungsprojekt VCS (Virtual Consulting Services), Stand 08.07.2009:
http://mmt.inf.tu-dresden.de/Forschung/Projekte/VCS/, letzter Zugriff: 10.01.2011

[@W3C] World Wide Web Consortium (W3C):
http://www.w3.org/, letzter Zugriff: 10.01.2011

[@W3CMMXG] W3C Multimedia Semantics Incubator Group, Stand 16.08.2007:
http://www.w3.org/2005/Incubator/mmsem/, letzter Zugriff: 10.01.2011

[@Wikipedia] Wikipedia, deutsche Ausgabe:
http://de.wikipedia.org/, letzter Zugriff: 10.01.2011

[@WordNet] WordNet - A Lexical Database for the English Language, Project Website:
http://wordnet.princeton.edu/, letzter Zugriff: 10.01.2011

[@Wotsit] Wotsit.org - The Programmer's File and Data Format Resource:
http://www.wotsit.org, letzter Zugriff: 10.01.2011

[@WRD97] Word 97-2007 Binary File Format (.doc) Specification, Februar 2008:
http://download.microsoft.com/download/0/B/E/0BE8BDD7-E5E8-422A-ABFD-4342ED7AD886/Word97-2007BinaryFileFormat(doc) Specification.pdf [PDF-Datei], letzter Zugriff: 10.01.2011

[@XHTML] XHTML™1.0 The Extensible HyperText Markup Language (Second Edition), Stand 01.08.2002:
http://www.w3.org/TR/xhtml1/, letzter Zugriff: 10.01.2011

[@X-Media] X-Media (FP6-26978) Project Website:

Webreferenzen

http://www.x-media-project.org/, letzter Zugriff: 10.01.2011

[@XMP] Adobe's Extensible Metadata Platform Specifications:
http://www.adobe.com/devnet/xmp/, letzter Zugriff: 10.01.2011

[@XPath] XML Path Language (XPath), W3C Recommendation, Stand 16.11.1999:
http://www.w3.org/TR/xpath, letzter Zugriff: 10.01.2011

[@XPointer] XPointer Framework, W3C Recommendation, Stand 25.03.2003:
http://www.w3.org/TR/xptr-framework/, letzter Zugriff: 10.01.2011

[@Yahoo] Web Search Documentation for Yahoo! Search:
http://developer.yahoo.com/search/web/V1/webSearch.html, letzter Zugriff: 10.01.2011

Die in den Abbildungen 4.1, 4.2, 4.9 und 5.3 verwendeten Piktogramme stammen aus der unter GNU General Public License veröffentlichten Sammlung *BlankOn Icons* von Kuswanto, Zeus Box Studio (http://www.zeusboxstudio.com/).

Literaturverzeichnis

[Alvarado et al., 2003] Christine Alvarado, Jaime Teevan, Mark S. Ackerman und David Karger. *Surviving the Information Explosion: How People Find Their Electronic Information.* Technischer Bericht AIM-2003-006, MIT AI Lab, April 2003.

[Arndt et al., 2007] Richard Arndt, Raphael Troncy, Steffen Staab, Lynda Hardman und Miroslav Vacura. *COMM: Designing a Well-Founded Multimedia Ontology for the Web.* In: *6th International Semantic Web Conference, ISWC 2007.* Springer Berlin / Heidelberg, 2007.

[Arnold, 2007] Stefan Arnold. *Nutzungsschnittstellen zur Verwaltung persönlicher Medienkollektionen.* Belegarbeit, TU Dresden, Fakultät Informatik, Lehrstuhl für Multimediatechnik, Jan. 2007.

[Baader, 2003] Franz Baader. *The Description Logic Handbook: Theory, Implementation, and Applications.* Cambridge University Press, New York, NY, USA, ISBN: 0-521-78176-0, Sep. 2003.

[Baeza-Yates & Ribeiro-Neto, 1999] Ricardo Baeza-Yates und Berthier Ribeiro-Neto. *Modern Information Retrieval.* ACM Press / Addison-Wesley, ISBN: 020139829X, May 1999.

[Bao & Honavar, 2004] Jie Bao und Vasant Honavar. *Collaborative Ontology Building with Wiki@nt - A multi-agent based ontology building environment.* In: *Proceedings of the Workshop on Evaluation of Ontology-Based Tools (EON2004)*, S. 10. 2004.

Literaturverzeichnis

[Barateiro & Galhardas, 2005] José Barateiro und Helena Galhardas. *A survey of data quality tools.* Datenbank-Spektrum, 14:15–21, 2005.

[Baumgartner & Retschitzegger, 2006] Norbert Baumgartner und Werner Retschitzegger. *A survey of upper ontologies for situation awareness.* In: *Proc. of the 4th IASTED International Conference on Knowledge Sharing and Collaborative Engineering*, S. 1–9, St. Thomas, US Virgin Islands. Nov. 2006.

[Becker & Ferreira, 1996] Karin Becker und Simone Nunes Ferreira. *Virtual Folders: Database Support for Electronic Messages Classification.* In: *CODAS*, S. 163–170. 1996.

[Bergman et al., 2004] Ofer Bergman, Richard Boardman, Jacek Gwizdka und William Jones. *Personal information management.* In: *CHI '04: CHI '04 extended abstracts on Human factors in computing systems*, S. 1598–1599, New York, NY, USA. ACM, 2004.

[Berners-Lee, 2006] Tim Berners-Lee. *Linked Data.* http://www.w3.org/DesignIssues/LinkedData.html. Stand 02.05.2007, Juli 2006.

[Berners-Lee et al., 2001] Tim Berners-Lee, James Hendler und Ora Lassila. *The Semantic Web: A new form of Web content that is meaningful to computers will unleash a revolution of new possibilities.* May 2001.

[Berners-Lee, 1989] Timothy J Berners-Lee. *Information Management: A Proposal.* Technischer Bericht CERN-DD-89-001-OC, CERN, Geneva, März 1989.

[Berns, 2000] Roy S. Berns. *Billmeyer and Saltzmans Principles of Color Technology.* Wiley, New York, 3. Aufl., ISBN: 0-471-19459-X, 2000.

[Blanc-Brude & Scapin, 2007] Tristan Blanc-Brude und Dominique L. Scapin. *What do people recall about their documents?: implications for desktop search tools.* In: *IUI '07: Proceedings of the 12th international conference on Intelligent user interfaces*, S. 102–111, New York, NY, USA. ACM, 2007.

[Bloehdorn et al., 2006] Stephan Bloehdorn, Olaf Görlitz, Simon Schenk und Max

Völkel. *TagFS - Tag Semantics for Hierarchical File Systems*. In: *Proceedings of the 6th International Conference on Knowledge Management (I-KNOW 06)*, Graz, Austria, September 6-8, 2006. SEP 2006.

[Boardman & Sasse, 2004] Richard Boardman und M. Angela Sasse. *"Stuff goes into the computer and doesn't come out": a cross-tool study of personal information management*. In: *CHI '04: Proceedings of the SIGCHI conference on Human factors in computing systems*, S. 583–590, New York, NY, USA. ACM, 2004.

[Bontcheva et al., 2004] K. Bontcheva, V. Tablan, D. Maynard und H. Cunningham. *Evolving GATE to Meet New Challenges in Language Engineering*. Natural Language Engineering, 10(3/4):349—373, 2004.

[Brachman & Schmolze, 1985] Ronald J. Brachman und James G. Schmolze. *An Overview of the KL-ONE Knowledge Representation System*. Cognitive Science, 9(2):171–216, 1985.

[Bürger et al., 2008] Tobias Bürger, Christian Ammendola und Elena Simperl. *Evaluation of the Economics of Multimedia Ontologies and Integrated Prototype, SALERO Deliverable D3.1.4*. Technischer Bericht, SALERO consortium, Feb. 2008.

[Bulterman, 2004] Dick C.A. Bulterman. *Is it Time for a Moratorium on Metadata?*. Multimedia, IEEE, 11(4):10–17, Oct.-Dec. 2004.

[Buraga et al., 2006] Sabin Corneliu Buraga, Liliana Cojocaru und Ovidiu Catalin Nichifor. *Survey on Web Ontology Editing Tools*. In: *Proceedings of the 7th International Conference On Technical Informatics - CONTI 2006*, Timisoara, ROMANIA. Juni 2006.

[Burton-Jones et al., 2005] Andrew Burton-Jones, Veda C. Storey, Vijayan Sugumaran und Punit Ahluwalia. *A semiotic metrics suite for assessing the quality of ontologies*. Data Knowl. Eng., 55(1):84–102, 2005.

[Bush, 1945] V. Bush. *As We May Think*. The Atlantic Monthly, 176(1):101–108, 1945.

Literaturverzeichnis

[Castano et al., 2007] S. Castano, S. Espinosa, A. Ferrara, V. Karkaletsis, A. Kaya, S. Melzer, R. Möller und G. Petasis. *Ontology Dynamics with Multimedia Information: The BOEMIE Evolution Methodology*. In: *Proc. of the International Workshop on Ontology Dynamics (IWOD)*, Innsbruck, Austria. Juni 2007.

[Castano et al., 2008] Silvana Castano, Irma Sofia Espinosa Peraldi, Alfio Ferrara, Vangelis Karkaletsis, Atila Kaya, Ralf Moller, Stefano Montanelli, Georgios Petasis und Michael Wessel. *Multimedia Interpretation for Dynamic Ontology Evolution*. In: *Journal of Logic and Computation*. Sep. 2008.

[Cavnar & Trenkle, 1994] William B. Cavnar und John M. Trenkle. *N-Gram-Based Text Categorization*. In: *Proceedings of SDAIR-94, 3rd Annual Symposium on Document Analysis and Information Retrieval*, S. 161–175, Las Vegas, US. 1994.

[Chakravarthy et al., 2006] A. Chakravarthy, F. Ciravegna und V. Lanfranchi. *Cross-media Document Annotation and Enrichment*. In: *Proceedings of the 1st Semantic Authoring and Annotation Workshop (SAAW2006)*. 2006.

[Cheyer et al., 2005] A. Cheyer, J. Park und R. Giuli. *IRIS: Integrate. Relate. Infer. Share.*. In: *Proc. of 1st Workshop on The Semantic Desktop. 4th International Semantic Web Conference*, S. 15. Nov. 2005.

[Ciravegna, 2001] Fabio Ciravegna. *Adaptive Information Extraction from Text by Rule Induction and Generalisation*. In: *IJCAI*, S. 1251–1256. 2001.

[Corridoni et al., 1999] Jacopo M. Corridoni, Alberto D. Bimbo und Pietro Pala. *Image Retrieval by Color Semantics*. Multimedia Systems, 7(3):175–183, Mai 1999.

[Cunningham et al., 2002] Hamish Cunningham, Diana Maynard, Kalina Bontcheva und Valentin Tablan. *GATE: an Architecture for Development of Robust HLT Applications*. In: *In Recent Advanced in Language Processing*, S. 168–175. 2002.

[Dachselt, 2004] Raimund Dachselt. *Eine deklarative Komponentenarchitektur und*

Interaktionsbausteine für dreidimensionale multimediale Anwendungen. Doktorarbeit, TU Dresden, 2004.

[Dachselt & Weiland, 2006] Raimund Dachselt und Markus Weiland. *TimeZoom: A Flexible Detail and Context Timeline*. In: *CHI '06: CHI '06 extended abstracts on Human factors in computing systems*, S. 682–687, New York, NY, USA. ACM, 2006.

[Dey, 2001] Anind K. Dey. *Understanding and Using Context*. Personal Ubiquitous Comput., 5(1):4–7, 2001.

[Dietzold & Auer, 2006] Sebastian Dietzold und Sören Auer. *Access Control on RDF Triple Stores from a Semantic Wiki Perspective*. In: *Proceedings of Scripting for the Semantic Web Workshop at the ESWC*. June 2006.

[Ding et al., 2004] Li Ding, Tim Finin, Anupam Joshi, Rong Pan, R. Scott Cost, Yun Peng, Pavan Reddivari, Vishal C Doshi und Joel Sachs. *Swoogle: A Search and Metadata Engine for the Semantic Web*. In: *Proceedings of the Thirteenth ACM Conference on Information and Knowledge Management*. ACM Press, November 2004.

[Dochow, 2007] Sebastian Dochow. *Ontologien zur semantischen Beschreibung privater Mediensammlungen*. Belegarbeit, TU Dresden, Fakultät Informatik, Lehrstuhl für Multimediatechnik, Aug. 2007.

[Duvak et al., 2002] Erik Duvak, Wayne Hodgins, Stuart Sutton und Stuart L. Weibel. *Metadata Principles and Practicalities*. Internet-only. April 2002.

[Eidenberger, 2003] Horst Eidenberger. *How good are the visual MPEG-7 features?*. In: *SPIE & IEEE Visual Communications and Image Processing Conference*, Hrsg.: Thomas Ebrahimi, Touradj; Sikora, Bd. 5150, S. 476–488. 2003.

[Eidenberger & Breiteneder, 2003] Horst Eidenberger und Christian Breiteneder. *VizIR–a framework for visual information retrieval*. Journal of Visual Languages & Computing, 14(5):443 – 469, 2003.

[Elsweiler et al., 2007] David Elsweiler, Ian Ruthven und Christopher Jones. *Towards memory supporting personal information management tools.* JASIST, 58(7):924–946, 2007.

[Euzenat & Shvaiko, 2007] Jérôme Euzenat und Pavel Shvaiko. *Ontology Matching.* Springer-Verlag, Heidelberg (DE), ISBN: 3-540-49611-4, 2007.

[Fellegi & Sunter, 1969] Ivan P. Fellegi und Alan B. Sunter. *A Theory for Record Linkage.* Journal of the American Statistical Association, 64(328):1183–1210, 1969.

[Fensel et al., 2003] Dieter Fensel, James Hendler und Henry Lieberman. *Spinning the Semantic Web: Bringing the World Wide Web to Its Full Potential.* MIT Press, Cambridge, Massachusetts, 1 Aufl., ISBN: 0-262-06232-1, 2003.

[Ferber, 2003] Reginald Ferber. *Information Retrieval: Suchmodelle und Data-Mining-Verfahren für Textsammlungen und das Web.* dpunkt-Verlag, Heidelberg, ISBN: 978-3898642132, 2003.

[Finger, 2004] Roland Finger. *Analyse und Konzeption von Bildarchiven für den Heimbereich.* Bachelorarbeit, TU Dresden, Fakultät Informatik, Lehrstuhl für Multimediatechnik, Nov. 2004.

[Foley et al., 1995] James D. Foley, Andries Van Dam, Steven K. Feiner und John F. Hughes. *Computer Graphics: Principles and Practice.* Addison-Wesley Professional, Second Aufl., ISBN: 0201848406, August 1995.

[Foote, 1998] Jonathan Foote. *An Overview of Audio Information Retrieval.* ACM Multimedia Systems, 7:2–10, 1998.

[Frakes & Fox, 2003] William B. Frakes und Christopher J. Fox. *Strength and similarity of affix removal stemming algorithms.* SIGIR Forum, 37(1):26–30, 2003.

[Franzoni et al., 2007] S. Franzoni, P. Mazzoleni, S. Valtolina und E. Bertino. *Towards a Fine-Grained Access Control Model and Mechanisms for Semantic Databases.* In: *Web Services, 2007. ICWS 2007. IEEE International Conference on*, S. 993–1000. July 2007.

[Fritzsche, 2007] Ronny Fritzsche. *Konzeption und Realisierung einer Mehrbenutzerunterstützung in einem RDF-basierten Medienverwaltungssystem*. Diplomarbeit, TU Dresden, Fakultät Informatik, Lehrstuhl für Multimediatechnik, Mai 2007.

[García & Celma, 2005] Roberto García und Òscar Celma. *Semantic Integration and Retrieval of Multimedia Metadata*. In: *2nd European Workshop on the Integration of Knowledge, Semantic and Digital Media*. 2005.

[Garlan & Shaw, 1993] David Garlan und Mary Shaw. *An Introduction to Software Architecture*. In: *Advances in Software Engineering and Knowledge Engineering*, Hrsg.: V. Ambriola und G. Tortora, S. 1–39. World Scientific Publishing Company, 1993.

[Gaßner & Schröder, 2003] Katrin Gaßner und Olaf Schröder. *Wissensmodellierung und Wissenskommunikation in Lernszenarien*. Künstliche Intelligenz, 17(1):5–11, 2003.

[Gehre & Katranuschkov, 2008] Alexander Gehre und Peter Katranuschkov. *BauVOGrid-Bericht A-2.2, Systemarchitektur und Servicespezifikation*. Technischer Bericht 1.0, BauVOGrid-Konsortium, Aug. 2008.

[Geißler, 2009] Tobias Geißler. *Einsatz semantischer Websuche in einem Dokumentenverwaltungssystem*. Belegarbeit, TU Dresden, Fakultät Informatik, Lehrstuhl für Multimediatechnik, Jan. 2009.

[Genesereth et al., 1992] Michael R. Genesereth, Richard E. Fikes, Ronald Brachman, Thomas Gruber, Patrick Hayes, Reed Letsinger, Vladimir Lifschitz, Robert Macgregor, John Mccarthy, Peter Norvig, Ramesh Patil und Len Schubert. *Knowledge Interchange Format Version 3.0 Reference Manual*. ARPA Knowledge Sharing Effort, Stanford University, Stanford, California, Juni 1992.

[Genesereth & Nilsson, 1987] Michael R. Genesereth und Nils J. Nilsson. *Logical foundations of artificial intelligence*. Morgan Kaufmann Publishers Inc., San

Francisco, CA, USA, ISBN: 0-934613-31-1, Aug. 1987.

[Gerhard, 1999] David Gerhard. *Audio Visualization in Phase Space.* In: *In Bridges: Mathematical Connections in Art, Music and Science,* S. 137–144. 1999.

[Gevers, 2001] Theo Gevers. *Color-based Retrieval,* In: *Principles of Visual Information Retrieval,* Hrsg.: M. S. Lew, Kap. 1, S. 11–49. Springer-Verlag, London, UK, ISBN: 1-85233-381-2, 2001.

[Ghias et al., 1995] Asif Ghias, Jonathan Logan, David Chamberlin und Brian C. Smith. *Query by humming: musical information retrieval in an audio database.* In: *MULTIMEDIA '95: Proceedings of the third ACM international conference on Multimedia,* S. 231–236, New York, NY, USA. ACM, 1995.

[Ginsburg, 1999] Mark Ginsburg. *An Agent Framework for Intranet Document Management.* Autonomous Agents and Multi-Agent Systems, 2(3):271–286, 1999.

[Ginsburg, 2000] Mark Ginsburg. *Intranet Document Management Systems as Knowledge Ecologies.* In: *HICSS '00: Proceedings of the 33rd Hawaii International Conference on System Sciences-Volume 3,* S. 3017, Washington, DC, USA. IEEE Computer Society, 2000.

[Gomez-Perez et al., 2002] Asun Gomez-Perez, Juergen Angele, Mariano Fernandez-Lopez, V. Christophides, Athur Stutt und York Sure. *A survey on ontology tools.* OntoWeb deliverable 1.3, Universidad Politecnia de Madrid, 2002.

[Groza et al., 2007] Tudor Groza, Siegfried Handschuh, Knud Moeller, Gunnar Grimnes, Leo Sauermann, Enrico Minack, Cedric Mesnage, Mehdi Jazayeri, Gerald Reif und Rosa Gudjonsdottir. *The NEPOMUK Project - On the way to the Social Semantic Desktop.* In: *Proceedings of I-Semantics' 07,* Hrsg.: Tassilo Pellegrini und Sebastian Schaffert, S. pp. 201–211. JUCS, 2007.

[Gruber, 1993] Thomas R. Gruber. *A translation approach to portable ontology specifications.* Knowl. Acquis., 5(2):199–220, 1993.

[Görz, 2003] Günther Görz. *Handbuch der künstlichen Intelligenz.* Oldenbourg Wissenschaftsverlag, 4 Aufl., ISBN: 3486272128, 2003.

[Güttig, 2006] Sandra Güttig. *Einsatz akustischer Sprachverarbeitung bei der Verwaltung digitaler Medien*. Diplomarbeit, TU Dresden, Fakultät Informatik, Lehrstuhl für Multimediatechnik, Dez. 2006.

[Guarino, 1998] Nicola Guarino. *Formal Ontology in Information Systems*. In: *Proceedings of the 1st International Conference Frontiers in Artificial Intelligence and Applications, Trento, Italy*, Hrsg.: Nicola Guarino, S. 3–15, Amsterdam, The Netherlands, The Netherlands. IOS Press, 1998.

[Halvorsen, 1997] Per-Kristian Halvorsen. *Document processing: overview*, In: *Survey of the state of the art in human language technology*, Kap. 7, S. 223–226. Cambridge University Press, New York, NY, USA, ISBN: 0-521-59277-1, 1997.

[Handschuh & Staab, 2002] S. Handschuh und S. Staab. *Authoring and Annotation of Web Pages in CREAM.*. In: *Proceedings of the Eleventh International World Wide Web Conference, WWW2002*, S. 462–473. 2002.

[Handschuh et al., 2002] Siegfried Handschuh, Steffen Staab und Fabio Ciravegna. *S-CREAM – Semi-automatic CREAtion of Metadata*. In: *Proc. of SAAKM 2002 -Semantic Authoring, Annotation & Knowledge Markup, ECAI 2002 Workshop July 22-26, 2002 , Lyon, France*, S. 27–34. 2002.

[Heath et al., 2005] Tom Heath, Enrico Motta und Martin Dzbor. *Context as a Foundation for a Semantic Desktop*. In: *Proc. of Semantic Desktop Workshop at the ISWC, Galway, Ireland, November 6*, Hrsg.: Stefan Decker, Jack Park, Dennis Quan und Leo Sauermann, Bd. 175. November 2005.

[Heggland, 2005] Jon Heggland. *OntoLog: Flexible Management of Semantic Video Content Annotations*. Doktorarbeit, Norwegian University of Science and Technology NTNU, Trondheim, 2005.

[Henderson, 2005] Sarah Henderson. *Genre, task, topic and time: facets of personal digital document management*. In: *CHINZ '05: Proceedings of the 6th ACM SIGCHI New Zealand chapter's international conference on Computer-human interaction*, S. 75–82, New York, NY, USA. ACM, 2005.

[Henning, 2007] Peter A. Henning. *Taschenbuch Multimedia*. Fachbuchverl. Leipzig im Carl Hanser Verl., München, 4. Aufl., ISBN: 978-3-446-40971-2, 2007.

[Hepp et al., 2006] Martin Hepp, Daniel Bachlechner und Katharina Siorpaes. *OntoWiki: community-driven ontology engineering and ontology usage based on Wikis*. In: *WikiSym '06: Proceedings of the 2006 international symposium on Wikis*, S. 143–144, New York, NY, USA. ACM, 2006.

[Hesse, 2002] Wolfgang Hesse. *Ontologie(n) - Aktuelles Schlagwort*. Informatik Spektrum, 25(6):477–480, 2002.

[Hinz, 2008] Michael Hinz. *Kontextsensitive Generierung adaptiver multimedialer Webanwendungen*. Doktorarbeit, TU Dresden, Fakultät Informatik, Feb. 2008.

[Hirata & Kato, 1992] Kyoji Hirata und Toshikazu Kato. *Query by visual example - Content based image retrieval*. In: *Advances in Database Technology, EDBT '92*, Bd. 580 d. Reihe *LNCS*, S. 56–71. Springer-Verlag / Heidelberg, 1992.

[Hitzler et al., 2008] Pascal Hitzler, Markus Krötzsch, Sebastian Rudolph und York Sure. *Semantic Web: Grundlagen*. eXamen.press. Springer, Berlin Heidelberg, 1 Aufl., ISBN: 978-3-540-33993-9, Okt. 2008.

[Hull, 1996] David A. Hull. *Stemming algorithms: A case study for detailed evaluation*. Journal of the American Society for Information Science, 47:70–84, 1996.

[Hunt, 2004] Robert W. G. Hunt. *The Reproduction of Colour*. Wiley-IS&T Series in Imaging Science and Technology. Wiley, Chichester, 6. Aufl., ISBN: 978-0-470-02425-6, Sep. 2004.

[Hunter, 1998] Jane Hunter. *The Application of Metadata Standards to Video Indexing*. In: *ECDL '98: Proceedings of the Second European Conference on Research and Advanced Technology for Digital Libraries*, S. 135–156, London, UK. Springer-Verlag, 1998.

[Hunter, 2001] Jane Hunter. *Adding Multimedia to the Semantic Web - Building an MPEG-7 Ontology*. In: *In International Semantic Web Working Symposium (SWWS*, S. 261–281. 2001.

[Hüsemann & Vossen, 2006] Bodo Hüsemann und Gottfried Vossen. *OntoMedia - Semantic Multimedia Metadata Integration and Organization*. Int. J. Semantic Web Inf. Syst., 2(3):1–16, 2006.

[Ide & Véronis, 1998] Nancy Ide und Jean Véronis. *Introduction to the special issue on word sense disambiguation: the state of the art*. Comput. Linguist., 24(1):2–40, 1998.

[Ingold, 1989] Rolf Ingold. *Text structure recognition in optical reading*, In: *Structured Documents*, Hrsg.: Jacques André, Vincent Quint und Richard Furuta, Kap. 7, S. 133–142. Cambridge University Press, New York, NY, USA, ISBN: 0-521-36554-6, 1989.

[Jerroudi et al., 2008] Zoulfa El Jerroudi, Stefan Weinbrenner, Dominic Mainz und Katrin Weller. *ONTOVERSE: Kollaborative Ontologieentwicklung mit interaktiver visueller Unterstützung.*. In: *Mensch & Computer*, Hrsg.: Michael Herczeg und Martin Christof Kindsmüller, S. 87–96. Oldenbourg Verlag, 2008.

[Jones et al., 2005] William Jones, Ammy Jiranida Phuwanartnurak, Rajdeep Gill und Harry Bruce. *Don't take my folders away!: Organizing personal information to get things done*. In: *CHI '05: CHI '05 extended abstracts on Human factors in computing systems*, S. 1505–1508, New York, NY, USA. ACM, 2005.

[Judick, 2007] Carsten Judick. *Techniken zur automatischen Klassifikation und Ordnung digitaler Bilder*. Diplomarbeit, TU Dresden, Fakultät Informatik, Lehrstuhl für Multimediatechnik, Juli 2007.

[Julian Seidenberg, 2007] Alan Rector Julian Seidenberg. *A Methodology for Asynchronous Multi-User Editing of Semantic Web Ontologies*. In: *5th International Conference on Knowledge Capture (K-CAP)*, S. 127–134, New York, NY, USA. ACM, October 2007.

Literaturverzeichnis

[Jurafsky & Martin, 2008] Daniel Jurafsky und James H. Martin. *Speech and Language Processing: An Introduction to Natural Language Processing, Computational Linguistics and Speech Recognition.* Prentice Hall, ISBN: 0131873210, 2008.

[Kahan & Koivunen, 2001] José Kahan und Marja-Ritta Koivunen. *Annotea: an open RDF infrastructure for shared Web annotations.* In: *WWW '01: Proceedings of the 10th international conference on World Wide Web,* S. 623–632, New York, NY, USA. ACM, 2001.

[Kalyanpur et al., 2002] Aditya Kalyanpur, Jennifer Golbeck, James Hendler und Bijan Parsia. *SMORE - Semantic Markup, Ontology, and RDF.* Technischer Bericht, Mindswap, Nov. 2002.

[Kalyanpur & Jiménez, 2004] Aditya Kalyanpur und Daniel Jiménez. *Automatic Mapping of OWL Ontologies into Java.* In: *In Proceedings of Software Engeering and Knowledge Engeering (SEKE'04.* 2004.

[Karger et al., 2005] David R. Karger, Karun Bakshi, David Huynh, Dennis Quan und Vineet Sinha. *Haystack: A Customizable General-Purpose Information Management Tool for End Users of Semistructured Data.* In: *In CIDR.* 2005.

[Karger & Jones, 2006] David R. Karger und William Jones. *Data Unification in Personal Information Management.* Communications of the ACM, Special Issue: Personal information management, 49(1):77–82, Jan. 2006.

[Kifer et al., 1995] Michael Kifer, Georg Lausen und James Wu. *Logical foundations of object-oriented and frame-based languages.* J. ACM, 42(4):741–843, 1995.

[Klink et al., 2000] Stefan Klink, Andreas Dengel und Thomas Kieninger. *Document Structure Analysis Based on Layout and Textual Features.* In: *Int. Workshop on Document Analysis Systems.* 12 2000.

[Kosch et al., 2005] Harald Kosch, Laszlo Boszormenyi, Mario Doller, Mulugeta Libsie, Peter Schojer und Andrea Kofler. *The Life Cycle of Multimedia Metadata.* IEEE MultiMedia, 12(1):80–86, Jan. 2005.

[Kretzschmar & Dreyer, 2004] Oliver Kretzschmar und Roland Dreyer. *Medien-Datenbank- und Medien-Logistik-Systeme. Anforderungen und praktischer Einsatz*. Oldenbourg Wissenschaftsverlag, 1 Aufl., ISBN: 3486274945, Jan. 2004.

[Krötzsch et al., 2006] Markus Krötzsch, Denny Vrandecic und Max Völkel. *Semantic MediaWiki*. In: *Proceedings of the 5th International Semantic Web Conference (ISWC06)*, Hrsg.: Isabel Cruz, Stefan Decker, Dean Allemang, Chris Preist, Daniel Schwabe, Peter Mika, Mike Uschold und Lora Aroyo, Bd. 4273 d. Reihe *Lecture Notes in Computer Science*, S. 935–942, Athens, GA, USA. Springer, NOV 2006.

[Kurbel, 1992] Karl Kurbel. *Entwicklung und Einsatz von Expertensystemen: Eine anwendungsorientierte Einführung in wissensbasierte Systeme*. Springer, 2 Aufl., ISBN: 3540552375, 1992.

[Lagoze & Hunter, 2001] Carl Lagoze und Jane Hunter. *The ABC Ontology and Model*. In: *DCMI '01: Proceedings of the International Conference on Dublin Core and Metadata Applications 2001*, S. 160–176. National Institute of Informatics, Tokyo, Japan, 2001.

[Lansdale, 1988] Mark Lansdale. *The Psychology of Personal Information Management*. Applied Ergonomics, 19(1):55–66, March 1988.

[Lee et al., 2003] Kyong-Ho Lee, Yoon-Chul Choy und Sung-Bae Cho. *Logical structure analysis and generation for structured documents: a syntactic approach*. Knowledge and Data Engineering, IEEE Transactions on, 15(5):1277–1294, Sept.-Oct. 2003.

[Lew et al., 2006] Michael S. Lew, Nicu Sebe, Chabane Djeraba und Ramesh Jain. *Content-based Multimedia Information Retrieval: State of the Art and Challenges*. ACM Transactions on Multimedia Computing, Communications, and Applications (TOMCCAP), 2(1):1–19, Feb. 2006.

[Linke et al., 1996] Angelika Linke, Nussbaumer Markus und Paul Portmann. *Studienbuch Linguistik*. Niemeyer, Tübingen, 3., unveränd. Aufl. Aufl., ISBN:

Literaturverzeichnis

3-484-31121-5, 1996.

[Lochmann, 2005] Henrik Lochmann. *Konzeption einer modularen, erweiterbaren Architektur für ein Verwaltungssystem digitaler Medien.* Diplomarbeit, TU Dresden, Fakultät Informatik, Lehrstuhl für Multimediatechnik, Dez. 2005.

[Logan, 2000] Beth Logan. *Mel Frequency Cepstral Coefficients for Music Modeling.* In: *In International Symposium on Music Information Retrieval.* 2000.

[Lohmann & Ziegler, 2007] Steffen Lohmann und Jürgen Ziegler. *Bringing Semantics into Folksonomies - Semantische Analyse Nutzergenerierter Indexierungen.* In: *GI Jahrestagung (1),* S. 175–179. 2007.

[Long et al., 2003] Fuhui Long, HongJiang Zhang und David Dagan Feng. *Fundamentals of Content-based Image Retrieval,* In: *Multimedia Information Retrieval and Management,* Hrsg.: David Dagan Feng, Wan-Chi Siu und HongJiang Zhang, Kap. 1, S. 1–26. Springer, New York, ISBN: 3540002448, 2003.

[Losert, 2005] Maik Losert. *Methoden und Werkzeuge zur inhaltsbasierten Verarbeitung visueller Medien.* Belegarbeit, TU Dresden, Fakultät Informatik, Lehrstuhl für Multimediatechnik, Sep. 2005.

[Lucchese & Mitra, 2001] Luca Lucchese und S. K. Mitra. *Color Image Segmentation: A State-of-the-Art Survey.* In: *Image Processing, Vision, and Pattern Recognition,* Bd. 67 d. Reihe *Proc. of the Indian National Science Academy (INSA-A),* S. 207–221, New Delhi, India. März 2001.

[Lux, 2006] Mathias Lux. *Semantische Metadaten: Ein Modell für den Bereich zwischen Metadaten und Ontologien.* Doktorarbeit, Graz University of Technology, 2006.

[Maedche et al., 2001] Alexander Maedche, Steffen Staab und Rudi Studer. *Ontologien.* Wirtschaftsinformatik, 43(4):393–396, 2001.

[Malone, 1983] Thomas W. Malone. *How do people organize their desks?: Implications for the design of office information systems.* ACM Trans. Inf. Syst.,

1(1):99–112, 1983.

[Manjunath et al., 2008] Geetha Manjunath, Craig Sayers, Dave Reynolds, Venugopal KS, Swarup Kumar Mohalik, Badrinath R, John Ludd Recker und Malena Mesarina. *Semantic Views for Controlled Access to the Semantic Web*. Technischer Bericht, HP Laboratories, Feb. 2008. Presented and published in Workshop on Semantic Web for Collaborative Knowledge Acquisition, SWeCKA'07.

[Marchetti et al., 2007] Andrea Marchetti, Maurizio Tesconi, Francesco Ronzano, Marco Rosella und Salvatore Minutoli. *SemKey: A Semantic Collaborative Tagging System*. In: *Proc. WWW 2007 Workshop on Tagging and Metadata for Social Information Organization*, Banff, Canada. Mai 2007.

[McCallum et al., 2000] Andrew McCallum, Kamal Nigam und Lyle H. Ungar. *Efficient clustering of high-dimensional data sets with application to reference matching*. In: *KDD '00: Proceedings of the sixth ACM SIGKDD international conference on Knowledge discovery and data mining*, S. 169–178, New York, NY, USA. ACM, 2000.

[McGuinness, 2003] Deborah L. McGuinness. *Ontologies Come of Age*, In: *The Semantic Web: Why, What, and How*, Hrsg.: Dieter Fensel, Jim Hendler, Henry Lieberman und Wolfgang Wahlster, Kap. 6, S. 171–194. MIT Press, ISBN: 0-262-06232-1, 2003.

[Meyer-Wegener, 2003] Klaus Meyer-Wegener. *Multimediale Datenbanken : Einsatz von Datenbanktechnik in Multimedia-Systemen*. Leitfäden der Informatik. B.G. Teubner, Wiesbaden, 2. überarb. und erw. Aufl., ISBN: 3-519-12419-X, 2003.

[Mierswa, 2003] Ingo Mierswa. *Beatles vs. Bach: Merkmalsextraktion im Phasenraum von Audiodaten*. In: *LLWA 03 - Tagungsband der GI-Workshop-Woche Lernen - Lehren - Wissen - Adaptivität*. 2003.

[Milanovic et al., 2007] Milan Milanovic, Dragan Gasevic, Adrian Giurca, Gerd Wagner und Vladan Devedzic. *Model Transformations to Share Rules between SWRL and R2ML*. In: *Proceedings of 3rd International Workshop on Semantic*

Literaturverzeichnis

Web Enabled Software Engineering, Innsbruck, Austria (6th–7th June 2007). 2007.

[Minsky, 1974] Marvin Minsky. *A Framework for Representing Knowledge*. Technischer Bericht, MIT-AI Laboratory Memo 306, Cambridge, MA, USA, Juni 1974.

[Mitschick, 2006] Annett Mitschick. *Ontology-based Management of Private Multimedia Collections: Meeting the Demands of Home Users*. In: *6th International Conference on Knowledge Management (I-KNOW'06), Special Track on Advanced Semantic Technologies*, Graz, Austria. Sep. 2006.

[Mitschick & Fritzsche, 2007] Annett Mitschick und Ronny Fritzsche. *Publishing and Sharing Ontology-Based Information in a Collaborative Multimedia Document Management System*. In: *WISE Workshops*, S. 79–90, Nancy, France. Dez. 2007.

[Mitschick & Meißner, 2006] Annett Mitschick und Klaus Meißner. *A Stepwise Modeling Approach for Individual Media Semantics*. In: *GI-Edition Lecture Notes in Informatics (LNI)*, Dresden, Germany. Okt. 2006.

[Mitschick & Meißner, 2008] Annett Mitschick und Klaus Meißner. *Metadata Generation and Consolidation within an Ontology-based Document Management System*. International Journal of Metadata, Semantics and Ontologies, 3(4):249–259, Dez. 2008.

[Mitschick & Meißner, 2009] Annett Mitschick und Klaus Meißner. *Generation and Maintenance of Semantic Metadata for Personal Multimedia Document Management*. In: *Proc. of the First International Conference on Advances in Multimedia (MMEDIA 2009)*, Colmar, France. Juli 2009.

[Mitschick et al., 2008] Annett Mitschick, Ralf Nagel und Klaus Meißner. *Semantic Metadata Instantiation and Consolidation within an Ontology-based Multimedia Document Management System*. In: *Proc. of the First International Workshop on Semantic Metadata Management and Applications, ESWC 2008*, Teneriffe,

Spain. Juni 2008.

[Mitschick et al., 2007] Annett Mitschick, Ronny Winkler und Klaus Meißner. *Searching Community-built Semantic Web Resources to Support Personal Media Annotation*. In: *Bridging the Gap between Semantic Web and Web 2.0 (SemNet 2007), International Workshop located at the 4th European Semantic Web Conference, ESWC 2007*, S. 1–13, Innsbruck, Austria. Juni 2007.

[Nagel, 2007] Ralf Nagel. *Modellierung semantischer Beschreibungen für Textdokumente*. Belegarbeit, TU Dresden, Fakultät Informatik, Lehrstuhl für Multimediatechnik, Juli 2007.

[Nagel, 2008] Ralf Nagel. *Konsolidierung automatisch extrahierter Informationen in einer semantischen Wissensbasis*. Diplomarbeit, TU Dresden, Fakultät Informatik, Lehrstuhl für Multimediatechnik, Feb. 2008.

[Nagy et al., 1992] George Nagy, Sharad Seth und Mahesh Viswanathan. *A Prototype Document Image Analysis System for Technical Journals*. Computer, 25(7):10–22, 1992.

[Oren, 2006] Eyal Oren. *An Overview of Information Management and Knowledge Work Studies: Lessons for the Semantic Desktop*. In: *Proceedings of the 2nd Semantic Desktop and Social Semantic Collaboration Workshop at 5th International Semantic Web Conference*, Athens, GA, USA. November 2006.

[Oren et al., 2006] Eyal Oren, John G. Breslin und Stefan Decker. *How semantics make better wikis*. In: *WWW '06: Proceedings of the 15th international conference on World Wide Web*, S. 1071–1072, New York, NY, USA. ACM, 2006.

[Orio, 2006] Nicola Orio. *Music Retrieval: A Tutorial and Review*. Foundations and Trends in Information Retrieval, 1(1):1–90, 2006.

[van Ossenbruggen et al., 2004] Jacco Ossenbruggen van, Frank Nack und Lynda Hardman. *That Obscure Object of Desire: Multimedia Metadata on the Web*. 2004.

[Park et al., 2003] Gunhan Park, Yunju Baek und Heung-Kyu Lee. *Majority Based Ranking Approach in Web Image Retrieval*, Bd. 2728 d. Reihe *Lecture Notes in Computer Science*, In: *Image and Video Retrieval*, Hrsg.: E.M. Bakker, Th.S. Huang, M.S. Lew, N. Sebe und X.S. Zhou, S. 499–504. Springer, Berlin / Heidelberg, ISBN: 978-3-540-40634-1, 2003.

[Pass et al., 1996] Greg Pass, Ramin Zabih und Justin Miller. *Comparing Images using Color Coherence Vectors*. In: *MULTIMEDIA '96: Proceedings of the fourth ACM international conference on Multimedia*, S. 65–73, New York, NY, USA. ACM, 1996.

[Petasis et al., 2008] Georgios Petasis, Pavlina Fragkou, Aris Theodorakos und Vangelis Karkaletsis. *Segmenting HTML pages using visual and semantic information*. In: *Proceedings of the 4th Web as a Corpus Workshop (WAC2008), 6th Language Resources and Evaluation Conference (LREC 2008)*, S. 18 – 25, Marrakech, Morocco. Juni 2008.

[Petridis et al., 2006] Kosmas Petridis, Dionysios Anastasopoulos, Carsten Saathoff, Yiannis Kompatsiaris und Steffen Staab. *M-OntoMat-Annotizer: Image Annotation Linking Ontologies and Multimedia Low-Level Features*. In: *In KES 2006 - 10th Intnl. Conf. on Knowledge Based, Intelligent Information and Engineering Systems*. 2006.

[Pietschmann et al., 2008] Stefan Pietschmann, Annett Mitschick, Ronny Winkler und Klaus Meißner. *CroCo: Ontology-Based, Cross-Application Context Management*. In: *Proceedings of the 3rd International Workshop on Semantic Media Adaptation and Personalization (SMAP 2008)*, S. 88–93, Prague, CZ. IEEE Computer Society, December 2008.

[Pohlmann, 2005] Ken C. Pohlmann. *Principles of Digital Audio*. McGraw-Hill Professional, 5 Aufl., ISBN: 0071441565, 2005.

[Popov et al., 2003] Borislav Popov, Atanas Kiryakov, Angel Kirilov, Dimitar Manov, Damyan Ognyanoff und Miroslav Goranov. *KIM - Semantic Annotation Platform*. In: *International Semantic Web Conference*, Hrsg.: Dieter Fensel, Katia P.

Sycara und John Mylopoulos, Bd. 2870 d. Reihe *Lecture Notes in Computer Science*, S. 834–849. Springer, 2003.

[Porter, 1980] Martin F. Porter. *An Algorithm for Suffix Stripping.* Program, 3(14):130–137, Okt. 1980.

[Probst et al., 2006] Gilbert Probst, Steffen Raub und Kai Romhardt. *Wissen managen. Wie Unternehmen ihre wertvollste Ressource optimal nutzen..* Dr. Th. Gabler Verlag, 5 Aufl., ISBN: 3-8349-0117-2, 2006.

[Qin & Atluri, 2003] Li Qin und Vijayalakshmi Atluri. *Concept-level access control for the Semantic Web.* In: *XMLSEC '03: Proceedings of the 2003 ACM workshop on XML security*, S. 94–103, New York, NY, USA. ACM Press, 2003.

[Quackenbush & Lindsay, 2001] Schuyler Quackenbush und Adam Lindsay. *Overview of MPEG-7 Audio.* IEEE Trans. Circuits Syst. Video Techn., 11(6):725–729, 2001.

[Ramamoorthy & Sheu, 1988] Chittoor V. Ramamoorthy und Phillip C. Sheu. *Object-Oriented Systems.* IEEE Expert: Intelligent Systems and Their Applications, 3(3):9–15, 1988.

[Ravasio et al., 2004] Pamela Ravasio, Sissel Guttormsen Schär und Helmut Krueger. *In pursuit of desktop evolution: User problems and practices with modern desktop systems.* ACM Trans. Comput.-Hum. Interact., 11(2):156–180, 2004.

[Reddivari et al., 2007] Pavan Reddivari, Tim Finin und Anupam Joshi. *Policy-Based Access Control for an RDF Store.* In: *Proceedings of the IJCAI-07 Workshop on Semantic Web for Collaborative Knowledge Acquisition.* January 2007.

[Rehatschek et al., 2008] Herwig Rehatschek, Robert Sorschag, Bernhard Rettenbacher, Herwig Zeiner, Julien Nioche, Franciska DeJong, Roeland Ordelman und David Leeuwen van. *Mediacampaign: A Multimodal Semantic Analysis System for Advertisement Campaign Detection.* In: *Proceedings of international workshop on Content-Based Multimedia Indexing, CBMI 2008*, S. 85–92, London, UK. IEEE Computer Society, Juni 2008.

Literaturverzeichnis

[Ribbrock, 2007] Andreas Ribbrock. *Effiziente Algorithmen und Datenstrukturen zur inhaltsbasierten Suche in Audio- und 3D-Moleküldaten*. Doktorarbeit, Rheinische Friedrich-Wilhelms-Universit"at Bonn, 2007.

[Richter et al., 2005] Jörg Richter, Max Völkel und Heiko Haller. *DeepaMehta - A Semantic Desktop*. In: *Proceedings of the 1st Workshop on The Semantic Desktop. 4th International Semantic Web Conference (Galway, Ireland)*, Hrsg.: Stefan Decker, Jack Park, Dennis Quan und Leo Sauermann, Bd. 175. CEUR-WS, Nov. 2005.

[Rodden & Wood, 2003] Kerry Rodden und Kenneth R. Wood. *How do people manage their digital photographs?*. In: *CHI '03: Proceedings of the SIGCHI conference on Human factors in computing systems*, S. 409–416, New York, NY, USA. ACM, 2003.

[Salembier & Sikora, 2002] Phillipe Salembier und Thomas Sikora. *Introduction to MPEG-7: Multimedia Content Description Interface*. John Wiley & Sons, Inc., New York, NY, USA, ISBN: 0471486787, 2002.

[Sauermann, 2006] Leo Sauermann. *PIMO - A PIM Ontology for the Semantic Desktop (draft)*. Draft, DFKI, 2006.

[Sauermann et al., 2005] Leo Sauermann, Ansgar Bernardi, Andreas Dengel, Hrsg.: Stefan Decker, Jack Park, Dennis Quan und Leo Sauermann. *Overview and Outlook on the Semantic Desktop*. In: *Proceedings of the 1st Workshop on The Semantic Desktop at the ISWC 2005 Conference*. 0 2005.

[Sauermann et al., 2009] Leo Sauermann, Ludger Van Elst und Knud Möller. *Personal Information Model (PIMO), NEPOMUK Recommendation v1.1*. Report, DFKI, Feb. 2009.

[Sauermann et al., 2006] Leo Sauermann, Gunnar Aastrand Grimnes, Malte Kiesel, Christiaan Fluit, Heiko Maus, Dominik Heim, Danish Nadeem, Benjamin Horak und Andreas Dengel. *Semantic Desktop 2.0: The Gnowsis Experience*. In: *Proc. of the ISWC Conference*, S. 887–900, Athens, GA, USA. Nov 2006.

[Schmidt, 2008] Ulrich Schmidt. *Digitale Film- und Videotechnik*. Carl Hanser Fachbuchverlag, München, ISBN: 3446218270, 2008.

[Schmitt, 2004] Ingo Schmitt. *Multimedia-Datenbanken: Retrieval, Suchalgorithmen und Anfragebearbeitung*. Habilitationsschrift, Fakultät für Informatik, Otto-von-Guericke-Universität Magdeburg, Nov. 2004.

[Sebastiani, 2002] Fabrizio Sebastiani. *Machine learning in automated text categorization*. ACM Comput. Surv., 34(1):1–47, 2002.

[Seremeti & Kameas, 2007] Lambrini Seremeti und Achilles Kameas. *Multimedia ontologies*. In: *MobiMedia '07: Proceedings of the 3rd international conference on Mobile multimedia communications*, S. 1–7, ICST, Brussels, Belgium, Belgium. ICST (Institute for Computer Sciences, Social-Informatics and Telecommunications Engineering), 2007.

[Sikora, 2001] Thomas Sikora. *The MPEG-7 Visual Standard for Content Description -An Overview*. IEEE Trans. Circuits Syst. Video Techn., 11(6):696–702, 2001.

[Smeulders et al., 2000] Arnold W. M. Smeulders, Marcel Worring, Simone Santini, Amarnath Gupta und Ramesh Jain. *Content-Based Image Retrieval at the End of the Early Years*. IEEE Trans. Pattern Anal. Mach. Intell., 22(12):1349–1380, 2000.

[Smith et al., 2006] Greg Smith, Mary Czerwinski, Brian Meyers, Daniel Robbins, George Robertson und Desney S. Tan. *FacetMap: A Scalable Search and Browse Visualization*. IEEE Transactions on Visualization and Computer Graphics, 12(5):797–804, 2006.

[Sowa, 1979] John F. Sowa. *Semantics of conceptual graphs*. In: *Proceedings of the 17th annual meeting on Association for Computational Linguistics*, S. 39–44, Morristown, NJ, USA. Association for Computational Linguistics, 1979.

[Steinmetz, 1998] Ralf Steinmetz. *Multimedia-Technologie; Grundlagen, Komponenten und Systeme*. Springer, ISBN: 3540673326, 1998.

Literaturverzeichnis

[Stricker & Orengo, 1995] Markus A. Stricker und Markus Orengo. *Similarity of Color Images*, Bd. 2420, In: *Storage and Retrieval of Image and Video Databases III*, Hrsg.: Ramesh Jain Wayne Niblack, S. 381–392. SPIE, ISBN: 0-8194-1767-X, März 1995.

[Sure et al., 2002] Y. Sure, M. Erdmann, J. Angele, S. Staab, R. Studer und D. Wenke. *OntoEdit: Collaborative Ontology Development for the Semantic Web*. In: *Proceedings of the first International Semantic Web Conference 2002 (ISWC 2002), June 9-12 2002, Sardinia, Italia.*. Springer, LNCS 2342, 2002.

[Todorova, 2008] P. Todorova. *MEPCO Version 2, Deliverable 3.4.* Technischer Bericht, MediaCampaign Consortium, 2008.

[Tovinkere & Qian, 2001] Vasanth Tovinkere und Richard J. Qian. *Detecting Semantic Events in Soccer Games: Towards A Complete Solution.* IEEE International Conference on Multimedia and Expo, 0:833–836, 2001.

[Tsinaraki et al., 2004] Chrisa Tsinaraki, Panagiotis Polydoros und Stavros Christodoulakis. *Interoperability Support for Ontology-Based Video Retrieval Applications.* In: *CIVR*, S. 582–591. 2004.

[Tuffield et al., 2006] Mischa M. Tuffield, Stephen Harris, Christopher Brewster, Nicholas Gibbins, Fabio Ciravegna, Derek Sleeman, Nigel R. Shadbolt und Yorick Wilks. *Image Annotation with Photocopain.* In: *In Proceedings of Semantic Web Annotation of Multimedia (SWAMM-06) Workshop at the World Wide Web Conference 06. WWW*, S. 22–26. 2006.

[Tummarello et al., 2006] Giovanni Tummarello, Christian Morbidoni und Michele Nucci. *Enabling Semantic Web Communities with DBin: An Overview..* In: *International Semantic Web Conference*, Bd. 4273 d. Reihe *Lecture Notes in Computer Science*, S. 943–950, Athens, GA, USA. Springer, 2006.

[Ullrich et al., 2004] Mike Ullrich, Andreas Maier und Jürgen Angele. *Taxonomie, Thesaurus, Topic Map, Ontologie - ein Vergleich.* 2004.

[Volmer, 2006] Stephan Volmer. *Inhaltsbasierte Bildsuche mittels visueller Merkmale.*

Doktorarbeit, Technische Universität Darmstadt, 2006.

[Wang & Strong, 1996] Richard Y. Wang und Diane M. Strong. *Beyond accuracy: what data quality means to data consumers.* Journal of Management Information Systems, 12(4):5–33, 1996.

[Weal et al., 2007] Mark J. Weal, Harith Alani, Sanghee Kim, Paul H. Lewis, David E. Millard, Patrick A. S. Sinclair, David C. De Roure und Nigel R. Shadbolt. *Ontologies as facilitators for repurposing web documents.* International Journal of Human Computer Studies, 65:537–562, 2007.

[Webster & Kit, 1992] Jonathan J. Webster und Chunyu Kit. *Tokenization as the initial phase in NLP.* In: *Proceedings of the 14th conference on Computational linguistics*, S. 1106–1110, Morristown, NJ, USA. Association for Computational Linguistics, 1992.

[Wijnia, 2006] Elmine Wijnia. *Understanding Weblogs: A Communicative Perspective.* In: *BlogTalks 2.0*, Norderstedt: Books on Demand, S. 38–57. Thomas N. Burg, 2006.

[Winkler, 2006] Ronny Winkler. *Semantic Web Crawler.* Belegarbeit, TU Dresden, Fakultät Informatik, Lehrstuhl für Multimediatechnik, Nov. 2006.

[Winkler, 2007] Ronny Winkler. *Entwicklung eines ontologiebasierten Kontextmodells für kollaborative Web-Anwendungen.* Diplomarbeit, TU Dresden, Fakultät Informatik, Lehrstuhl für Multimediatechnik, Aug. 2007.

[Winkler, 1999] William E. Winkler. *The state of record linkage and current research problems.* Technischer Bericht, Statistical Research Division, U.S. Census Bureau, 1999.

[Winograd, 2001] Terry Winograd. *Architectures for Context.* Human-Computer Interaction, 16(2):401–419, 2001.

[Xiao & Cruz, 2006] Huiyong Xiao und Isabel F. Cruz. *Application Design and Interoperability for Managing Personal Information in the Semantic Desktop?.* In:

Proceedings of the 2nd Workshop on The Semantic Desktop (associated with ISWC 2006). 2006.

[Yankova et al., 2008] Milena Yankova, Horacio Saggion und Hamish Cunningham. *A Framework for Identity Resolution and Merging for Multi-source Information Extraction*. In: *Proceedings of the Sixth International Language Resources and Evaluation (LREC'08)*, Hrsg.: N. Calzolari, K. Choukri, B. Maegaard, J. Mariani, J. Odjik, S. Piperidis und D. Tapias, Marrakech, Morocco. European Language Resources Association (ELRA), Mai 2008.

[Yee et al., 2003] Ka-Ping Yee, Kirsten Swearingen, Kevin Li und Marti Hearst. *Faceted Metadata for Image Search and Browsing*. In: *CHI '03: Proceedings of the SIGCHI conference on Human factors in computing systems*, S. 401–408, New York, NY, USA. ACM, 2003.

[Zadeh, 1978] L. A. Zadeh. *Fuzzy sets as a basis for a theory of possibility*. Fuzzy Sets and Systems I, 1:3–28, 1978.

[Zhang, 2003] HongJiang Zhang. *Content-based Video Analysis, Retrieval and Browsing*, In: *Multimedia Information Retrieval and Management*, Hrsg.: David Dagan Feng, Wan-Chi Siu und HongJiang Zhang, Kap. 2, S. 27–56. Springer, New York, ISBN: 3540002448, 2003.

[Zimmermann, 2009] Simon Zimmermann. *Entwicklung einer Service-Schnittstelle zur anwendungsübergreifenden Kontextnutzung*. Diplomarbeit, TU Dresden, Fakultät Informatik, Lehrstuhl für Multimediatechnik, 2009.

[Zloof, 1975] Moshé M. Zloof. *Query by example*. In: *AFIPS '75: Proceedings of the May 19-22, 1975, national computer conference and exposition*, S. 431–438, New York, NY, USA. ACM, 1975.

I want morebooks!

Buy your books fast and straightforward online - at one of world's fastest growing online book stores! Environmentally sound due to Print-on-Demand technologies.

Buy your books online at
www.morebooks.shop

Kaufen Sie Ihre Bücher schnell und unkompliziert online – auf einer der am schnellsten wachsenden Buchhandelsplattformen weltweit! Dank Print-On-Demand umwelt- und ressourcenschonend produziert.

Bücher schneller online kaufen
www.morebooks.shop

KS OmniScriptum Publishing
Brivibas gatve 197
LV-1039 Riga, Latvia
Telefax: +371 686 204 55

info@omniscriptum.com
www.omniscriptum.com

Printed by Books on Demand GmbH, Norderstedt / Germany